教育部高校思想政治理论课教师研究专项"成果导向教育视角下高校思政课教师评学体系改进策略研究"（23JDSZK180）

江苏省教育科学规划重点课题"全面推进江苏省大中小学劳动教育的协同机制研究"（B/2022/01/152）

江南大学2024年本科教育教学改革研究项目（思政课教学质量提升专项）"高校思想政治理论课'挑战性学习'课堂教学设计与实践——以《思想道德与法治》课为例"

讲好中国故事

高校思想政治理论课案例教学

江南大学思政课实践教学改革与创新

主编 李凤梅 陈 功

郑州大学出版社

图书在版编目(CIP)数据

讲好中国故事：高校思想政治理论课案例教学 / 李凤梅，陈功主编；张乐等副主编. -- 郑州：郑州大学出版社，2024.12. -- ISBN 978-7-5773-0827-2

Ⅰ. G641

中国国家版本馆 CIP 数据核字第 2024LF3586 号

讲好中国故事——高校思想政治理论课案例教学
JIANGHAO ZHONGGUO GUSHI——GAOXIAO SIXIANG ZHENGZHI LILUN KE ANLI JIAOXUE

策划编辑	席静雅	封面设计	苏永生
责任编辑	席静雅	版式设计	苏永生
责任校对	郜　静	责任监制	朱亚君

出版发行	郑州大学出版社	地　　址	郑州市大学路40号(450052)
出 版 人	卢纪富	网　　址	http://www.zzup.cn
经　　销	全国新华书店	发行电话	0371-66966070
印　　刷	河北虎彩印刷有限公司		
开　　本	710 mm×1 010 mm　1 / 16		
印　　张	31.25	字　　数	532 千字
版　　次	2024 年 12 月第 1 版	印　　次	2024 年 12 月第 1 次印刷
书　　号	ISBN 978-7-5773-0827-2	定　　价	92.00 元

本书如有印装质量问题,请与本社联系调换。

编者名单

主　　编　李凤梅　陈　功
副主编　张　乐　孙晨光　周　琳
　　　　　代利刚　白　冰

序

"青年兴则国家兴,青年强则国家强",青年学子们的成长进步是习近平总书记时刻关心的大事。他曾指出:"代表广大青年、赢得广大青年、依靠广大青年是我们党不断从胜利走向胜利的重要保证","广大青年要厚植家国情怀,涵养进取品格,以奋斗姿态激扬青春,不负时代,不负年华"。习近平总书记高度重视思想政治教育工作,在多个场合反复强调其重要性:"办好思政课,是我非常关心的一件事","高校党组织要把抓好学校党建工作和思想政治工作作为办学治校的基本功"。2024年9月的全国教育大会上,习近平总书记再次指出:"要坚持不懈用新时代中国特色社会主义思想铸魂育人,实施新时代立德树人工程","不断加强和改进新时代学校思想政治教育"。眼前这本《讲好中国故事——高校思想政治理论课案例教学》正是贯彻落实习近平总书记重要讲话精神的直接体现,它是江南大学李凤梅老师和我在中国社会科学院政府政策系的博士同班同学陈功老师担任主编,江南大学张乐老师、孙晨光老师、周琳老师、代利刚老师、白冰老师担任副主编,共同合作研究形成的理论成果,凝聚着他们对当前中国高校思想政治教育的探索与思考。

说到当前高校思想政治教育,想起一位老友及其孩子对一些思想政治教育课程的"吐槽":教学形式单一枯燥,调动不起学习兴趣;上课学了啥不知道,手机流量倒用了不少……类似情况可能是当下中国不少高校思想政治教育面临的共性难题,究其背后深层原因,缺少好教材或许算一个。针对以上难题,专家学者们努力探索解决办法,编撰出不少高质量的好教材,我手上这本书就是其中的一本。

大体来看,本书好在内容丰富,它设计了10个专题66个案例,从小岗村1978年的18枚手印到历届的三中全会,从重庆的"背篓专线"到江西的慢火车,从大漠戈壁马背法庭到上海自贸试验区,所涉及内容虽跨越时空却聚焦重点难点,始终紧扣习近平新时代中国特色社会主义思想,紧紧围绕新时代大学生的思想动态、关注和需求。好在结构科学,每一部分都精心设计,专题有开篇导读,案例有核心阅读,让学生在学习过程中能够开宗明义,直接把握要点;每个案例结尾还有思考讨论,引导学生围绕案例展开横向纵向深入思考;此外还有教学建议,帮助老师精准把握使用这些案例的时机和方法,有利于提高学生学习、老师教学的效果。好在材料新颖,从这本书里,我们甚至可以看到C919、《苍兰诀》、《黑神话:悟空》这些最新潮的事物,给严肃的教学增加了趣味性、可读性,极大地拉近了思想政治理论与青年学生的距离。

可以说,这本书不啻为一本高质量的好参考书,既可以是我们高校思想政治教育课的辅助案例读本,也可以是一本有趣的故事书、课外书,闲暇时翻一翻、看一看,还可以是一本工具书,遇到问题困惑时打开查阅、寻找答案。书籍是人类智慧的结晶,真诚建议广大青年朋友们在理论联系实际的过程中,立大志、明大德、成大才、担大任,努力成为堪当民族复兴重任的时代新人,让青春在为祖国、为民族、为人民、为人类的不懈奋斗中绽放绚丽之花!

全国脱贫攻坚先进个人　　　　　申孟宜
中央和国家机关青年五四奖章获得者

前 言

思想政治理论课是高校育人体系中的重要一环,是帮助青年大学生树立正确世界观、人生观、价值观的重要渠道。在中华民族伟大复兴的历史征程中,高校思想政治理论课承担着培养新时代中国特色社会主义事业建设者和接班人的重要使命,如何将思想政治理论课讲好,如何让学生真正从课程中有所感悟、有所成长,是每一位思政课教师必须深入思考和积极探索的课题。

中国故事是中国历史、经济、社会、文化发展的真实写照,是中国道路、中国制度、中国精神的重要载体。在全球化仍然是世界经济发展主要趋势的主要背景下,中国的崛起不仅是经济增长的故事,更是一个古老文明在新时代焕发青春的历程。这些故事不仅激励了中国人民,也吸引了世界的目光。在思政课教学中讲好中国故事,能够帮助学生更好地理解中国发展道路的独特性,增强他们的民族自豪感和历史使命感。通过讲述中国的历史演进和当代发展,我们不仅能够让学生理解中国为什么选择社会主义道路,还能让他们看到中国道路在解决全球性问题中的独特贡献。从全面从严治党的重大战略部署到"绿水青山就是金山银山"的生态文明理念,从改革开放的"深圳奇迹"到脱贫攻坚的"精准扶贫",每一个中国故事都蕴含着丰富的教育资源,都是思政课教学的生动素材。通过这些真实的案例,学生们可以更直观地理解中国特色社会主义的伟大成就,更加坚定"四个自信",增强投身新时代伟大实践的信念与决心。

当前,中国正处于实现中华民族伟大复兴的关键时期。面对世界百年未有之大变局,青年大学生不仅是中国特色社会主义的建设者和接班人,更是未来中国故事的书写者和传承者。新时代的思政课教学,必须更加注重培养学生的责任担当意识,帮助他们在历史与现实的结合点上找到个人的使命与价值。讲好中国故事,不仅要讲过去的成就,更要讲当下的现状与未来的愿景。通过案例教学，可以引导学生深入理解当前中国面临的复杂国际环境与国内发展任务，认识到自己肩负的历史责任与时代使命。同时，思政课教师也要不断提升自身素养，深入研究和把握当代中国的重大理论与实践问题，以更高的视野和更宽的视角来讲授中国故事。只有教师自身不断学习、不断进步，才能更好地引导学生正确认识世界和中国发展大势，坚定"四个自信"，增强爱国情怀。

本书以习近平新时代中国特色社会主义思想为理论基础，选取十个主要方面进行深入探讨。这些方面涵盖了新时代中国特色社会主义的核心内容，力求深刻呈现习近平新时代中国特色社会主义思想在各领域的指导意义，帮助读者更好地理解和把握新时代中国特色社会主义思想的理论内涵和实践价值。为了更好地讲好中国故事，我们团队投入不少时间和精力，主要结合新时代以来我国经济社会发展呈现的新情况、取得的新成就，精心挑选了66个案例。这些案例涵盖了中国发展的各个方面，包括经济、文化、社会、科技、法治等众多领域，力求从多个维度展示新时代以来中国取得的巨大成就和独特经验。在选择过程中，我们注重案例的代表性和启发性，力争每个案例都能够生动反映中国故事的精髓，传递中国价值观和发展理念。这些案例不仅为高校思政课教学提供了丰富的素材，也为更广泛的社会公众深入理解中国故事提供了有力支持。通过这些案例的展示与分析，我们希望能够更好地传播中国声音，增强国民的文化自信，并在全球范围内塑造积极正面的中国形象。

由于教学工作需求时间较为紧迫，本书参考引用的大量文献材料并未能逐一与原作者取得联系，因此在本书参考文献处进行了一定标注，在此向所有文献的作者和机构致以诚挚的感谢。

本书是集体智慧的结晶，由江南大学马克思主义学院李凤梅和陈功担任主编，张乐、孙晨光、周琳、代利刚、白冰担任副主编。具体分工如下：李凤梅负责设计编写大纲，以及专题1、专题2、专题3、专题4、专题5的编写；陈功负责专题6、专题7、专题8、专题10的编写；张乐、李琳负责专题9案例1—4的编写；孙晨光负责本书前言和专题9案例5—6的编写；周琳负责专题9案例7—8的编写；代利刚负责本书的统稿工作；白冰负责对本书编写进行总体指导。感谢江南大学马克思主义学院李琳、佘宗泽、吴迪三位同学对专题1—6统稿修订，林雨薇、朱玉洁、张志豪、瞿琬霏四位同学对专题7—10统稿修订所做的辅助工作。

目 录

专题 1 坚持党的全面领导

案例 1	党的全面领导的历史沿革 …………………………………… 003
案例 2	"机构改革再启动"——历次党和国家机构改革都改了什么？ ………………………………………………………… 008
案例 3	坚持党的领导为全面深化改革提供根本政治保证 ………… 017
案例 4	江苏无锡：实施"红梅领航"计划，擦亮基层治理底色 …… 025
案例 5	坚持和加强党的全面领导，北京航空航天大学奋力谱写中国特色世界一流大学建设新篇章 ………………………… 033

专题 2 坚持以人民为中心

案例 1	"坚持以人民为中心"发展思想的历史演进 ………………… 043
案例 2	从 20 个故事中感受习近平的人民情怀 …………………… 053
案例 3	时光悠悠、岁月静好……这趟江西开出的"慢火车"成网红 …… 062
案例 4	重庆"背篓专线"开通两年，沿线村庄三大变化 …………… 068
案例 5	浙江乡村 20 年的坚持：千万工程，老百姓的幸福工程 …… 073
案例 6	坚持以人民为中心做好扶贫支边工作 ……………………… 080

专题3　坚持全面深化改革开放

案例1	中国共产党历届三中全会回顾	087
案例2	光阴里的衣食住行见证时代巨变	095
案例3	从深圳到宿迁,改革开放的精神火炬照亮崛起之路	102
案例4	小岗"惊雷",开启中国改革的春天	109
案例5	上海自贸试验区——深耕改革开放"试验田"	115

专题4　坚持全面推进依法治国

案例1	法不能向不法让步,近年多起典型案件唤醒"沉睡"的"第二十条"	127
案例2	为什么中国有"马背上的法庭"?	133
案例3	透过"浙江之窗",展望中国法治未来	141
案例4	江苏首家!原来,你是这样的互联网法庭	149
案例5	以法治之力护航中国式现代化湖北实践	155
案例6	从牦牛背上的巡回审判到网络智慧法庭——走进帕米尔高原上一个小县人民法院,感受基层法治之变	163
案例7	"全国法治人物"倪伯苍——深耕民间调解十载成"法律明白人"	171

专题5　坚持全面从严治党

案例1	全面从严治党专题片凸显政治意义警示意义宣传意义	179
案例2	"啄木鸟"行动——江苏常州市"啄"出党建业务融合发展新路径	186
案例3	从基层创新看浙江清廉建设,推进全面从严治党	194

案例4　福建探路大数据反腐 ……………………………………… 201
案例5　河海大学以"六个抓"推进全面从严治党向纵深发展 ………… 208

专题6　坚持以新的发展理念引领高质量发展

案例1　践行新发展理念,江苏高质量发展不断推进 ……………… 217
案例2　从"南泥湾"到"新宏图":小米"全链路"赋能"自主创新" …… 225
案例3　江南大学用科技创新牢牢守住"舌尖上的幸福" …………… 233
案例4　做创新的"主人翁",江南大学打通益生菌专利转化之路 …… 239
案例5　C919,见证中国高端制造的创新发展 ……………………… 244
案例6　东西协作发展让"山水情谊长"——中山与六盘水东西部协作
纪事 ……………………………………………………………… 251
案例7　绿色:从"一城煤灰半城土"到"一城青山半城湖"——江苏省
徐州市贾汪区演绎化蛹成蝶新篇章 ……………………………… 259
案例8　浅湖深治,美成在久——江苏推进太湖生态治理综述 …… 265
案例9　"144小时免签"再上新!"China Travel"潮持续火热中 …… 272
案例10　"合作+众筹+共享"新模式,湖南彭山庄园打开乡村振兴
新思路 ……………………………………………………… 278
案例11　共享发展,更好潍坊! ……………………………………… 285
案例12　"数"治新机制!贵州:公共数据开放共享,数字治理服务
民生 ………………………………………………………… 294
案例13　"一带一路"10周年:用民生的"温度"提升幸福的"热度" … 299

专题7　坚持让现代化建设成果惠及全体人民

案例1　共享中国式现代化建设成果 ……………………………… 307
案例2　湖南湘西十八洞村,讲好新时代乡村振兴故事 …………… 315

案例 3	山海难阻苏青情	321
案例 4	无锡市经开区——幸福之城,全民共享	327
案例 5	苏州工业园区:数字化赋能,打造智"惠"民生新图景	337
案例 6	沈阳市牡丹社区——以人民为中心,共享改造成果	343

专题 8　坚持发展全过程人民民主

案例 1	有"烟火气"的民主形式,助力上海 228 街坊蝶变全过程	351
案例 2	无锡滨湖:"望闻问切"让人大代表联络站"活"起来	356
案例 3	无锡阳山:"一颗水蜜桃"中的人民民主"真甜"	360
案例 4	"码上商量"——江苏盐城大数据技术赋能全过程人民民主的地方实践	366
案例 5	"全过程人民民主之花"绽放新疆昌吉庭州之民族团结篇	377
案例 6	北京接诉即办——全过程人民民主的生动实践	385

专题 9　坚持建设好社会主义文化强国

案例 1	从文明古国迈向文化强国	393
案例 2	国潮消费热背后的文化自信	402
案例 3	网文、网剧、网游文化"新三样",出海正当时	408
案例 4	《苍兰诀》走红外网:中国文化如何走出去	414
案例 5	"朋友圈"不断扩大,贵州"村超"做对了什么?	422
案例 6	泡泡玛特这家中国潮玩公司,如何让全球年轻人上头?	428
案例 7	游戏出海带火中国文化	436
案例 8	《黑神话:悟空》,在文化与游戏间"通关"环球网	443

专题10　坚持推进建设美丽中国

案例1　福建打造"美丽城市"样板 …………………………………… 451

案例2　八年四次点名,云南杞麓湖为何仍难清澈? ………………… 456

案例3　与蓝藻缠斗十多年,无锡"治太"做对了什么? ……………… 462

案例4　福建宁德：从一棵到千亩林！三代人四十载"植"出奇迹 …… 469

案例5　广西金秀：青山绿水绘底色,瑶韵风情添特色 ……………… 479

参考文献　……………………………………………………………… 485

专题 1 坚持党的全面领导

专题导读

"中国最大的国情就是中国共产党的领导。"党的二十大报告指出:"我们全面加强党的领导,明确中国特色社会主义最本质的特征是中国共产党领导,中国特色社会主义制度的最大优势是中国共产党领导,中国共产党是最高政治领导力量,坚持党中央集中统一领导是最高政治原则。"[①]这一重要论断,深刻揭示了党的领导与中国特色社会主义的内在必然联系,是回顾新时代党和人民奋进历程我们更加坚定的重要结论,是对建设长期执政的马克思主义政党规律性认识的深化,是科学把握共产党执政规律、社会主义建设规律的重要成果。历史充分证明,没有中国共产党,就没有新中国,就没有中华民族伟大复兴。放眼看去,世界上没有哪个执政党能像中国共产党这样,在面对困难挑战时,一次次将"不可能"变成"一定能"。从中国人民站起来、富起来到强起来的伟大飞跃中,我们可以自信地讲,社会主义没有辜负中国,中国没有辜负社会主义。走进新时代,以习近平同志为核心的党中央总揽全局、协调各方,推动中华民族伟大复兴进入了不可逆转的

---

① 习近平.习近平著作选读(第1卷)[M].北京:人民出版社,2023:6.

历史进程。

新征程上,继续坚持和加强党的全面领导,就必须坚决维护习近平总书记的核心地位,坚决维护党中央权威和集中统一领导,确保拥有团结奋斗的强大政治凝聚力、发展自信心;就必须在推进中国特色社会主义伟大事业过程中全面、系统、整体地落实党的领导,确保党的领导对象要全覆盖、内容要全面、过程要全面、制度建设要系统、作用要体现到治国理政全过程、功能发挥要完整;就必须贯彻落实民主集中制,在充分发扬民主的基础上进行集中,坚持党中央权威和集中统一领导,集中全党智慧,体现全党共同意志;就必须确保党始终总揽全局、协调各方,通过统揽各项工作以整体推进党和国家各方面事业,通过统揽各方力量以领导各级各类组织和广大党员、干部、群众一体行动,通过统揽国家治理以坚持和完善中国特色社会主义制度、推进国家治理体系和治理能力现代化。①

---

① 中央组织部党建研究所.坚持党的全面领导不动摇[J].求是,2021(23):35-41.

案例 1

党的全面领导的历史沿革

核心阅读

任何一种政治体制,都必须回答如何有效推进国家现代化建设进程,如何用良好的发展绩效来满足人民日益增长的各种需求等问题,这就必然牵涉政治体制的决策与执行模式建构问题。习近平总书记强调,坚持和加强党的全面领导,关系党和国家前途命运,我们的全部事业都建立在这个基础之上,都根植于这个最本质特征和最大优势。回望党的百年奋斗历程,中国人民和中华民族之所以能够扭转近代以后的历史命运、取得今天的伟大成就,最根本的是有中国共产党的坚强领导。正如毛泽东曾指出的,"指导伟大的革命,要有伟大的党"①。纵观中国共产党成立以来的历史经验,在中国共产党领导的社会主义制度之中,一个最大的优势即在于,可以发挥社会主义制度集中力量办大事的优势,迅速付诸实施,进而避免出现代西方政治体制中屡见不鲜的执政党和反对党相互掣肘、相互否决的决策与执行困境。

---

① 毛泽东.毛泽东选集(第1卷)[M].北京:人民出版社,1991:277.

党的全面领导的地位确立,党的全面领导的能力提升,党的全面领导的路径选择既不是一蹴而就的,也不是一帆风顺的。① 回顾党的百余年历史,在领导中国革命、建设与改革的历史征程中,中国共产党对自身职能和发展目标进行了艰辛探索,丰富了党对全面领导的认识和理解,党的全面领导从提出到发展完善,其间虽有强调重点的变化,但党的全面领导始终在变革调整中坚持和发展。②

在新民主主义革命时期,中国共产党在创建初期就将宣传、组织工人、青年作为重要任务,先后成立了中国劳动组合书记部和中国社会主义青年团,加强对工人运动和青年团体的领导。党的四大提出,"吾党在国民党及其他有政治性质的重要团体中,应组织党团,从中支配该党和该团体的活动",对党领导其他政治力量提出明确要求。但是,由于党当时尚处于幼年阶段,理论准备与斗争经验都相对不足,这一思想没有被广泛运用于领导革命实践。党及时总结经验教训,在"八七会议"上提出枪杆子里面出政权,三湾改编中提出将支部建在连上,"古田会议"上确立了思想建党、政治建军原则。1942年9月1日中共中央政治局通过的《关于统一抗日根据地党的领导及调整各组织间关系的决定》规定,"党是无产阶级的先锋队和无产阶级组织的最高形式,它应该领导一切其他组织,如军队、政府与民众团体",首次以党的正式文件明确了党的全面领导原则。在党的全面领导下,各抗日根据地之间、各部门之间紧密配合,协调行动,为抗日战争及随后的解放战争的胜利打下了坚实基础。

在社会主义革命与社会主义建设时期,自中华人民共和国成立以后,领导社会主义革命与社会主义建设成为党的中心工作。为及时纠正与制止当时一些地区和部门出现的分散主义倾向,中共中央多次就加强党中央的集中统一领导做出部署。1953年3月10日,中共中央发布《关于加强中央人民政府系统各部门向中央请示报告制度及加强中央对于政府工作领导的决定(草案)》,规定政府工作中一切主要的和重要的方针、政策、计划和重大事

---

① 张世飞,黎田.论党的全面领导的演进、逻辑与特征[EB/OL].(2019-03-11) [2024-12-09].https://www.nfzz.net.cn/node_34a169f698/59007404d5.shtml.
② 路云辉.党的全面领导历史演进的显著特征与成功经验[J].特区实践与理论, 2022(2):32-37.

项,必须经过党中央的讨论和决定或批准以后,始得执行;政府各部门对于中央的决议和指示的执行情况及工作中的重大问题,均须定期、及时向中央报告或请示。1958年6月10日,中央又成立了财经、政法、外事、科学、文教小组,这些小组直隶于中央政治局和书记处。1962年1月11日至2月7日,毛泽东在扩大的中央工作会议中强调,"工、农、商、学、兵、政、党这七个方面,党是领导一切的。党要领导工业、农业、商业、文化教育、军队和政府"。这一系列部署保证了党在社会主义革命和社会主义建设中的领导核心地位。可惜的是,在当时高度集中的计划经济体制下,党与政府、企业等各种组织的关系缺乏明确区分,党的全面领导一定程度上演变为"党直接管理一切""党包办一切""党干预一切",反而影响了党的全面领导成效。

20世纪70年代末开始,中国共产党结合现代化建设和改革开放的新要求着手规范党的全面领导。1978年12月18日,党的十一届三中全会提出,要"在党的一元化领导之下,认真解决党政企不分、以党代政、以政代企的现象"。1980年1月16日,邓小平在中央召集的干部会议上强调,党应该居于领导的地位,党也不能够代替一切,包办一切,要坚持并且改善党的领导。在此指导思想下,中央以解决党与政权的关系为重点,加强社会主义法制建设,依法改革党同法院、检察院以及其他社会团体组织的关系,建立健全党领导各方面工作的体制机制。党的全面领导方式的变革,不仅极大地激发了其他组织力量参与中国特色社会主义现代化建设的积极性,也强化了党对中国特色社会主义各项事业的全面领导能力。

在中国特色社会主义新时代,自党的十八大以来,中国共产党从统筹推进"五位一体"总体布局、协调推进"四个全面"战略布局、实现中华民族伟大复兴的历史高度,多次强调党的全面领导原则。党的十九大重申"党政军民学,东西南北中,党是领导一切的",并将坚持和加强党的全面领导作为习近平新时代中国特色社会主义思想的首要方略。党的十九大党章重新规定"党领导一切"。党的十九届三中全会部署深化党和国家机构改革;党的十九届四中全会健全党的全面领导制度;党的十九届五中全会将坚持党的全面领导作为"十四五"规划的基本原则与重要内容予以强调与部署。党的二十大继续强调,"我们全面加强党的领导,明确中国特色社会主义最本质的特征是中国共产党领导,中国特色社会主义制度的最大优势是中国共产党领导,中国共产党是最高政治领导力量,坚持党中央集中统一领导是最高政治原则,系统完善党的领导制度体系,全党增强'四个意识',自觉在思想上政治上行动上同党中央保持高度一致,不断提高政治判断力、政治领悟力、政治执行力,确保党中央权威和集中统一领导,确保党发挥总揽全局、协调各方的领导核心作用"。党的二十届三中全会强调,要进一步全面深化改革要总结和运用改革开放以来特别是新时代全面深化改革的宝贵经验,贯彻坚持党的全面领导、坚持以人民为中心、坚持守正创新、坚持以制度建设为主线、坚持全面依法治国、坚持系统观念等原则,其中"坚持党的全面领导"排在首位,是重中之重。全会审议通过的《中共中央关于进一步全面深化改革、推进中国式现代化的决定》提出,"坚定维护党中央权威和集中统一领导,发挥党总揽全局、协调各方的领导核心作用,把党的领导贯穿改革各方面全过程,确保改革始终沿着正确政治方向前进"。

"中国特色社会主义最本质的特征是中国共产党领导,中国特色社会主义制度的最大优势是中国共产党领导。"始终坚持和加强党的领导,切实把党的领导落实到改革各领域各方面各环节,真正把全党全国各族人民的思想和行动统一起来,进一步全面深化改革的战略部署必能转化为推进中国式现代化的强大力量。

思考讨论

1. 如何准确理解"中国特色社会主义最本质的特征是中国共产党领导,中国特色社会主义制度的最大优势是中国共产党领导"这一重大论断?

2. 在党的全面领导的历史沿革中,哪些关键事件和决策强化了党的领导地位?这些事件对当时的中国社会和国家发展产生了什么样的影响?

3. 结合党的十八大以来的新形势新任务,如何理解坚持党的全面领导对于实现中华民族伟大复兴的重要性?你认为在当代社会条件下,如何更好地落实这一领导原则?

教学建议

本案例主要适用于"坚持党的全面领导"部分的辅助教学,主要展示了"坚持党的全面领导"这一中国特色社会主义最本质的特征、中国特色社会主义制度的最大优势的历史沿革。

1.运用历史脉络讲解党的全面领导

在课堂上采用历史时间线的方式,将党的全面领导在各个时期的发展和变化清晰呈现出来。例如,结合四个主要阶段,详细讲解党的领导地位的确立、提升以及面临的挑战。通过这种方式,帮助学生更直观地理解党的全面领导的演进过程及其在不同历史阶段的具体表现。

2.开展案例分析和讨论活动

在课堂上设计互动环节,鼓励学生分组讨论或分析具体历史事件对党的全面领导的影响。例如,分析"古田会议"确立的思想建党、政治建军原则,或邓小平在改革开放初期关于改善党的领导的指导思想,讨论这些决策在当时的意义以及对党的全面领导能力的影响。通过案例分析,提升学生对党的全面领导重要性的认识,并锻炼他们的批判性思维。

3.结合新时代实际加强理论联系实际

在课堂教学中,要将党的全面领导的历史沿革与新时代的实际紧密结合,强调其在实现中华民族伟大复兴中的重要性。可以通过引用党的十八大以来的具体政策和实例,如"五位一体"总体布局和"四个全面"战略布局,帮助学生理解党的全面领导在当今社会中的现实意义和实际运用。还可以鼓励学生思考并提出如何在当前实际工作中更好地落实党的全面领导。

案例 2

"机构改革再启动"——历次党和国家机构改革都改了什么?

 核心阅读

机构改革似乎是一个常谈常新的话题。改革开放以来,我国在40多年里先后进行过5次党的中央机构改革和8次国务院机构改革。从精简机构到大部制改革,再到统筹推进党政军群机构改革,每一次都离不开"合并"和"化简",同时伴随着的是党和国家机构职能的不断优化。每一次机构改革,都不是小修小补,都是大刀阔斧;都不是分久必合、合久必分的循环往复,都是标本兼治、形神兼备的与时俱进,是一场刀刃向内的自我革命。

2023年3月16日,《党和国家机构改革方案》公布,意味着新一轮党和国家机构改革拉开序幕。中国全面深化改革已经进入深水区,此次机构改革力度大、涉及面广、触及利益深,也在情理之中。一口气新组建了中央金融委员会、中央金融工作委员会、中央科技委员会、中央社会工作部、中央港澳工作办公室等5个"中字头"机构,对金融管理体制进行了一次系统性、整体性重构,明确了科技创新在我国现代化建设全局中的核心地位,信访开启了新的工作格局……总的来看,这一轮党和国家机构改革既是贯彻党的二十大精神的重大举措,也是对历次党和国家机构改革的继续和完善,更是推进国家治理现代化的又一次集中行动。相信此轮机构改革在坚持党的集中统一领导的基础上,必将掀起又一场国家治理的深刻变革,推动中国式现代化巨轮行稳致远。

专题1　坚持党的全面领导

党的十八大以来,以习近平同志为核心的党中央,把深化党和国家机构改革作为推进国家治理体系和治理能力现代化的一项重要任务,从整体性推进中央和地方各级机构改革到系统性增强党的领导力,国家治理体系和治理能力现代化水平明显提高。

回望改革开放40多年,为了适应党和国家工作重心的转移、社会主义市场经济发展的需要,党和国家机构改革解决突出问题,与时俱进、不断深化。从1982年到2018年,党的中央机构改革进行了5次,分别在1982年、1988年、1993年、1999年、2018年。国务院机构改革每5年进行一次,共进行了8次改革。在精简政府机构、降低行政成本、提高政府行政效率、转变政府职能、适应社会主义市场经济建设等方面都取得了非凡的成就,为今后党和国家机构改革继续深化提供了宝贵经验。①

一、精简机构,适应社会主义市场经济发展需要

1982年1月,邓小平在中共中央政治局会议上发表《精简机构是一场革命》的讲话,开启了改革开放以来中共中央与国务院机构改革的历程。1982年机构改革之前,国务院的工作部门多达100个,人员编制超过5万人,一个部委最多时有20多位副部长,机构臃肿、职责不清、效率低下问题极其严重。1982年机构改革的重点就是精简机构,提高政府效率。"文革"结束后一些特殊时期的机构需要撤销,适应经济建设的机构需要重建。

于是,根据中央制定的重叠机构撤销、业务相近的合并、适合改为经济组织和事业单位的不再作为国家机关的原则,国务院所属部委由52个裁并为42个,工作部门从100个减为61个,人员编制减为3万多人。结合领导班子的年龄结构、文化结构,重新核定了各部委及司局的领导职数,核减了副职,实行干部离退休制度等。这次改革,在废除领导干部终身制和推进干部年轻化、革命化、知识化、专业化方面,进行了有益的探索。

1988年,机构改革首次提出"转变政府职能",此后的政府机构改革基本都是围绕转变政府职能开展的。这次改革包括合理配置政府部门工作职能,科学划分各部门职责任务和分工,优化部门机构设置等。同时继续精简

---

① 王涵.历次党和国家机构改革都改了什么[J].民主与法制周刊,2023(12):22-26.

机构和人员。国务院新组建了人事、劳动、建设、能源、水利、机械电子、航天航空、物资、国家计委等9个部委。国务院部委、直属机构、非常设机构都做了一定程度上的精简。为了避免走"精简—膨胀—再精简—再膨胀"的老路,在这次改革中,第一次正式提出了各部门要制订定职能、定机构、定人员编制的"三定"方案,这在改革中属于首次。此后,机构设置一直不断优化。

党的十四大明确提出了建立"社会主义市场经济",在这个背景下,1993年,机构改革的核心任务就是要适应新的社会主义市场经济。改革以"精简、效能、统一"的原则,提出了"统筹党政机构设置"的要求,国务院原有组成部门由42个调整为41个。

虽然通过前三次改革,当时所面临的问题得到了一定改善,但是由于历史条件制约,当时国家的改革进程有待深入,计划经济条件下政府体制带来的问题,还没有得到根本性解决。

据了解,1998年,全国公务员规模达800余万人,行政管理支出占整个财政支出的比重,由1978年的4.7%增长到14.8%。同时,在庞大的规模、行政成本增长的背后,各级政府机关还存在职能错位、行政效率低下等问题。因此,1998年的改革在前一次改革的基础上,进一步精简优化内设机构、人员结构和编制。国务院组成部门精简为29个,机关人员减少近一半。随着改革开放和社会主义市场经济的发展,彻底结束经济部门直接管理企业的理念得到人们的普遍认可。改革撤销了10个工业专业经济部门,政府职能转变有了重大进展。不再保留的有15个部委,新组建4个部委,更改名称的有3个部委,同时将国务院系统人员精简47%。

这次改革也是历次改革中人员精简力度最大的一次,各部门内设机构和人员编制进一步精简,其中内设机构减少200多个,行政编制减少了1.56万个。随后,各级地方政府进行机构改革,至2003年,全国各级党政群机关共精简行政编制115万个,市县乡政府清退超编人员43万人。这次改革无论从广度上还是从深度上,都是一次影响深远、力度空前的改革,其历史性进步在于政府职能转变有了重大进展。虽然在1993年的改革中也提到过政企职责分开和精简、切实做到转变职能,但由于种种原因,效果一直不明显。这次改革撤销了几乎所有的工业专业经济部门,结束了中国长期计划经济条件下设置专业经济部门管理经济的历史,消除了政企不分的组织基础。对由计划经济政府转向市场经济政府,进而建立适应市场经济型政府起到了关键性作用。

2003年,党的十六届二中全会明确提出进一步深化改革,转变政府职能,改进管理方式,提高行政效率等。这次改革,在加入世贸组织的大背景下,设立国资委、银监会,组建商务部和国家食品药品监督管理局、安监总局,撤销2个机构,使国务院组成部门减少为28个。

二、重组合并,探索"大部制"模式

长期致力于中国改革,特别是政府改革研究的中共中央党校(国家行政学院)教授汪玉凯表示,从1982年开始,我国先后进行过5次大的行政管理体制改革。其中一个重要内容就是不断裁减、调整政府机构,使其能够与一定阶段的经济体制改革相适应。这些改革,为进一步推进大部制管理奠定了重要的基础。

在当时,政府机构职能交叉、重叠引发的政府管理问题,是人们普遍能感受到的。党的十七大报告指出,要"加大机构整合力度,探索实行职能有机统一的大部门体制,健全部门间协调配合机制"。对此汪玉凯解释,大部门体制或者大部制,就是在政府的部门设置中,将那些职能相近、业务范围雷同的事项相对集中,由一个部门统一进行管理,最大限度地避免政府职能交叉、政出多门、多头管理,从而达到提高行政效率、降低行政成本的目标。

1998年,由国家医药管理局合并原卫生部药政司组成的国家药品监督管理局,10年后又被卫生部合并。在当时,国内的药品安全问题频发,关于国家药监体制改革的呼声不断。一方面,归卫生部管理后,药监局更容易开展在医院的监督工作;另一方面,为即将开始的医改做准备。

此次机构改革的核心还是转变政府职能和理顺职责关系。改革涉及调整变动的部委共15个,改革后,除国务院办公厅外,国务院组成部门设置27个,正部级机构减少4个。

这次改革首次提出"大部制"的理念,在积极探索大部门体制上,迈出了坚实的步伐。将许多职能交叉重叠的部门进行了整合以及大交通运输、大工业信息化等部门的出现,为提升行政机构办事效率进行了十分有益的尝试,大部制已经开始初步成型。

2008年,国务院机构改革开始探索大部制体制,在整合多个部门实现有效的宏观调控中,提出要建设服务型政府。这次改革组建交通运输部、人力资源和社会保障部(开始建立大社保)、工业和信息化部、住房和城乡建设部、环境保护部(不再保留国家环境保护总局),国家食品药品监督管理局改由卫生部管理。

2008年机构改革率先在国务院推出5个大部后,广东顺德、浙江富阳等地在大部制改革方面进行了试点尝试,经过5年的探索,积累经验的同时也暴露出不少问题,政府管理不适应经济社会发展的问题依然较为突出。因此,在党的十八大报告中,再一次明确提出稳步推进大部门制改革,健全部门职责体系。

汪玉凯认为:"2013年,这次改革仍然延续了2008年大部制改革的思路,最大的差异点在于特别突出了转变政府职能,是一个由过去比较注重外在机构合并、调整更加转向职能的转变,是内涵式的改革。"

这一轮机构改革,实行铁路政企分开,组建中国铁路总公司,承担铁道部的企业职责,不再保留铁道部,铁道部正式退出历史舞台。表面上看,改革并不是大刀阔斧,因为机构整合数量并不大。整合了相关领域职能和机构,组建了国家卫计委、国家食药监管总局、国家新闻出版广电总局等部门,重新组建国家海洋局、国家能源局。此次改革国务院正部级机构减少4个,其中组成部门减少2个。改革后的国务院组成部门减至25个。

这一次是针对突出问题进行改革,而不是为了改革而改革,无论是整合药品食品监管,还是解决海上执法力量分散问题,都是在直面过去的"老大难"问题;而且大家可以看到,这次改革比较关注民生,医疗卫生包括新闻出版和广电,都是和老百姓文化消费相关的。除此之外,特别强调权力下放。强调政府对市场下放权利,发挥市场资源配置作用;特别强调政府对社会下放权利,发挥社会组织的社会管理作用。其实,历次机构改革并不只是在部门数量上做加减法,同时伴随着的是政府职能的不断转变。

汪玉凯表示:"从表面数量上看,这次整合的力度我认为不是特别大,但是这次特别强调转变政府职能,在机构改革方案中对转变政府职能用了很多笔墨,而且有很大的整合的举措。比如说,提出了要进一步发挥市场在资源配置中的作用,有了一系列若干举措,如何下放投资审批权、如何下放对生产经营的审批权、如何保障国民个人权益。再比如说,为了发挥社会组织在社会管理中的作用,我们强调对社会组织不再进行双轨制管理,行业协会类、科技类、公益服务类和社区服务类这四类社会组织,不用找政府主管部门了,直接可以到民政部门登记注册,这是重大的举措,这是过去传统想解决没有解决的问题。"

改革的成效,在2018年两会政府工作报告中作了总结:"五年来,国务院部门行政审批事项削减44%""中央政府层面核准的企业投资项目减少90%""非行政许可审批彻底终结""职业资格许可和认定大幅减少"等。

三、突出党的领导,推进国家治理体系和治理能力现代化

之前的几轮改革主要是为了市场经济与建立和不断完善与市场经济体制相适应的机构改革。进入新时代,2018年2月28日,党的十九届三中全会审议通过了《中共中央关于深化党和国家机构改革的决定》和《深化党和国家机构改革方案》。相较于过去,国家机构改革只侧重于行政体制改革,此次国家机构改革立足于经济社会发展全局,统筹推进党政军群机构改革,并且突出党的核心领导地位。

汪玉凯解释,这次改革的称谓和过去有很大差别。"过去称政府改革、行政改革或者国务院机构改革,现在称党和国家机构改革,这是第一次把党和国家放在一起与机构改革挂起钩来,也就是说,过去的七次改革还是以行政改革作为主导的,但是这次改革情况就不一样了,它从整体上体现党和国家的整体谋划。"

国务院机构改革方案的一大特点是合并,将职能相近的部门合并或合署办公,优化政府机构设置和职能配置,实现一类事项原则上由一个部门统筹、一件事情原则上由一个部门负责。比如,将中央直属机关工作委员会和中央国家机关工作委员会的职责整合,组建中央和国家机关工作委员会等;将一些业务相近的部门归口管理,比如新闻出版工作、电影工作归中央宣传部统一管理;国家民族事务、宗教、侨务工作归中央统战部统一管理等;一些机构的名字将不复存在,职能则被拆分并入其他部门。改革后,除国务院办公厅外,国务院设置组成部门26个,国务院正部级机构减少8个,副部级机构减少7个。

国务院机构改革方案一经公布,已经让人感觉到改革力度之大,但这也仅仅是《深化党和国家机构改革方案》的一部分。深化党和国家机构改革方案全文有八个方面改革,单列出来的具体改革内容有60条。而国务院改革方案,只是八个方面中的一个方面,位列第24至第46条。党和国家机构改

革方案涉及党中央机构改革、全国人大机构改革、国务院机构改革、全国政协机构改革、行政执法体制改革、跨军地改革、群团组织改革、地方机构改革等,调整部门之多前所未有。

"党和国家机构改革同时并行,并将党的领导置于突出位置,统筹设置党政机构,成为本次机构改革的突出特点。加强党对各领域各方面工作的领导,是深化党和国家机构改革的首要任务,也是为了确保改革的各项任务能够深入推进。"中共中央党校(国家行政学院)教授张希贤解释说。

因此,党中央机构改革成了本次改革最大的亮点。党中央职能部门中,中组部统管中编办、公务员工作,将国家公务员局并入中央组织部;中宣部统管新闻出版、电影工作,合并了此前国家新闻出版广电总局的部分职能,对外加挂国家电影局牌子;统战部统管宗教、侨务工作,归口领导国家民委(国家民委仍作为国务院组成部门),将宗教、侨务、民族事务统一归口统战部,合并了国务院侨办,对外保留国家宗教事务局牌子。政法委并入了中央社会治安综治委、综治办的职责,且并入了中央维稳办、610反邪教办公室的部分职责。综治委(办)、维稳办、反邪教委(办)不再单设。党中央办事机构中,优化了中央网信办,并入部分工信部的职责。中央派出机构中,组建中央和国家机关工作委员会,不再保留中直工委、国家工委。党中央直属事业单位中,中央党校和国家行政学院一个机构两块牌子,组建新的中央党校(国家行政学院)。整合中央党史研究室、中央文献研究室、中央编译局的职责,组建中央党史和文献研究院,对外保留中央编译局牌子。

值得一提的是,本次改革新建立的国家监察委改变了国家的权力结构。汪玉凯指出,过去我们常说人大产生一府两院,以后就是一府一委两院四个结构了,监察委排在国务院政府后,法院和检察院前,其权威性肯定会被确立起来。国家监察委设置后,有可能以国家监察委的设立为标志,构建一个管控公权力的制度笼子,把我国的反腐进一步由运动反腐转向制度反腐,由治标反腐转向治本反腐。设置国家监察委是一个历史性的重大转折,是在党和国家机构改革中通盘考虑的结果。

据了解,这次改革在中央和国家机关层面,改革涉及180多万人,核减部级机构21个,核减班子正副职数58名,减少设置部长助理部门9个,减少职数25名。中央层面,有39个部门重新制定了"三定"规定、25个部门调整了职责。重新制定"三定"规定的部门,同划入基数相比,共精简内设机构107

个,精简 15.4%;精简司局领导职数 274 名,精简 10.8%;精简编制 713 个,精简 3.1%。

回顾这 40 多年来的机构改革,在经过 8 次改革以后,我国政府已经由计划经济型政府形态转向了市场经济型政府形态。今天,我国政府的管理理念、政府结构、政府运转、管理手段方式,与 40 多年前相比,已经发生很大改变。我们正在以推进国家治理体系和治理能力现代化为目标,不断推进党和国家机构改革。

思考讨论

1. 历次党和国家机构改革的核心目标主要是什么?如何理解这些目标与中国特色社会主义道路之间的内在关联?

2. 党的十八大以来,为什么我国机构改革特别强调党的集中统一领导?这对国家治理现代化的推进有什么意义?

3. 机构改革中的"刀刃向内"自我革命精神如何体现?在推动改革的过程中,这种精神对党和国家的未来发展有什么深远影响?

教学建议

本案例主要适用于"坚持党的全面领导"部分的辅助教学,可以帮助学生了解我国自改革开放以来的历次党和国家机构改革,重点关注改革的背景、内容和效果,尤其是通过精简机构、优化职能配置、转变政府职能等措施,逐步推进国家治理体系和治理能力现代化,体现了中国式现代化的动态调整与自我革新。

1. 历史演变与现实结合的教学法

结合改革开放以来的历次机构改革,详细讲解其背景、目的及成效。通过梳理历史演变的脉络,帮助学生理解当下机构改革的重要性,进而引导学生思考每一次改革的不同侧重点,以及这些改革如何为中国现代化治理奠定基础。具体可以使用时间线和案例对比,展示从 1982 年以来的改革历程,并结合当前机构改革的实际案例,如中央金融委员会等机构的成立,探讨这些改革背后的国家战略与治理理念。

2. 理论与实践相结合的讨论课

组织学生进行小组讨论,围绕机构改革的理论基础与实践操作展开辩论。通过讨论,让学生理解为什么党和国家机构改革是国家治理体系和治理能力现代化的重要内容,并且这些改革如何与时俱进,回应时代需求。可以在课堂上展示相关文献和数据,鼓励学生结合改革实际,提出对未来机构改革的见解。可以模拟政府决策过程,让学生参与角色扮演,制定他们认为必要的机构调整方案。

3."刀刃向内"的自我革命精神培养

深入阐述党和国家机构改革作为"刀刃向内"的自我革命,培养学生的自我批评精神与改革意识。通过引入自我批评与自我提升的概念,鼓励学生反思自身的不足以及如何通过改革和调整来改进。

案例 3

坚持党的领导为全面深化改革提供根本政治保证

 核心阅读

2024年5月,习近平总书记在主持召开企业和专家座谈会时强调,"改革无论怎么改,坚持党的全面领导、坚持马克思主义、坚持中国特色社会主义道路、坚持人民民主专政等根本的东西绝对不能动摇"。党的二十届三中全会最重要的成果就是审议通过了《中共中央关于进一步全面深化改革、推进中国式现代化的决定》(以下简称《决定》)。《决定》既是党的十八届三中全会以来全面深化改革的实践续篇,也是新征程推进中国式现代化的时代新篇,是中国共产党历史上又一重要纲领性文献。《决定》明确指出:"党的领导是进一步全面深化改革、推进中国式现代化的根本保证。保持以党的自我革命引领社会革命的高度自觉,坚持用改革精神和严的标准管党治党,完善党的自我革命制度规范体系,确保党始终成为中国特色社会主义事业的坚强领导核心。"实践证明,党中央权威和集中统一领导是改革得以全面推进、不断深化,续写经济快速发展和社会长期稳定两大奇迹的根本政治保证。新时代新征程,必须坚持和加强党的全面领导,正确认识形势、防范风险、化解危机、应对挑战,把各领域各方面的力量凝聚起来,推动改革开放行稳致远。

"全面深化改革必须加强和改善党的领导,充分发挥党总揽全局、协调各方的领导核心作用。"党的十八大以来,以习近平同志为核心的党中央引

领实行全方位、深层次、根本性的改革,取得了历史性、革命性、开创性的成就。改革开放,是我们党最鲜明的旗帜;党的领导,则是我们改革开放取得成功的根本保证。① 在波澜壮阔的伟大征程中,正因坚强有力的掌舵领航,确保了新时代全面深化改革的航船劈波斩浪、行稳致远。

"坚持党的领导,全面从严治党,是改革开放取得成功的关键和根本"——新时代全面深化改革的伟大成就根本在于以习近平同志为核心的党中央坚强领导,根本在于习近平新时代中国特色社会主义思想的科学指引。

珠江入海口,是为伶仃洋。一座名为南头的半岛直插其中,犹如巨锚入水,又似扬起的风帆。数十年前,半岛东岸,蛇口工业区建设的"开山第一炮"犹如惊蛰春雷,"春天的故事"恢弘起笔。如今,半岛西岸,"特区中的特区"前海一年一个样,"荒滩涂"正变为"聚宝盆"。2012年12月7日,党的十八大闭幕不到一个月,习近平总书记来到改革开放"得风气之先"的广东,第一站就来到这里。2020年10月,在庆祝深圳经济特区建立40周年之际,习近平总书记又一次来到广东,发出"改革不停顿,开放不止步"的号召,更高举起新时代改革开放的旗帜。

强烈的历史担当,源自清醒的历史自觉。40多年前,在"向何处去"的十字路口,中国共产党作出改革开放的历史性抉择。这是我们党的一次伟大觉醒,古老民族踏上了迈向现代化的新的征程。习近平总书记深刻指出:"改革开放是我们党在新的时代条件下带领人民进行的新的伟大革命,是当代中国最鲜明的特色,也是我们党最鲜明的旗帜。"

历史翻开新的一页,改革谱写新的篇章。党的十八大以来,面对国内外环境发生的广泛而深刻的变化,面对一系列新矛盾、新挑战,以习近平同志为核心的党中央将改革开放作为决定当代中国命运的关键一招,决定实现"两个一百年"奋斗目标、实现中华民族伟大复兴的关键一招,坚定不移将改革开放继续推向前进。位于北京西长安街延长线的京西宾馆,见证了中国

---

① 朱基钗,高蕾,孙少龙,等.坚持党的领导为全面深化改革提供根本政治保证:新时代全面深化改革的实践与启示述评之二[EB/OL].(2024-07-04)[2024-12-09]. https://www.gov.cn/yaowen/liebiao/202407/content_6961231.htm.

共产党两次"划时代"的三中全会。1978年12月,党的十一届三中全会在这里召开,改革开放和社会主义现代化建设历史新时期由此开启。30多年后,2013年11月,党的十八届三中全会在这里召开,吹响了全面深化改革的号角,开启了全面深化改革、系统整体设计推进改革的新时代。从创造性提出全面深化改革总目标,到系统部署60项具体任务、336项改革举措……

全面深化改革的战略重点、优先顺序、主攻方向、工作机制、推进方式和时间表、路线图布局宏阔、清晰醒目。以党的十八届三中全会为新起点,我国改革开放事业实现由局部探索、破冰突围到系统集成、全面深化的转变。历史的重任赋予改革者,时代的课题呼唤领航人。习近平总书记亲自挂帅,议大事、抓大事、谋全局,以非凡的政治勇气、卓越的政治智慧、强烈的使命担当,带领全党奋力突破、攻坚克难,为全面深化改革提供了最坚强有力的领导。从党的十八届四中全会推动全面深化改革在法治轨道上持续稳步推进,到党的十九届三中全会部署改革开放以来最大规模的机构改革,从党的十九届四中全会系统描绘中国特色社会主义的制度图谱,到党的二十届二中全会对继续深化党和国家机构改革作出重要部署……

十多年来,在以习近平同志为核心的党中央引领下,我们党提出的一系列创新理论、采取的一系列重大举措、取得的一系列重大突破,都是革命性的。如今,2000多个改革方案落地,覆盖经济、政治、文化、社会、生态文明、党的建设、国防和军队等各个领域。全面深化改革从夯基垒台、立柱架梁,到全面推进、积厚成势,再到系统集成、协同高效,许多领域实现历史性变革、系统性重塑、整体性重构。环顾世界,没有哪个国家和政党能在这么短的时间内推动这么大范围、这么大规模、这么大力度的改革。

为何中华大地能凝聚起如此蓬勃的改革力量?"坚持党的领导,全面从严治党,是改革开放取得成功的关键和根本。"习近平总书记道出我国改革开放风景独好的奥秘,更揭示了未来怎样继续推进全面深化改革的法宝。

"切实把党的领导落实到改革发展稳定、内政外交国防、治党治国治军等各领域各方面各环节"——坚持和加强党的全面领导确保改革顺利推进和各项改革任务落实,全面深化改革也进一步完善了党的全面领导制度体系。

2024年6月11日下午,北京中南海。习近平总书记主持召开二十届中央全面深化改革委员会第五次会议,审议通过了《关于完善中国特色现代企业制度的意见》等文件。十多年来,这样的会议,习近平总书记主持召开了72次。2013年12月,我们党历史上首次在党中央层面设置专司改革工作的领导机构——中央全面深化改革领导小组,负责改革的总体设计、统筹协调、整体推进、督促落实,下设6个专项小组,统筹协调处理全局性、长远性、跨地区跨部门的重大改革问题。党的十九届三中全会后,中央全面深化改革领导小组改为中央全面深化改革委员会。

"中央全面深化改革领导小组的责任,就是要把党的十八届三中全会提出的各项改革举措落实到位。"习近平总书记指出。十多年来,一个强有力的领导"中枢",以钉钉子精神抓好各领域重大改革举措落实。中国共产党领导是中国特色社会主义最本质的特征,是中国特色社会主义制度的最大优势。在国家制度和国家治理体系中,党是决定整个系统运行的关键。党的十九届四中全会将党的领导制度明确为我国根本领导制度,进一步从制度层面上确保发挥党的领导这个最大优势。始终将党的领导贯穿改革全过程,成为全面深化改革顺利进行并取得成功的根本保证。

2020年6月30日,十九届中央深改委第十四次会议审议通过了《国企改革三年行动方案(2020—2022年)》,发出进一步深化国企改革的动员令。央企集团"党建入章",推动"双向进入、交叉任职",党委(党组)书记、董事长"一肩挑",党委(党组)前置研究讨论重大经营管理事项清单……新时代国企改革,坚持落实"坚持党对国有企业的领导是重大政治原则,必须一以贯之;建立现代企业制度是国有企业改革的方向,也必须一以贯之"的要求,成为坚持和加强党的领导在各领域全覆盖的一个缩影。

党的十八大以来,党中央把全面深化改革纳入"五位一体"总体布局和"四个全面"战略布局,建立健全了落实党的全面领导的一系列重要制度、具体制度。党中央层面,中央全面深化改革委员会负责把方向、谋大局、定政策、促改革;在党的地方组织,各地全面深化改革机构确保党中央决策部署在本地区贯彻执行,有令即行、有禁即止。

党的十八届三中全会后,省市县等各地全面深化改革机构逐一亮相,中央到地方全面深化改革新格局形成。从健全高等学校实行党委领导下的校长负责制,到在公立中小学、医院、科研院所逐步实行党组织领导下的校(院、所)长负责制,基层党组织在改革发展中地位作用不断增强。横向到边、纵向到底,坚持党的全面领导制度体系更加成熟、更加定型,为推进全面深化改革提供坚强保证。办好中国的事情,关键在党,关键在人,关键在各级领导班子和党员干部。

雄安新区,新时代改革开放的新地标。设立雄安新区企事业和两新组织综合党委,支部建在重点区域、重大项目上……雄安新区,沐浴着阳光,这座"未来之城"的高标准规划蓝图,正化为高质量发展的现实画卷。设立以来,雄安新区改革、建设到哪里,党的组织就覆盖到哪里。各级党组织充分调动起党员干部的力量与活力,助力新区建设跑出"加速度"。一个支部就是一个堡垒,一名党员就是一面旗帜。在全面深化改革的春潮中,党中央高瞻远瞩、系统部署,各级党组织积极主动、担当作为,形成了集中统一的改革领导体制、务实高效的改革决策机制、上下联动的统筹协调机制、有力有序的督办督察机制,打通各项改革举措落地见效的"最后一公里"。

"确保改革开放这艘航船沿着正确航向破浪前行"——把坚持和加强党的全面领导作为进一步全面深化改革的政治引领和政治保障,不断谱写新时代新征程改革开放新篇章。

当下中国,在更高起点上继续把全面深化改革推向深入,信念比金子还重要。环顾国内,经济持续回升向好仍面临诸多挑战,周期性和结构性矛盾叠加,改革发展稳定依然有不少深层次矛盾;放眼全球,世界之变、时代之变、历史之变正以前所未有的方式展开,世界进入新的动荡变革期;检视自身,党的建设还面临不少顽固性、多发性问题,党面临的"四大考验""四种危险"将长期存在……

推进中国式现代化的伟大事业,在攻坚克难中奋力突破,在披荆斩棘中坚定前行,在重大历史关头、重大考验面前,党中央的领导力、判断力、决策力、行动力有着决定性作用。习近平总书记深刻指出,改革开放任务越繁重,越要加强和改善党的领导,越要确保党始终成为中国特色社会主义事业的坚强领导核心。新征程上,进一步推进全面深化改革,必须更加深刻领悟"两个确立"的决定性意义,更加坚定做到"两个维护",才能克服前进道路上的重重困难,才能凝聚起上下一心、攻坚克难的强大合力。

2024年5月23日下午,泉城济南,南郊宾馆草木蓊郁。一场关于改革的企业和专家座谈会在这里召开。会场中,既有来自国有企业、民营企业、外资企业、港澳台资企业、专精特新"小巨人"企业、个体工商户的代表,也有来自经济领域的专家学者,还有来自有关部门和地方的负责同志。习近平总书记说:"党中央作出重大决策、制定重要文件,都深入调研,广泛听取各方面意见,这是我们党的一贯做法和优良传统。"正是通过一次次问计于民、广集民智,改革找到破题的关键,凝聚起奋进的共识。新征程上,进一步推进全面深化改革,必须始终坚持科学执政、民主执政、依法执政,完善党的领导方式和执政方式,提高党的执政能力和领导水平,不断提高党把方向、谋大局、定政策、促改革的能力和定力,确保改革开放这艘航船沿着正确航向破浪前行。

2024年3月,全国两会结束不到一周,习近平总书记到湖南考察。此行,总书记专门考察了农村基层减负情况。牌子变少了,基层承担的事务减少了,村干部们有了更多时间和精力为老百姓服务……在常德市鼎城区谢家铺镇港中坪村党群服务中心的院子里,深入了解基层减负情况,习近平总书记强调,党中央明确要求为基层减负,要坚决整治形式主义、官僚主义问题,精兵简政,持之以恒把这项工作抓下去。从在天津考察时指出"持续整治形式主义为基层减负,引导广大党员干部真抓实干、开拓进取",到在参加全国两会江苏代表团审议时强调"坚决纠治形式主义、官僚主义,切实为基层减负,激发全党全社会创造活力,提振党员干部干事创业的精气神",再到在重庆考察时要求"持续深化整治形式主义为基层减负,为基层干部干事创业创造良好条件"……"减负"二字,成为近段时间以来习近平总书记强调的"高频词"。面对艰巨繁重的改革发展稳定任务,党员干部饱满的精神状态、过硬的工作作风,是攻坚克难的坚强保障。新征程上,进一步推进全面深化改革,必须最大限度地调动和激发干部队伍的积极性、主动性、创造性,完善干部担当作为激励和保护机制,保护和支持改革创新,让各方面优秀干部投身新一轮改革大潮,形成人才辈出、人尽其才生动局面。

2024年6月27日,习近平总书记主持召开中共中央政治局会议,研究进一步全面深化改革、推进中国式现代化问题。会议提出进一步全面深化改革应贯彻的原则,第一条就是"坚持党的全面领导,坚定维护党中央权威和集中统一领导,发挥党总揽全局、协调各方的领导核心作用,把党的领导贯穿改革各方面全过程,确保改革始终沿着正确政治方向前进"。当天下

午,中共中央政治局就健全全面从严治党体系进行第十五次集体学习。习近平总书记在主持学习时强调,全党必须永葆"赶考"的清醒和坚定,以健全全面从严治党体系为有效途径,不断把新时代党的建设新的伟大工程推向前进。新征程上,必须坚持党中央对进一步全面深化改革的集中统一领导,保持以党的自我革命引领社会革命的高度自觉,坚持用改革精神管党治党,以钉钉子精神抓好改革落实,把进一步全面深化改革的战略部署转化为推进中国式现代化的强大力量。

上下同心启新局,击鼓催征又出发。在以习近平同志为核心的党中央坚强领导下,毫不动摇坚持和加强党的全面领导,亿万人民团结一心、踔厉奋发,新时代改革开放一定能续写新的壮丽篇章、创造新的更大的奇迹。

思考讨论

1. 如何理解坚持党的全面领导是全面深化改革的根本政治保证?如何理解党的领导与改革进程之间的相互作用?

2. 在新时代背景下,如何确保改革开放沿着正确的政治方向前进?结合中国国内外复杂的环境,分析为什么习近平总书记强调必须坚持党的全面领导才能确保改革开放沿着正确的方向推进?如何在改革进程中防范各种风险和挑战?

3. 为什么在全面深化改革的进程中,必须坚持"刀刃向内"的自我革命精神?如何通过改革精神和严的标准管党治党,推进中国式现代化的进程?

教学建议

本案例主要适用于"坚持党的全面领导"部分的辅助教学,可以帮助学生了解中国共产党在全面深化改革中发挥的核心领导作用,强调党的全面领导是中国式现代化的根本政治保证。通过案例分析,学生可以理解党的领导如何在各领域的改革中起到引领和保障作用,确保改革方向正确,成果显著。

1. 案例分析与时政结合

在课堂上,通过分析习近平总书记在新时代全面深化改革中的重要讲话和决策,引导学生理解坚持党的全面领导对改革开放和中国式现代化推进的重要性。具体可将习近平总书记多次考察的重要节点和改革实例与当

前时政热点相结合,帮助学生将理论与实际联系起来,增强课堂的时代感与现实意义。

2.讨论与辩论形式

组织学生以小组为单位,围绕"党的领导在改革中的核心作用"展开讨论或辩论。通过正反两方的观点交锋,激发学生对"全面深化改革必须坚持党的领导"的深入思考,并在讨论中培养学生的批判性思维和逻辑表达能力。辩论结束后,教师可以总结并引导学生在理性分析的基础上得出结论,从而加深对党的领导在改革中的不可替代性的认识。

3.历史与现实的对比研究

引导学生对比党的十一届三中全会与党的二十届三中全会的改革部署,探讨改革开放初期与新时代全面深化改革的不同历史背景和现实需求。通过历史与现实的对比,帮助学生理解党的领导如何在不同历史时期发挥关键作用,并引导学生思考党的领导在新时代新征程中如何继续发挥重要作用,以应对当前复杂的国际国内形势。通过这种对比研究,增强学生的历史意识和大局观。

案例 4

江苏无锡：实施"红梅领航"计划，擦亮基层治理底色①

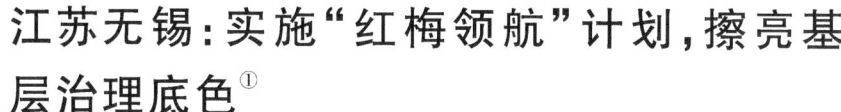

基层治理是国家治理的基石，党的领导是加强基层治理体系和治理能力现代化建设的根本保证。习近平总书记在党的二十大报告中强调："坚持大抓基层的鲜明导向""推进以党建引领基层治理""把基层党组织建设成为有效实现党的领导的坚强战斗堡垒""拓宽基层各类群体有序参与基层治理渠道"。党的十八大以来，习近平总书记高度重视基层治理，围绕加强基层党组织领导基层治理、推进以党建引领基层治理等发表一系列重要论述、作出一系列重要部署，为把党的领导贯穿基层治理全过程、各方面提供了根本遵循。新时代新征程，我们要深入学习领会习近平总书记关于基层治理重要指示批示精神，坚持和加强党的全面领导，充分发挥党建在基层治理中的引领作用，着力推进基层治理体系和治理能力现代化。近年来，无锡坚持"大抓基层、重抓党建"的鲜明导向，深化"红梅花香"党建品牌建设，紧抓重点领域和关键环节，把党的政治优势、组织优势、密切联系群众优势转化为基层治理效能，不断推动基层治理体系和治理能力现代化建设。

---

① 中共无锡市委组织部.实施"红梅领航"计划 擦亮基层治理底色[N].中国城市报,2023-10-09(17).

党建引领城市基层治理是新时代城市基层党建的重大课题。近年来,江苏省无锡市深入学习贯彻习近平总书记关于城市基层党建、基层治理的重要论述,坚持"大抓基层、重抓党建"的鲜明导向,深入实施党建引领基层治理"红梅领航"计划,紧抓重点领域和关键环节,积极探索党建引领城市基层治理的新路径,以高质量党建引领推动基层高效能治理。

一、坚持系统施治,绘好基层治理"路线图"

无锡市坚持全局观念、系统思维,高点定位、整体谋划、协同发力,以大力度、硬举措推进党建引领城市基层治理。

(一)坚持高点谋篇布局

强化顶层设计,注重制度先行,先后制定出台党建引领社区治理"一核三化"行动方案、党建引领"三治融合"基层治理机制实施方案等制度文件;2022年,无锡市委又研究出台《关于开展党建引领基层治理"红梅领航"计划的实施意见》,明确四个方面16项举措,作为无锡抓党建促治理的总抓手。同时,聚焦组织体系、治理队伍、服务阵地、工作机制等进行全方位、立体式制度设计,配套出台网格党建、"红色物业"、三报到三服务、党建引领"微幸福"等10余项制度措施,搭建起"1+N"的制度框架体系,细化明确党建引领城市基层治理工作的时间表、任务书、路线图。

(二)坚持高位组织统筹

坚持"书记抓、抓书记",把党建引领城市基层治理作为各级党委的"一把手"工程顶格推进,推动市、市(县)区两级全部建立由党委书记任主要召集人的领导协调机制,构建党委统揽、条块协同、上下联动、内外融通的城市基层治理格局。2022年以来,市委常委会多次开展专题来研究基层党建、抓党建促治理工作。市、市(县)区、街道、社区四级书记分级领办基层治理"书记项目",建立动态化管理、节点化推进、项目化落地工作机制,推动书记带头选题、领题、破题,以项目"小切口"推动治理"大提升"。

(三)坚持高效推进落实

分层级分领域制定党组织书记抓基层党建工作责任清单,将党建引领城市基层治理纳入重点任务、列入述职评议考核重要内容,拧紧责任链条。落实党建考核"红绿指标"预警提示举措,通过年初发布明确任务、年中跟进重点推动、年底问效强化考评,层层传导压力,推动责任压紧压实。坚持整体推进与重点突破相结合,实施党建引领基层治理重点项目攻坚提升行动,聚焦党建引领网格管理服务、社区物业党建联建等8个重点难点课题,由各市(县)区认领,开展项目化攻坚、工程化推进、品牌化打造,形成"红邻善治"小区党建、"精网惠治"网格党建、"红享乐居"红色物业等一批基层治理品牌。

二、突出党建领治,铸就基层治理"红引擎"

无锡市把坚持和加强党的全面领导贯穿基层治理全过程各方面,提"党建引领"之纲,挈"基层治理"之领,着力激活基层治理的"红色动能"。

(一)建强"治理主轴",构建一贯到底的组织体系

坚持"塑形"与"提能"双管齐下,完善上下贯通、执行有力的组织体系。锻强"动力主轴"。坚持街道、社区党组织对基层治理的全面领导,深化党委抓支部、支部管党员、党员带群众"抓管带"机制,进一步下沉治理资源,推动街道、社区从"行政末梢"向"治理枢纽"转变,构建"街道—社区—网格(小区)—党员中心户(楼栋长)"四级组织架构,实现组织纵向到底、横向到边、有形有效覆盖。厚植"红色根系"。推进"支部建在网格(小区)上",全覆盖开展社区网格及网格党组织设置"双筛查",推进党建和政法综治、城管、应急、生态等各类网格"多网合一",采取单独或联合组建方式,共建立网格(小区)党支部、党小组5861个,推动社区"两委"成员、党员骨干等担任网格(小区)党支部书记,切实把党的组织"根系"有机嵌入基层治理体系。延伸"神经末梢"。持续推广"1+10+N"党员联户制度,深化"五站式"党员中心户建设,每个党员中心户联系10名党员,每名党员联系若干居民,全市6889个党员中心户共联系7.46万名党员、57.82万户群众,引导社区党员亮身份、亮承诺、亮行动,切实发挥党员示范带动作用,推动形成"一户带一圈、一圈带一片"的党员中心户效应。

(二)构筑"硬核雁阵",打造一呼必应的战斗堡垒

坚持抓基层打基础、攻弱项补短板、创特色强效能,不断增强基层党组织政治功能和组织功能。"分类建设"促提升。巩固深化基层党支部标准化规范化建设成果,创新推进党支部建设分类晋级评价,综合评定1.47万个基准型、640个创新型和50个示范型党支部。严格落实"四个一"举措,市、市

(县)区、街道三级与软弱涣散社区党组织开展结对帮扶,按照"一社区一方案"抓好整顿提升,推动社区党组织全面进步、全面过硬。"头雁领飞"强示范。连续五年实施社区党组织"雁阵计划"培育,围绕社区党组织建设"六化"目标,细化38项评价指标,累计评定"雁阵计划"5A级社区党组织99个,打造梁溪"幸福生活"示范带、"向阳经开"先锋矩阵示范带等"雁阵计划"示范带(群)8条,推动基层党建从"一点红"到"一片红",形成"头雁领飞、群雁齐飞"的雁阵效应。"吹哨报到"优服务。市委出台建立健全"基层吹哨、部门报到"党建引领基层治理机制实施方案,依托民生服务热线系统建立全市统一的"吹哨报到"模块,构建市、市(县)区、街道、社区四级指挥调度体系,推动事项"发现受理—分析研判—流转处置—跟踪督办—考核评价"闭环运行,实现全流程线上监管、全过程系统留痕,确保"吹哨"件转办快速高效。

(三)激活"红色细胞",高擎一心为民的先锋旗帜

充分发挥党员先锋模范作用,为基层事业发展注入活力、增添力量。扎根攻坚一线。深化"党旗飘在一线、堡垒筑在一线、党员冲在一线"行动,吹响基层一线"集结号",因地制宜、因事制宜成立"攻坚支部",推动党员干部在攻坚克难、推动落实上挑大梁、扛重责,主动彰显先锋底色和实干担当。新冠疫情防控期间,全市成立"党员突击队""党员先锋队"3856个,6.92万名机关党员干部到一线报到,参与疫情防控工作。奋战发展一线。大力推进"支部建在产业链上""支部建在项目上",搭建党员教育管理"练兵场"、作用发挥"大舞台",为推动高质量发展注入先锋力量。无锡市新吴区在非公企业中开展亮身份、亮承诺、亮业绩,比技术、比创新、比实效"三亮三比"活动,设立党员示范岗、党员责任区862个,打造"党员示范车间"98个,组建"党员技术攻坚队"113支,转化科研成果87项,引导党员在企业发展、科研攻坚中当先锋、打头阵。服务民生一线。建立在职党员到居住地"三报到三服务"制度,创新开发"锡先锋·码上到"线上平台,推行党员志愿服务积分制管理,推动5.56万名机关在职党员到社区报到、参与志愿服务。实施"红领"网格服务行动,组建"红领"网格服务队5681支,聚焦重点人群常态化开展组团式、精准化暖心服务。

三、聚力协同共治,构建基层治理"强磁场"

无锡市持续深化党建联建机制,推动基层发展壮大党建"朋友圈",着力

构建融合共治"强磁场",努力变"一轮明月"为"众星捧月"。

(一)"党建联建"聚合力

横向上全覆盖推进街道"大工委"和社区"大党委"建设,吸收近300名辖区内机关事业单位、两新组织等党组织负责人担任街道兼职党工委委员,推动街道社区与驻区单位双向奔赴、双向发力;纵向上深化市、市(县)区两级机关、企事业单位与社区结对共建机制,完善党建联建联席会议制度,整合各类资源力量,梳理形成资源、项目、需求"三张清单",着力构建共建共治共享的基层治理新格局。实施党建带群建"五融五深化"行动,推进"在你身边·妇女微家"建设、开展"社区有我青春报到"行动等,推动群团组织发挥职能优势和桥梁纽带作用,积极融入基层治理。

(二)"红色物业"提效力

加强社区物业党建联建,强化街道社区党组织牵头抓总作用,建立健全多方联席会议制度,统筹社区居委会、业主委员会、物业服务企业以及城管、公安、住建等力量,构建"1+3+N"物业服务协调共治体系,通过组织共建、活动共办、资源共享,共同为小区居民服务,切实提升物业服务效能。积极推行"双向进入、交叉任职",推动符合条件的社区"两委"班子成员通过法定程序兼任业主委员会成员,鼓励业主委员会和物业服务企业党员负责人担任社区党组织兼职委员。实施"先锋物业培育计划",打造党建引领物业管理服务工作省级示范点18个,培育"双强四好"物业服务企业20个、项目50个,以点带面提升物业服务水平。

(三)"新"兴群体添助力

做实做细新就业群体关爱凝聚工作,依托楼宇、商圈、园区等场所,打造友好街区、暖心港湾等一批特色阵地,设立小蜜蜂暖心驿站685个,为"小哥"们提供便利服务。积极引导新就业群体向社区报到,将新就业群体紧紧凝聚在基层党组织周围,切实推动"管理变量"向"治理增量"转变。创新"小哥入网格""食安'啄木鸟'"等做法,2022年全市共聘任3326名新就业群体兼任社区流动"网格员""吹哨员",累计收集解决安全隐患等问题1172个。

(四)"居民自治"激活力

充分发挥党建引领作用,构建民事民议、民事民决、民事民办、民事民管的自治共同体,让居民在自治中"唱主角"。探索建立"线上+线下"居民议事平台,创新打造"客堂间""院落板凳会""花园议事厅""善治茶社"等一批议事平台载体,畅通群众诉求反馈渠道。推行"院落自治""楼道自治"等微自治,推广运用红黑榜、积分制、时间银行等做法,广泛开展"星级文明户"等评选,不断激发居民自治热情。

四、强化保障善治,夯实基层治理"硬支撑"

无锡市始终坚持"人财物向基层倾斜"的鲜明导向,精准对接发展所需、基层所盼、民心所向,为城市基层治理提供坚实有力保障。

（一）建强基层治理"主力军"

坚持"选育管用"全链条发力,综合施策、全面赋能,打造过硬基层干部队伍。注重优选严管。严格落实社区书记"区街共管"、联查联审等制度,在全省率先出台文件加强对社区干部特别是"一肩挑"人员管理监督;深入实施"头雁领航"工程,开展"五有五强"型社区书记培育,选树省"百名示范"社区书记4名、"千名领先"64名、市级社区党组织示范带头人29名;加强社区书记后备队伍建设,实施优秀年轻干部"雏雁计划",建立"100+200+300"后备人才库,确保每个社区动态保持2名以上35岁以下年轻干部。注重赋能提升。创新打造"小巷'治慧'大讲堂""支书圆桌派"等平台载体,定期开展专题讲座和业务培训,推动社区干部常态化"充电赋能";推行社区书记"导师帮带制",设立"名书记工作室",以"老带新""传帮带"等方式促进年轻干部加快成长;加大"全科社工"培养力度,推动社工全覆盖培训、全能型培育、全链条培养。注重激励保障。出台社区一线工作者关爱激励十项举措,在全省率先实施社区书记选任事业编政策,近5年累计选任225名社区书记进编、29名社区书记进入街道领导班子;全覆盖推进社区工作者"星级+薪级"职业体系建设,落实社区干部基本报酬及正常增长机制,在全省率先实施企业年金制度,切实保障社区书记退休后待遇。

（二）夯实为民服务"主阵地"

紧扣"五常两聚"目标,坚持"线上+线下"齐发力,打造多层次、实用化、有温度的党群服务阵地体系。建好"一站式"党群服务中心。全面实施基层党建先锋阵地"提标提能提级"十项措施和党群服务中心功能提升行动,构建市、市(县)区、街道、社区四级党群服务阵地体系,深化"六个规范化"建设,全市社区党群服务中心平均面积超1500平方米;建成45个党建文化广场、红色街区等,推动1640个核酸检测小屋变身便民服务点;发布党群阵地服务指引,开通"党群服务热线"1698个,设置党群阵地优质化建设评价指数体系,打造星级党群服务站点2133个。打造"智慧化"治理服务平台。强化数字化赋能管理,依托"一网统管"城市运行管理平台,建设市域社会治理指挥中心系统,创新打造"智治社区管理平台",融入党建、政法、民政、城管等业务系统,打破数据壁垒,推动多条线系统在社区实现"一平台"操作、全市社区全覆盖应用;加大"智慧社区"建设力度,滨湖区河埒街道蠡桥社区运用数字孪生技术搭建数字社区模型,以多种数字应用场景为社区各类公共服务提质增效。

(三)打好赋能增效"主动仗"

优化完善保障机制,持续为基层减负赋能增效。优化平急转化机制。平时抓好基层干部群众应对突发情况处置技能培训和实战演练,建立"稳定骨干+临时招募"的运行模式,分类建好志愿服务队伍和党员信息库,做好应急响应储备;优化完善动员体系,遇到疫情防控、防汛救灾等急难险重任务和突发事件时快速响应、组织动员,及时抽调人员组建党员先锋队、战斗队、突击队,带动广大群众构筑党建引领群防群治的严密防线。健全减负增效机制。开展减报表、减台账、规范履职事项"两减一规范"专项行动,梳理规范社区权责事项,实行清单管理、准入管理;深入推进加重村级组织负担突出问题专项整治,压降党建综合台账,将原有党支部建设34项指标要求精简为"五记录三情况一报告"9项工作纪实,实行在线智慧管理;常态化开展"牌子乱象"清理规范,严格落实挂牌项目准入、牌子日常管理和挂牌督查问责等三项制度,切实为基层"松绑增能"。完善投入保障机制。落实社区运转经费、党建工作经费、为民服务专项资金等各项建设经费,出台社区党组织为民服务经费保障和资金使用管理办法,按每社区每年不低于20万元标准落实到位。积极探索建立政府补贴、党费补助、社会支持、基层自我补充的多渠道投入机制,确保基层党组织有资源、有能力为群众服务。

思考讨论

1.如何理解和运用党建引领基层治理的理念?结合无锡市的"红梅领

航"计划,探讨党建在基层治理中的重要性及实际效果如何。

2. 无锡市"红梅领航"计划对基层治理现代化的独特贡献有哪些?该计划是如何通过系统设计、组织体系建设和资源整合来推动基层治理现代化的?

3. 如何在基层治理中发挥居民的自治能力,同时确保党的领导作用贯穿始终?讨论如何发挥"党建联建"和"红色物业"等机制在推动社区自治与共治方面的作用?

教学建议

本案例主要适用于"坚持党的全面领导"部分的辅助教学,该案例可以帮助学生了解如何通过党建引领推进基层治理现代化。通过江苏省无锡市的"红梅领航"计划,学生可以学习到基层党组织如何在基层治理中发挥核心作用,并通过制度建设、资源整合和党员先锋作用来提升治理效能和群众满意度。

1. 通过案例教学法深化对党建引领基层治理的理解

建议通过"案例教学法"引导学生深入分析无锡市实施"红梅领航"计划的具体实践,了解党建引领基层治理的重要性。通过课堂讨论和小组合作,让学生结合习近平总书记关于基层治理的重要论述,分析无锡市如何通过强化顶层设计、建立有效的组织体系,以及推进基层党建工作责任清单等措施,成功推动了基层治理体系和治理能力的现代化。此方法能够帮助学生将理论与实际相结合,深入理解党的领导在基层治理中的核心作用。

2. 通过项目式学习践行基层治理的创新举措

组织学生通过"项目式学习"深入研究和设计基层治理创新项目。例如,模拟无锡市的"红色物业""新就业群体服务"等基层治理模式,探索如何在其他社区推广和实施类似的创新举措。通过团队合作,学生们将扮演社区党组织负责人、物业管理者等角色,实际操作和评估这些项目的可行性和效果,从中理解党建如何有效引领和推动基层治理创新。

3. 通过角色扮演增强学生对基层治理的责任感

在课堂上开展"角色扮演"活动,让学生扮演无锡市基层党组织的负责人、社区干部等角色,模拟参与社区治理的实际场景。通过面对实际问题、制定解决方案,以及在复杂环境中做出决策,学生可以更好地理解基层治理中的挑战和责任。这一过程不仅能激发学生的参与感,还能增强他们对基层治理的责任感和使命感,有助于他们未来在社会治理中更好地履行公民责任。

案例 5

坚持和加强党的全面领导，北京航空航天大学奋力谱写中国特色世界一流大学建设新篇章

 核心阅读

党的二十大报告提出，"育人的根本在于立德。全面贯彻党的教育方针，落实立德树人根本任务，培养德智体美劳全面发展的社会主义建设者和接班人"。坚持党对高校的全面领导是新时代中国特色社会主义教育事业发展的根本保证，立德树人是发展中国特色社会主义教育事业的根本任务，深刻把握二者内在统一关系是办好中国特色社会主义大学的关键所在。新时代新征程，坚持和加强党对高校的全面领导要以"立德"为根本、以"树人"为目标，坚持为党育人、为国育才的初心，确保高校始终成为落实立德树人根本任务、培养堪当民族复兴重任的时代新人的坚强阵地。北京航空航天大学校党委坚持以习近平新时代中国特色社会主义思想为指导，始终把政治建设放在首位，加强党对学校的全面领导，从党和国家事业发展全局的高度谋划和推进工作，持续完善党委领导下的校长负责制的组织体系、制度体系、工作机制，以高质量党建引领高质量发展。近年来，学校关键办学指标取得重大突破，综合办学实力得到系统提升，党建文化、综合改革、制度体系等长效机制进一步完善，"双一流"建设成效显著。

2024年6月,北京航空航天大学(简称北航)校园草木葱茏、生机勃勃。在峥嵘岁月中诞生,在时代浪潮中成长,在伟大征程中腾飞,这里的每一寸土地都记录着北航人培育栋梁、为国铸剑的辛勤汗水,每一株草木都见证着北航人爱党报国、挺膺担当的绚丽篇章。

党的二十大报告对建设教育强国、科技强国、人才强国作出系统部署。北航人深刻认识到,作为高校"第一方阵",必须心怀"国之大者",全面提升拔尖创新人才培养能力、全面提升服务国家战略能力,加快建设中国特色、世界一流大学。

近年来,北航始终坚持党的全面领导、始终坚持立德树人根本任务、始终坚持自信自立、始终坚持高质量内涵式发展、始终坚持改革创新、始终坚持师生为本,"双一流"建设成效显著,走出了一条特色鲜明、内涵引领、系统提升的高质量发展之路。①

一、加强党对学校的全面领导,党建与事业发展深度融合

2023年"七一"前夕,在"两优一先"表彰大会上,北航党委书记赵长禄为全校党员师生代表上了一堂专题党课。他表示:"全校各级党组织和党员干部师生要坚持以学铸魂、以学增智、以学正风、以学促干,真正把主题教育成效转化为推动发展的强大动力,以空天报国、立德树人的实际行动忠诚拥护'两个确立'、坚决做到'两个维护'。"

"干惊天动地事,做隐姓埋名人。我们一定不辱使命,坚决完成中央和上级交办给我们的重大任务。"在第七届"感动北航"榜样人物和群体颁奖典礼上,北航无人系统研究院某飞行器科研团队代表这样说。大漠荒野、原始丛林,是他们试验的征途,敢为人先、久久为功,是他们铸就"国之重器"的信念,他们常年以校为家、以试验场为家,近年来不断取得开创性成果。

一直以来,北航人始终心怀"国之大者",主动担当作为,以实际行动诠释对党忠诚的政治品格。学校党委始终把党的政治建设摆在首位,把学习贯彻习近平新时代中国特色社会主义思想作为首要政治任务,推动党的领

---

① 刘博超,唐鹏飞,王萌.坚持和加强党的全面领导 奋力谱写中国特色世界一流大学建设新篇章[EB/OL].(2024-06-18)[2024-12-09].https://news.buaa.edu.cn/info/1002/62676.htm.

导贯穿办学治校、教书育人全过程。完善党委领导下的校长负责制的组织体系、制度体系、工作机制，系统谋划和推进事业发展，实施校院两级综合改革，优化制度体系提升治理效能，办学活力不断激发。扎实开展历次党内集中教育，引导各级党组织和广大党员不断砥砺初心、坚定信念。近年来，学校"大党建"工作格局不断完善，基层党组织建设更加有力，将支部建在教研室、科研团队、管理服务一线，将战斗堡垒挺在急难险重任务前沿，党建对事业发展的引领支撑能力持续增强，全面从严治党体系不断完善，风清气正的政治生态持续巩固提升。

"为了祖国航空航天事业发展需求，我们再难也要做！"干部教师以服务国家重大战略需求为己任，立下铮铮誓言。

"请党放心，强国有我！"在天安门前和冬奥会场，北航青年立时代潮头、与祖国同行，发出"一起向未来"的青春最强音。

"深入基层不放松，立根原在群众中。"在革命老区、中阳大地，北航人一茬接着一茬干，留下脱贫攻坚、乡村振兴的坚实足迹。

二、坚持立德树人根本，培养拔尖创新人才

"我们要去哪儿？""祖国的蓝天！"在"北京一号"下，歼-15舰载机研制现场总指挥、北航校友罗阳与学子们跨越时空对话。由师生自编自导自演的校园大师剧《罗阳》，是新生入学必看的音乐剧，在青年学子心中撒播下空天报国的梦想。

祖国的蓝天和大地见证着这些梦想生根发芽。近年来，有近200名研究生成为国家级科技奖励署名获奖人，毕业生到祖国最需要的地方建功立业，为国民经济和社会发展特别是航空航天事业作出突出贡献。从在校园里"当总师"，到成长为行业的领军领导人才，再到"去太空出差"的载荷专家，北航人把个人理想追求融入党和国家事业之中。

人才培养质量的提升，得益于北航近年来系统谋划和扎实推进新时代高质量人才培养体系建设，按照"厚植情怀、强化基础、突出实践、科教融通"的人才培养方针，打造"四强"人才培养模式，以一流理念、一流师资、一流平台、一流服务、一流文化培养一流人才。

从实施大类招生、大类培养和书院制管理，到有组织地推进特色化、示范性培养项目，带动人才培养模式改革创新，北航获批了首批国家卓越工程

师学院、首批未来技术学院、首批国家集成电路学院等国家级示范项目,牵头发起成立中国卓越工程师培养联合体并担任首批理事长单位,拔尖创新人才培养能力不断提升。

从学生组团参与校内"冯如杯"竞赛,到实现国家级、省部级创新创业荣誉称号"大满贯",三次捧得全国"挑战杯"竞赛最高荣誉,连续十八届捧得全国"挑战杯"竞赛优胜杯……"科研课堂、校内竞赛、国内平台、国际品牌"科创育人体系为学生开展科创实践提供了有力保障,培育了以"冯如三号""北航四号"等为代表的学生科创团队,他们屡次打破世界纪录、挑战技术前沿,荣获多项国际、全国竞赛奖励。

师德师风是评价教师队伍素质的第一标准。北航大力弘扬教育家精神,树立了潜心育人、崇尚创新的鲜明导向,崇尚立德树人成效、崇尚卓越学术成就在校内蔚然成风。先后评选出74位"立德树人奖"获得者,在"师德讲坛"上讲述他们立德树人的初心使命和教书育人的责任担当。涌现出全国高校黄大年式教师团队3个、国家级教学名师6人、宝钢优秀教师特等奖3人,获2022年国家级教学成果奖一等奖4项……近年来新增两院院士13人,其中2023年新增5人,国家级人才占专任教师比例17%,教师队伍创新活力大幅跃升,名师名课名教材成为人才培养强劲引擎。

三、提升体系化创新能力,服务高水平科技自立自强

"北京航空航天大学科研团队历时15年取得微型动力技术新突破,研发出仿生'昆虫'机器人……"2024年5月,央视《新闻联播》的一则报道在北航人的朋友圈"刷屏"。

"最主要的突破是动力技术。"北航能源与动力工程学院教授闫晓军带领团队自主研发的微尺寸仿生机器人,灵感来源于蟑螂,不足一枚硬币大小,有望助力灾后搜救、大型机械设备和基础设施损伤检测等。

在北航建校70周年大会上,校长王云鹏表示:"教育、科技、人才是全面建设社会主义现代化国家的基础性、战略性支撑。作为高等教育第一方阵,北航将坚守空天报国志向,勇于创新突破,矢志逐梦一流,为强国建设贡献力量!"

勇于创新,正是流淌在北航人血脉中的基因。走进北航校史馆,五层楼高的大型雕塑巍然矗立,上面镌刻着四个大字——"空天报国",这是一种跨

越 70 余年的精神力量，更是所有北航人共同的价值追求，不断鼓舞着北航师生在多领域攻克关键核心技术，引领创新发展，为服务国家战略需求再立新功。

100 多人经过 20 余年不懈努力攻关，向锦武院士团队成功研制出我国第一型中高空长航时无人侦察机系统，为我国无人机的跨越式发展和设计、制造与试验技术水平的提高作出突出贡献，在天安门广场接受党和人民的检阅，两次获国家科技进步一等奖；瞄准电磁兼容与防护机理研究与工程设计难题，苏东林院士团队提出有关装备电磁兼容及防护量化设计理论方法、建立数字仿真和半实物仿真模型库、构建精准检测技术体系，在陆海空天电领域规模化应用，获国家技术发明奖一等奖；深耕新型热电材料及器件研发，赵立东教授带领平均年龄只有 28 岁的年轻团队，连续 9 次在高水平期刊《科学》上发表成果；法学院民法团队深度参与《中华人民共和国民法典》立法论证，为推进全面依法治国贡献力量……

近年来，北航坚持推动学科交叉与前沿创新，打造高水平的人才培养和科技创新基地，努力为实现高水平科技自立自强、建设教育强国科技强国作出贡献。明确"顶尖工科、一流理科、精品文科、优势医工"学科建设方针，8 个学科入选"双一流"建设学科，10 个高峰学科位居全国高校前列。系统优化学科布局，积极布局新兴、前沿、交叉方向。分级打造新一代全数字化飞行器创新中心等一批科教协同平台，建立学科交叉、人才汇聚和资源集约保障机制。空天信融合、理工文医交叉的一流学科生态体系基本形成，为建成世界一流大学奠定了坚实基础。

坚持"四个面向"，获批建设超高灵敏极弱磁场和惯性测量装置国家重大科技基础设施，深度参与国家实验室建设，牵头和共建 14 个全国重点实验室，形成了多层次、宽领域的科技创新平台基地体系。近年来获国家级科技奖励 33 项，其中一等奖 6 项，居全国高校第二。一项项重大成果为国家战略和经济社会发展作出了突出贡献，彰显了北航逐梦空天、为国铸器的使命担当。

新时代呼唤新担当，新时代需要新作为。站在新的历史起点上，北航人将更加紧密地团结在以习近平同志为核心的党中央周围，高举中国特色社会主义伟大旗帜，坚定不移弘扬以"空天报国"为内核的北航精神，以爱国奉献的价值追求、敢为人先的魄力勇气、求真创新的科学精神、团结拼搏的奋进品格、担当有为的实干作风,奋力谱写学校高质量内涵式发展新篇章,在新时代新征程上交出一份不负祖国、不负人民、不负时代的北航答卷。

 思考讨论

1. 如何理解党对高校的全面领导在中国特色世界一流大学建设中的核心作用?结合北航的实践,讨论为什么党对高校的全面领导被视为办好中国特色社会主义大学的关键所在,并探讨这种领导如何具体体现在学校的治理结构、教学模式和人才培养中。

2. 如何在新时代背景下深化立德树人的教育使命?结合北航在育人方面的具体举措,讨论新时代大学应如何践行"立德树人"根本任务,培养具有社会主义核心价值观的全面发展人才,并探讨学校在这一过程中面临的挑战和应对策略。

3. 如何在全球科技竞争中实现高水平科技自立自强?结合北航在科技创新方面的成就,讨论高校如何通过学科交叉与前沿创新应对全球科技竞争,并探讨大学在国家科技战略中扮演的角色和责任。

教学建议

本案例主要适用于"坚持党的全面领导"部分的辅助教学,可以帮助学生了解坚持和加强党的全面领导对于建设中国特色、世界一流大学的关键作用。通过北京航空航天大学的实践,学生可以学习到如何将党的政治建设与高校的立德树人根本任务深度融合,以服务国家重大战略需求为己任,培养德智体美劳全面发展的社会主义建设者和接班人。

1. 加强学生的爱国情怀与使命担当教育

在教学中,可以通过案例分析和课堂讨论,深入解读北航在坚持党的全面领导、立德树人根本任务的过程中,如何培养具备爱国情怀、使命担当的时代新人。结合北航"空天报国"的精神,激励学生将个人理想与国家发展紧密结合,鼓励他们积极参与科技创新和国家战略性项目,为实现中华民族伟大复兴贡献力量。

2. 结合实际案例深化理论学习

运用北航在"双一流"建设、人才培养和科技创新中的具体案例,帮助学生理解党的教育方针和新时代中国特色社会主义思想的实践应用。通过对

北航无人机团队、科研创新成果等实际案例的讨论,展示高校如何在党的领导下推动高质量发展,增强学生对中国特色社会主义教育事业的理解和认同。

3.培育学生的创新精神与实干作风

在课堂教学中,通过介绍北航在学科交叉、前沿科技创新方面的成功经验,培养学生的创新思维和实干精神。可以组织学生开展小组讨论或项目设计,模拟北航学生在"冯如杯"竞赛中的创新实践,提升他们的团队合作能力和实际操作技能,鼓励他们在未来的学习和工作中勇于探索、不畏挑战。

专题 2 坚持以人民为中心

专题导读

天地之大,黎元为先。党的十九届六中全会通过的《中共中央关于党的百年奋斗重大成就和历史经验的决议》,把"坚持人民至上"作为党百年奋斗的重要经验进行了深刻阐释,党的二十大报告从方法论的高度深刻阐述了新时代推进党的理论创新的科学路径,并把"必须坚持人民至上"置于"六个必须坚持"之首,充分体现了马克思主义的本质要求,深刻揭示了党百年辉煌的成功密码。

坚持以人民为中心,正是贯穿于中国共产党群众观、宗旨观、执政观和发展观的核心价值理念。党的十八大以来,习近平总书记结合新时代经济、文化、教育等领域的工作部署,作出坚持以人民为中心的发展思想、坚持以人民为中心的文化工作导向、坚持以人民为中心发展教育等重要指示,并在党的十九大报告、党的二十大报告中将"坚持以人民为中心"明确为新时代坚持与发展中国特色社会主义的基本方略、中国式现代化的重大原则,推动坚持以人民为中心重要论述的形成和丰富。就内涵要义而言,这一重要论述围绕什么是以人民为中心、为何要及如何坚持以人民为中心三方面展开,蕴含"始终把人民放在心中最高位置"的人民至上观、"依靠人民创造历史伟业"的人民主体观、"让发展成果更多更公平惠及全体人民"的人民共享观和"始终接受人民批评和监督"的人民评判观,为中国共产党治国理政提供了根本价值遵循。①

党的二十届三中全会明确提出,未来我国进一步全面深化改革要"以促进社会公平正义、增进人民福祉为出发点和落脚点"。坚持以人民为中心的价值取向,既明确了进一步全面深化改革的逻辑起点,又阐明了进一步全面深化改革的根本目的。进一步全面深化改革必须坚持以人民为中心,把人民放在心中最高位置,以促进社会公平正义、增进人民福祉为出发点和落脚点。要把为人民谋幸福作为检验改革成效的标准,让改革开放成果更好地惠及广大人民群众。人民有所呼,改革有所应;老百姓关心什么、期盼什么,改革就要抓住什么、推进什么。要通过改革给人民群众带来更多获得感,真正做到改革为了人民、改革依靠人民、改革成果由人民共享。全面深化改革在认识和实践上的每一次突破和发展,都来自人民群众的实践和智慧。人民是历史的创造者,是推动全面深化改革的主体力量。进一步全面深化改革,必须坚持以人民为中心、尊重人民主体地位和首创精神,依靠亿万人民的伟力和奋斗推进全面深化改革;必须最大限度地激发人民的创造热情,营造激励干事创业的浓厚氛围,把蕴藏于人民群众中的无穷创造力焕发出来。

---

① 余守萍.习近平关于坚持以人民为中心重要论述的话语特质[J].理论导刊,2024(7):4-11.

案例 1
"坚持以人民为中心"发展思想的历史演进

核心阅读

人民是历史的创造者,是党和国家事业永续发展的坚实基础。中国共产党的百余年历史是始终坚持以人民为中心、团结带领人民不断实现对美好生活向往的奋斗史。历史充分证明,江山就是人民,人民就是江山,人心向背关系党的生死存亡。只要能够赢得人民信任,得到人民支持,党就能够克服任何困难,就能够无往而不胜。

从内容上来看,中国共产党把全心全意为人民服务作为根本宗旨,依靠群众、组织群众、武装群众作为实现党的任务重要方略;进入社会主义社会后,以毛泽东为核心的党中央第一代领导集体强调党在各个历史阶段都要明确人民群众的主体地位,都要依靠人民,立足人民;邓小平始终坚持以人民为中心,把人民的利益作为考虑一切问题的出发点和根本目的,要求党和国家干部要对人民负责,为人民造福,取信于民;江泽民强调人民群众是决定中国前途和命运的根本力量,是历史的真正创造者;胡锦涛在西柏坡考察时首次提出"权为民所用、情为民所系、利为民所谋"的思想,体现了立党为公、执政为民的本质要求;习近平高度重视人民的主体地位,指出文化建设的主体是人民,中国特色社会主义事业的主体是人民,实现中国梦的核心力量是人民。

中国共产党建党百余年来,面对社会主义革命、建设、改革开放时期和中国特色社会主义新时代的不同形势和任务,带领人民历经艰辛探索、不断取得伟大胜利,积累起宝贵经验,形成了一系列创新性理论成果。贯穿其中的一条主线是始终坚持以人民为中心的发展思想。在新民主主义革命、社会主义革命和社会主义建设时期,以毛泽东为主要代表的中国共产党人,把马克思主义基本原理与中国实际相结合,提出党的群众路线、确立全心全意为人民服务的根本宗旨。改革开放和社会主义现代化建设时期,邓小平提出判断改革开放成败得失的"三个有利于"标准,强调"是否有利于提高人民的生活水平";江泽民提出"三个代表"重要思想,强调"中国共产党必须始终代表最广大人民的根本利益";胡锦涛提出"科学发展观",强调"核心是以人为本"。中国特色社会主义进入新时代,习近平提出"坚持以人民为中心",强调"人民是我们党执政的最深厚基础和最大底气"。大体来看,建党百余年以来,以人民为中心发展思想的历史演进先后经历了新民主主义革命时期(1921—1949年)、社会主义革命和建设时期(1949—1978年)、改革开放时期(1978—2012年)、中国特色社会主义新时代(2012年至今)四个主要发展阶段①。

一、1921—1949年:新民主主义革命时期以人民为中心的发展思想

新民主主义革命时期,中国共产党以马克思列宁主义为指导,践行党的群众路线,把全心全意为人民服务作为党的根本宗旨,领导人民经过28年艰苦卓绝的革命斗争,取得了新民主主义革命的伟大胜利。这一时期,以人民为中心的发展思想,突出体现为把群众路线和根本宗旨融入党领导革命的具体实践,为取得革命胜利提供了强大的精神动力。

把群众路线作为党的根本工作路线。是否相信群众、团结群众、依靠群众、为了群众,这是关系革命成败的一个重大问题。中国共产党成立之前,近代中国农民阶级、封建地主阶级、资产阶级改良派以及革命派等所进行的救国救民斗争和探索之所以终归失败,其根本原因在于未能正确认识群众、

---

① 梁伟军,刘书婷.建党百年以人民为中心发展思想的历史演进与经验启示[J].华中农业大学学报(社会科学版),2021(4):37-46.

组织群众和发动群众。作为马克思主义政党,中国共产党成立后便从思想上高度重视群众、实践上充分发动群众,并创造性地提出了党的群众路线。1922年,党的二大指出,"党的一切运动都必须深入到广大的群众里面去",都"必须是离不开群众的",初步概括了群众路线的内容。1943年,毛泽东在为中共中央所起草的决定《关于领导方法的若干问题》中指出,"在我党的一切实际工作中,凡属正确的领导,必须是从群众中来,到群众中去",丰富拓展了群众路线的内涵。1945年,党的七大强调,"党的群众路线是党的根本的政治路线和组织路线"。群众路线要求党员干部必须认清革命形势,深入基层了解农民诉求,宣传党的革命主张、贯彻党的革命决定,组织动员群众,形成一致革命行动,拥护支持党的革命事业,为取得革命胜利提供了重要的思想理论支持。

把全心全意为人民服务确立为党的根本宗旨。马克思主义政党始终把人民放在心中最高位置,一切奋斗均致力于实现最广大人民的根本利益。鸦片战争后,中国从一个完整主权国家逐渐成为半殖民地半封建社会,无数仁人志士前赴后继进行救国救民的英勇斗争,最终归于失败,迫切需要科学的思想理论武器。新文化运动的思想启蒙、十月革命胜利的现实感召、国家独立和人民解放的紧迫任务等因素叠加,促进了马克思主义在中国的传播和无产阶级政党的成立。中国共产党一经成立,便自觉担负起实现国家独立、人民解放的神圣使命。在领导创建井冈山农村根据地的斗争中,毛泽东规定部队必须执行打仗消灭敌人、打土豪筹款子、做群众工作等三项任务。党领导的土地革命,让农民分到了土地,有了基本的生产与生活资料,增强了对党的信任,踊跃参加革命、积极支持革命的热情高涨,为取得新民主主义革命的胜利提供了最可靠的力量来源。1945年4月24日,毛泽东在《论联合政府》中提出:"人民,只有人民,才是创造世界历史的动力","全心全意地为人民服务,一刻也不脱离群众;一切从人民的利益出发,而不是从个人或小集团的利益出发;向人民负责和向党的领导机关负责的一致性;这些就是我们的出发点"。

二、1949—1978年:社会主义革命和建设时期以人民为中心的发展思想

社会主义革命和建设时期,中国共产党将马克思主义基本原理与中国

实际相结合,顺利进行"三大改造",积极推进社会主义建设,取得社会主义革命胜利,建立起社会主义制度,探索社会主义建设,取得突出成就。这一时期,以人民为中心的发展思想集中体现在党领导社会主义革命和建设的伟大实践,为完成社会主义改造和进行社会主义建设提供了根本遵循。

把确立社会主义基本制度作为重大任务。1949年中华人民共和国的成立,为中国的进步和发展创造了基本政治前提。当时国民经济极端落后,物质资源严重匮乏,人民生活水平极低,各项制度亟需建立和完善,大规模开展经济建设迫在眉睫。因此,坚持以人民为中心的发展思想,确立社会主义基本制度,走社会主义发展道路,恢复和发展国民经济,保障人民群众各项利益,自然成为中国共产党的责任和使命。从1949年到1952年,党领导人民没收官僚资本、稳定全国物价、完成新解放区土地改革、肃清反动势力等,国民经济秩序恢复。到1952年年底,中国工农业总产值比1949年增长77.5%;其中工业总产值增长145.1%,农业总产值增长53.5%,工农业主要产品产量均已超过历史最高水平,人民生活得到初步改善。1953年到1956年,对农业、手工业和资本主义工商业进行社会主义改造,社会主义公有制成为我国社会的经济基础;1954年9月,第一届全国人民代表大会的召开和《中华人民共和国宪法》的制定及颁布施行,为人民当家作主提供了法治前提,社会主义基本制度在中国正式确立。社会主义基本制度的确立为经济快速发展、社会稳定有序、改善人民生活提供了重要保障,我国迅速建立起独立的比较完整的工业体系和国民经济体系,为当代中国进步发展奠定了根本制度前提和重要物质基础。

将整风运动作为促进全党团结统一的重要路径。1949年3月,毛泽东在七届二中全会上提出"两个务必",要求全党同志在胜利面前要保持清醒头脑。然而,新中国成立初期,党内有一部分意志薄弱的同志贪图享乐、无所作为,滋生了官僚主义、宗派主义等不良作风,直接影响新生政权巩固和党内团结统一。为从根本上解决这一问题,1957年4月,中共中央发出《关于整风运动的指示》,决定在全党进行一次反对官僚主义、宗派主义和主观主义的整风运动,以适应社会主义改造和社会主义建设需要。这场运动以正确处理人民内部矛盾为主题,进行开门整风,通过统一战线,邀请各民主党派和无党派人士帮助整风。各级党组织积极召开座谈会和小组会,认真听取党内外群众的意见和建议,进行作风整改。1958年夏,整风运动结束,党风政风得到了有效改善,党内团结统一得以加强,全心全意为人民服务的根本宗旨得到强化,为推进社会主义建设提供了政治保障。

以大规模经济建设筑牢社会主义的物质基础。面对党执政后如何在中国建设社会主义这一崭新的历史课题,1956年4月25日,毛泽东在中央政治局扩大会议上作《论十大关系》的讲话,从正确处理经济关系、政治关系两个方面对如何在党的领导下调动各种积极因素为社会主义服务作出具体回答,确定了"努力把党内党外、国内国外的一切积极因素,直接的、间接的积极因素,全部调动起来",为社会主义建设服务的基本方针。同年9月,党的八大召开,明确提出我国社会的主要矛盾"已经是人民对于建立先进的工业国的要求同落后的农业国的现实之间的矛盾,已经是人民对于经济文化迅速发展的需要同当前经济文化不能满足人民需要的状况之间的矛盾",要求将集中力量发展生产力作为全党的主要任务。这一时期,调动一切积极因素为社会主义服务、正确认识和处理社会主义社会矛盾、走中国工业化道路等重要思想理论提出,"一五计划""二五计划"顺利实施。生产力快速发展,为社会主义中国建立起必备的经济基础,为巩固新生人民政权、改善人民生活提供了重要的物质保证。

三、1978—2012年:改革开放时期以人民为中心的发展思想

1978年12月,党的十一届三中全会召开,开启了改革开放新时期。随着改革开放的不断推进和党对社会主义建设规律认识的日益深化,1981年,十一届六中全会通过的《关于建国以来若干历史问题的决议》对社会主要矛盾作出新的科学概括:"在社会主义改造基本完成以后,我国所要解决的主要矛盾,是人民日益增长的物质文化需要同落后的社会生产之间的矛盾。"围绕解决社会主要矛盾这一重大命题,党领导人民在改革开放的伟大实践中推动以人民为中心这一发展思想不断走向深入。

维护人民群众根本利益是党以人民为中心的神圣使命。进入改革开放新时期,党坚持以人民为中心发展思想的政治要求就是党的各项路线、方针、政策必须从维护人民群众的根本利益出发。党的十一届三中全会决定把党和国家的工作重心转移到经济建设上来;20世纪80年代初,中央支持和推动家庭联产承包经营责任制在全国各地推广实施;1987年,党的十三大

报告提出了党在社会主义初级阶段的基本路线,"一个中心两个基本点"是其最主要的内容;1992年,邓小平在南方谈话中明确提出"三个有利于"标准,对社会主义本质、计划与市场的关系等重大理论问题作出深刻论述,为推进改革开放、发展社会主义市场经济、改善人民生活提供了重要的思想理论指导。正是在党的正确领导下,改革开放政策的指引下,经济快速发展,人民生活明显改善,以人民为中心的发展思想伟力充分彰显。坚决维护人民群众根本利益,既是党治国理政的价值旨归,也是自身具有的政治优势,成为改革开放新时期特点鲜明的政治宣言。

坚持人民利益高于一切,是党以人民为中心的价值追求。"人民群众是我们的力量源泉和胜利之本","立党为公、执政为民"是党的执政理念。在千年更迭、世纪交替之际,以江泽民同志为核心的党中央提出"三个代表"重要思想,指出"中国共产党必须始终代表最广大人民的根本利益",强调"保障工人阶级和广大劳动群众的经济、政治、文化权益,是党和国家一切工作的基本点,也是发挥工人阶级和广大劳动群众积极性和创造性的根本途径"。坚持群众利益无小事,全面落实党的执政理念,有利于得到人民群众的真心支持和坚决拥护,夯实党的群众基础,推动中国特色社会主义建设,为新时期发展好、实现好、维护好最广大人民群众的根本利益打牢思想基础。

以人为本是科学发展观的核心。进入新世纪新阶段,我国进入发展关键期、改革攻坚期和矛盾凸显期。面对新情况新问题,以胡锦涛同志为总书记的党中央创造性地提出"科学发展观",强调"第一要义是发展,核心是以人为本,基本要求是全面协调可持续,根本方法是统筹兼顾"。科学发展观的提出,标志着中国发展战略的重大转型。科学发展观以发展为了人民、发展依靠人民、发展成果由人民共享为价值理念,将全面协调可持续作为基本要求,统筹兼顾作为根本方法,为党治国理政提供了价值观指引和方法论指导。坚持"以人为本"体现了党和人民利益的高度统一:一方面,实现科学发展,保障和改善民生,有利于巩固党的群众基础,凸显党的先进性和人民性本色;另一方面,追求科学发展,深化改革开放,有利于提高人民生活水平,增强人民对党的信任和拥护。党来自人民、根植于人民,只有深入人民群众,把人民群众的安危冷暖放在心上、全心全意为人民服务,才能更好地克服前进路上的艰难险阻,如期实现科学发展的各项目标任务。为此,胡锦涛指出:"我们必须牢记,世界上没有任何力量可以代替人民的力量,任何时候任何情况下群众观点都不能丢、不能忘。"

四、2012年至今:中国特色社会主义新时代以人民为中心的发展思想

党的十八大以来,中国特色社会主义进入新时代,中华民族迎来了从站起来、富起来到强起来的伟大飞跃。面对日趋错综复杂的国际环境,以习近平同志为核心的党中央坚持以人民为中心的发展思想,统筹推进"五位一体"总体布局、协调推进"四个全面"战略布局,为在发展中保障和改善民生、实现中华民族伟大复兴的中国梦提供了根本遵循和方向指引。

(一)把人民对美好生活的向往作为奋斗目标

2012年11月15日,国家主席习近平在十八届中央政治局常委同中外记者见面时庄严宣告:"人民对美好生活的向往,就是我们的奋斗目标。"把人民对美好生活的向往作为奋斗目标,充分表达了中国共产党人"为中国人民谋幸福,为中华民族谋复兴"的初心使命,深刻揭示了马克思主义执政党的先进性、人民性本色,突出彰显党和人民根本利益的完全一致性,有利于增强社会凝聚力向心力,为建设社会主义现代化强国提供强大动力支持。2013年,习近平总书记在全国宣传思想工作会议上的讲话中强调:"经济建设是党的中心工作,意识形态工作是党的一项极端重要的工作。"进入新时代以来,党坚持以经济建设为中心,加强精神文明建设,促进经济社会发展,保障和改善民生,取得了伟大成就。例如,在全党全国各族人民共同努力下,党的十八大以来,历经8年的脱贫攻坚取得全面胜利,现行标准下9899万农村贫困人口全部脱贫,832个贫困县全部摘帽,12.8万个贫困村全部出列,区域性整体贫困得到解决,完成了消除绝对贫困的艰巨任务,创造了人类历史上的反贫奇迹。2020年10月,在决胜全面建成小康社会取得决定性成就之际,党的十九届五中全会将适应新发展阶段、贯彻新发展理念、构建新发展格局作为"十四五"时期的重大目标任务,强调"坚持以人民为中心","激发全体人民积极性、主动性、创造性,促进社会公平,增进民生福祉,不断实现人民对美好生活的向往"。2021年2月,习近平总书记在党史学习教育动员大会上的讲话指出:"社会主义革命和建设的成就是人民群众干出来的;改革开放的历史伟剧是人民群众主演的。历史充分证明,江山就是人

民,人民就是江山,人心向背关系党的生死存亡。"深刻诠释了人民群众在党和国家事业发展中所处的历史性地位以及所发挥的决定性作用。

(二)把尊重人民主体地位作为党的一贯主张

"尊重人民主体地位,保证人民当家作主,是我们党的一贯主张",要"把人民拥护不拥护、赞成不赞成、高兴不高兴、答应不答应作为衡量一切工作得失的根本标准"。习近平总书记继承发展了马克思主义群众史观,坚持人民主体地位,强调人民群众在历史发展中的重要作用。2012年,习近平总书记提出"人民是历史的创造者,群众是真正的英雄",凸显了人民群众在历史发展中发挥着不可替代的决定性作用。2016年,他在中央全面深化改革领导小组第二十三次会议上提出要求:"把以人民为中心的发展思想体现在经济社会发展各个环节,做到老百姓关心什么、期盼什么,改革就要抓住什么、推进什么,通过改革给人民群众带来更多获得感。"不仅在理论上强调以人民为中心,更将其贯穿于治国理政全过程。《中共中央关于制定国民经济和社会发展第十四个五年规划和二〇三五年远景目标的建议》将"民生福祉达到新水平"作为"十四五"时期的主要目标,将"人民生活更加美好,人的全面发展、全体人民共同富裕取得更为明显的实质性进展"作为到二〇三五年基本实现社会主义现代化的重要目标,充分体现了全面保障人民群众新时代中国特色社会主义建设主体和受益主体根本利益的治理逻辑。

(三)把人民生命安全和身体健康放在第一位

把人民生命安全和身体健康放在第一位是以人民为中心发展思想的具体展现。习近平总书记在2016年全国卫生与健康大会上提出:"没有全民健康,就没有全面小康","要把人民健康放在优先发展的战略地位"。生命安全、身体健康是人民群众最直接的利益需求,是坚持以人民为中心发展思想的重要内容,是实现中国梦的题中应有之义。2020年,面对突如其来的新冠疫情,习近平总书记亲自指挥、亲自部署,明确要求:"把人民生命安全和身体健康放在第一位","人民至上、生命至上,保护人民生命安全和身体健康可以不惜一切代价","坚决打赢疫情防控的人民战争、总体战、阻击战"。在党中央的集中统一领导下,全国上下团结一心,用3个月左右的时间取得了武汉保卫战、湖北保卫战的决定性成果,全国疫情防控阻击战取得重大战略成果;取得疫情防控和经济社会发展目标双胜利,疫情防控进入常态化阶段,当年我国成为全球唯一一个实现经济正增长的主要经济体。充分发挥中国特色社会主义制度优势和国家治理效能,凝聚形成生命至上、举国同心、舍生忘死、尊重科学、命运与共的伟大抗疫精神。2021年5月,习近平总书记在参加十三届全国人大三次会议内蒙古代表团审议时强调:"我们党没有自己特殊的利益,党在任何时候都把群众利益放在第一位。这是我们党作为马克思主义政党区别于其他政党的显著标志。"深刻阐明了党的根本属性,为建设学习型、服务型、创新型马克思主义执政党提供了思想指引。

马克思、恩格斯创立了群众史观,认为"历史活动是群众的事业","历史活动是群众的活动,随着历史活动的深入,必将是群众队伍的扩大"。从新民主主义革命时期提出党的群众路线、确立全心全意为人民服务根本宗旨,到社会主义革命和建设时期把确立社会主义基本制度作为重大任务、将整风运动作为促进全党团结统一的重要路径、以大规模经济建设筑牢社会主义物质基础,再到改革开放时期"三个有利于"标准、"三个代表"重要思想和"科学发展观"的提出,以及进入中国特色社会主义新时代"以人民为中心",中国共产党始终坚持马克思主义群众史观,在革命、建设和改革实践中不断赋予其中国化、时代化内涵,形成了轮廓清晰的理论演进轨迹。始终把实现好、维护好、发展好人民群众的根本利益作为根本出发点和落脚点,党和国家事业发展取得伟大成就,中华民族迎来了从站起来、富起来到强起来的伟大飞跃,科学社会主义在二十一世纪的中国焕发出强大生机活力。

思考讨论

1. 如何理解"江山就是人民,人民就是江山"这一论断在中国共产党发展历程中的核心意义?中国共产党为何始终坚持以人民为中心的发展思想,这一思想在党和国家事业永续发展中的重要性如何?

2. 在新民主主义革命、社会主义革命和建设、改革开放、中国特色社会主义新时代这四个历史时期,中国共产党如何将"以人民为中心"的思想贯彻到具体的政策和行动中?

3. 在新时代背景下,如何理解"人民对美好生活的向往,就是我们的奋斗目标"这一表述的现实意义?结合当前的社会背景,思考这一思想对未来发展的指导意义。

 **教学建议**

本案例主要适用于"坚持以人民为中心"部分的辅助教学,可以帮助学生了解这一思想不断发展的历史沿革。

1. 历史纵深与现实结合

在讲授"坚持以人民为中心"发展思想的历史演进时,建议通过具体的历史阶段进行剖析,将每个时期的重要理论和实践与当前社会现实相结合。比如,将新民主主义革命时期的群众路线与新时代的基层治理相联系,让学生理解历史经验在当代的重要性和延续性,从而增强学生对历史与现实的联结意识。

2. 互动式课堂讨论

组织学生围绕"以人民为中心"的发展思想,在不同历史阶段的具体体现展开讨论。可以将学生分组,分别讨论毛泽东时期的群众路线、邓小平时期的"三个有利于"标准、江泽民的"三个代表"重要思想、胡锦涛的科学发展观以及习近平的"以人民为中心"的执政理念。通过对比分析,学生可以更深入地理解党的思想路线的历史演进和内在逻辑。

3. 案例分析与实际应用

在课堂上设置实际案例分析环节,将党在不同时期的理论和实践应用到具体社会问题中,例如脱贫攻坚战、乡村振兴、环境治理等。通过实际案例的解析,帮助学生将理论知识转化为对现实问题的分析能力,激发学生的社会责任感和使命感,引导他们思考如何在实际工作中贯彻"以人民为中心"的发展思想。

案例 2
从 20 个故事中感受习近平的人民情怀

核心阅读

中国共产党根基在人民、血脉在人民、力量在人民。中国共产党始终代表最广大人民根本利益,与人民休戚与共,生死相依。"以人民为中心的发展思想,不是一个抽象的、玄奥的概念,不能只停留在口头上、止步于思想环节,而要体现在经济社会发展各个环节。要坚持人民主体地位,顺应人民群众对美好生活的向往,不断实现好、维护好、发展好最广大人民根本利益,做到发展为了人民、发展依靠人民、发展成果由人民共享。"

党的十八大以来,以习近平同志为核心的党中央提出以人民为中心的发展思想,坚持一切为了人民、一切依靠人民,始终把人民放在心中最高位置、把人民对美好生活的向往作为奋斗目标,推动改革发展成果更多更公平惠及全体人民,推动共同富裕取得更为明显的实质性进展,把14亿多中国人民凝聚成推动中华民族伟大复兴的磅礴力量。习近平总书记是从人民中走出来的、对人民怀有深厚感情和强烈责任感的人民领袖,无论是在基层、地方工作,还是在中央工作,都始终把人民挂在心头、念在心里。无论是打赢脱贫攻坚战,还是打赢疫情防控阻击战,无论是推进健康中国、平安中国、美丽中国建设,还是解决人民最关心最直接最现实的利益问题,习近平总书记始终心系百姓、情系人民。

2022年4月10日,新华社播发通讯《习近平的人民情怀》,记叙了习近平总书记同人民群众之间的感人故事。从这些故事中,我们能深刻地感受到习近平总书记浓浓的人民情怀。从小村庄到党中央,从农村大队党支部书记到党的总书记,习近平始终心怀家国、躬身为民。深深扎根人民、始终信仰人民;无限热爱人民,矢志造福人民;紧紧依靠人民,团结引领人民……习近平的人民情怀至深、至浓、至热。

这是老农民才有的动作

2021年10月21日,山东东营,黄河入海口。正在这里考察的习近平总书记走进一块示范田,俯身摘下一个豆荚、一撮一捻、仔细察看成色,顺手将一颗大豆放进嘴里,细细咀嚼:"豆子长得很好。"这一幕,让一旁的农技负责人罗守玉既惊讶又感到亲切:"这是老农民才有的动作呀。"

劳动的底色,铸就了为民的本色:2012年,阜平踏雪,盘腿上炕;2018年,汶川考察,转磨磨豆;2019年,首都植树,扛锹铲土……不经意间的自然流露,映照的正是岁月不改的人民情怀。

《为人民服务》,习近平爱不释手

2021年6月25日,习近平总书记带领中共中央政治局同志来到北大红楼。展厅内,刊载着李大钊名篇《庶民的胜利》的《新青年》杂志原件前,习近平总书记细细观看。

从"绝大多数人的,为绝大多数人谋利益的独立的运动"到"庶民的胜利",革命先驱深刻指明我们的事业"将永远存在"的历史必然。追忆当年,梁家河窑洞炕头一灯如豆;《为人民服务》短短数百字,习近平爱不释手;《愚公移山》《纪念白求恩》常学常新,信念闪耀。这份情怀,积淀着红色基因。

推开门的那一刻,习近平流下热泪

2015年2月13日,"黄土地的儿子"回家了。当年的老朋友拉着习近平总书记的手,还是那么亲切。总书记还能一一叫出他们的小名,"那时我和梁家河村结下了缘分,注定了今天会与你们相见"。40年前离开梁家河的那天早上,院子里早早挤满了送行的乡亲,大家一声不响等他起床。推开门的那一刻,习近平流下热泪。

当年在梁家河的每一个细节,都触动着年轻习近平的心。下地吃饭,知青的玉米团子黄澄澄的,老乡说:"这是真粮食。"看老乡的糠团子差很多,习近平主动换着吃。糠团子热量少,习近平饿得顶不住了,打开老乡的饭包,玉米团子还放着:"你们咋都不吃玉米团子?"

"窑里男人与孩子受苦更重,要给他们留着吃。"

深知老百姓的苦,因而挑起沉甸甸的担。

"他们曾经无私地帮助过我,保护过我"

当年的梁家河,一个大队要接纳30多个饭量正大的知青,乡亲们穷得叮当响,也愿照顾城里来的娃娃。

习近平说:"我饿了,乡亲们给我做饭吃;我的衣服脏了,乡亲们给我洗;裤子破了,乡亲们给我缝。""他们曾经无私地帮助过我,保护过我,特别是以他们淳厚朴实的品质影响着我,熏陶着我的心灵。"

深知老百姓的好,因而发自内心牵挂他们。

回忆起父亲这句话,习近平饱含深情

2021年9月,正在陕西榆林考察的习近平总书记来到中共绥德地委旧址。展厅里,一行字格外醒目:"把屁股端端地坐在老百姓的这一面"。

"端端地,这是关中话,稳稳正正地。"回忆起父亲习仲勋说过的家乡话,习近平总书记饱含深情。

习书记拉着赶集的老百姓做调查

20世纪80年代,习近平开始走上地方领导岗位,担任正定县委书记。这位年轻干部的作风令人耳目一新。

"习书记从不在办公室闲坐。"当年的县委办干部回忆说,习近平经常带着县委工作人员搞调查,"特别选在县城大集的时候,在大街上摆上桌子,拉着来赶集的老百姓做调查"。县委机关大门也总是敞开的,背着粪筐的老农径直进来同习近平交谈。

这些古语,习近平吟诵体悟

2021年3月,武夷山九曲溪畔,习近平总书记走进朱熹园。"国以民为本,社稷亦为民而立"……园内墙上,朱熹民本思想的经典论述,习近平总书记驻足凝视良久。

2018年6月,主持中共中央政治局集体学习,习近平总书记引用的正是这句古语。这份情怀,植根于传统文化。

秉持文化的自觉自信,习近平总书记深刻思考激活传统文化,实现千百年来为民造福的理想——在陕北深感民瘼,他沉吟着范仲淹的名句"先天下之忧而忧,后天下之乐而乐";在正定骑车下乡,他体悟着郑板桥的心声"些小吾曹州县吏,一枝一叶总关情";在宁德访贫问苦,他回想着寿宁县令冯梦龙的为民举措,对"三言"中的警句熟能成诵;在北京夙兴夜寐,他多次引用《尚书》中的箴言"民惟邦本,本固邦宁"……新故相因、道理相承。这份人民情怀,植根历史的中国,因而深厚、高远。

一名共产党员的形象深深印刻在习近平的心中

1966年2月,新华社播发长篇通讯《县委书记的榜样——焦裕禄》。政治课上,老师读到这篇文章,读着读着便哽咽了,习近平和同学们听着听着也泪流满面。

"我后来无论是上山下乡、上大学、参军入伍,还是做领导工作,焦裕禄同志的形象一直在我心中。"习近平总书记说。这名心中装着全体人民、唯独没有他自己的好干部,"始终是我的榜样"。

写下《念奴娇·追思焦裕禄》,表明"为官一任,造福一方"夙愿;到兰考调研指导党的群众路线教育实践活动,提出"我们应该给后人留下什么样的精神财富";同县委书记研修班学员座谈,号召做焦裕禄式的县委书记……对焦裕禄的一往情深,化为习近平一心为民的满腔热血。

这个滋味让总书记眉头紧锁

2013年腊月廿三农历小年,甘肃定西元古堆村格外寒冷。习近平总书记走进村民马岗家破旧低矮的土坯房,从墙根水缸里舀起一瓢水,尝了尝,苦咸水的滋味让他眉头紧锁。"党和政府会关心和帮助大家,咱们一块儿努力,把日子越过越红火。"总书记对乡亲们说。

饮瓢水,品百姓甘苦;摸炕被,感乡亲冷暖;掀锅盖,知人民饥饱……

"我很怕这件好事办不好,最后给人民交不了账"

党的十八大后,习近平总书记跋山涉水,走遍14个集中连片特困地区,50多次调研扶贫工作,从一定要"看真贫"到务必要"真脱贫",坚定地把历史责任扛在肩上。

习近平总书记常说:"乡亲们一天不脱贫,我就一天放不下心来。""我很怕这件好事办不好,最后给人民交不了账,给历史交不了账。"

太行深处,沿着结冰路面走进骆驼湾村低矮的泥房,嘘寒问暖,鼓励乡亲们"只要有信心,黄土变成金";武陵腹地,在石拔三家黑黢黢的木屋里拉家常,握着老人的手亲切地说"我是人民的勤务员";大别山区,更换三种交通工具来到金寨大湾村,逐页翻看贫困户汪能保的扶贫手册,强调"不能忘了老区人民"……对群众最浓的情,化成最重的承诺、最硬的措施、最大的投入,在中华大地铺展开波澜壮阔的反贫困斗争。

大年三十,习近平总书记夜不能寐

2020年年初,新冠疫情来势汹汹。大年三十,习近平总书记夜不能寐。

听闻医务人员以身殉职感到"心情十分沉重",为患者病情好转而倍感欣慰,嘱咐指导组负责同志"有什么情况、有任何需要,可以打电话直接和我说"……在疫情防控最危急的日子里,总书记始终牵挂群众安危。

从出生仅30多个小时的婴儿到100多岁的老人,每一个生命都得到全力护佑,人的生命、人的价值、人的尊严得到悉心呵护。

"为了保护人民生命安全,我们什么都可以豁得出来!"总书记的话重若千钧。

习近平总书记点赞"快递小哥"

2022年北京冬奥会开幕式上,一面五星红旗在100多位普通中国人手中传递。"快递小哥"刘阔就是其中一个。

三年前的春节前夕,北京前门石头胡同快递站点,刘阔和同事们遇到了前来看望他们的习近平总书记。听说大家年三十才能回家,总书记说,"快递小哥"工作很辛苦,起早贪黑、风雨无阻,越是节假日越忙碌,像勤劳的小蜜蜂,是最辛勤的劳动者,为大家生活带来了便利。

总书记心中装着基层一线劳动者

一言一行,习近平总书记心中装着基层一线劳动者,珍重大家的每一份付出。

在工地现场,同农民工亲切交谈,强调"要更多关心、关爱农民工";在出租客运公司,向"的哥""的姐"征询对年节打车难的解决办法;在清洁站,称赞环卫工人是城市的"美容师"……为了人民的幸福,一往无前以赴之,夙兴夜寐以求之,不遗余力以成之。

一张总书记的照片感动无数国人

2018年12月18日,庆祝改革开放40周年大会上,坐在主席台前排的习近平总书记起立转身,带头向坐在主席台后区受表彰的改革开放杰出贡献人员代表鼓掌祝贺,表达敬意。

记者的镜头定格了这一直抵人心的瞬间。这是对英雄模范的礼赞,更是对人民群众的致敬。

用20分钟向一名村党委书记了解当地发展情况

2016年全国人代会审议现场,习近平总书记用了20分钟向一名村党委书记了解当地发展情况。"牛羊育肥期几个月""村党委有多少人""种什么庄稼""水产养殖怎么发展"……总书记掰开了问,青海贵德县大史家村党委书记毕生忠就揉碎了答。

一场解剖麻雀式的现场调研,习近平总书记眼光触及基层治理每个角落。问得如此之细,正因深知"在人民面前,我们永远是小学生,必须自觉拜人民为师"。

十年两会,听取约400位代表委员发言

2013年至2022年,十年全国两会,习近平总书记53次参加团组审议讨论,听取约400位代表委员发言,同大家共商国是、汇聚众智。

"正确的道路从哪里来?从群众中来。"人民的所思所盼装在总书记心中,融入国家发展的顶层设计。

为起草好"十四五"规划建议,召开7场专题座谈会

2020年9月17日,湖南长沙,九所宾馆。习近平总书记专门请来基层代表,听取大家对"十四五"规划编制的意见和建议。

他们中有乡村教师、农民工,也有货运司机、种粮大户。大家你一言我一语,道急难愁盼、谈难点痛点、提解决办法。"人民群众中蕴含着丰富的智慧和无限的创造力。大家讲得很鲜活,很符合实际。"习近平总书记要求有关方面认真研究加以吸收。

盘玖仁参加了那场"沾泥土带露珠冒热气"的座谈会,他向总书记提出了"加强乡村教师队伍建设"的建议。如今,他所在的湖南省塔山瑶族乡中心小学里来了新老师,师资力量得到加强。

为起草好"十四五"规划建议,当年7月到9月,习近平总书记接连召开7场专题座谈会,听取方方面面的声音;首次就五年规划编制进行"网络问策",网上留言100多万条。人民领袖虚怀若谷、一片赤诚,激发起人民当家作主的主人翁意识,凝聚起亿万人民的智慧。

总书记称赞年轻的志愿者

2020年的春节,放假回家的谢小玉正赶上新冠疫情暴发,她主动报名成为武汉东湖新城社区最年轻的志愿者,为近200户居民跑腿儿买菜、买药、取快递。

2020年3月10日,习近平总书记在武汉见到了谢小玉和基层民警、卫生服务站医生、下沉干部等代表。听了谢小玉的汇报,总书记深有感触:"过去有人说他们是娇滴滴的一代,但现在看,他们成了抗疫一线的主力军。"

在总书记心中,人民高于一切,生命重于泰山

出访非洲途中,要求对吉林长春长生生物疫苗案件"一查到底,严肃问责";正赴欧洲访问途中,得知江苏响水发生爆炸事故,强调"全力抢险救援,搜救被困人员";在西藏考察期间,时刻关注河南特大暴雨灾害……

当人民生命遭遇危险,总是感同身受、第一时间作出重要指示,提出要求。"在保护人民生命安全面前,我们必须不惜一切代价,我们也能够做到不惜一切代价。"在总书记心中,人民高于一切,生命重于泰山。

人民群众的事是总书记心中的大事

大至生命安危,小到柴米油盐,在总书记心中都是大事。"厕所革命"、垃圾分类、清洁取暖、保护学生视力、提高养老院服务质量、加强食品安全监管……困扰百姓的"小麻烦",摆在总书记的案头、记在总书记的心中,也一项项列入中央重要会议日程,一次次成为改革的关注点、发力点,一点点改变着人民群众的生活。

"中南海要始终直通人民群众,我们要始终把人民群众放在心中脑中。"习近平总书记说。

思考讨论

1. 如何理解习近平总书记提出的"以人民为中心的发展思想"?你认为这一思想如何具体落实在国家的各项政策和行动中?

2. 习近平总书记在与人民群众的互动中展现了深厚的人民情怀,这对新时代领导干部提出了哪些要求?作为未来社会的建设者,当代大学生应从习近平总书记的行为和态度中汲取领导者应具备的素质,该如何将这种情怀融入自身的学习和生活中?

3. 从案例中提到的多次调研和座谈会来看,习近平总书记如何通过深入基层了解民情、凝聚民智?这种工作方式对我们理解"群众路线"在对新时代中国特色社会主义建设中的作用有何启示?

教学建议

本案例主要适用于"坚持以人民为中心"部分的辅助教学,可以帮助学生更深入地了解习近平总书记深厚的人民情怀。

1. 通过主题研讨来学习习近平总书记的人民情怀

建议组织学生围绕"习近平总书记的人民情怀"进行主题研讨,通过案例中的具体故事,引导学生深入思考习近平总书记如何在不同历史时期与人民群众心心相印,共同奋斗,特别是他在基层工作的经历和对人民的深厚感情。这有助于学生理解中国共产党"以人民为中心"的发展思想,并进一步讨论在新时代如何将这种人民情怀转化为实际行动。

2. 通过情景再现感受人民领袖的"细节之爱"

建议通过情景剧的方式,让学生扮演案例中的不同角色,重现习近平总书记在黄河入海口俯身察看豆荚、在甘肃定西品尝苦咸水等细节场景。通过这种方式,让学生在体验和演绎中,感受习近平总书记的人民情怀和务实作风,体会他对人民群众的真切关怀和责任担当。之后,可以组织学生分享自己的感受和理解,促进对"为人民服务"精神的更深刻认同。

3. 通过案例分析来从人民的需求中找到工作的开展方向

建议让学生结合实际,分析习近平总书记在与人民群众互动中如何发现并解决实际问题的案例,例如,在调研扶贫工作时强调"看真贫、真脱贫",并且始终把人民的需求放在首位。学生可以通过分组讨论,分析当前社会中人民最关注的实际问题,并探讨在新时代如何继续践行"以人民为中心"的发展思想,找出推动社会进步的具体路径。

案例 3

时光悠悠、岁月静好……这趟江西开出的"慢火车"成网红①

 **核心阅读**

在这个时间就是金钱、速度就是效率的快时代,与风驰电掣的高铁相比,"慢火车"可能有点儿跟不上趟。然而,别看高铁跑得快,它也有发展局限性,高铁站间距大,主要定位是城际运输,停靠的大多是县级站及其以上级别的车站。在这种境况下,从因地制宜满足当地居民出行需求而言,"慢火车"是既给力又实惠的交通工具。快有快的追求,慢有慢的考虑。如果说风驰电掣的高铁代表着中国铁路的发展速度和趋势,那么站站停靠、票价低廉的"慢火车"则传递着"小康路上不让一个人掉队"的浓浓温情。快时代,需要有"慢下来"的公益情怀,等一等那些步子慢的人。当然,"慢火车"并不代表设施落后,也不意味着服务打折。提供舒适的环境,尽量跟上时代脚步,同样是"慢火车"的使命。速度有快慢,追梦总相同。载满温情的"慢火车",开往的同样是山花烂漫的春天。就像那首经典老歌《慢火车》所唱的那样:"慢火车,火车慢,我只能前进不能回转,因为心中燃烧着柔情,慢火车也能爬上山顶端。"

---

① 伦艺菲,章娜.时光悠悠、岁月静好……这趟江西开出的"慢火车"成网红[EB/OL].(2023-11-11)[2024-12-10]. https://baijiahao.baidu.com/s?id=1782235877033916584&wfr=spider&for=pc.

伴随着呜呜的长鸣声响起,K6221次列车从鹰潭火车站缓缓驶出。"哐当哐当……"你有多久没听到,火车车轮碾在钢轨的接缝上时发出的声音。在不少人心中,曾经乘着绿皮车奔赴下一站的往事历历在目。如今,你还愿意搭乘一趟"慢火车"重拾当年的记忆吗?

2023年11月1日开始,鹰厦铁路北段(北鹰厦线)恢复开行一对旅客列车,一时间,带着对老铁路沿线风光的向往、对久违"绿皮车"的回味,沿线居民、南来北往的旅客纷纷登车体验,曾经的"绿皮车"成了新网红。2023年11月10日,记者登上鹰潭至三明北K6221次列车,与列车乘客、工作人员一起追忆这份情怀。

28.5元的车票一路尽赏闽赣山水

开窗慢行北鹰厦,青山绿水画中游,你只需花28.5元买一张火车票。

"95后"小杨是一名火车迷。2023年11月的第一个周末,他迫不及待地买了一张K6221次列车的车票,从江西鹰潭前往福建三明,花了28.5元,体验了一趟8小时的"慢火车"之旅。"这趟K6221次列车,全程时速40多公里,可以满足很多人的'绿皮车'怀旧情结,我们可以将列车车窗推开,感受扑面而来的微风,还有近在咫尺的绿树、村庄……真的是令人回味。"小杨说道,鹰厦铁路上的客车已经停了很长一段时间,从11月开始,重新开行"客车",令他小小激动了一回。

11月4日,小杨花了一天的时间重温"慢火车"之旅,一路与闽赣间的山水美景为伴!小杨感慨道,自己还是小学生时,也是沿着鹰厦铁路,坐着同样时速的绿皮车,去厦门游玩,如今走过漫长的岁月,再次乘车踏上旧路,有种恍然隔世的感觉。

鹰厦铁路有山又有水,虽然速度不比高铁逢山开路遇水搭桥拉直线,却能在一路绝美的风景中感受慢时光。

"值得一提的是,这个周末与我一样来体验慢火车的人真不少,三节车厢几乎爆满。"小杨说,真的不虚此行,能感受到久违的热闹氛围。

走红的慢火车

细心的人们不难发现,自从2023年11月1日这趟"慢火车"恢复开行以来,人们把沿途风景拍成"大片"发布在网络上,引发关注,成为"新网红"。

K6221次列车从鹰潭发车,沿途停靠资溪、光泽、邵武、顺昌,终点站为三明北,全程运行8小时42分钟,但它的"慢"却有着深深的吸引力。是因为你可以将车窗推开,漫游沿线风光,你也可以静静地坐在车厢内,沉浸在往昔的回忆中。

这一路上,有一批"80后""90后"带着孩子乘车体验,他们感慨道:"踏上体验之旅,我儿时的回忆,现在也是你的了。"这一路上,有人听着列车时不时发出的鸣笛声,憧憬着有一天鹰厦铁路能恢复旅客列车上常态化开行,打造情怀观光车。

一趟慢火车,缘何成了网红列车?记者登车体验,寻找答案。

11月10日上午9时许,鹰潭火车站5站台,K6221次列车等待出发,70名旅客陆续上车。从事旅游拍摄工作的曹先生,拿着自拍杆拍起了抖音。"好久不见'绿皮车',我要坐着火车去福建顺昌游玩。"

上车后,映入眼帘的车厢整洁明亮。旅客胡先生说,这趟车虽慢,但车况感觉很好。记者获悉,K6221次列车开通之初,只挂了3节车厢,铁路部门不曾想旅客数量不断增长,于是在周五到周日开行的列车上又加挂了3节车厢,满足出行需求。

中国铁路南昌局集团有限公司南昌客运段鹰潭车队K6221次列车长郑丽萍介绍,列车是25B车型非空调列车,编组6节车厢,车票也是难得的便宜,以鹰潭至资溪为例,票价只需6元。"11月4日是星期六,我值乘的K6221次列车几乎是全员爆满,据我们了解,资溪、邵武、顺昌基本每年3月到10月汛期停运,前几年都有开通过列车,光泽已经有近4年没有开通列车了。"沿线乘客对于这趟列车的热情度很高。K6221次列车鹰潭至资溪乘车的基本都是务工流,有部分旅客是在湖南做糕点生意,看开通了火车就回家看看,也有在外打工几年回家的。

厕所安排保洁人员定期清洁,茶水工密切关注热水供应并及时上水……这趟承载着浓浓怀旧风的火车,温暖如故。

是需求也是情怀

2023年11月10日,K6221次列车沿着鹰厦线从江西驶向福建,一路途经上清镇、龙虎山、泸溪河,大雨初歇,山水与云雾相融,风光无限。有人说,北鹰厦线恢复客车,是需求与情怀的交织,一路上,从旅客的诉说中,我们感触很深。

鹰潭旅客毛女士说,趁着周末即将到来,她约上了两位老友,乘坐K6221次列车去福建顺昌走走看看。"现在这条鹰厦铁路开通了,我们买一张便宜的火车票,开启慢旅游,感觉也很好!"毛女士说道。

熊先生是抚州资溪人,多年来在湖南务工,在他的印象中,除了春运,已经很多年没有坐过火车回家了。他还特意从口袋中掏出了一张火车行程单——鹰潭至贵溪,6元。熊先生不禁感慨道,以前每次回老家,都是先坐火车回到鹰潭,再从鹰潭转大巴,车费得好几十元,如今有了这趟列车,省下不少钱,还能享受体验感不错的慢火车。"希望这趟车能继续开行下去!"熊先生说。

老家同样在资溪的"00后"李京航,在河南郑州上班,听闻家乡恢复了一趟列车,特意请了年休假回家看看。"恢复了火车,回家就很方便了!"李京航说,现在国内时速40多公里的"慢火车"已经不多见了。2021年,江西九江到湖北麻城也开行过一趟慢火车,李京航还专门乘车去体验。"坐慢火车,我可以盯着窗外一路赏景,进入贵溪境内,山水就很美。"李京航说。

搭车回家,乘车旅游是需求,也有旅客是为了重温当年"绿皮车"的情怀。来自福建邵武的吴女士,与爱人一同带着5岁的女儿来鹰厦线体验乘车。夫妻二人想着多年前,他们曾一起乘坐鹰厦线的火车外出打拼,如今回到故乡,生儿育女,带着孩子来乘车感受一番,特别有意义。

"乘坐我们这趟车的旅客,不少人都诉说了往日情怀。"郑丽萍说:"前几天,车厢里一位旅客笑着说,已经好多年没有坐过没有空调的'绿皮'火车了,找到年轻时候的感觉,特别怀念也特别亲切。一路看看沿途美丽的风景,回家的路是那么的美好。"

温暖了岁月的老铁路

如果说一趟趟高铁的开行,见证了中国速度,那么即使繁华不再却仍然发挥余热的慢火车,则是令人难以忘怀的中国温度。

此次鹰厦铁路恢复开行客车,引起了不少人的关注,这背后,或许也是因为这条承载着岁月记忆的老线路,也有着它独有的故事。公开资料显示,1957年4月12日,鹰厦铁路全线开通运营。鹰厦铁路穿行于赣闽两省的崇山峻岭、河川峡谷之中,由北向南延伸,一路越过赣闽分水岭武夷山脉和横贯闽中的戴云山脉,跨过闽江、九龙江水系,穿过杏林海湾和厦门海峡,把被大海隔离的厦门岛同陆地连接起来,工程艰巨而复杂。国力不足、岩石挡路、海浪凶猛、台风侵袭……鹰厦铁路的修建难度非常大。直到现在,不少南铁职工,谈及这段关于鹰厦铁路的往事,不由感慨万千。十多年前,它曾是闽赣两省往来的重要铁路线,更是福建沿海地区与内陆地区往来的重要途径。直到2013年,向莆铁路开通,闽赣两省铁路升级,开行动车,鹰厦铁路的客运功能逐渐被取代,一度停运了旅客列车。如今走过66年风雨岁月的鹰厦线以开行货运列车为主,仍为助力时代的前进和发展贡献重要的力量。

从鹰厦线恢复旅客列车开行的走红可以看出,人们仍然无法忘怀,在那个车马很慢的年代,一条条铁路线,承载着许多人走出去追逐梦想的力量,联通了亲友间跨越山水互诉衷情的纽带。目前,江西境内还有鹰厦铁路、皖赣铁路等一批"老铁路",时速虽慢,旅客列车也是开开停停,但它们确实温暖过我们走过的岁月。

"北鹰厦线复开的这趟车,目前听说是开行到12月,之后会不会继续开行无从知晓!"乘坐列车的老李有些感慨,但这一刻,他只想珍惜这难得的怀旧时光。

思考讨论

1. 在"快时代"背景下,"慢火车"作为一种独特的交通方式,如何体现了社会的包容性,以及其在满足特定群体需求中的作用?在追求速度和效率的现代社会中,如何平衡"快"与"慢"的需求?

2. "慢火车"现象反映了现代人对于历史与记忆的情感依赖,如何看待这种怀旧情结与现代化进程的关系?

怀旧情结为何在快速发展的社会中变得更加突出?这种情感如何影响人们对传统事物的重新审视?怀旧情绪对个人和社会的积极或消极影响有哪些?

3. "慢火车"的流行是否反映了社会对现代化进程中忽视的某些需求的重新认识,特别是在环保、低碳出行和区域平衡发展的背景下,如此"慢火车"的走红是否意味着人们对现代交通方式的反思?如何看待交通方式的多样化与社会发展需求的匹配?交通方式的多样化对社会各层面带来不同的影响,如何更好地满足不同群体的交通需求?

教学建议

本案例主要适用于"坚持以人民为中心"部分的辅助教学,可以帮助学生理解社会发展中的复杂性与多样性,同时培养他们的人文关怀与社会责任感。

1.讨论"慢火车"背后的社会价值与人文关怀

建议从"慢火车"的恢复与走红现象切入,引导学生思考在现代化、快速发展的社会中,"慢火车"所承载的社会价值与人文关怀。可以提问:"在追求速度和效率的社会中,'慢火车'的存在反映了怎样的社会需求和情感寄托?这些需求与情感在当今社会还有哪些体现?"

2.引导学生思考科技进步与传统文化的共存

通过对比"高铁"与"慢火车"的不同功能和社会角色,引导学生思考科技进步与传统文化的共存与互补。可以提问:"如何在追求科技进步的同时,保护和传承传统文化与历史记忆?'慢火车'的恢复对我们理解这一问题有何启示?"

3.探讨社会发展中的多样化需求

结合案例,探讨社会发展过程中应如何兼顾不同群体的多样化需求,尤其是那些处于边缘或欠发达地区的居民。可以提问:"在社会快速发展的过程中,如何平衡不同群体的利益与需求?'慢火车'的恢复对这一问题提供了哪些思考和解决思路?"

案例 4

重庆"背篓专线"开通两年,沿线村庄三大变化[①]

核心阅读

重庆轨道交通 4 号线是重庆轨道线网规划中的骨干线路。2022 年 6 月 18 日,4 号线二期开通运营,全长 32.8 公里,共设有 15 个车站,其中石船站就设在渝北区石船镇重桥村的村口。自此,每天清晨 6 时许,都有一群老人背着背篓前往市区卖菜,久而久之,大家亲切地把这一段路线称为"背篓专线"。对于"背篓专线",起初也有人反对,建议在地铁高峰时段禁止携带菜筐,但当地轨道交通暖心回应:只要行为和物品合规,就不会干涉。用人性化安排呵护老百姓的烟火日常。"一条地铁,就是既装得下公文包,也容得下背篓扁担,我觉得这才是城市包容性的体现,菜农们也是城市的一分子,他们的生活方式应该得到尊重。"一位乘客说。一路上,车厢内的乘客,他们或匆忙或悠闲,但对这些背着背篓的老人,总是报以微笑和尊重。"背篓专线",它不仅是一条地铁线路,更是连接城市与乡村,连接每个人心灵的纽带。它承载着菜农的希望、城市的温情、生活的美好。

2024 年 6 月 29 日凌晨 5 时,渝北区石船镇葛口村蔬菜基地,前来运送

---

① 颜安,刘冲."背篓专线"开通两年,沿线村庄三大变化[N].重庆日报,2024-07-05(6).

蔬菜的货车一字排开,每装满一辆车,葛口村党总支书记胡平就在账本上记上一笔蔬菜应收货款。

"5月份葛口村蔬菜销售收入就有10.2万元,占当月村集体收入的70%。"胡平翻着村账本说,这份收入是"背篓专线"带来的。胡平所说的"背篓专线",是重庆轨道交通4号线,其石船站就设在葛口村村口。两年前4号线开通后,石船镇菜农开始背着背篓乘车进城卖菜,于是这条线就被老百姓亲切地称为"背篓专线"。

近水楼台先得月。每天凌晨两三点,山村中的灯光开始亮起,我认为这里才是"背篓专线"真正的起点。在地铁站,我看见工作人员细心关照菜农,提供便利;在地铁上,我看到市民为菜农主动让座,寒暄问候;车厢里,有专门的重庆方言播报,让菜农听得清,感觉像家里一样;在城里,我看到为背篓菜农开辟的卖菜专区,人流如织,生意兴隆。每一个细节都让我感受到了重庆这座山城特有的温度。

记者采访发现,4号线的开通让石船镇沿线村庄发生巨大变化——两年来,村集体收入涨了,闲置地减少了,越来越多人返乡创业。

"一增"

村集体年收入增至400万元。葛口村是石船镇蔬菜产业村,全村蔬菜种植面积占耕地面积80%左右。早在2019年,村里为了发展集体经济,就成立了葛口村股份经济合作联合社(下称联合社),胡平为理事长。

"我们将村里的菜农组织起来,统一育苗、管理、销售,以争取议价权。可那时村子交通不便,上门的商贩常借此压价,村集体也没什么收入。"胡平说。

后来,联合社又主动联系市内各大超市、农贸市场,这种销售方式虽然价格有保障,但需要次日或更晚才能拿到蔬菜款,菜农们嫌回笼资金慢,自然不愿意拿菜来卖,还是选择单干。

销售成难题,村集体收入也成了"无水之源"——联合社成立几年来,葛口村除了与邻村合作租用了几台挖掘机承包工程外,便再无其他收入。

"背篓专线"开通后,葛口村的村集体经济迎来发展机遇。

2023年,重庆菜都鲜农业发展有限公司(以下简称"菜都鲜公司")看中葛口村的蔬菜产业发展潜力,流转了村里300亩闲置土地用于打造蔬菜基地。

根据协议,菜都鲜公司每年为葛口村提供2万元土地租金,并提供10%纯利润保底分红。

"菜都鲜公司不仅承担了300亩蔬菜的种植成本,还负责蔬菜销售。"胡平算了笔账,300亩闲置土地打造成蔬菜基地后,按照正常市场价格销售,每年村集体就有30万元左右保底分红。

2023年,葛口村村集体收入达271万元,纯收入达36万元。今年,全年村集体收入预计将超过400万元。

类似的情况也发生在相邻的石龙村。"去年我们村集体纯收入达到43万元,其中最大的一笔增项来自闲置校舍的租赁,达到10万元/年。"石龙村支书、主任王亮告诉记者,这个校舍已经闲置了几年,过去无人问津,如今有了轨道交通的"加持",实现了"变废为宝",也为村集体增收。

"一减"

闲置土地全种上了蔬菜。

蔬菜好卖了,闲置的土地被迅速利用起来。除了菜都鲜公司流转了300亩土地种植蔬菜之外,村民们也纷纷扩大种植面积。

"背篓专线"开通前,葛口村菜农樊自华卖菜的首选是趁赶场日,把菜运到石船镇上卖,但镇上对蔬菜的需求不多,也卖不起价。

樊自华知道城里的蔬菜价格要高得多,但进一趟城单程公交就需要3小时,票价也要10多元,还容易错过卖菜的"黄金时间"。

"背篓专线"开通后,樊自华背上自家蔬菜到观音桥、复盛等地售卖,没想到收益不错。"比如糯玉米,在镇上1斤只能卖1元左右,到了城里1斤可以卖到三四元,还经常供不应求。"樊自华笑着说,"这买卖划得来。"

过去由于蔬菜不好卖,樊自华只种了几亩糯玉米,每年收入也不过2万多元,但随着"背篓专线"开通,樊自华的种植面积已扩大到近20亩。

这样的案例,在葛口村并不鲜见。40岁的村民鄢平原来在外做建筑生意,眼看家乡的发展形势好,他迅速回到村里流转土地种植空心菜。"每天下午五六点,我就开始组织村民摘菜,一直持续到晚上十一二点。装车后我就开车把蔬菜送到海领和人和市场,到早上五六点一天的工作基本结束,回去补觉。"他告诉记者,每天他至少要送一车蔬菜,约3000斤左右,按照1元/

斤计算,每天的毛收入为3000元,除去人工、租地等成本外,"比过去收入高"。

正因为生意不错,短短两三年,鄢平的空心菜基地就已经扩大到60亩,仅今年就新增了12亩。

记者了解到,石船镇下辖21个行政村、3个社区,目前已有近一半行政村的菜农依靠"背篓专线"进城卖菜,由于销路顺畅,许多村子的闲置地都利用了起来:葛口村的耕地面积为2100亩,原来就有500亩闲置,如今全部种上了蔬菜;石龙村原来有近千亩土地闲置,如今基本都复耕复垦。

"一多"

越来越多的村民返乡创业。

"背篓专列"不仅将村民的菜卖出去了,还带着更多人回到乡村。

两年前,石船镇石龙村村民杨小祥有了返乡开农家乐的想法,可那时弟弟杨松一个劲儿地劝他:"村里一年到头都没几个人,不要白白浪费钱!"而到了去年,杨松却改变了想法:"哥,咱们一起回家开农家乐!"

杨松改变想法,便是因为"背篓专线"的开通:石龙村邻近轨道交通4号线黄岭站,有10余个社可乘公交直达地铁站,石龙村菜农将当地蔬菜运输出去的同时,也为村子积累了一批"铁粉",不少城里人认为石龙村蔬菜新鲜、品质好,开始主动乘地铁到村里买菜。

人流带来了商机。杨松观察到,来村里买菜的顾客以退休老人居多。他们除了到乡村买菜,还有观光休闲的需求。

兄弟俩说干就干,搭伙投入积蓄,在自家院子里建起几处供游客围炉煮茶、品尝农家美食的亭子,还推出地铁站包接送服务。一切准备妥当后,去年10月,兄弟俩打造的"泥土香"农家乐正式对外营业。

"开业第一个周末订单就排满了,第一个月我们收入就有几万元,预约的单子也排到了几个月后。"杨松说。

有人回乡开农家乐,也有人搞直播挣流量。51岁的村民徐伟过去是个出租车司机,去年他辞职不干了,回到村里搞养殖,并以"重庆大伟"为名开号直播。"大家对乡村生活很感兴趣,一年来'粉丝'就涨到了6万多。"他告诉记者,随着"粉丝"越来越多,自家的土鸡和土鸡蛋越卖越好,仅去年他就卖了600多只土鸡,"流量"变成了现钱。

一条"背篓专线",正源源不断地为村子带来人气。"我们正计划着围绕轻轨站建设一处农贸市场,方便市民前来买菜,还打算建设一块共享菜园,发展研学游,为村集体和村民开辟新的增收路子。"石船镇相关负责人说。

 思考讨论

1. 在城市发展过程中,如何通过公共交通等基础设施的建设,促进城乡居民的互动与融合,体现社会包容性?如何看待"背篓专线"作为城市包容性和社会平等的象征?在现代化城市建设中,如何确保弱势群体的生活方式和权益得到尊重与保障?

2. 轨道交通对于乡村经济的发展具有推动作用,如何通过改善交通条件,提升农村经济活力,促进农民增收和返乡创业?这种发展模式是否可以在其他地区进行推广;如果推广,需要注意哪些潜在问题?

3. 在乡村振兴战略中,如何在促进经济发展的同时,避免出现新的社会不平等现象,平衡经济发展与社会公平?

教学建议

本案例主要适用于"坚持以人民为中心"部分的辅助教学,可以帮助学生了解基层治理的重要性,以及如何在多元化的社会中实现和谐共存社会包容性与和谐。

1. 探讨城市包容性与城乡融合发展

引导学生思考"背篓专线"案例中,城市对菜农的包容和支持如何体现了城市包容性,可以讨论如何通过政策和基础设施建设,促进城乡融合发展,实现共同富裕。

2. 关注基层党组织在乡村振兴中的作用

通过分析"背篓专线"带动村集体经济发展的过程,探讨基层党组织如何在乡村振兴中发挥引领和组织作用,学生可以讨论如何强化基层党组织在集体经济发展中的主导作用,推动乡村经济持续发展。

3. 鼓励青年返乡创业,促进乡村振兴

结合案例中村民返乡创业的实例,讨论返乡创业对乡村振兴的重要性,引导学生思考如何通过政策支持和社会倡导,鼓励更多青年人返乡创业,为乡村经济注入新活力。

案例 5

浙江乡村 20 年的坚持：千万工程，老百姓的幸福工程①

核心阅读

"农村是城市的后花园，城市是农村的CBD！"说起浙江，人们常做出这样的形容。的确，在这块土地上，城乡之间真正实现了"无缝对接"！走进农村，"公共交通到村头，硬化路面到地头，超市到门头"。这里，泠泠流淌的溪水，清澈见底，惹得你想掬起喝上一口；这里，清冽的空气，被花草的芬芳浸透，诱得你想敞开胸腔劲吸……旅游部门近年多次在全国游客中调查：乡村旅游首选哪里？浙江得票数总是名列前茅。群众把生活品质提高的原因归结为"千万工程"！自2003年推出以来，浙江省历届党委、政府一张蓝图绘到底，一任接着一任干，一年接着一年抓，终于造就了"绿富美"的人间天堂。

在余杭青山村体验亚运项目卡巴迪，在泰顺东安村品一杯稻田咖啡，在缙云联丰村来一场汉服"穿越"，在义乌李祖村逛共富市集、看一场婺剧……刚刚过去的中秋国庆假期，浙江乡村热闹非凡。

浙江乡村的今日之景，与2003年习近平同志在浙江工作时亲自谋划、亲自部署、亲自推动的"千村示范、万村整治"工程密不可分。紧紧围绕人民群

---

① 祝梅.浙江乡村20年的坚持：千万工程，老百姓的幸福工程[N].浙江日报，2023-09-19(4).

众在不同阶段的不同需求,20多年来,"千万工程"持续深化,引领浙江农村实现从"脏乱差"到"强富美"的华丽转身,成了老百姓的幸福工程。

"全面推进乡村振兴,积极发展乡村特色产业,深化'千村示范、万村整治'工程。"2023年9月20日至21日,习近平总书记在浙江考察时,再次讲到"千万工程"。

乡村如何升级、往何处去?20年来,浙江万村千乡持续探索、层层破题,在加快城乡融合发展、推动美丽中国建设、全面推进乡村振兴中,与时俱进地回答好人民之问、时代之问,不断增强人民群众的获得感、幸福感。本文根据记者祝梅所作文章进行说明。①

切中群众最关心在乎的问题,乡村重塑生产力

同一视角、不同时间,曾经山体破损、河道污浊,如今青山旖旎绿水透迤。这是杭州市淳安县枫树岭镇下姜村的故事,也是千千万万个浙江乡村的故事——这样的对比,很多村都有,"千万工程"的实施,也把村庄的旧貌与新颜,深深印刻在每一个人心里。20年坚持一件事,"千万工程"的推进,贯穿过去、现在和未来。

2003年6月5日,在时任省委书记习近平的倡导和主持下,以农村生产、生活、生态的"三生"环境改善为重点,浙江启动"千村示范、万村整治"工程:花5年时间,从全省选择1万个左右的行政村进行全面整治,把其中1000个左右的中心村建成全面小康示范村。

那时,浙江农村正遭遇"成长的烦恼"。农村乡镇企业风生水起,经济快速发展,但村庄面貌不尽如人意。一时间,"村村点火、户户冒烟",有人说,"走过一村又一村,村村都是垃圾村;走过几十个垃圾村,才找到一个示范村"。

更严重的是,一些地方工作存在"重城轻乡"的问题,乡村基础设施落后,公共服务缺失,没有文化设施,青壮年纷纷出走……城乡差距越来越大。

如何处理好经济发展和环境保护的关系?如何统筹城乡发展?到浙江工作后,习近平同志深入各地农村,一路调研,一路同大家交流。他语重心长地说:"浙江农民富,创业的人多,房子造得好,但浙江农村的污水、蝇虫、

---

① 本案例为浙江"千万工程"2023年20周年成就总结,相关表述以原文陈述为主。

垃圾也多。浙江农村经济社会发展不协调的问题依然存在。"

基于广泛深入的调查研究,"千万工程"把解决好人民群众最有体感也最关心在乎的问题作为根本出发点和落脚点,一经推出就受到农民群众的普遍欢迎,被誉为"继实行家庭联产承包责任制后,党和政府为农民办的最受欢迎、最为受益的一件实事"。

从农村人居环境整治入手,"千万工程"带来的改变却远不止于此。2005年,习近平同志提出"绿水青山就是金山银山"的发展理念,浙江把生态建设与"千万工程"紧密结合起来,美丽乡村建设成为"千万工程"的重要目标。

金华浦江向水晶产业污染"开刀",黑臭河、"牛奶河"再无踪影;台州仙居县"化工一条江"变为"最美母亲河"……20年来,全省创建300多万户美丽庭院、2170个特色精品村、743条风景线,万千乡村连线成景、百花齐放,造就大花园的万千气象。

2018年9月,"千万工程"荣获联合国"地球卫士奖"时获得这样的赞誉:"这一极度成功的生态恢复项目表明,让环境保护与经济发展同行,将产生变革性力量。"

生态账和发展账一起算,2019年,浙江成为首个通过国家生态省验收的省份。

有人形象地比喻,在浙江发展面临转型的关键时刻,"千万工程"是让列车换道变轨的那个扳手。"扳"下去,其实是发展理念、发展模式的变革重塑。

坚持问题导向,不同阶段的工作重心在变,但人民至上的初心不变,这是"千万工程"最简单、最核心的"秘诀"。

按照总书记擘画的蓝图,浙江历届省委、省政府久久为功,每年召开"千万工程"现场推进会,每5年出台1个行动计划及相关政策意见,推动"千万工程"持续深化、层层递进。

2003年至2010年,"千村示范、万村整治"示范引领,综合整治村庄环境,推动乡村更加整洁有序;2011年至2020年,"千村精品、万村美丽"深化提升,推动乡村更加美丽宜居;2021年起,"千村未来、万村共富"迭代升级,共绘"千村引领、万村振兴、全域共富、城乡和美"新图景。

"办实每件事,赢得万人心",一路走来,"千万工程"不断丰富内涵,从治到美再到富,一件件民生小事化作一个个着力点,重塑了乡村的形态,也深刻影响着中国乡村的未来。

调动群众的积极性主动性创造性,乡村打开想象力

实施"千万工程",一方面是精心呵护绿水青山,一方面是想方设法把绿水青山转化为金山银山。

不久前,丽水缙云县联丰村党总支书记楼干强在第17届中国—东盟社会发展与减贫论坛上,概括了"千万工程"给村里带来的三重变化:"第一步变干净,第二步变漂亮,第三步有特色。"

特色由何而来?村口的烂泥塘变成了荷花塘,沿线开发卡丁车项目,带动村集体经济由负转正,连年分红;村里每季度评选美丽家庭,村民们踊跃参与,暗自较劲的过程,也是共建共享家园的过程。

这也是"千万工程"的生命力所在。"千万工程"启动会上,习近平同志明确了必须着重把握的五个方面的基本要求,第一个就是"坚持政府引导,农民自愿,充分发挥广大干部群众的积极性和创造性"。

不搞千村一面,不吊高群众胃口,不提超越发展阶段的目标,不照搬城市建设模式,"千万工程"注重顶层设计,也注重因地制宜。

走高效生态农业之路,积极发展乡村特色产业。海拔600米之处,丽水景宁县划出一条"幸福线",云雾缭绕的纯净生态,孕育出"景宁600"区域公共品牌,山区小农驶入农业产业化发展的"快速路";衢州常山,政府和企业引种香柚,与传统优势产业胡柚"双剑合璧",一款宋柚汁成了长三角餐桌上的"常客"。目前,浙江农业现代化水平居全国第三位,建成产值超10亿元的农业全产业链82条。

洞悉市场机遇,发展乡村新型业态,早在2005年,浙江就召开全省农家乐现场会,推动乡村旅游加速落地。乡村旅游、未来农场、农村电商、文化创意、养生养老、运动健康……"千万工程"打底美丽生态,让美丽经济生发无限遐想。

注重村庄的可持续发展,古韵新风让保护和发展并重。2012年,浙江全面启动历史文化(传统)村落保护利用工作,2014年制定美丽乡村省级地方标准,2018年又率先出台《新时代美丽乡村建设规范》,"千村千面"有了看得懂、能对照、可操作的分类指南。

整体谋划乡村人才振兴,浙江深入实施"两进两回"行动,大力培育乡村振兴、乡村产业经营、乡村服务、乡村治理、农业农村科技人才。2021年启动实施"十万农创客培育工程",截至目前已累计培育农创客超5.8万名,乡村振兴成为年轻人展现才华的舞台,创客生态,让乡村的生意和生活有了新样貌。

村庄的未来什么样?"千万工程"牵引下,乡村发展与村民愿景同向而行。杭州市余杭区小古城村,村民家4米高的围墙变成1.2米的低矮院墙。村民议事拉近心与心,村口大树下、院落凉亭里或是线上议事厅,"众人的事情由众人商量",成了众多乡村推进村庄建设的重要一环。

一村富更要村村富。金秋10月,开化县大溪边乡上安村的高粱梯田红了。高粱酒、高粱游,曾经默默无闻的小村找到了产业振兴之路,更通过红高粱共富联盟带动全县20多个村种植红高粱。家门口的风景,让村民腰包越来越鼓,浙江全省农村居民人均可支配收入已连续38年居全国省区第一。

摸清群众想什么、农村缺什么,乡村迸发吸引力

不久前,杭州萧山区梅林村美好生活中心红馆迎来第一场婚宴。美好生活中心该有什么,都基于前期对村民的需求调研。无论村子怎么变,村民始终是主角。于是,这里有了和区级图书馆打通借还功能的乡村书房,开设了全省首个村级青少年分宫。

摸清农民想什么、农村缺什么,"千万工程"开启了一场伟大而深刻的城乡统筹实践。在全国,浙江是最早发布和实施城乡一体化纲要的省份。如今,浙江农村"20分钟医疗卫生服务圈""30分钟公共服务圈"等基本形成。"城市有乡村更美好、乡村让城市更向往",是浙江城乡融合发展的生动写照。浙江的城乡居民收入倍差20年来从2.28缩小到1.90,是全国倍差最小的省区。物的美丽、人的美丽,让浙江乡村如一块磁石,迸发出愈发强劲的吸引力。

更难得的是,基础设施和公共服务城乡并轨之时,浙江没有把农村变城市,而是注重保留村庄肌理、乡土味道和风貌。认领一块地、买下一朵云,一到节假日,城里人都爱往农村跑,那里望得见山、看得见水、记得住乡愁,乡村的一草一木、一街一巷、一砖一瓦都在焕发新的价值。

"一个村的营商环境很重要。正因为有'千万工程'的'筑巢',我们才能'引凤',吸引年轻人到乡村来扎根,乡村业态不断丰富。"李祖村职业经理人金靖第一次来李祖是十年前,"要空间没空间,要资源没资源"是她的第一感觉,但持续深化的"千万工程"改变了李祖,也改变了更多浙江乡村的命运。

规划先行,要素跟进。持续深化"多规合一"改革,浙江行政村总数由2003年的4万个缩减至2022年的1.97万个。全域规划的棋盘之上,浙江各级财政20年来整合投入"千万工程"财政资金近3000亿元,引导村集体、农户和社会资本投入超5000亿元。

乡村靠建设,更靠经营。浙江打出强村富民乡村集成改革组合拳,推动激活十万闲置农房,引导村庄以土地、资产入股等形式发展景区经营、物业经营等产业,建立健全强村公司、"飞地"抱团、片区组团等新模式新机制,乡村的"打开方式"有无限可能。

从一省一域走向全国,"千万工程"花开四野。学习推广浙江"千万工程"经验,广西、河北、云南等地结合本省实际制定实施方案、行动计划;浙江的"千名乡村CEO培养计划"也被广东借鉴,创新推出"广东省千名农村职业经理人培育计划"。

浙江省农办原副主任顾益康亲历"千万工程"启动及实施。"遵照没有最好、只有更好的理念,浙江更要沉下心来,着眼长远,打牢基础,奔着实现共同富裕的目标进一步深化,让'千万工程'成为乡村高质量振兴、促进农村农民共同富裕的主抓手,为全国提供推进中国式现代化的乡村路径。"他说。

推进共同富裕先行示范,迭代升级的"千万工程"聚焦"景美人和业兴共富",以未来乡村建设为引领,把提升乡村产业匹配度、基础设施完备度、公共服务便利度、城乡发展融合度作为重点,着力打造共同富裕现代化基本单元。

进一步健全城乡融合发展体制机制,浙江提出新型城镇化和乡村振兴"双轮驱动",按提升县城承载能力、深化"千万工程"、城乡融合发展三大方向,40个市、县(市、区)先行试点,开启重塑城乡关系、畅通城乡循环、构建城乡命运共同体的新探索。

乡村振兴潜力无限、大有可为,"千万工程"曾标注浙江"三农"发展乃至中国"三农"发展的历史贡献,也将用不止不息的探索,照亮乡村要去的地方,创造农民向往的生活,让看得见、摸得着的幸福感一点点累积起来,努力答好中国式现代化的时代命题。

思考讨论

1. 浙江"千万工程"通过改善农村生产、生活、生态"三生"环境,实现了乡村的可持续发展,浙江是如何在经济发展过程中保护生态环境的?如何平衡经济利益与环境保护之间的矛盾?

2. 在实施乡村振兴战略过程中,如何理解政府和农民各自的角色和责任?如何根据地方实际情况调动农民的积极性,激发他们的创造性?

3. 结合浙江通过"千万工程"推进城乡融合发展,缩小城乡差距,提升农村居民的获得感和幸福感的现实状况,分析城乡融合发展的重要性及其对实现共同富裕的作用。

教学建议

本案例主要适用于"坚持以人民为中心"部分的辅助教学,可以帮助学生了解在乡村振兴过程中,城乡融合如何在推进共同富裕的进程中发挥更好作用。

1. 探讨城乡融合发展的意义与挑战

围绕"千万工程"成功实现城乡融合的案例,组织学生讨论城乡融合发展对经济、社会、环境的影响,以及在推动城乡融合过程中可能面临的挑战,通过讨论来引导学生思考如何在发展中保持城乡独特性和协调性,促进共同富裕。

2. 分析人民至上的发展理念

引导学生分析"千万工程"中坚持问题导向和人民至上的发展理念,探讨如何将群众最关心的问题作为政策制定的出发点和落脚点。鼓励学生结合实际案例,思考在新时代如何更好地贯彻落实以人民为中心的发展思想,提升群众的幸福感和获得感。

3. 探究生态文明与经济发展的平衡

结合"千万工程"将绿水青山转化为金山银山的成功实践,组织学生讨论生态文明与经济发展的平衡关系,可以尝试通过小组辩论或案例分析,让学生探讨在推动经济发展的同时,如何实现生态环境的可持续保护与利用,助力美丽中国建设。

案例 6

坚持以人民为中心做好扶贫支边工作

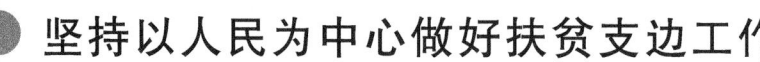

国家选派各级干部开展支边、扶贫工作是推动区域协调发展,消除贫困差距,实现全体人民共同富裕的重要战略举措。通过派遣具有丰富经验和专业素养的干部到贫困和边远地区,直接参与当地经济社会发展,能够有效弥补这些地区在政策落实、资源配置和发展动力方面的不足。干部们带来了相对先进的发展理念、管理经验和技术支持,帮助地方政府制定和落实科学有效的扶贫政策,提升了基层治理能力,通过调研和实践,将中央政策与地方实际紧密结合,推动因地制宜的发展策略,确保扶贫工作的针对性和实效性,从而为国家实现全面脱贫、共同富裕奠定坚实基础。党的十八大以来,以习近平同志为核心的党中央高度重视扶贫支边工作。在习近平新时代中国特色社会主义思想的科学指引下,承担对口支援任务的各有关省市和中央单位坚决贯彻党中央决策部署,投入资金之巨、参与人员之多、覆盖领域之广前所未有,扶贫支边工作取得历史性成就。许多相对落后地区在各级选派干部的带领下,通过产业、教育、健康、智力等多领域帮扶措施,实现了经济快速发展,基础设施显著改善,群众生活水平明显提升。

2021年2月25日,全国脱贫攻坚总结表彰大会在北京人民大会堂隆重举行,大会对全国脱贫攻坚先进个人、先进集体进行了表彰。中共中央总书记、国家主席、中央军委主席习近平为受表彰的全国脱贫攻坚先进个人和先进集体代表颁奖。习近平表示:"时代造就英雄,伟大来自平凡。在脱贫攻坚工作中,数百万扶贫干部倾力奉献、苦干实干,同贫困群众想在一起、过在一起、干在一起,将最美的年华无私奉献给了脱贫事业,涌现出许多感人肺腑的先进事迹。"在表彰名单中,众多扶贫干部荣获"全国脱贫攻坚先进个人"称号,他们默默奉献,负重前行,在祖国大地上书写着自己的青春,其中来自国家统计局的青年干部申孟宜也在其中。

群众工作无小事

2015年,申孟宜来到内蒙古自治区锡林郭勒盟正镶白旗星耀镇查干宝恩本村。作为中央和国家机关派出的首批第一书记,驻村伊始,他就对全村的党建情况进行摸底,做到心中有数。初来乡村,在乡亲们眼里,申孟宜是北京来的"大人物",是和文化水平不高的他们差距太大的"高材生"。然而,从他为了不麻烦村民,在大冬天骑着自己购置的二手电动车穿梭在镇到村那10公里道路上时;从他和村民同吃同住,将村支书家人盛的一碗土豆一口气吃完时;从他和村民一起铲草,忙碌到头发里夹着草丝也来不及理一下时,申孟宜就成了村民们口中的"申书记"。

申孟宜始终坚持以人民为中心的工作导向,始终把人民群众的利益放在首位。到村不久,村里有了更规范的党建章程制度,请来了马克思主义理论、农村问题专家授课,讲授党的理论、路线、方针、政策,先进的农业生产知识技术;干部们尝到了在工作中运用知识和技术的甜头;贫困的老乡们获得了更精准的一对一帮扶……

那年"七一"是党的95岁生日。申孟宜正在准备村支部党建活动,突然听说村里有老两口出了车祸!他第一时间上网发布了求助信息后,跨上电动车直奔镇里有关部门申请补助,迅速帮老两口筹集了医疗费。而在村子那头,受邀的正镶白旗党校校长已快赶到,好几项支部活动还等着他主持,申孟宜又急急忙忙往回赶。孰料,一着急,他竟连人带车翻倒在地!左腿被刮掉一大片皮,腿上血迹中还混着沙子。推着被摔坏的车,申孟宜一瘸一拐地走了一里多地回村,并忍痛搞完了当天的党建活动才去村卫生所。至今,

他的腿上仍留着一块长20厘米、宽8厘米的大疤痕。

精准扶贫有实招

了解全村贫困户的心愿,列出一张心愿清单进行精准帮扶,努力实现每一位贫困户的心愿,这是申孟宜的任务。申孟宜说:"希望他们都能实现心愿,幸福快乐地生活。"村民老张是村里的贫困户,到三甲医院检查眼睛寻求治疗手段和开具视力证明是他的愿望。申孟宜了解情况后,通过多次协调,帮助老张来到河北北方学院附属第一医院就诊,经过全方位检查,医院确认老张眼睛的主要问题是高度近视,矫正后视力仍低于0.05,目前没有有效的治疗手段,医院为老张出具了证明,可用于办理残疾证。经过申孟宜的多方努力,终于拿到了三甲医院的视力检查证明,老张高兴地说:"总算可以拿着检查结果去办残疾证了。"

村里还建立了精准扶贫信息平台,通过该平台,可以在动态地图上直接查询贫困户的基本信息,还可以进行统计和更新,能够更精确科学地分析贫困户致贫原因、扶贫效果,初步实现了全村扶贫工作的信息化,让该村公共服务信息化迈出重要一步。申孟宜又从国家统计局、内蒙古调查总队等单位争取电脑等办公设备,亲自设计并讲授"查村大课堂",从最基本的计算机操作开始,加大对村干部、党员和致富带头人的信息化技术培训。

完成全村危旧房改造,修建1.9公里水泥路,建成1000平方米文化广场,改建集体幸福院1处,新建垃圾点4个……脱贫攻坚离不开基础设施的完善和产业的发展。申孟宜在积极争取政府项目的同时,向国家统计局又申请了扶贫资金约100万元,实施了修建储草大棚、扶持养殖西门塔尔牛、发展农村电商等一系列扶贫产业;邀请农业种植专家和林业专家到村指导,将村内4700亩连片土地统一平整、打井、配置灌溉设施;探索葵花、沙棘等抗旱新品种的试种和发展林下养鸡、庭院种植黑枸杞等产业;同时还积极联系北京天文馆申请"星空保护村"称号,拟借助成本较低的星空拍摄带动乡村旅游。

背起行囊再援疆

2022年,习近平总书记视察新疆,在接见援疆干部时说道:"参加过援疆任务的同志,受到了精神的、实践的洗礼和锻炼,为今后的发展打下坚实基础。期望你们在这里扎扎实实作出应有的贡献,也是一生值得自豪的贡献。"对青年干部来说,扶贫、援疆工作的经历,是一段充满兴奋与汗水的故事,凝聚着使命和坚守。2020年初秋,申孟宜再次背起行囊奔赴西北边陲,踏上了援疆之路。三年中,他勤奋工作,不遗余力地帮助当地统计人员逐步提高统计工作水平。

申孟宜同志认为,能够将青春和成长与乡村振兴、支援新疆等重大国家战略实施联系在一起,是一个人的幸运也是追求。他的个人事迹无疑给我们广大青年朋友们带来众多可以借鉴的地方,结合自身的工作经历,申孟宜认为广大青年朋友要始终坚持以人民为中心的工作态度,将个人的命运与祖国的命运紧密地结合起来,为国家进步、民族复兴积极贡献个人力量。一是树立正确方向,听党话、跟党走,把自身的个人发展与社会、国家、民族发展融合在一起,找到并始终沿着正确方向努力前行。二是常怀感恩之心,点滴进步都不能忘记组织的栽培、家人的支持、朋友的帮助,做到知足常乐。三是常学常新,从有字书、无字书中充分汲取养分,持续提升自己各方面能力素质。四是讲究方法、策略,不断提高干事创业效率,实现事半功倍。

思考讨论

1. 在国家派遣各级干部开展支边、扶贫工作的背景下,申孟宜等扶贫干部如何通过扎根基层,与当地群众建立密切联系,从而成功推动了贫困地区的经济发展和社会进步?结合案例,讨论以人民为中心的工作导向在扶贫中的重要性以及如何在实践中有效落实。

2. 申孟宜在扶贫工作中,不仅带来了资金和技术支持,还推动了精准扶贫信息平台的建设,这对于提高扶贫工作的精准度和效率至关重要,请谈谈如何看待科技在现代扶贫工作中的作用。在你所在的社区或领域,如何利用科技手段解决类似的社会问题?

3. 申孟宜的事迹展现了新时代青年在国家重大工程中的使命担当与实际贡献。作为青年一代,如何将个人的成长与国家战略需求紧密结合?在当前的社会背景下,青年人如何在工作中实现自身价值的同时,为国家发展作出贡献?

教学建议

本案例主要适用于"坚持以人民为中心"部分的辅助教学,可以帮助学生了解国家选派干部开展扶贫支边工作的战略意义及实践成效,突出坚持以人民为中心,通过基层实践推动地方经济社会发展,提升基层治理能力,落实精准扶贫策略,最终实现全面脱贫和共同富裕的重要性。

1. 探讨扶贫支边工作的战略意义

可以探讨为什么国家要选派干部到贫困和边远地区开展支边扶贫工作。引导学生思考区域协调发展的重要性,以及消除贫困差距、实现共同富裕的必要性。通过讨论,学生可以更好地理解国家在政策实施中的深远意义,以及如何通过实际行动推动社会的全面进步。

2. 案例分析与实践探索

可以讨论如何通过具体措施和创新手段,像申孟宜一样,推动贫困地区的经济发展和社会进步。让学生分析申孟宜的工作方法,理解如何通过精准扶贫、基础设施建设和科技创新等手段,切实改善贫困地区的生活条件,并思考如何将这些经验应用到实际中。

3. 青年担当与社会责任感

可以探讨作为青年一代,如何将个人发展与国家战略需求紧密结合,为国家和社会进步贡献力量。鼓励学生结合自身的生活和学习经历,思考如何在未来的职业生涯中,承担起社会责任,以实际行动参与国家的重大工程和社会发展,实现个人与国家命运的紧密连接。

专题 3 坚持全面深化改革开放

专题导读

改革开放是当代中国大踏步赶上时代的重要法宝,是决定中国式现代化成败的关键一招。1978年党的十一届三中全会吹响了改革开放的号角,也拉开了我国全面深化改革的壮阔历程。2013年,党的十八届三中全会吹响了全面深化改革的号角,以习近平同志为核心的党中央高举改革开放伟大旗帜,以更大的政治勇气和政治智慧推动新一轮改革大潮涌起,推动中国特色社会主义进入新时代,推动中华民族实现从站起来、富起来到强起来的伟大飞跃。2024年7月15日至18日,党的二十届三中全会在北京召开,此次会议是党的十八届三中全会以来全面深化改革的实践续篇,也是新征程推进中国式现代化的时代新篇,向国内国际释放出我们坚定不移高举改革开放旗帜的强烈信号。全会明确了进一步全面深化改革的总目标,并绘制了改革路线图和时间表,推动把党的二十大确立的"全面建成社会主义现代化强国、实现第二个百年奋斗目标,以中国式现代化全面推进中华民族伟大复兴"的中心任务落到实处。

党的二十大对推进中国式现代化作了战略部署,要把这些战略部署落到实处,把中国式现代化蓝图变为现实,根本在于进一步全面深化改革,不断完善各方面体制机制,扫除各种障碍,源源不断为中国式现代化激发活力、增添动力。党的二十届三中全会审议通过的《中共中央关于进一步全面深化改革、推进中国式现代化的决定》明确了进一步全面深化改革的指导思想、主题、总目标、重大原则、根本保证,提出300多项涉及体制、机制、制度层面的重要改革举措,科学谋划了围绕中国式现代化进一步全面深化改革的总体部署,既是党的十八届三中全会以来全面深化改革的实践续篇,也是新征程推进中国式现代化的时代新篇,对以中国式现代化全面推进强国建设、民族复兴伟业具有重大而深远的意义。要全面贯彻习近平新时代中国特色社会主义思想,深入学习贯彻习近平总书记关于全面深化改革的一系列新思想、新观点、新论断,总结和运用改革开放以来特别是新时代全面深化改革的宝贵经验,贯彻"六个坚持"的重大原则,以经济体制改革为牵引,以促进社会公平正义、增进人民福祉为出发点和落脚点,更加注重系统集成,更加注重突出重点,更加注重改革实效,推动生产关系和生产力、上层建筑和经济基础、国家治理和社会发展更好相适应,为中国式现代化提供强大动力和制度保障。

案例 1
中国共产党历届三中全会回顾①

核心阅读

正确认识党史上的重要会议,是党史学习教育的重要内容之一。2024年7月15日至18日,备受瞩目的党的二十届三中全会在北京胜利召开,对进一步全面深化改革、推进中国式现代化作出战略部署。在此之际,正确认识党史上的历届三中全会,对于全党深入学习贯彻全会精神,更好地以中国式现代化全面推进强国建设、民族复兴伟业,具有重要启示意义。三中全会是中国共产党某届全国代表大会选出的中央委员会召开的第三次全体会议的简称。不同历史时期,特别是改革开放以来,历届三中全会在党史、新中国史、改革开放史、社会主义发展史、中华民族发展史上都具有十分重要的意义,对处理、解决新形势提出的新问题,贯彻全国代表大会精神,发挥了重要作用。从党的十一大之后,党的代表大会逐渐实现了常规化、制度化,每五年召开一次,三中全会担着促进经济发展和深化体制改革的重大使命,一些具有重大转折意义的决策,也都与三中全会息息相关。让我们回顾中国共产党成立以来不同时期历届三中全会的主要内容,进一步深化理解党对处理、解决新形势下新问题的历史脉络。

---

① 嘉兴史志.中国共产党历届三中全会回顾[EB/OL].(2024-07-25)[2024-12-10].https://mp.weixin.qq.com/s/VKVjn1beBgO-KTV9f3VSVw.

1978年12月18日至22日,党的十一届三中全会在北京召开。这场被载入史册的会议,实现了新中国成立以来党的历史上具有深远意义的伟大转折,开启了改革开放和社会主义现代化的伟大征程。这场会议中确立的改革开放,改变了中国,也影响了世界。从十一届三中全会到二十届三中全会,改革,是不变的主题词。改革不停顿,开放不止步。让我们一起回顾历次三中全会的主要内容,了解中国人民在中国共产党的带领下,不断奋进的伟大征途。

一、新民主主义革命时期

六届三中全会:党的历史上第一次"三中全会"①

时间:1930年9月24日至28日

会议内容:1930年9月24日至28日,中国共产党在上海召开了中国共产党第六届中央委员会扩大的第三次全体会议,会议由瞿秋白、周恩来主持。会上,进一步批评了以李立三为代表的"左"倾错误,停止了组织全国总暴动和集中全国红军进攻中心城市的冒险计划,恢复了党、团、工会的独立组织和经常工作,李立三在会上也以自我批评的精神,承认了错误。这次会议基本上结束了李立三"左"倾冒险主义错误对全党的统治。此次全会改选了中央政治局,因中央委员会中一些成员牺牲,补选了中央委员、候补委员等,将毛泽东重新选为中央政治局候补委员,把朱德等选入中央委员会。

二、社会主义革命和建设时期

1. 七届三中全会:规定了国民经济恢复时期党的路线和纲领

时间:1950年6月6日至9日

会议内容:毛泽东作了《为争取国家财政经济状况的基本好转而斗争》的书面报告及《不要四面出击》的重要讲话。刘少奇、周恩来、陈云、聂荣臻分别就土地改革、外交、财经和军事工作作了报告。会议指出,要获得财政经济状况的根本好转,需用3年时间,创造3个条件,即:土地改革完成、现有工商业合理调整、国家机构所需经费大量节减。

---

① 中国共产党1921、1922、1923、1925、1927年召开的5次全国代表大会后,并没有举行中央全会,六届三中全会是党的历史上第一次"三中全会"。

七届三中全会是中国共产党在新中国成立后召开的第一次中央全会,这次全会规定了国民经济恢复时期党的路线和纲领。在全会指引下,党和政府领导全国各族人民在恢复和发展工农业生产及各项经济事业方面取得一系列重要成就,国民经济迅速恢复,新生人民政权得到巩固,为随后顺利实现社会主义改造和推动国家工业化发展准备了条件。

2. 八届三中全会:讨论整风运动和反右派斗争的方针政策和具体部署

时间:1957年9月20日至10月9日

会议内容:全会提出和规定了改进党的领导、改革经济体制、重视发展农业以及整顿农业生产合作社、改进农业生产管理等一系列正确的思想和方针政策,反映了党的八大路线的贯彻和发展。全会在中国社会的主要矛盾问题上,改变了党的八大关于中国社会主要矛盾的正确论断,认为中国社会的主要矛盾仍然是无产阶级和资产阶级的矛盾,社会主义道路和资本主义道路的矛盾;对1956年采取的纠正冒进倾向的正确方针作了错误的批判,这对后来的社会主义建设事业产生了不良影响。

3. 十届三中全会:恢复了邓小平职务,完整地准确地理解毛泽东思想

时间:1977年7月16日至21日

会议内容:全会通过了《关于追认华国锋同志任中国共产党中央委员会主席、中国共产党中央军事委员会主席的决议》《关于恢复邓小平同志职务的决议》《关于王洪文、张春桥、江青、姚文元反党集团的决议》,决定开除王、张、江、姚的党籍,撤销他们的党内外一切职务。全会还决定在当年适当的时候召开党的第十一次全国代表大会。7月21日,邓小平在闭幕会上作了重要讲话,强调对毛泽东思想的体系要有一个完整、准确的认识,坚持群众路线和实事求是。

十届三中全会标志着中国从传统的社会主义模式转变为建设有中国特色的社会主义的重大转折,从政治上、思想上和组织上为党的第十一次全国代表大会的胜利召开,做好了充分的准备。

三、改革开放和社会主义现代化建设新时期

1. 十一届三中全会:开启了改革开放和社会主义现代化的伟大征程

时间:1978年12月18日至22日

会议内容:在全会前,召开了36天的中央工作会议,邓小平作了《解放

思想,实事求是,团结一致向前看》的讲话,实际上成为全会的主题报告。全会重新确定了中国共产党的正确的思想路线、政治路线、组织路线。批判了"两个凡是"的错误方针,充分肯定了必须完整、准确地掌握和运用毛泽东思想的科学体系,高度评价关于真理标准问题的讨论,确定了解放思想、开动脑筋、实事求是、团结一致向前看的指导方针;果断地停止使用"以阶级斗争为纲"这个不适用于社会主义社会的口号。

全会作出把党和国家工作中心转移到经济建设上来、实行改革开放的历史性决策,实现了新中国成立以来党的历史上具有深远意义的伟大转折,开启了改革开放和社会主义现代化的伟大征程。从此,中国历史进入社会主义现代化建设的新时期。

2. 十二届三中全会:以城市为重点推进经济体制改革

时间:1984年10月20日

会议内容:为了深入推进经济体制改革,1984年10月,召开了党的十二届三中全会。全会一致通过了《中共中央关于经济体制改革的决定》。这个决定阐明了加快城市为重点的整个经济体制改革的必要性、紧迫性,规定了改革的方向、性质、任务和各项基本方针政策,是指导我国经济体制改革的纲领性文件。决定第一次明确指出,中国的社会主义经济不是计划经济,而是以公有制为基础的有计划的商品经济,这是对马克思主义政治经济学的一个重大发展。

这次会议标志着改革开始由农村走向城市和整个经济领域,确立以公有制为基础的有计划的商品经济,中国经济体制改革进入了展开阶段。

3. 十三届三中全会:为深化改革扫清道路

时间:1988年9月26日至30日

会议内容:当时,中国正处在新旧两种经济体制的转换时期,产生了经济秩序混乱、物价上涨过快等一系列问题。会议通过了《关于价格、工资改革的初步方案》和《中共中央关于加强和改进企业思想政治工作的通知》两个重要文件。全会确定,把今后一段时期改革和建设的重点突出地放到治理经济环境和整顿经济秩序上来,以扭转物价上涨幅度过大的态势。

在我国改革的关键时刻,这次会议治理和整顿了经济秩序,为进一步深化改革扫清了道路,对于全党和全国人民进一步统一思想、统一行动,保证改革的顺利进行和经济的稳定发展,产生深远的影响。

4.十四届三中全会:建立社会主义市场经济体制

时间:1993年11月11日至14日

会议内容:会议通过了《中共中央关于建立社会主义市场经济体制若干问题的决定》,把党的十四大确定的经济体制改革的目标和基本原则加以系统化、具体化,是中国建立社会主义市场经济体制的总体规划。全会指出,社会主义市场经济体制是同社会主义基本制度结合在一起的。建立社会主义市场经济体制,就是要使市场在国家宏观调控下对资源配置起基础性作用。这个决定是我国建立社会主义市场经济体制的总体规划,是我国进行经济体制改革的行动纲领。

全会勾画了社会主义市场经济体制的基本框架,制定了继续深化改革的总体蓝图。中国的经济体制改革从此进入了全局性整体推进的新阶段。

5.十五届三中全会:建设有中国特色社会主义新农村

时间:1998年10月12日至14日

会议内容:会议集中研究农业和农村问题,审议通过了《中共中央关于农业和农村工作若干重大问题的决定》。全会强调,以公有制为主体、多种所有制经济共同发展的基本经济制度,以家庭承包经营为基础、统分结合的经营制度,以劳动所得为主和按生产要素分配相结合的分配制度必须长期坚持。全会提出了从当时起到2010年,建设有中国特色社会主义新农村的奋斗目标,确定了实现目标必须遵循的方针,对我国农村经济、政治、文化建设作出了全面部署。

十五届三中全会标志着全党对我国农村改革和发展规律的认识更加深刻,对于开创我国农业和农村工作新局面、实现我国跨世纪发展的宏伟目标,具有重大意义。在这以后,各项农业和农村发展进入新阶段,建设社会主义新农村和全面建设小康社会成为中国农业和农村发展的首要目标。

6.十六届三中全会:完善社会主义市场经济体制

时间:2003年10月11日至14日

会议内容:全会审议通过了《中共中央关于完善社会主义市场经济体制若干问题的决定》,提出坚持以人为本,树立全面、协调、可持续的发展观和统筹城乡发展、统筹区域发展、统筹经济社会发展、统筹人与自然和谐发展、统筹国内发展和对外开放的思想,明确了完善社会主义市场经济体制的目标和主要任务,深刻阐述了科学发展观,成为新世纪完善社会主义市场经济体制的纲领性文件。

党的十六届三中全会,对于全面推进中国改革开放和社会主义现代化建设,把中国特色社会主义伟大事业继续推向前进,具有重大的现实意义和深远的历史意义。此后,我国经济体制改革向重点领域和关键环节稳定推进。

7.十七届三中全会:研究推进农村改革发展问题

时间:2008年10月9日至12日

会议内容:这次全会专题研究新形势下推进农村改革发展问题,充分体现了我们党一贯高度重视农业、农村、农民工作的战略思想。全会通过了《中共中央关于推进农村改革发展若干重大问题的决定》。会议最大的突破是农村土地承包经营权的流转,提出加强土地承包经营权流转管理和服务,建立健全土地承包经营权流转市场,按照依法自愿有偿原则,允许农民以转包、出租、互换、转让、股份合作等形式流转土地承包经营权,发展多种形式的适度规模经营。

党的十七届三中全会的召开,给中国的农业、农村的改革和发展再次注入了强大动力,农民生活水平逐渐改善,社会主义新农村建设取得较好成效。

四、中国特色社会主义新时代

1.十八届三中全会:全面深化改革

时间:2013年11月9日至12日

会议内容:党的十八届三中全会着眼"两个一百年"奋斗目标的战略全局,审议通过了《中共中央关于全面深化改革若干重大问题的决定》,共16个部分60条300多项改革举措,对全面深化改革的主要任务和重大举措进行了全方位的部署;深刻剖析了我国改革发展稳定面临的重大理论和实践问题,用"六个紧紧围绕"描绘了全面深化改革的路线图,阐明了全面深化改革的重大意义和未来走向,是全面深化改革的一次总部署、总动员,成为新形势下全面深化改革的纲领性文件。

十八届三中全会是继党的十一届三中全会后又一个划时代的会议,开启了全面深化改革、系统整体设计推进改革的新时代,开创了我国改革开放的新局面。由此,自1978年开始的波澜壮阔的改革开放进入新阶段。

2.十九届三中全会:深化党和国家机构改革

时间:2018年2月26日至28日

会议内容:全会审议通过了《中共中央关于深化党和国家机构改革的决定》《深化党和国家机构改革方案》,同意把《深化党和国家机构改革方案》的部分内容按照法定程序提交十三届全国人大一次会议审议。全会提出,深化党和国家机构改革是推进国家治理体系和治理能力现代化的一场深刻变革。全会对深化党和国家机构改革作出了四个方面的部署:完善坚持党的全面领导的制度;优化政府机构设置和职能配置;统筹党政军群机构改革;合理设置地方机构。

全会是以习近平同志为核心的党中央站在党和国家事业发展全局,站在更高起点谋划和推进改革,对深化党和国家机构改革作出全面规划和系统部署,为新时代坚持和发展中国特色社会主义、推动社会主义制度自我完善和发展指明了方向。

3.二十届三中全会:紧紧围绕推进中国式现代化,进一步全面深化改革

时间:2024年7月15日至18日

会议内容:全会审议通过了《中共中央关于进一步全面深化改革、推进中国式现代化的决定》。决定共15个部分60条,分为三大板块,共提出300多项重要改革举措,都涉及体制、机制、制度层面的内容,其中,有的是对过去改革举措的完善和提升,有的是根据实践需要和试点探索新提出的改革举措。

全会对进一步全面深化改革、推进中国式现代化作出战略部署,充分体现了以习近平同志为核心的党中央坚定不移全面深化改革的历史主动和坚定信心,必将开辟以中国式现代化全面推进强国建设、民族复兴伟业的新境界。

思考讨论

1.从新民主主义革命时期到新时代的历届三中全会,党在不同历史时期如何通过三中全会来应对新形势和新挑战,并推动党的事业不断发展?

2.改革开放至今,历届三中全会在经济体制改革、社会主义市场经济建设和城乡发展等方面起到了什么样的关键作用?

3.在党的二十届三中全会中,习近平新时代中国特色社会主义思想如何通过深化党和国家机构改革,推进国家治理体系和治理能力现代化?

 **教学建议**

本案例主要适用于"坚持全面深化改革开放"部分的辅助教学,可以帮助学生深入了解三中全会在我国经济社会发展改革进程中的重要地位和作用。

1. 时间线分析法

在课堂上引导学生梳理并绘制从六届三中全会到二十届三中全会的时间线,通过标注各个全会的时间、核心内容和历史意义,帮助学生更直观地理解中国共产党在不同历史时期如何通过三中全会应对各种挑战,推动国家发展。这种方式有助于学生从历史发展的连续性中把握中国共产党领导下的重大决策和方针的演变。

2. 比较与讨论

鼓励学生比较不同时期三中全会的主要议题及其历史背景。例如,将十一届三中全会的改革开放政策与二十届三中全会的改革政策进行比较,探讨历届全会在不同历史阶段如何回应国家发展需求以及这些决策对当代中国的深远影响。通过小组讨论,学生可以更好地理解党在不同时期的战略调整和政策转变。

3. 历史与现实的结合

组织课堂讨论,探讨二十届三中全会与之前三中全会的关系,重点分析如何从党史中汲取智慧,以更好地理解和践行中国式现代化。引导学生思考党的历史经验如何在当下发挥作用,例如如何在全面深化改革的过程中借鉴和应用历史经验,从而在新时代继续推进国家建设,这一过程可以增强学生对党史学习的认同感和使命感。

案例2
光阴里的衣食住行见证时代巨变①

🎬 **核心阅读**

改革开放以来,中国的衣食住行经历了翻天覆地的变化,生动见证了时代的巨变。曾经的衣着选择有限,款式单一,而如今,随着经济发展和消费水平的提高,时尚已成为生活的一部分,衣着不仅追求舒适,更注重风格和个性表达。从布票供应到品牌林立,人们的穿衣方式折射出社会的开放与多元。饮食方面的变化尤为显著。过去,食物匮乏、温饱不足,如今,餐桌上琳琅满目的美食展示了物质生活的极大丰富。改革开放带来了国际化的饮食文化融合,从传统的家常菜到全球美食,人们不仅追求味觉享受,更注重营养和健康。食品安全、绿色有机也成为新时代的关键词。住房条件的改善是改革开放的亮点之一。过去,人们蜗居于狭小的单位分房或简陋的自建房中,而如今,商品房、别墅不断涌现,居住环境和设施大幅提升。智能家居、社区服务等现代化元素为生活带来了更多的便捷与舒适,住房不再只是栖身之所,而是承载了幸福生活的梦想。交通方面的飞跃同样令人瞩目。从以自行车为主的出行方式到如今的私家车普及、高铁网络四通八达,交通工具的进步极大地改变了人们的生活方式。现代化交通带来的不仅是速度的提升,更是空间与时间的重新定义,人们的活动范围扩大,生活圈层更加

---

① 李法瑞,邓景云,李荣生,等.改革开放45周年|光阴里的衣食住行见证时代巨变 [EB/OL]. (2023-12-18) [2024-12-10]. https://mp.weixin.qq.com/s/bMYUhjkLvGal-GNwky7nrqw.

多元丰富。改革开放的几十年,中国在衣食住行方面的进步,彰显了社会的发展与进步,标志着一个民族从温饱走向小康、从封闭走向开放的伟大历程。

1978年12月18日,党的十一届三中全会召开,作出实行改革开放的伟大决策,为中国带来伟大的历史性转折。45多年来,中国发生了巨大且深刻的变化。我们的食、穿、住、行、用等方面的演变过程,实实在在记录与见证了我国经济、社会发展给人民生活带来的巨大变化。让我们跟随一位老一辈航天人的记忆,重温历史,感受时代变迁。①

食:从"凭票供应"到应有尽有

今天,当年轻人在超市选购琳琅满目的商品时,很少有人知道,20世纪90年代以前,存在过一个特殊的"票证时代"。随着改革开放给中国经济和民生带来的巨大变化,1992年,中国告别了长达40年之久的票证时代。

从那个年代过来的人都记得,1978年改革开放前,我国实行的是计划经济,物质匮乏,尤其是米、面、油、肉等日常食物的供给并不充足。当时几乎所有的生活必需品都要凭票供应,大到自行车、缝纫机,小到一盒火柴、一块肥皂。那是个票证无所不在的年代。有人曾粗略统计过,居民日常生活中用到的票证,多达几十种,其中最重要的应是购粮本。小小的一个购粮本,可以说是一家人的生命本,因为要凭这个本子,每月到粮店领取全家人定量供应的粮票、油票,凭票才能购粮、买油。

每年年初,要拿着粮本领取一家人全年的布票、棉花票等。春节、国庆节等重大节日,会有一些特殊供应,如香油、大米、富强粉、花生、瓜子等。夏季还会供应少量绿豆用于消暑。要知道,这些东西,平时是根本买不到的。当时粮票分为三大类,包括全国通用粮票、地方粮票、军用粮票,各有各的用途。那个时候人们出远门,最重要的是带好粮票,并精心保管,丢了就得饿肚子。除了购粮本,副食本也必不可少,因为要凭这个本子买每月定量供应的芝麻酱、鸡蛋、白糖、粉丝、豆腐、肥皂、蜂窝煤等,就连买炉子所用的烟筒,都要凭这个。

---

① 该案例写于2023年,为求表述准确,文中尽量保留原始论述。

这些情况,在如今的年轻人看来,是多么不可思议。可这就是我们国家走过的艰难之路,留在了史册中,也留在了我们这代人的记忆中。现在国家富强了,但过去的苦难不应忘记,那是鞭策国人居安思危、奋发图强的动力。

穿:从"黑灰"到"时尚"

回想起20世纪六七十年代,我们国家还不富裕,那时的我们,都穿着军装和统一式样的黑色、蓝色制服。我记得最清楚的是,当时,为了让裤子耐穿,经常在臀部加缝一块厚实的布,以增加耐磨性。这样,一件衣服的穿着,可以用"新三年、旧三年、缝缝补补又三年"来描述。

改革开放后,随着物质的丰富和思想的解放,人们的衣着变得色彩缤纷,比如20世纪80年代初,街上开始流行喇叭裤、红裙子、"上海服装""香港服饰",各种新潮服装相继涌现,老百姓开始追求美观和时尚。进入20世纪90年代,成品时装琳琅满目,老百姓进入一个追求时尚和讲究品牌的时代。2000年以后,人们的生活向小康过渡,思想观念更为开放,穿衣打扮讲求个性、品味和多变。现在一出门,不论是走在马路、小巷还是公园、市场,都能看到大家穿着各式各样的花衣裳,脸上充满喜悦和自信。

45年来,在党的领导下,坚持改革开放,我们现在已进入一个崭新的时代,人民生活发生了翻天覆地的变化,过去贫穷落后的面貌早已一去不复返了。而我们这些老人们,在党的关心关怀下,过着幸福的晚年生活,各种样式的花衣服应有尽有。我为伟大祖国繁荣富强而自豪,也为装扮美好生活的花衣裳而点赞!

住:从"蜗居"到"广厦"

改革开放前,1970年1月,我家住在东高地7组4排26号平房,经常因为要去露天水池洗衣服,时不时会摔倒,无比期待能住上楼房。一年之后,我们搬进了筒子楼,一开始住着8平方米的小间,几年后换成了16平方米的大间,一家四口挤在小小的卧室里。虽然条件很简陋,但比起平房,用水已经方便许多,至少可以在室内洗衣服了。

但住筒子楼也有不少烦恼,比如5家共用一个厕所、老鼠翻天等。20世纪七八十年代,乘着改革开放的东风,航天事业快步发展,火箭院开始兴建更多的职工住宅楼。1986年12月,我们搬进了单元楼,既有主卧、次卧,也有客厅,环境较以前,真是好了许多。

近些年,生活区内一些具备条件的老旧楼房开始安装外挂电梯,大大方便了我们老同志的出行。应该说,几十年间,我家住房的变迁,是老百姓生活水平不断提升的一个缩影。家园越变越好,幸福指数越来越高。

行:从"蜗行牛步"到"日行千里"

今年是改革开放45周年,我不禁回想起20世纪60年代从西安回湖州老家探亲的艰难经历,那时回趟家要40多个小时,着实不易。现在,我从北京回老家只需8个小时。

1960年,我在西安军事电讯工程学院上学,春节假期回家探亲。我家住在浙江杭嘉湖平原小镇(今浙江省湖州市新市镇),距离学校1500多公里。由于我家不通公路,只能从杭州坐小轮船回家,而且西安还没有直通杭州的火车。我第一天中午从西安出发,坐火车到上海后再转车去杭州,到杭州已经是第二天晚上。回家的轮船只有早上一班,我只好在杭州住一晚,第三天一早才坐上回家的轮船,中午到家,路上花了48个小时,加之带着大包小包的特产,我深感回家不易。那次之后,我有两年没回家。

20世纪70年代,我毕业来到北京工作,从北京到老家也是1500多公里。好在那时已经有了从北京到杭州的直达火车,要27个小时,再加上轮船4个多小时,虽然还是要30多个小时才能到家,但免去了一次转车之苦。

改革开放后,北京到杭州的列车越来越多,速度越来越快,而湖州作为中国长江三角洲地区重要的对外开放城市,国务院确定的接轨浦东"先行规划、先行发展"的14个重点城市之一也飞速发展起来。新市镇终于通了公路,每隔2个小时就有中巴车从杭州开往小镇,1个小时就能到我老家。如今,北京到湖州各个时间段都有高铁直达,只需不到8个小时,我就能到老家了。从48个小时到8个小时,从计划出行到说走就走,我的回家之路今非昔比。

用:从"四大件"到"新家电"

改革开放前,代表着我家生活水平的"四大件"是缝纫机、自行车、手表和收音机。改革开放后,家家都有了彩电、冰箱、洗衣机、电话、电脑,这些家用电器使用两三年就会更新。就连擦地、擦玻璃也都用上了机器人。如今,人们在尽情享受科技带来便利和舒适的同时,也懒得总结什么"大件"了。因为新生事物层出不穷,很难从中选择出称得上真正意义的"大件"了,而唯一不变的就是随着收入的不断增加,市民消费结构和质量不断升级,生活水平不断提高。

80多岁的我,面对新时代,也不甘落伍,购置了电脑、打印机、平板电脑、智能手机,建有多个微信群,开通了网银,学会了用手机支付、手机理财。我现在每天都可以尽情享受网络世界的快乐。

用:从紧巴巴到钱包越来越鼓

对于大多数家庭来说,收入的主要来源就是工资,工资的多少,直接影响到一个家庭的生活质量。我自毕业以后,在北京航天发射技术研究所工作了近40年,其中前17年,我的工资从未上涨过。直到改革开放后,我的工资随着社会不断进步接连上涨,18年间,翻了四番。

1959年9月,我大学毕业分配到七机部一分院工作,直至1976年3月家父在江西南昌逝世时,我的工资一直是55元,17年间从未上涨过,我却由单身汉变成了两个孩子的爸爸。父亲逝世,我从北京回南昌治丧。事毕,在处理治丧费用时,由于我工资低,手头拮据,最终由我们三兄弟均摊了这笔费用。

那时,我和妻子的工资合起来才91元,每月还要向无收入的家母汇去生活费10元,剩下81元供一家4口人日常生活。为了节省开支,孩子们的衣服都是由我的衣服改的,老大穿完再改改给老二穿,日子过得紧巴巴。

1977年5月,我的工资由55元调到62元,这是我参加工作18年来第一次调整工资。1978年12月18日,党的十一届三中全会召开,中国从此进入了改革开放的新时代!当年,我的工资就由62元上调到75元,一下子涨了13元。手头变宽裕了,生活改善不少。

直到1996年5月退休时,我的工资已上涨到1229元。20年内,我的工资翻了四番多,平均每5年翻一番。随着社会进步和工资上涨,我的米袋子和菜篮子变鼓了,新衣服变多了,日子越过越红火!

思考讨论

1. 通过比较改革开放前后中国在衣、食、住、行等方面的变化,探讨这些变化如何反映出国家经济的发展和社会的进步。在这些巨变的背后,改革开放政策发挥了哪些关键作用?这些变化对当代中国社会产生了怎样的影响?

2. 改革开放使得中国人的消费观念发生了重大变化,从"凭票供应"到"追求时尚与个性",这种转变不仅是物质生活的提升,更是思想观念的开放。这种消费观念的转变如何影响了中国的文化、经济,以及个人的生活态度?这种变化是否有可能带来新的社会挑战?

3. 随着改革开放,交通工具的进步极大地改变了人们的生活方式,从以自行车为主的出行方式到如今高铁网络四通八达。交通方式的变化如何影响了中国人的生活半径和社会流动性?这种改变对城乡关系和区域发展带来了哪些机遇和挑战?

教学建议

本案例主要适用于"坚持全面深化改革开放"部分的辅助教学,可以帮助学生深入了解我国改革开放历史进程中衣食住行的不断变化所体现的时代巨变。

1. 通过具体案例深化学生对改革开放的理解

建议在课堂中结合学生的日常生活实际,使用"衣食住行"方面的案例,如从过去的"票证时代"到如今的消费自由,从单调的"黑灰色"服装到追求时尚个性,带领学生回顾和感受改革开放带来的巨变。通过对比历史和现实,帮助学生更直观地理解改革开放对个人生活的深刻影响,引导学生珍惜当下的幸福生活。

2. 引导学生思考时代变迁背后的政策支持

在讨论改革开放对衣食住行的影响时,建议教师引导学生分析这些变化背后的政策支持,如改革开放政策、市场经济的建立、政府对科技创新和基础设施建设的投入等。通过探讨这些政策,帮助学生理解国家政策如何推动经济发展和社会进步,培养学生对党和政府政策的理性认同和感恩之情。

3.组织学生进行社会调查或访谈活动

建议教师可以安排学生进行社会调查或访谈,采访身边的老一辈人,记录他们在改革开放前后的生活经历与感受。通过这样的实践活动,不仅可以增强学生对改革开放历史进程的理解,还可以培养学生的社会责任感和历史使命感,同时增进代际之间的沟通与理解。

案例 3

从深圳到宿迁,改革开放的精神火炬照亮崛起之路①

核心阅读

相知无远近,万里尚为邻。40 余年来,从南海小渔村到国际化大都市,深圳速度创造奇迹;27 年来,从"后进生"到跻身全国 70 强,宿迁故事精彩不断。一个是喊出"时间就是金钱,效率就是生命"响亮口号的中国特色社会主义先行示范区,一个是有着"最佳投资首选地"赞誉的长三角城市群重要节点城市。两座城市虽相隔千里,却同样蕴含改革基因,同样朝气蓬勃、充满活力。

1978 年,一个划时代的时间拐点;改革开放,一项决定中国命运的伟大决策。四十五年风雨兼程,四十五载春华秋实②。改革开放,不仅深刻改变了中国,也深刻影响了世界。

在珠三角,中国的第一个经济特区——深圳,从一个默默无闻的边陲小镇发展成为有影响力的现代化国际大都市,创造了举世瞩目的"深圳速度",奇迹般崛起于中国南方,绽放着夺目光彩。在长三角,江苏省最年轻的设区

---

① 张云,马凌峰. 从深圳到宿迁,改革开放的精神火炬照亮崛起之路[EB/OL]. (2023-11-27)[2024-12-10]. https://mp.weixin.qq.com/s/P9YTXRNjesIyutyQBVUqBWA.
② 该案例写于 2023 年,为求表述准确,文中尽量保留相关论述。

市——宿迁,在时代的浪潮中奋勇向前,由4个省级贫困县组成的苏北小城,一跃成长为长三角地区最具活力的新兴城市。是什么造就了深圳、宿迁两个城市翻天覆地的变化?是改革开放的浩荡春风,是改革开放释放的强大活力。

激情的岁月,书写敢为人先的故事

730张照片、1908件实物、7条配套视频短片、41条视频资料、19件美术作品、15个主题场景、26个互动体验和模型沙盘……在深圳改革开放展览馆,已经走过五个年头的"大潮起珠江——广东改革开放40周年展览"正诉说着以深圳为代表的广东省改革开放的峥嵘岁月。

四十五年前,深圳市还叫宝安县,是一个仅有30万常住人口的小渔村。居民生活环境非常恶劣,处处是几代人同居一室的棚户区。老百姓中间流传着"南头苍蝇深圳蚊"的话语。

1979年,一股春风吹进了这个不起眼的小渔村。当年4月,广东省委提出,希望中央能根据广东紧靠港澳、华侨众多的特点给予特殊政策,在深圳、珠海、汕头建立出口加工区。

这一敢为人先的设想得到了邓小平的大力支持。邓小平说:"可以划出一块地方,就叫作特区。中央没有钱,可以给些政策,你们自己去搞,杀出一条血路来。"

1980年8月,中央正式批准在深圳设立经济特区。自此,小渔村乘着这股强劲的东风,迈开了气壮山河的步伐,走进万象更新的"春天"。

"中国最引人瞩目的实践是经济特区。全世界超过4000个经济特区,头号成功典范莫过于'深圳奇迹'。"英国《经济学人》杂志这样评价。

"我18岁时第一次来到蛇口,那时候这里放眼望去都是山和农田,我和深圳人一起打山、填海、造高楼。转眼间,这里就变成了高楼林立的现代化之城,这是改革开放带来的巨变。"改革开放的见证者、香港客商、深圳居民李培说。

铁一般的事实,昭示着改革开放是当代中国发展进步的必由之路——深圳GDP从1979年的1.97亿元上升到去年的2.24万亿元,仅次于北京、上海,已与曾经差距无比巨大的香港相当。

20世纪80年代初,地级宿迁市尚未成立,但改革的春风已经吹到了这

片热土上,这片土地同样已经觉醒,做出了许多敢为人先的改革壮举。

在位于宿迁市泗洪县垫湖村的"春到上塘"纪念馆门前,矗立着一尊扛着丈量土地工具的赤脚农民的雕像,这是垫湖村为纪念20世纪70年代末推进"大包干"的改革先行者而设计的形象。

1978年,大旱,上塘公社人无粮、牛无草、地无种。"破草屋,漏风墙,扯把稻草就当床……"这首广为流传的顺口溜,曾是垫湖村的真实写照。这里的贫困程度,比深圳特区成立之前的小渔村更甚。

为了能够活下去,这里迈出"大包干"的改革步伐。1980年,实现了从靠救济粮生活到向国家出售余粮200万公斤、花生450万公斤的巨变。

"大包干"拉开了江苏家庭联产承包责任制农村改革大幕,1981年3月4日,《人民日报》发表长篇通讯《春到上塘》,赞誉垫湖村为"江苏农村改革第一村"。

垫湖村迈出了江苏农村改革的第一步,也让"敢为天下先"的改革精神根植于宿迁人血液之中,开启了宿迁以改革创新为特征的跨越发展之路。

1996年,地级宿迁市正式成立。作为在4个"省级贫困县"基础上组建而成的地级市,宿迁在改革的浪潮中破浪前行,发生了翻天覆地的变化。2022年,宿迁迎来了高光时刻,全市实现地区生产总值4111.98亿元,甩掉了省内倒数第一的帽子,取得了历史性突破。

壮阔的历程,"创新之城"激荡澎湃动力

站在莲花山公园山顶广场眺望,一座座拔地而起的摩天高楼,勾画出深圳这座现代化大都市亮丽的天际线。

四十五载春秋,莲花山见证了深圳改革开放、创新发展的奔跑之姿,见证着南海之滨上演的举世瞩目的"深圳奇迹"。

"时间就是金钱,效率就是生命。"一个巨型标语牌矗立在深圳蛇口工业区最显眼的地方。唯创新者强、唯改革者进、唯开放者赢。第一个打破平均主义"大锅饭"工资制度、第一家外汇调剂中心成立、第一家股份制保险企业创办……改革开放以来,深圳创出约1000个"国内第一"。

如果说,"三天一层楼"的速度曾让深圳闻名全国,那么追求高质量发展所带来的创新活力越来越让这座城市扬名世界。今天的深圳,平均每平方公里有5.6家国家级高新技术企业、平均每天有51件发明专利获得授权……

坚持市场化导向,这是深圳、宿迁乃至中国经济体制改革的信条。1992年10月,党的十四大正式提出中国经济体制改革的目标是建立社会主义市场经济体制。深圳在全国率先建立起社会主义市场经济体制基本框架,实行"引进来"和"走出去"相结合,对外开放水平进一步提高……

党的十八大后,2013年,深圳在全国率先开展商事制度改革。2018年2月,深圳又出台营商环境改革"20条",对标新加坡和香港等发达国家和地区,以世界银行营商环境评价体系为参照。这些做法,让深圳商事主体总量迅速超过200万户。

今天的深圳,已成为一座具有影响力的国际性都市,拥有全球第三大集装箱港、亚洲最大陆路口岸等,拥有华为、腾讯等多家世界500强企业,创新成为经济发展的第一动力。

虽然相较于深圳,宿迁还有很大差距,但是建市晚、底子薄的宿迁就像一株顽强的小草在倔强地生长。宿迁27年建市史,就是一部波澜壮阔的宿迁改革创新史,改革创新精神已成为宿迁人民的鲜明特质。

近年来,宿迁全市上下紧紧围绕高质量发展主线,牢固树立"项目为王"理念,创新构建了"1+6+8"招商组织架构,围绕特色产业、重点领域,突出关键节点,凝心聚力抓招商、上项目,招商引资工作进行得热火朝天,一个个项目的落地有力助推了宿迁经济社会高质量发展。

"'时间就是金钱,效率就是生命',这是我小时候就听说过的,现在在深圳招商,深刻感受到了这种精神和深圳人对改革创新的追求。"宿迁市驻深圳专业招商局副局长胡四海说,"我们将向深圳人民学习,坚定不移扎根大湾区,创新方式方法,努力招引更高质量项目,为宿迁的经济社会发展注入新动力。"

"天下事,非新无以为进",宿迁人深刻明白这个道理。地级宿迁市成立以来,从未停止改革创新的脚步,从"四大产权制度"改革到干部人事制度改革,从资源要素价格改革到推行科技"创新券"制度,从商事登记制度改革到推进"放管服"改革……全市上下坚持改革创新,破浪前行,城乡面貌发生了翻天覆地的变化。

奋进新时代,高擎全面深化改革开放旗帜

走进深圳南头半岛的前海深港现代服务业合作区的前海石公园,处处鸟语花香,游人如织。前海被称作"特区中的特区"。近年来,这里每年平均诞生超过3万家企业,成为新一轮改革开放的先行先试者。

2012年12月7日,习近平总书记在党的十八大后首次离京考察选择广东,首站即来到深圳前海。"我国改革已经进入攻坚期和深水区。""敢于啃硬骨头,敢于涉险滩。""经济特区不仅要继续办下去,而且要办得更好、办得水平更高。"……在这片改革前沿地,习近平总书记向世人宣示了改革不停顿、开放不止步的坚定信念。

"大家对新一轮改革的热情、预期、期盼,犹如经济特区刚成立之时。"深圳前海深港现代服务业合作区相关负责人说,前海正以逢山开路、遇水架桥的勇气、担当和智慧,续写"深圳奇迹",为全国改革开放提供新的经验。

"我们企业是香港的最大承建商,2020年,前海出台了一系列政策,让我们看到了这里将成为新的奋斗蓝海,所以我们第一时间完成专业机构及专业人士资质备案等部署,承接了前海的学校项目。"中国建筑工程(香港)有限公司派驻前湾十单元学校项目的项目经理徐世钦说,"我们为项目提供港澳工程专业团队及管理模式,助力前海深港融合、规则衔接,提升国际接轨水平,打造大湾区全面深化改革创新试验平台。"

前海是深圳改革开放再出发的缩影,现在的深圳,正用热火朝天的生动实践、高质量发展的步步向前、人民美好生活的步步登高,充分展现中国式现代化建设的新进展新气象,让这座"奇迹之城"更加繁荣昌盛。

地域不同,但是改革精神一脉相承。扬帆新时代,宿迁同深圳一样,把改革创新的基因注入现代化,谱写新时代"春到上塘"的传奇乐章。

"要支持宿迁推进'四化'同步集成改革",江苏省委十四届三次全会和《中共江苏省委关于深入学习贯彻党的二十大精神在新征程上全面推进中国式现代化江苏新实践的决定》这样强调。

"四化"同步集成改革示范区建设是一个关于如何推动新型工业化、信息化、城镇化、农业现代化互动同步、有机衔接的大命题,是一篇为全省乃至全国区域发展、现代化建设探索新路径、积累新经验的大文章。没有现成的经验可以借鉴,宿迁正努力在没有道路的地方蹚出一条新路,在没有先例的领域做出成功案例。

回望示范区建设的两年来,"全国推广""全国试点""全省率先"等关键词不胜枚举。

在新型工业化方面,宿迁着力构建"6+3+X"制造业产业体系,探索建立产业链"链主"企业培育和"十个一"工作机制,深入开展产业链共同体建设,推动科技政策落实和科技体制改革获省政府督查激励,深化商事制度改革获得国务院督查激励、全省唯一。

在城镇化方面,宿迁系统化全域推进海绵城市建设,深化国家县城新型城镇化建设示范试点,城市治理"一网统管"做法获得住建部推介。

在农业现代化方面,宿迁重点围绕全国农村改革试验区建设推进集成改革,在全省率先出台现代种业发展实施方案。

在信息化方面,探索制造业"智能化改造数字化转型"特色路径,产业数字化发展指数93.38,全省第一。深化全国市域社会治理现代化试点合格城市建设,在全省率先推行首席数据官制度。推进企业电子档案管理与应用改革得到国家档案局、市场监督管理总局肯定。

此外,深化苏州宿迁南北挂钩合作,苏宿工业园区荣膺全省共建园区考核"十三连冠",其他五个共建园区全部进入前十……

"宿迁城乡面貌变化很大,发展成绩鼓舞人心。"省委副秘书长、省委改革办常务副主任杨琦在宿迁召开示范区建设联席会议第二次会议时说,改革发挥了关键一招作用,"四化"同步正在成为加快宿迁发展的总引擎。

历史的航程波澜壮阔,时代的大潮奔腾不息。在这个崭新的时代,深圳、宿迁乃至全国各地,改革不停顿、开放不止步,闯峡口、扬激流、育沃野,浩浩荡荡,义无反顾,奔向更加壮阔的航程。

记者手记

开放带来进步,封闭必然落后。深圳和宿迁的实践证明:改革是决定当代中国命运的关键一招,开放是繁荣发展的必由之路,创新是引领发展的第一动力。当前,我国经济已由高速增长阶段转向高质量发展阶段,我们要在更高起点、更高层次、更高目标上推进改革开放创新,推进更深层次改革、更大范围开放,实施创新驱动发展战略,进一步释放发展动能、培育增长动力,着力解决制约经济发展的突出矛盾和问题,把发展的巨大潜力和强大动能充分释放出来,牢牢把握发展主动权,不断开创高质量发展的新局面。

思考讨论

1. 结合深圳和宿迁两座城市的发展历程,讨论改革开放在推动地方经济社会发展中的重要作用,探讨改革精神如何影响当今中国的现代化进程。如何理解"改革开放是当代中国发展进步的必由之路"这一观点?

2. 通过分析深圳和宿迁的创新实践和对外开放政策,讨论在推进高质量发展过程中,创新驱动发展战略对提升城市竞争力有什么意义;开放政策对地方经济发展的推动有何作用。

3. 结合宿迁"四化"同步集成改革示范区建设的实践,探讨在当前中国经济转型过程中,面对新时代的新挑战,如何继承和发扬改革精神,推动中国式现代化的实现。

教学建议

本案例主要适用于"坚持全面深化改革开放"部分的辅助教学,可以帮助学生了解改革开放帮助深圳崛起为国际大都市、宿迁从贫困到新兴城市所起到的重要作用,从两地改革创新精神的共鸣来加强对全面深化改革开放的认识。

1. 比较分析法

通过深圳和宿迁两座城市在改革开放过程中的不同路径和成就,鼓励学生深入思考区域经济发展的多样性和地方政策的适应性,探讨地方改革在国家整体发展中的重要作用。

2. 历史背景探讨

引导学生深入探讨改革开放对中国经济和社会的深远影响,从历史角度理解"深圳奇迹"与"宿迁变革"背后的政策推动力和社会经济转型。

3. 案例分析与讨论

使用深圳和宿迁的改革故事作为案例,分组讨论两个城市如何通过创新和开放推动地方经济发展,并探讨其他城市可以从中借鉴的经验。

案例 4

小岗"惊雷",开启中国改革的春天①

核心阅读

谈到中国农村的改革,不得不提凤阳县小岗村的"大包干"。作为中国农村改革的重要发源地,习近平总书记称赞小岗村当年的创举是我国改革开放的一声春雷。改革创新、敢为人先,是小岗人血脉里的宝贵基因,一代代小岗人接续奋斗,从发起"大包干"到深化农村综合改革,在党的好政策的引领下,小岗村发生了从"吃饱饭"到"吃好饭"、从"靠天吃饭"到一二三产深度融合的巨变,正在成为一个创新、创业、创意融合的全域田园综合体。近年来,小岗村通过推动土地流转、农文旅融合等,积极探索乡村振兴发展、村民持续增收之路。从吃饱肚子到鼓起钱袋子,"改革创新、敢为人先"的小岗精神又走上了新起点。

初夏的风,吹拂着郁郁葱葱的小岗,满目生机。大包干纪念馆内,一幅放大的历史卷轴,让久远的年代,逐渐清晰。1978年冬,安徽省滁州市凤阳县小岗村18位农民按下"红手印",实行"大包干",恰似"一声惊雷",从农村到城市,融化坚冰,开启中国改革的春天。

---

① 汪秋萍,刘琼,黄振,等. 小岗"惊雷",开启中国改革的春天[N]. 乡村干部报,2024-05-24(1).

46载变迁,小岗人始终坚持改革创新,奋楫争先,与时代共激荡。小岗,也是歌曲《在希望的田野上》的诞生地。记者近日走进这片希望的田野,探改革之路,看今朝辉煌。

18枚手印载史册

"一辈子也忘不掉啊。"在金昌食府,记者见到了当年"大包干"带头人之一严金昌。说起当年的"壮举",81岁的他仍历历在目。

小岗地处江淮分水岭,以丘陵岗地为主,土地盐碱化较重,农业生产基础条件差。"大包干"前,干活"大呼隆",分配"大锅饭",村民没有生产积极性,一年累到头,还是饿肚皮。1978年,安徽特大旱灾,小岗是重灾区之一。"我们当时冒着很大的风险,就是为了填饱肚子,不想再逃荒要饭了。"严老回忆道,"心里也不服气,我们是农民,怎么不会种地?"

走进村民严立华家留存至今的茅草屋,1978年那个惊心动魄的冬夜,重回眼前。小岗村18户农民在此聚集,商议"分田单干"。昏暗的煤油灯下,密谈迟至深夜。"我们分田到户,每户户主签字盖章,如以后能干,每户保证完成每户的全年上交和公粮。不再向国家伸手要钱要粮。如不成,我们干部坐牢杀头也甘心,大家也要保证把我们的小孩养活到18岁。"大家以"托孤"的决心,在"大包干"契约上按下了红手印。谁也没想到,这一签一按,不仅解决了小岗村的温饱问题,也拉开了中国农村改革的序幕。

"大包干"实行第一年,小岗村就获得大丰收。这一年全队粮食总产量13.3万斤,相当于1955年到1970年粮食产量总和;油料总产量3.5万斤,相当于过去20年产量的总和。不仅结束了20多年吃"救济粮"的历史,而且上交国家粮食3200多公斤。

1980年5月,邓小平在一次讲话中公开肯定了"大包干"。1982年,中央第一个关于农村工作的"一号文件"正式出台,明确"包产到户""包干到户"都是社会主义集体经济的生产责任制。自此,以小岗村为起点,改革开放的春潮在华夏大地涌动。

革新奋进在路上

宽阔的"改革大道"两旁,拔节抽穗的小麦随风摇摆,翻滚绿波。走进程夕兵农机大院,映入眼帘的是成排沐浴阳光的水稻秧苗。

"现在是露天育秧,过段时间智能化育秧工厂启用后,不仅一次能育出可供1000亩大田使用的秧苗,还能实现自动补水、补光和保肥。"小岗村种粮大户程夕兵黝黑健壮,这位种了40多年地的"老把式"对记者直言,"我如今流转了700多亩地,一年收入40多万元,深刻体会到'合'起来好!农业只有规模经营,才能更有效益。"

这是小岗人的与时俱进。当年大包干由"合"到"分",明晰农民的承包经营权,解放生产力;现在由"分"到"合",小田变大田,是农业现代化的必然趋势。一路走来,小岗的命运,正如这土地的分分合合,也有跌宕起伏。

因为守着自家一亩三分地,因为错过乡镇企业机遇期,新世纪前后,小岗村发展遇到瓶颈。2003年,全村人均年收入只有2300元,村集体存款为零。如何破局?唯有改革。面对新形势新问题,还是要靠改革蹚路,攻坚克难。这是当年安徽省选派小岗驻村干部沈浩和现任村党委第一书记李锦柱的共识。

2012年,小岗村在安徽省内率先开展农村土地承包经营权确权登记,通过"三权分置"改革,放活经营权,小田变大田,粮食总产量不断创新高。2016年,小岗村启动集体资产股份合作制改革试点,成立小岗村集体资产股份合作社,实现从"户户分田包地"到"人人持股分红"的转变。2021年,安徽省首家乡村振兴银行——凤阳农商银行小岗乡村振兴支行挂牌开业,量身定制"乡村振兴贷""红色旅游贷"等多种金融产品,为小岗村产业发展引入更多金融"活水"。

如今,北大荒现代农业示范区田里,多台无人机正在低空作业,一天时间,就可以完成500亩小麦的农药喷洒作业。监控室内,物联网智慧农业管理系统正在对农作物进行精准监测与实时管理,只要生长状况或环境变化异常,就会发出警报。北大荒集团七星农场驻小岗村技术负责人陆向导告诉记者:"北大荒2018年牵手小岗,利用先进的种植技术,让低产田变成规模田,水稻亩产从过去几百斤增加到1500斤,起到了'做给农民看,带着百姓干,帮着村民赚'的示范效应。"

小岗产业园内,盼盼、蒸谷米等多家企业构成的健康食品产业链初具规模,农业产业链条向纵深延伸。同时,红色旅游、研学实践、教育培训、直播电商等新兴富民产业蓬勃发展。

"各位新进直播间的朋友为我们的产品点点赞……"返乡创业的"80

后"主播杨伟介绍着本地生产的粉丝。2023 年,杨伟和三个年轻人打造了"美丽小岗青力助农直播间",目前已直播 200 余场。

"欢迎来到小岗智慧民宿,我是您的小智管家……"走进极具江淮田园风光的小岗村宿,科技感扑面而来。"我们的理念是'室内五星级,室外五千年',以智能化设施和在地文化为卖点,为顾客提供舒适的住宿体验。"小岗村宿负责人韩正亮话还没说完,对讲机里传出催促的声音——"我这边有一个 20 人的预约团队,20 分钟后到,需要一个导游。"他说声抱歉,转身忙去了。投资 8000 万元的小岗村宿,目前是皖北地区最大的乡村民宿群,"五一"期间,吸引不少周边游客。韩正亮和团队正致力于将其打造为小岗红色旅游的新名片。

"我们通过做优一产、做强二产、做旺三产,推动乡村一二三产业融合发展。"李锦柱欣喜地告诉记者,去年小岗村集体经济收入 1420 万元,相比 2016 年的 680 万元,增幅达 109%;4397 个村民去年人均收入 34900 元,人均分红 700 元,相比 2018 年首次分红人均 350 元,翻了一倍。

精神标杆立潮头

在凯盛浩丰设施农业产业园大门前,记者乘坐的汽车被拦下消毒。这里,对于洁净的要求近乎苛刻。走进产业园,温控实时数据中心大屏上,监控画面呈现温室大棚的各个方位。一株株藤蔓上,挂着的樱桃番茄圆润饱满,十分诱人。

"这个智能玻璃温室遍布 400 多个传感器,它们能收集温室内各项环境和番茄生长的各项数据并反馈至中央环境控制系统,环控系统根据设定的参数向执行器发送信号,自动调整温室内的温光水气肥等生长环境。"凯盛浩丰小岗基地副经理高宏伟向记者介绍,通过无土立体吊蔓式栽培、熊蜂授粉等现代化种植手段,生长出的番茄从大小、果形到酸甜度都实现了标准化,零激素零农残,在各大电商平台番茄类销售榜排名第一,并在各大一线城市热销。这个 85 亩的智能温室内,"田间"操作工只有 25 个人,但亩产量是传统农户种植的近 10 倍。工厂 2023 年初投产,年产值高达 5000 多万元,净利润 1400 多万元。"植物工厂是设施农业的最高等级。"高宏伟感叹,这句话在他 10 多年前上大学时,只在教科书上看过,今天竟成现实。

凯盛浩丰将在全国复制小岗模式,5 年建成 50~100 个温室,届时将成为全球最大的温室运营商。这是智慧农业的样板,是新质生产力的代表。它预示着小岗的未来已来,超越常规,示范创新。

李锦柱对于小岗未来蓝图的规划,打破了时空界限。他说:"我们要突破'小岗'的地域局限,通过共同规划、共享资源、优势互补等方式,带动周边乡村抱团取暖,打'小岗牌',推动区域经济社会协同发展。作为老典型,我们更要当新先进,让农村改革发源地在乡村全面振兴中走在前列。"

小岗村今年的工作计划,多处体现"跳出一域谋全域":深化南京经济技术开发区凤阳省际合作园区建设,办好长三角绿色食品加工业大会,加强与南京农业大学、江南大学、安徽财经大学等高校深度合作,搭建高等人才下乡平台,与院士共建小岗健康食品研究院等。

采访李锦柱时,他刚从省里签约归来。小岗又有大手笔,以村集体公司参与成立规模80亿元的安徽省绿色食品产业母基金,组建小岗乡村振兴子基金,约7亿元规模,整合各类资源,探索乡村振兴资金投入渠道,撬动社会资本,推动乡村产业提档升级。

如今的小岗,不仅是一个地名、一个品牌,更是一个精神标杆。小岗人在以实际行动赋予小岗精神新的时代内涵。

国务院发展研究中心研究员赵树凯认为,46年过去了,小岗精神并不过时。因为,小岗人代表的农民首创精神和历史力量,开创了新体制。这种敢闯敢试敢为人先的改革精神,在今天的中国,仍有现实意义。

2016年,习近平总书记在小岗村考察时指出,唯改革才有出路,改革要常讲常新,希望小岗村继续在深化农村改革中发挥示范作用。

"我们将打造创新小岗、美丽小岗、实力小岗、幸福小岗,同时不断挖掘小岗精神的人文内涵和时代价值,让来到小岗的每个人都能获得不断前进的精神力量;把小岗精神转化为发展的重要支撑。"对未来,李锦柱充满信心,也深感任重道远。

思考讨论

1. 通过从历史的角度理解小岗村"大包干"在中国改革开放中的地位,探讨小岗村"大包干"作为中国农村改革的开端,具有怎样的历史意义。结合当前乡村振兴战略的实施,讨论"敢为人先"的小岗精神如何在新时代背景下继续发挥作用。

2. 小岗村经历了从"分田到户"到"土地流转、农文旅融合"的发展历程,讨论这一过程对中国农业现代化和农村经济转型具有什么启示。结合当前我国三农问题发展情况,说说当前农村改革的重点应该放在哪些方面。

3. 在小岗村的发展历程中,"改革创新、敢为人先"的精神如何推动了从"温饱"到"富裕"的转变?结合小岗村的案例,分析改革创新在实现共同富裕中有何作用。

教学建议

本案例主要适用于"坚持全面深化改革开放"部分的辅助教学,可以帮助学生了解小岗村以"大包干"开创中国农村改革典范的发展历程。

1. 案例引入与历史对比

可以通过小岗村"大包干"案例引入,结合历史背景分析1978年改革开放初期的艰难与突破,引导学生理解改革开放的重要性和农民首创精神的历史意义。

2. 实地考察与体验教学

可以组织学生到小岗村或类似的改革示范区进行实地考察,通过亲身体验与专家讲解,感受改革带来的变化和现代农业的成果,增强学生对"小岗精神"的理解和认同。

3. 多维度探讨改革创新的现实意义

在课堂讨论中,可以引导学生从经济、社会、文化等多个维度探讨小岗村的改革经验,分析如何将"小岗精神"运用于当前的乡村振兴和国家现代化建设中。

案例 5

上海自贸试验区——深耕改革开放"试验田"[①]

核心阅读

2013年,党的十八届三中全会提出建设中国(上海)自由贸易试验区的重大举措,要求为全面深化改革和扩大开放探索新途径、积累新经验。2019年,在习近平总书记亲自谋划、亲自部署、亲自推动下,上海又在临港地区设立了全国唯一一个自贸试验区新片区。十余年来,上海自贸试验区及临港新片区始终对标国际最高标准、最好水平,聚焦重点领域和关键环节,大胆试、大胆闯、自主改,一揽子开创性政策相继推出,一系列突破性实践深入开展,一大批标志性成果持续涌现,充分彰显了自贸试验区改革开放试验田作用。

2023年是我国改革开放45周年、浦东开发开放33周年、上海自贸试验区成立10周年、上海自贸试验区临港新片区设立4周年,上海再次成为改革开放的"答卷人"。[②] 我们从未如此接近的改革梦、开放梦、中国梦,汇聚于东海之滨的这片热土。

[①] 金姬.上海自贸试验区十周年:深耕改革开放"试验田"[J].新民周刊,2023(37):8-13.

[②] 该案例写于2023年,为求表述准确,文中尽量保留相关论述。

站在10周年的起点,上海自贸试验区任重道远。正如上海市委书记陈吉宁在此次主题论坛上的发言:"我们将以海纳百川的胸怀扩大开放,以敢为人先的精神锐意创新,以融通共赢的生态展示包容,把上海自贸试验区和临港新片区建设得更好。"商务部副部长郭婷婷出席论坛并致辞表示,作为中国第一个自贸试验区,上海自贸试验区大胆试、大胆闯,打造了以开放促改革、以改革促发展的生动样板。自设立以来,上海自贸试验区实现了我国改革开放进程中许多"第一":推出全国第一张外商投资准入负面清单;上线全国第一个国际贸易"单一窗口";创设第一个自由贸易账户,为全面深化改革开放贡献了一批"上海经验"。

如今,这片仅占国土面积三十万分之一的海滨热土,聚焦着亿万国民的期望,肩负着前行探路的使命,续写着中国新一轮改革开放的壮丽篇章。

第一个自贸试验区为何诞生在上海?

经济学家常修泽认为,改革开放以来,中国出现了多波次的"开放倒逼改革"浪潮:第一波发生在20世纪80年代初期,其标志是深圳等经济特区的设立;第二波出现在20世纪90年代初期,其标志是上海浦东开发开放;第三波发生在21世纪初,以2001年中国加入世贸组织为标志;第四波浪潮的标志就是建设上海自贸试验区。从"中国(上海)自由贸易试验区"这个名字上,亦可参出微妙意味——这是一片改革的试验田,没有现成经验可循,需要自己摸索探寻,拱破旧体制的坚冰,再向全国复制推广。

而中国第一个自由贸易试验区诞生在上海,并不是偶然。

早在1990年上海外高桥保税区诞生时,虽然其所采用的规范与国际通行的自由贸易区惯例存在较大差异,但还是使用了Free Trade Zone(自由贸易区)的译法。2005年之后,上海与深圳、天津、成渝地区先后都向国务院及各部委提交了关于将保税区转型自由贸易(园)区的建议。

2009年,上海浦东新区政府找到中国生产力促进协会,委托其起草了一份题为《关于中国在浦东建立自由贸易区设想》的报告,并提交国务院。2011年11月,上海浦东外高桥举行"2011年世界自由贸易园区大会",正式向外界宣布了上海综合保税区(外高桥保税区与洋山保税港区、浦东机场综合保税区一起)要率先转型成为自由贸易园区的"雄心"。

这种转型的迫切也来自于外高桥保税区发展遭遇的瓶颈。截至2013

年,包括外高桥保税区在内,中国的海关特殊监管区已有约110个。但中国内地的海关特殊监管区实行的仍是"境内关内"政策,而国际通行的自由贸易园区则实行"境内关外"政策,即放开一线(国境线),管住二线(与非自由贸易园区的连接线),在区内免除海关通常监管。随着时间的推移,对相关领域进行改革的呼声渐增。而"建立自由贸易园区"被列为2013年上海市政府深入推进经济体制改革的主要任务之一。

勇立潮头的上海,当年2月正式就试点建立自由贸易园区向国务院提交申请。中央对此十分支持,一路"开绿灯"——2013年7月3日,国务院原则通过中国(上海)自由贸易试验区方案的表述。2013年8月22日,商务部宣布,国务院近日正式批准设立上海自贸试验区。2013年8月30日,全国人民代表大会常务委员会通过《关于授权国务院在中国(上海)自由贸易试验区暂时调整有关法律规定的行政审批的决定》。

2013年9月29日,中国(上海)自由贸易试验区正式挂牌——涵盖上海外高桥保税区、上海外高桥保税物流园区、洋山保税港区以及上海浦东机场综合保税区,共计28.78平方公里。"Free Trade Zone"这一译文依旧沿用,但它的实质却在历史演进中产生了根本性的转变——中国开放的大门越开越大了,中国在开放中实现中国式现代化的决心越来越坚定。

至此,作为全国"改革开放排头兵、创新发展先行者"的上海,再一次重任在肩。

负面清单,不断做减法

提到上海自贸试验区,最早最具有冲击力的政策可能就是"负面清单"。

在上海对外经贸大学国际经贸研究所研究员张磊看来,作为全国最早建立的自贸试验区,2013年上海自贸试验区就探索形成了以负面清单管理为核心的投资管理制度,以贸易便利化为重点的贸易监管制度,以及与开放型市场经济相适应的政府管理制度和法治保障制度,对于我国全面深化改革开放具有重大示范带动意义。"为顺应国际形势调整变化,十八大后我国积极与美国开展双边投资协定谈判,亟待对外商投资负面清单监管新模式开展试点。"

2013年9月30日,《中国(上海)自由贸易试验区外商投资准入特别管理措施(负面清单)(2013年)》公布。2013年版"负面清单"按国民经济行业分类,列出18个门类89个大类419个中类1069个小类190条管理措施。对于列入负面清单的外商投资,试验区将按照原有办法进行管理;而对于未列入清单的外商投资一般项目,则将按照内外资一致的原则,把项目的核准制改为备案制,把原来合同章程的审批改为备案管理。企业最快4天可以拿到营业执照、机构代码和税务登记等。"法无禁止即可为",负面清单制度让自贸区内的外商投资简化了程序,放开了手脚,提升了效率。

2013年版"负面清单"颁布一年后,新版清单内容就缩减至139条,调整率达26.8%。此后,让"负面清单"短些、再短些,一直是自贸试验区在投资管理制度领域的一项重要工作。"负面清单"制度在上海自贸试验区试点后,也逐步向全国推开。

数据显示,在2014年、2015年、2017年、2018年、2019年、2020年、2021年,"负面清单"共进行了7次修订,特别管理措施条目由最初的190项缩减至目前的27项,实现制造业条目清零,服务业领域持续扩大开放,投资自由化水平不断提升。

"负面清单"的推出,也为外商投资中国提振了信心。

作为一家资产管理总值逾9000亿美元的国际资管巨头,施罗德投资集团1994年在上海成立第一个中国内地代表处,2005年与交通银行联合成立交银施罗德基金。受益于上海自贸区的金融开放,外商独资的施罗德基金今年年初获中国证监会核准设立,标志着施罗德在中国资产管理市场再迎新的发展机遇。

"随着沪港通、债券通等一系列开放措施的落地,我们坚定看好中国市场,将把各种优势资源持续带到上海,探索资产管理公司在华发展新模式。"施罗德基金管理(中国)有限公司总经理张兰说。

上海自贸区陆家嘴管理局局长肖健表示,从2020年的贝莱德基金开始,全国前四家新设外商独资公募基金全部落户陆家嘴金融城。当前,陆家嘴已成为境外知名资产管理机构在华设立独资公司最集中的区域。

"负面清单"的不断"减负",也让更多金融产业链上的外资企业纷纷落户上海自贸试验区。比如,2015年版"负面清单"首次取消了对非学制类职业技能培训的限制。

瑞士财富管理专业培训中心的运营方瑞伯职业技能培训(上海)有限公司(以下简称"瑞伯公司")就是借此东风于2018年9月在上海自贸区金桥

片区成立的。谈及为何选择上海自贸试验区,总经理钟科向《新民周刊》表示,"公司看中的是上海自贸试验区的制度优势,外商独资的金融培训机构只能在这里才能获颁牌照。我们在金桥片区找到了合适的经营场地,希望'瑞士基因'能结合本土金融教育,为上海国际金融中心建设助力"。

值得一提的是,由于国内此前并无外商独资的财务规划和财富管理教育培训机构进驻的先例,瑞伯公司在申请注册时遇到了不少难题。按照上海自贸试验区先前的政策,一家提供培训项目的企业在取得营业执照之前,需要首先拿到由人社局出具的证明,证实企业已达到所有资质。但是这种规定的结果是,企业如果没有营业执照,就没有资金流入,就无法雇佣教师、设计整个项目,就不能达到人社局开具证明的要求,进而无法拿到营业执照。

为解决上述问题,浦东新区人社局依托"证照分离"政策,答复瑞伯公司可以通过承诺企业将会达到所有资质要求,先拿到一个筹建期的营业执照。而有了这个执照,企业就可以开始筹备整个项目,包括雇佣教师、租借场地、设计项目细节等。待人社局出具了正式许可后,企业随即就可以获得正式开业的营业执照。最终,瑞伯公司以最快的速度取得正式开业批复,成为上海自贸试验区扩区后第一家外商投资金融教育机构。

新冠疫情防控期间,瑞伯的一些海外老师很难定期到中国给学员授课,影响了线下培训业务。钟科希望在恢复如常的2023年,瑞伯可以重振旗鼓,在财富管理大战略下提供多层次的教育培训。

多项改革试点,不断开花结果

瑞伯公司2018年注册时享受的"证照分离"改革试点,在如今的上海自贸试验区已经升级到"一业一证"。所谓"一业一证",就是将企业经营所需要的多张许可证整合为一张行业综合许可证,实现"一证准营"。

以便利店为例,过去需要办理食品经营许可证、酒类商品零售许可证、药品经营许可证、第二类医疗器械经营备案凭证和烟草专卖零售许可证等5张许可证,现在只要准备一套申请材料,领取一张行业综合许可证就能"闯天下"。

据悉,上海自贸试验区不断放宽市场准入,目前已在31个行业发放行业综合许可证5000多张,平均审批时限压减近90%,申请材料压减近70%,大大增加了创新创业活力。

今年下半年,上海自贸区率先试点的"一业一证"又出新措施,依托人工智能等技术,实现企业办理营业执照的同时,相应的行业综合许可业务"免申即办"。8月下旬,上海越莲餐饮有限公司拿到了浦东首张"免申即办"的行业综合许可证。

事实上,在上海自贸试验区,愈来愈多的改革试点正在"开花结果"。

例如,2022年10月,糖尿病新药——多格列艾汀片获国家药监局批准上市,成为在上海诞生的"全球首创"新药。这是全球第一款获批上市的葡萄糖激酶激活剂类药物,用于治疗成人2型糖尿病。

这款"全球首创"新药背后的团队来自上海自贸试验区张江片区的华领医药。在研发过程中,自贸区的政策红利,也让企业获益匪浅。

2019年修订前的《中华人民共和国药品管理法》只允许药品生产企业取得药品批准文号、经药品生产质量管理规范认证后,才能生产药品。这一规定有利于保障仿制药的生产质量,但会增加创新药研发企业的成本。2015年,华领医药等企业向上海市领导和药监部门反映了这个问题。第二年,上海在全国率先启动药品上市许可持有人制度改革。作为首批试点单位之一,华领医药将Ⅲ期临床试验用药委托给两家企业"代工"生产,节省了上亿元自建厂房的成本,也加速了临床研究进程。

2020年,华领医药在浦东新区政府支持下,将全球总部迁入张江研创园。这个园区在张江科学城的新建地块,毗邻张江科学会堂和人工智能岛,环境宜人、交通便利。华领医药自建的实验室,则落户国家上海生物医药科技产业基地。实验室的楼下,就是张江药谷公共服务平台,那里有一批价值上百万元的仪器。企业可以租用,节省研发成本。

从张江药谷生态圈的日益成熟,到药品上市许可持有人制度改革;从张江科学城的扩建发展,到国家药监局缩短新药注册审评时间……这些"天时地利人和",推动一大批创新药研发企业在上海自贸试验区张江片区快速成长。

各片区错位发展

2015年4月,上海自贸试验区完成第一次扩区,面积从28.78平方公里扩大至120.72平方公里,从综合保税区延展到陆家嘴金融片区(34.26平方公里)、金桥开发片区(20.48平方公里)和张江高科技片区(37.2平方公里)。

此前，包括世博园区浦东部分、耀华地块、前滩地块在内的世博片区，知名度似乎不如其他几个片区，但乘着自贸试验区的东风，9.93平方公里的世博片区以世界级中央公共活动区、秀外慧中的世界会客厅为目标，着力打造总部商务、新兴金融、文化会展、旅游休闲、生态宜居五大功能，在"后世博"时代书写一段转型发展的新篇章。

今年，浦东累计受理营业性演出活动许可351件(4138场次)，同比增长300%。其中，很多重量级演唱会都在世博片区的梅赛德斯奔驰文化中心举行。

在梅赛德斯奔驰文化中心5楼办公的上海东方明珠国际交流有限公司（以下简称"东方明珠国际交流公司"），程玮深深感受到了世博片区这几年的发展。东方明珠国际交流公司文创发展中心主任程玮告诉《新民周刊》，公司原本注册在东方明珠电视塔所在地陆家嘴片区，但是演艺、会展、体育、旅游等多元业态丰富的世博片区更适合公司的发展，所以2018年搬迁到了世博片区。

如今的世博片区，中华艺术宫、梅赛德斯奔驰文化中心、世博展览馆、世博中心等作为世博会永久性保留场馆，会同上海宋城、世博文化公园、东方体育中心、前滩31演艺中心、在建的上海大歌剧院、久事国际马术中心等文化设施，沿黄浦江东岸呈群落式分布，如同一颗颗大珍珠镶嵌在9.5公里长的滨江绿岸。而这些对于东方明珠国际交流公司而言，都是丰富的资源。

除了张江药谷，生物医药在上海自贸试验区的第二聚集地是保税片区。生物医药产业是保税片区"十四五"期间重点发展的产业之一。截至2022年年底，保税片区已经集聚了884家生物医药企业。

2021年12月，星奕昂（上海）生物科技有限公司（以下简称"星奕昂"）研发生产一体化中心在外高桥自贸区生命科学园区落成启用。之所以选择保税片区，除了外高桥在环评、电力、蒸汽等领域的硬件优势，还拥有无可比拟的保税优势，这也符合了现代生物医药企业国际化发展的需求。

如"先进区、后报关"模式，对特殊生物制品入境开辟"绿色通道"，缩短80%检疫时间；保税区政策磁吸，使生物医药企业在需要进口设备、耗材等的情况下能减少20%左右的成本；在这里，24小时的蒸汽提供，能够迅速地降低企业用电需求，最多可减少1/2的电力成本等。

如今，星奕昂专注于研发治疗实体瘤的异体通用型现货细胞药物。当细胞治疗产品量产后可让更多患者受益,价格也有望大幅下降。这样"前沿"的生物医药企业在保税片区层出不穷,不少企业的创新药产品将在未来3~5年走向临床获批上市,造福更多未被满足的临床需求,同时也将在区域形成巨大的经济贡献。

在上海自贸试验区片区中,2019年8月成立的临港新片区最受人瞩目。距离上海市中心75公里的临港,成为中国实施更高层次对外开放的新高地与支点。数据显示,过去三年临港新片区实到外资累计达38.44亿美元,进出口总额年均增长55%,彰显了外资企业持续看好临港、投资临港的信心和决心。

如果说设立深圳特区是中国开放型经济建设的1.0版,开发开放浦东是2.0版,自贸试验区建设是3.0版,那临港新片区的诞生,可以称为中国构建开放型经济新格局的4.0版。

诞生于1947年的德国伦茨,是高端装备制造行业的隐形冠军。伦茨集团自2006年在上海设立全资子公司伦茨(上海)传动系统有限公司以来,不但在临港建立了生产基地,而且经过不断投资和发展,将临港基地升级为集生产、销售、物流、研发于一体的东亚总部。

而且,身处长三角一体化的大格局下,伦茨也在临港新片区有关部门的牵线搭桥下,认识了更多来自长三角的邻居朋友,以谋求区域内更广阔的发展和合作空间。

临港新片区,也是上海自贸试验区今后发展的重点,正如上海市委副书记、市长龚正在中国(上海)自由贸易试验区建设十周年主题论坛所说:"新征程上,我们将深入贯彻习近平总书记重要指示精神,大力实施自贸试验区提升战略,扎实推进上海自贸试验区建设,加快打造临港新片区特殊经济功能区。"

思考讨论

1. 上海自贸试验区作为我国改革开放的"试验田",为什么能在短短十年内取得如此显著的成就?结合案例,讨论"开放倒逼改革"的理念在自贸区建设中的体现及其对中国经济改革有什么启示。

2. 在上海自贸试验区的建设过程中,"负面清单"制度起到了怎样的作用?讨论这种制度如何提升了投资自由化水平,及其在全国推广的过程中

专题3 坚持全面深化改革开放

遇到的挑战和应对策略是什么。

3.临港新片区作为上海自贸试验区的最新发展重点,如何通过更高层次的开放措施引领中国新一轮改革开放?结合区域发展的实例,讨论临港新片区在构建开放型经济新格局中具有什么样的战略意义。

教学建议

本案例主要适用于"坚持全面深化改革开放"部分的辅助教学,可以帮助学生了解上海自贸试验区通过改革创新、推动对外开放全国深化改革形成的"上海经验"及其所取得的巨大成就。

1.案例教学与历史比较

建议通过对比深圳经济特区和上海自贸试验区的历史发展,分析"开放倒逼改革"对中国经济转型的影响,增强学生对改革开放政策的理解和认同。

2.实地调研与体验式教学

组织学生参观上海自贸试验区或相关企业,通过实地考察和互动交流,深刻感受自贸区改革创新的实际效果,提升学生对政策落实的感性认识。

3.多元化讨论与角色扮演

在课堂上引导学生进行角色扮演,扮演政府官员、企业家和普通市民等不同角色,讨论自贸区政策如何影响各方利益,并如何实现改革开放的共赢局面。

专题 4 坚持全面推进依法治国

专题导读

法者,天下之程式,万事之仪表。法律是治国之重器,法治是国家治理体系和治理能力的重要依托。全面推进依法治国,是解决党和国家事业发展面临的一系列重大问题,解放和增强社会活力、促进社会公平正义、维护社会和谐稳定、确保党和国家长治久安的根本要求,关系党执政兴国,关系人民幸福安康,关系党和国家长治久安。全面推进依法治国的总目标是建设中国特色社会主义法治体系,建设社会主义法治国家。建设中国特色社会主义法治体系,就是要在党的领导下,形成完备的法律规范体系、高效的法治实施体系、严密的法治监督体系、有力的法治保障体系,形成完善的党内法规体系。

党的十八大以来,以习近平同志为核心的党中央立足中国法治实践、遵循马克思主义的基本立场,确立了习近平法治思想,深刻回答了为什么要实行全面依法治国、怎样实行依法治国等一系列重大时代问题,指引我国法治建设实现了历史性突破、取得了历史性成就、发生了历史性变革。党的二十大报告指出:"社会主义法治国家建设深入推进,全面依法治国总体格局基本形成,中国特色社会主义法治体系加快建设,司法体制改革取得重大进展,社会公平正义保障更为坚实,法治中国建设开创新局面。"党的二十届三中全会从进一步全面深化改革、推进中国式现代化的全局高度对全面依法治国的历史定位和重大现实意义进行阐释,深刻揭示了国家治理体系和治理能力现代化的法治逻辑,旗帜鲜明地指出"法治是中国式现代化的重要保障"。立足于推动高质量发展的实践要求,全会进一步指明全面深化改革过程中法治领域改革的目标任务,强调必须"协同推进立法、执法、司法、守法各环节改革","全面推进国家各方面工作法治化",以更高水平的法治中国建设为中国式现代化奠定坚实基础、提供有力保障。

案例 1

法不能向不法让步，近年多起典型案件唤醒"沉睡"的"第二十条"[①]

核心阅读

"法律是善良与正义者面对不法侵害的底气与勇气。"2024年两会现场，"两高"工作报告中关于依法适用"正当防卫"审结案件及相关数据，引发代表委员热议。最高人民法院工作报告显示，2021年至2023年，人民法院对77名被告人以正当防卫宣告无罪。同时，报告明确提出："法不能向不法让步"不是口号，"第二十条"已被唤醒，还要持续落到实处。报告总结了司法实践中正当防卫制度适用之难，也提出这样的"法谚"，不仅向社会昭示正当防卫受法律保护，"法不能向不法让步"，更提醒司法人员进一步深刻领悟法的精神，让"法不能向不法让步"不断落到实处。激活"沉睡"的正当防卫条款，考验的是司法人员的能力和担当，展现的是为人民司法的底气，彰显的是践行习近平法治思想、坚守公平正义的生动司法实践，其正确适用对于保护公民权利、维护社会秩序、推进全面依法治国具有深远意义。

---

① 曾晓蕾,祝田夫,金轶丹.法不能向不法让步 近年多起典型案件唤醒"沉睡"的"第二十条"[EB/OL].（2024-03-02）[2024-12-10]. https://mp.weixin.qq.com/s/DNlOP9TshBectq8JOPrPog.

电影《第二十条》光听片名,可能很多人会想什么是"第二十条"?影片讲的又是什么故事?其实,这几年来,《法治在线》节目里也多次出现过"第二十条",比如2017年报道的于欢案,2018年报道的昆山于海明案,2019年报道的涞源反杀案、福州赵宇案、杭州盛春平案,2020年报道的丽江唐雪案,等等。

这些当事人所涉案件的结果都因《中华人民共和国刑法》(以下简称《刑法》)第二十条发生改变。于欢从无期徒刑被改判为有期徒刑5年,涞源的王新元一家三口、盛春平、唐雪都被认定为正当防卫,赵宇被确认为见义勇为。第二十条,在电影里的故事呈现人生百态,是艺术化的表达,但它和这些真实发生的案例一样,都让我们感受到了一句话,"法不能向不法让步"。

从"沉睡"到激活,典型案件唤醒第二十条

电影《第二十条》让与影片同名的法条——"正当防卫条款"成了热搜词。近年来,这则法律条款伴随着一些引发舆论讨论的防卫案例以及公众的热议,数次进入公众视野。正当防卫和故意伤害的边界在哪里?不法侵害者受伤乃至死亡的后果,该不该由防卫者来承担?这一系列的问题,关系到人们能否有勇气、有底气为保护自己和他人挺身而出。多年来,检察机关通过一起起防卫案件的办理给这些问题做出了解答,其中包括具有标志意义的于欢案。

"于欢案"成为激活正当防卫制度重要案例

2016年4月14日,山东聊城青年于欢在面对多名讨债人员对其及其母亲侮辱、殴打、非法拘禁等不法侵害时,用一把水果刀刺向了对方,导致4人受伤,其中1人死亡。于欢因犯故意伤害罪一审被判处无期徒刑的结果引爆了当时的舆论。最高人民检察院随即派员对案件事实、证据进行全面审查,并组织专家论证。山东省人民检察院认为,于欢的行为有防卫性质,但是属于防卫过当。之后,于欢二审被改判为5年有期徒刑。

最高人民检察院第一检察厅副厅长罗庆东认为,在司法实践中对正当防卫的适用不是很多,这里面有多方面的原因,有的可能是案件情况比较复杂,认定处理起来比较困难。第二个也是长期以来形成的,可能是司法人员理念的问题。于欢这个案件也被认为是唤醒了第二十条沉睡的这种状况,激活了正当防卫制度一个重要的司法案例。

正当防卫！"昆山反杀案"示范效应强烈

接下来的数年时间里，多起防卫案件不断引发公众热议。2018年8月27日，在江苏昆山，一名叫刘海龙的男子醉酒驾车，与骑自行车的路人于海明发生争执。当时，刘海龙从车上取出砍刀追打于海明，之后被于海明反抢砍刀进行了反击，刘海龙受伤死亡。这起案件被称为"昆山反杀案"。

同年12月26日，福州的赵宇在家中听到楼下传来女邻居的呼救声，他果断出手，制止对女邻居施暴的男子，却在拉扯中踩了对方肚子一脚，导致施暴男子重伤二级。2018年7月11日晚，河北涞源，一名男子持凶器翻墙闯入村民王新元家中，王新元和妻子为了保护家人，尤其是女儿的人身安全，对施暴男子进行反抗，扭打中致男子死亡。这起案件被称为涞源反杀案。赵宇认为："我在想，我在帮人，为什么还要把我抓起来？"王新元指出："我就要拼了我这条命保护老婆孩子。"

这些案件发生后，最高人民检察院都及时指导当地检察机关提前介入，深入调查，依法监督，维护司法公正。2018年9月1日，昆山市人民检察院发布通报，认定于海明的行为属于正当防卫，不负刑事责任；河北涞源的王新元及其妻子的行为也被认定属于正当防卫，2019年3月3日，涞源县人民检察院决定对两人不起诉；而对于福州小伙赵宇，2019年3月1日，福州市人民检察院对晋安区人民检察院就赵宇见义勇为一案的处理作出纠正，对赵宇作出无罪的不起诉决定，之后不久，赵宇收到了一份"见义勇为证书"。

法不能向不法让步，第二十条发挥力量

司法机关依法履职，一次次"激活"正当防卫条款的准确适用，鼓励公民依法捍卫自己的合法权利，鼓励社会上见义勇为的行为，这让沉睡多年的《刑法》第二十条发挥出其应有的力量。最高人民检察院第一检察厅副厅长罗庆东指出，发布指导性案例和典型案例，通过案例指导司法实践正确处理涉正当防卫案件，统一司法适用标准。我们联合最高人民法院、公安部出台了关于适用正当防卫制度的指导意见，通过这些规范性文件来使司法实践中适用正当防卫更有明确的依据。

近年多起防卫案件被写入最高检工作报告

法律的生命在于实施。昆山反杀案、福州赵宇案、涞源反杀案、邢台董民刚案、杭州盛春平案、丽江唐雪案等多起防卫案件分别被写入了近些年来的最高人民检察院工作报告,在热议之中,社会对于正当防卫的理解逐渐加深。法不能向不法让步的司法理念不断彰显。

最高人民检察院第一检察厅副厅长罗庆东认为,最近几年,特别是近5年来,实践中认定正当防卫的案件比以前是大幅度增长,成倍增长,这跟我们这几年来通过典型案例的引领,通过司法理念的转变,通过我们的法律司法解释的不断明确和完善都是有关系的。我们就是高质效办好每一个案件,以如我在诉,如果是我本人或者我的亲属是这个案件的当事人,我会怎么办? 以这种责任感来对待每个案件。在效果上达到让人民群众可感受、能感受、感受到公平正义。

"数字主播"分享大数据,"有料"信息

法律不是冰冷的条文。《第二十条》也激起了很多人内心朴素的正义感。电影《第二十条》会让大家更关注《刑法》"第二十条"吗? 谈到"第二十条",大家有什么看法呢? 通过在全网抓取的信息,"数字主播"怡博分享了关键词词云。近期相关话题提及热度最高的关键词就是第二十条。热度非常高的热词还有正当防卫、公平正义、检察官、不起诉、见义勇为、无罪释放、理念、不枉不纵等,说明网民对于一些法律名词和司法理念讨论度较高。同时,于欢、典型案例、反杀案等关键词也有较高热度,说明网民也在关注近几年发生的一些正当防卫典型案例。

从时间上看,从 2024 年 2 月 10 日开始,相关词条的搜索热度明显逐步升高。从 2 月 10 日至 28 日,相关博文数达到 351 265 条。其中,媒体发布主帖占 20.63%,非媒体发布主帖占 79.37%,说明在新闻媒体对这一话题进行报道的同时,网民有很高的关注度和讨论度。

法律的生命力在于实施

法律的生命力在于实施,法律的权威也在于实施。"天下之事,不难于立法,而难于法之必行。"电影《第二十条》里有这样一句台词:"我们办的不是案子,是别人的人生。"它其实也是现实中很多有着高度责任感的司法人员的内心共鸣,守得初心、方得始终。"面对侵害时,有人为你伸张正义;他人有难时,你有勇气施以援手,法律会时刻守护人们的善意",我想这是大家内心质朴的期待。法律的生命力在于实施,法律的权威也在于实施。这份公平正义的底色需要司法者、执法者勇于担当、主动履职。

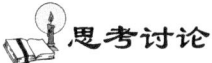

思考讨论

1. 在司法实践中,正当防卫条款具有极强的重要性,结合近年来相关案例,请问司法机关如何平衡防卫权和侵害行为的认定?司法人员在处理正当防卫案件时如何坚持公正,以确保"法不能向不法让步"的原则落到实处?

2. "法不能向不法让步"这一司法理念对社会秩序和公众心理具有重要影响,请问在实际生活中践行这一理念以促进社会公平正义,有什么样的推广路径?

3. 如何看待正当防卫和故意伤害之间的法律界限?通过讨论典型案例,如于欢案和昆山反杀案,谈谈在面对不法侵害时,如何判断防卫行为的合理性与合法性,避免误用正当防卫权。

教学建议

本案例主要适用于"坚持全面依法治国"部分的辅助教学,可以帮助学生通过多起典型案件来了解《刑法》第二十条"正当防卫"条款中彰显的"法不能向不法让步"这一司法理念,该理念在司法实践中的落实可以增强公民的法律信心和社会正义感,进一步推动全面依法治国的进程。

1. 利用典型案例进行法律教育

建议在课堂中详细剖析于欢案、昆山反杀案等典型案例,通过对这些案件的深入讨论,让学生了解"正当防卫"条款的适用条件及其法律边界。通过具体案例引导学生认识到"法不能向不法让步"的原则,并讨论如何在实际生活中正确理解和运用法律保护自己的权益。这不仅可以帮助学生加深对法律条文的理解,还能培养他们的法律意识和正义感。

2. 开展模拟法庭活动

组织学生模拟法庭,角色扮演律师、法官、被告等角色,以实际案例为基础开展辩论。通过这种方式,学生可以更加深入地理解正当防卫与故意伤害的界限,以及司法人员在适用正当防卫条款时所面临的挑战。模拟法庭活动不仅能增强学生的参与感和实践能力,还能让他们体验到司法过程中的复杂性和公正性,从而更加坚定"法不能向不法让步"的信念。

3.讨论司法理念的社会影响

在课堂讨论中,引导学生思考"法不能向不法让步"理念对社会风气和公众心理的影响,探讨这一理念如何促进社会正义感的提升。学生可以结合现实中的司法案例,讨论如何通过法律的实施增强社会的正义感和安全感。同时,鼓励学生分享自己对司法公正的看法,并探讨在日常生活中如何践行正当防卫的法律精神。这种讨论可以帮助学生将法律理念与社会实践相结合,增强他们的社会责任感和公民意识。

案例 2

为什么中国有"马背上的法庭"?[1]

核心阅读

"马背上的法庭"是巡回审判的一种具体形式。新中国的法官们,不仅会骑马,还会骑骆驼、骑牦牛,会溜索、会撑船,成为群众路线在法治实践中的生动"注脚"。"让法官多走路、让群众少跑腿",充分体现着中国司法的"人民性",让法治更具有人心的温度。努力打通服务群众的"最后一公里",满足人民群众的多元司法需求,历史悠久的巡回审判将继续焕发新的生机。

2006 年,电影《马背上的法庭》上映。法官老冯、书记员杨阿姨和新来的大学生阿洛,带着一匹老马,行走在云南大山深处诸多村寨之间,挂起国徽,抬几张桌子,就组成了一个简易的法庭,审理案件,化解纠纷。在办案过程中,老冯将一个被两妯娌争夺的罐子打碎,自掏腰包平分两份赔付;一起债务纠纷中,他高价购买了可怜巴巴的借款人的小猪仔,这样就能帮借款人早点还清钱……这部电影引发了观众对基层法官群体的关注。流动在偏远村寨间的"马背上的法庭"是否真实存在?又为什么存在?本文将为大家进行说明。[2]

重庆奉节县,两名背着法庭背包、捧着国徽的小伙,在河面上空,小心翼翼地用手扯着钢丝上的绳索,摇摇晃晃向河对岸 50 米外的村庄滑去。除了

---

[1] 孝金波,孟植良,李枫,等. 为什么中国有"马背上的法庭"?[EB/OL]. (2019-09-20)[2024-12-10]. https://mp.weixin.qq.com/s/8xE2zCgfc7mNoNEQUSXv8Q.

[2] 该案例写于 2019 年,为求表述准确,文中尽量保留相关论述。

"溜索上的法庭",还有"草地上的法庭""渔船上的法庭""背篓上的法庭"……这些法官的身影,让网友们红了眼眶:他们背的不仅是国徽,更是共和国的脊梁!

事实上,新中国建立之初,中国的司法实践就烙刻下"为人民服务"的独特印记。跋山涉水、走乡串寨、夜以继日、风雨兼程……新中国的法官们,不仅会骑马,还会骑骆驼、骑牦牛,会溜索、会撑船,成为群众路线在法治实践中的生动"注脚"。

广袤的中国大地上,"马背上的法庭"犹如一个个流动的符号,"群众在哪里,法律服务就延伸到哪里",写下司法为民的法治信仰。

一、携卷下乡巡回审判,群众路线落实在法治实践当中

什么是"马背上的法庭"？最高人民法院民一庭的汪军法官向记者介绍:我们所说的"马背上的法庭"是巡回审判的一种具体形式。巡回审判是指人民法院特别是基层人民法庭,为了方便人民群众诉讼,根据本地实际情况,深入农村及交通不便、人员稀少的偏远地区,就地立案、就地开庭、当庭调解、当庭结案的审判方式。

提起打官司,我国古代有"衙门口朝南开,有理没钱别进来"的说法,而在西方法庭,法官戴着白色假发坐在高台,荷枪的法警虎视眈眈。"不同于外国法庭的神秘和高高在上,中国的法官会放下身段,将司法为民落到实处。"中国人民大学教授杨立新说。

在新中国成立前,革命根据地和解放区已经出现了巡回审判的形式。1932年,中华苏维埃共和国中央执行委员会就曾颁布《中华苏维埃共和国裁判部暂行组织及裁判条例》,规定各级裁判部可以组织巡回法庭,到出事地点去审判比较有意义的典型案件。

著名艺术家新凤霞曾扮演过的"刘巧儿"的原型,来源于20世纪40年代陕甘宁边区一起因自由恋爱而引发的官司。当时的边区高等法院庭长马锡五,将群众路线的工作方针运用于审判工作,并将审判与调解相结合,深受群众信服。1943年2月3日,毛泽东为马锡五亲笔题词"一刻也离不开群众"。这是对"马锡五审判方式"的最高褒奖,被国际司法界誉为"东方审判经验"。

新中国成立后,中国共产党将群众路线落实在法治工作中,始终贯彻为人民服务的宗旨,在司法系统建设初期,就送法到群众身边。1950年7月27

日的第一届全国司法会议也肯定了巡回就地审判方式,认为就地审判是人民法院必须重视与尽量推行的审判方式之一。1951年《中华人民共和国人民法院暂行组织条例》对巡回法庭作出了规定。1953年4月25日第二届全国司法会议,确定逐步地普遍地建立和健全基层人民法院的巡回法庭,这是加强基层人民法院的一个重要环节。

20世纪七八十年代,"马背上的法庭""帐篷法庭"是少数民族地区化解农牧民矛盾纠纷的重要工作方式。1991年的《中华人民共和国民事诉讼法》将巡回审判以法律的形式固定下来,为法院开展巡回审判提供了法律保障。

进入新世纪,党的十六大确立了社会主义司法制度"必须保障在全社会实现公平和正义"的目标,并提出了"推进司法体制改革"的要求,此后最高人民法院先后出台了多项规范性文件,对基层人民法庭巡回审判制度的重要意义、工作机制、运作规范等进行了比较系统、全面的规定。

从2005年开始,为促进人民法院巡回审判工作的开展,最高人民法院出台了一系列文件:2005年出台的《关于全面加强人民法庭工作的决定》、2009年出台的《关于进一步加强司法便民工作的若干意见》、2010年出台的《关于大力推广巡回审判方便人民群众诉讼的意见》、2011年出台的《关于进一步加强新形势下人民法院基层基础建设的若干意见》等,都大力推广了巡回审判,地方法院各具特色的巡回审判工作大规模地开展起来。

二、以民为先 化解矛盾,"马背上的法庭"根植于中国国情

"努力让人民群众在每一个司法案件中都感受到公平正义",这是2013年2月23日,习近平总书记在中共中央政治局就全面推进依法治国进行第四次集体学习时提出的明确要求。

(一)中国为什么要有"马背上的法庭"?——立足国情,宣传普法

汪军介绍:"马背上的法庭"作为巡回审判方式之一,属于中国特色社会主义司法制度的重要内容,在贴近人民群众方面具有较强的特殊性。对于我国而言,它的产生有着多方面的原因。

第一,来自法治中国建设的现实需求。尤其在偏远地区,法治在推动民族团结进步、维护地区和谐稳定发展方面所起的巨大作用是不容忽视的。第二,来源于地域人文环境的不利影响。许多地区地广人稀,交通通信不便,办案法官调查取证难、送达难,农牧民群众参与诉讼难。"马背上的法

庭"在特殊的环境下,为审判、送达、化解矛盾纠纷发挥着不可替代的作用。第三,来自于人民群众多元化的司法需求。我国各地自然环境、地区发展差异等都比较大,群众之间矛盾纠纷多样,在生产生活中渴求多元化的司法服务和保障。"马背上的法庭"在方便群众诉讼、回应群众司法需求方面有其独特意义。

"让法官多走路、让群众少跑腿",在中国尤其具有现实意义,充分体现着中国司法的"人民性",让法治更具有人心的温度。

2019年8月,蓝天白云下的戈壁间,新疆乌鲁木齐县永丰渠人民法庭庭长赛尔克·努合马尔和书记员哈那提·吐尔逊骑着租来的马,匆匆赶往巡回审判点,那里有两件案子等着他们开庭。赛尔克庭长告诉记者:"因为保护区不能开车,所以我们一般把巡回审判车停到山下,再骑马过去。有的审判点要翻过雪山,过去更困难。这边是哈萨克族人多一些,牧区群众出来一趟不容易,所以我们上门提供司法服务。"

内蒙古通辽市扎鲁特旗的巴雅尔吐胡硕人民法庭有4个工作人员,辖区面积8000平方千米,相当于半个北京市大小。该法庭的全国优秀法官那顺向记者介绍:以前交通不够便利,冬天还经常遭遇暴风雪等极端天气,许多地方只能骑马去办案,一来二去,当地百姓就称呼他们是"马背法官"。深耕基层审判27年的时间里,那顺承办了3500余件案件,总结出了适合当地、具有蒙古族特色的"那顺调解法"。平均每年他所审结的案件调解率均在95%以上,巡回办案比重超过60%,群众满意度高达99%。

云南全省法院系统80%的法官工作在基层,80%的案件审理也在基层。基层的案件不大,看似琐碎,但是却和老百姓的生活息息相关。"背着国徽去审判",及时公正地审理每一起案件,还具有普法的效益。

位于云南省中部偏西的祥云县有着烧荒、烧地埂、烧秸秆等不良习惯,火灾频发。为此,祥云县法院决定在案发地公开审理一起失火案件。副院长白玲介绍说:"就像烧荒这种行为,很多村民觉得祖祖辈辈都是这样做的,怎么就犯法了呢?通过巡回审判送法下乡,将公开审判过程中法官说理与审判前后的宣传结合,可以有力地促进当地居民知法、用法、守法。"

(二)中国为什么能坚持建设"马背上的法庭"?——制度保障,为民在心

《最高人民法院关于深化人民法院司法体制综合配套改革的意见——人民法院第五个五年改革纲要(2019—2023)》当中特别提到"坚持和完善人

民法庭巡回审判制度,不断提高巡回审判的效果和水平"。

"大学之道,在明德,在亲民,在止于至善。"多年来,党和国家一直鼓励巡回审判发展,鼓励以"马背上的法庭"为代表的巡回审判方式深入群众,要求人民法院坚持面向农村、面向基层、面向群众,既要便于群众诉讼,又要便于人民法院依法独立、公正和高效行使审判权。而不断从司法制度上对巡回审判进行鼓励规划,正是体现了"司法为民"的精神。

影片《马背上的法庭》中,在遇到村民小冲突时,老冯教育阿洛说:"你现在可以不管,等打架打出人命来,那还不是法院的事情?!"在现实中,2016年8月9日,程某某因和妻子离婚,心情低落烦躁,持刀砍伤三个行人。这是一起非常典型的因民事纠纷而诱发的刑事案件。面对此类"民转刑"案件,办案法官常会疑惑:案件办理的终点是在法槌落下结案之时? 还是深入群众,将形成纠纷的根源化解呢? 祥云县法院李永恩法官认为:"我们进行巡回审判的目的不仅是要结案,更要了事,还要充分发挥司法的能动性,做到早发现,早预防。"

"这起劳动合同纠纷案中涉及的劳动报酬是7500元,按照10 000元以下收50元诉讼费,调解再减半的标准,当事人只出25元就行了。"赛尔克庭长告诉记者。这种"马背上的法庭",本质上是国家承担司法成本,降低老百姓的负担,让每一个群众都能享受司法的便利和帮助,用法律武器来维护自身的权利。

"中国共产党是全心全意为人民服务、代表中国最广大人民的根本利益、来自人民为了人民的马克思主义政党。'人民至上'是共产党始终不渝的理念。'坚持以人民为中心的工作导向',是党和政府各部门工作的基本内涵与根本要求。'马背上的法庭'正是群众路线在司法领域具体实践的生动体现。"中国人民大学教授郑保卫说。

三、巡回审判焕发生机,打通司法服务"最后一公里"

在旅游景区快速调解结案,为游客解决后顾之忧;通过街道社区公开审理,为居民普法解纷;改善诉讼服务网点结构,缩短物理距离,为法官和村民搭建"直通车"……记者在走访中看到,从农村到城市,从传统到创新,巡回法庭也在不断转型,以多种形式开花结果。

(一)端口前移,提高效率

2019年6月,记者在井冈山看到,景区门口醒目挂着当地法院的联系牌,门口还停着一辆"巡回审判车",车上布置了精巧的审判台,这些是井冈山市法院打造的"生态旅游审判110"措施。生态旅游法庭负责人梁君介绍:"我们将端口前移,提升商家和游客的法律意识。刚开始建立流动法庭的时候,我上街发传单,看到游客就告诉他们,有问题可以找法院。办案间隙,还经常去商家沟通。就这样坚持了几年,现在纠纷少多了。"

(二)多元解纷,走进社区

"物业服务不好,就不应该交物业费!"2019年8月,在北京房山一小区的1200户业主中,有600多户认为物业公司服务不到位,因而拒缴物业费。预防矛盾和化解矛盾,诉源治理至关重要。因为涉事小区距离房山法院20多公里,为方便群众,房山法院在街道巡回审理该案。在法院的主持下,对峙的物业公司和业主当庭服判。

(三)诉讼网点,直通法院

如何减轻百姓诉累,提高效率?云南洱源县法院从银行卡上得到了启示。一张银行卡,在哪里都能取到钱。为什么不像银行一样,设立诉讼服务的网点呢?现在,洱源县在县人民法院设立诉讼服务中心,两个派出法庭设立诉讼服务站,90个村委会上设立诉讼服务点,每一个服务点都有诉讼服务联络员。村民可以直接进行法律咨询,而每一个法官每个月至少要到诉讼服务点一次,做法律宣传,现场调解一些纠纷,实地走访了解较为复杂的案情,便于开展巡回审理。

(四)打造"家门口的最高法"

"两个相似的潜水泵,摆放在庭审台前的地上,在法官和原被告代表的共同关注下被一一拆解比对……"2019年7月,最高人民法院知识产权法庭在位于江苏南京的最高人民法院第三巡回法庭开展首次巡回审判,公开开庭审理王某被徐州某水泵厂等侵害发明专利权纠纷系列五案。法官告诉记者:"这种潜水泵有150公斤重,为了避免当事人奔波,我们组成合议庭就近审理。"

按照党的十八届四中全会部署,最高人民法院设立巡回法庭,审理跨行政区域重大行政和民商事案件。2015年起,最高人民法院6个巡回法庭相继成立。截至2018年年底,共审结案件33335件,占本院结案总数的

50.35%,累计接待群众来访11.7万人次。

"巡回法庭在减轻最高法院本部的受理案件的压力,集中精力指导全国法院审判工作,打造公开透明、公正高效、廉洁为民的司法新模式等方面具有重大作用。"中央党校政治和法律教研部副教授高长见认为,巡回法庭可以审理跨行政区划的重大行政、民商事等案件,所以其还有减少了不当司法干预、破除地方保护主义的意义。总的来说,巡回审判切实满足了人民群众多元司法需求,实现人民群众对美好生活的新期待,在建设中国特色社会主义司法制度的新形势下具有广泛深远的意义。

动动指尖,移动微法院上,自助立案,查看执行;足不出户,登录法律服务网就能查阅法条,自动生成起诉书;关注的案件开庭,在网上同步查看庭审直播,还能VR体验现场氛围……时代的车轮,榫卯相合,中国的法治实践也插上互联网智慧的翅膀。从"马背上的法庭"到"家门口的最高法",再到"指尖上的法庭",在新形势下,人民法院传承着司法为民"基因密码",努力打通服务群众的"最后一公里",满足人民群众的多元司法需求,历史悠久的巡回审判将继续焕发新的生机。

回望70年法治探索,回望70年光辉实践。马背上的法官,用一个个脚印践行着司法为民的初心使命,用一次次苦口婆心的劝解为人民群众排忧解难,用一份份公正严肃的判决让人民群众感受到公平正义。

马背上的法庭,驮起传递中国司法的温度的重担,在新中国成立70周年的司法进程中,深深刻下"人民"二字。巡回审判工作的新发展,也必将为建设社会主义法治国家作出新的贡献。

思考讨论

1. "马背上的法庭"作为中国司法制度的一部分,如何体现了中国共产党"以人民为中心"的执政理念?"马背上的法庭"这一中国司法制度体现了"人民性",对广大群众具有重要意义,从巡回审判的历史背景、法官如何克服地理和气候条件为偏远地区的群众提供司法服务等角度,谈谈这一制度如何在特殊环境下确保法律公平与公正的实现。

2. 在当前信息技术飞速发展的背景下,如何将"马背上的法庭"这一传统司法方式与现代信息技术结合,进一步提升司法服务的覆盖面和效率?

3. 通过了解巡回审判制度的发展历史及其在不同历史时期的作用,可知巡回审判在化解基层矛盾、维护社会稳定等方面有着重要作用,反应了中国司法制度的独特性,在新时代背景下,谈谈这种制度如何帮助中国法治体系在广袤的国土上实现公平正义。

教学建议

本案例主要适用于"坚持全面依法治国"部分的辅助教学,可以帮助学生了解"马背上的法庭"这一中国巡回审判制度的具体形式。法官们通过深入偏远地区,为群众提供便捷的司法服务,运用巡回审判形式打通司法服务"最后一公里",满足了人民群众多元化的司法需求,展现了中国司法的"人民性"和法治温度。

1. 思政课课堂教学建议

探讨"马背上的法庭"对司法公平与正义的现实意义,引导学生从司法公平与正义的角度分析"马背上的法庭"如何打破地理和资源限制,保障了偏远地区群众的司法权益。学生可以思考这种司法实践如何体现了中国司法制度的"人民性",并讨论在复杂的地理环境和社会背景下,如何确保每一个司法案件的公平公正。通过讨论,学生能够理解法治的核心价值,以及如何在现实条件下实现这一价值。

2. 分析"马背上的法庭"与现代信息技术结合的可能性与前景

通过讨论"马背上的法庭"如何与现代信息技术相结合,进一步提升司法服务的效率和覆盖面,学生可以思考传统司法模式如何适应现代社会的需求。例如,如何通过远程视频审判、移动微法院等技术手段,解决偏远地区群众诉讼难的问题。这个问题可以引导学生思考传统与现代结合的方式,以及技术在实现司法为民中的重要性。

3. 讨论"马背上的法庭"作为中国特色社会主义司法制度的独特性和重要性

让学生探讨为什么"马背上的法庭"这种巡回审判制度在中国独特的社会背景下能够持续发展,并取得良好效果。讨论可以围绕中国的地理环境、社会结构和司法需求展开,分析这种制度如何体现中国特色社会主义的法治精神和司法为民的理念。通过这个问题,学生能够深入理解中国司法制度的独特性及其对社会稳定和公平正义的贡献。

案例 3

透过"浙江之窗",展望中国法治未来[①]

核心阅读

浙江是中华人民共和国第一部宪法的起草地,法治精神深深印刻在浙江发展历程之中。2003年,浙江制定"八八战略",鲜明提出"切实加强法治建设、信用建设和机关效能建设"。2006年,浙江省委全会审议通过《中共浙江省委关于建设"法治浙江"的决定》,将经济社会发展与法治建设同步谋划,开启了经济持续健康发展和社会持续安全稳定的崭新面貌。2020年底,浙江省委全面依法治省委员会审议通过《法治浙江建设规划(2021—2025年)》,明确提出建设法治中国示范区的目标。以法治护航经济社会发展,以法治规范行政权力运行,以法治维护社会公平正义,以法治守护百姓群众幸福感安全感,如今的浙江,正从立法、执法、司法、守法、涉外法治多维度积极探索法治建设创新经验,全力争创法治中国示范区。

在"八八战略"指引下,浙江大地掀起了改革闯关、开放探路、创新赋能的滚滚钱江潮,绘就了尽显生态之美、人文之美、和谐之美的富春山居图,发生了全方位、深层次、系统性的精彩蝶变,率先迈向以全面高质量发展建设中国式现代化的新征程。坚持一张蓝图绘到底,浙江忠实践行"八八战略",

---

① 陈东升,王春.从法治浙江到争创法治中国示范区:为推进中国式现代化注入法治新动力[EB/OL].(2023-07-24)[2024-12-10]. https://www.chinalaw.gov.cn/pub/sfbgw/zwgkztzl/xxxcgcxjpfzsx/fzsxjcsj/202307/t20230724_483301.html.

锚定法治中国示范区建设,努力为推进中国式现代化不断注入法治新动力。浙江有基础、有条件、有责任在法治建设作示范引领。本文将为大家展示浙江法治建设的具体情况。①

浙江是习近平法治思想的重要萌发地。回眸历史,一扇中国现代化法治之门徐徐打开,一个红色大党开启百年征程乘风破浪,一部新中国根本法光荣起草,一张宏伟蓝图引领的经济先发法治先行道路越走越宽……浙江是法治中国建设的重要实践地。循迹溯源,从湖州沈家本故居到新昌梁柏台故居,从嘉兴革命红船启航地到杭州"五四宪法"历史资料陈列馆,从法治浙江建设重大决策到全面依法治国基本方略……春华秋实,法治中国试验田结出繁花硕果,浙江创造了经济持续健康发展和社会持续安全稳定的"两大奇迹",法治化程度之高赢得广泛赞誉,彰显了习近平法治思想真理光芒和实践伟力。浙江是展示中国特色社会主义法治优越性的"重要窗口"。扬帆未来,浙江干在实处,走在前列,勇立潮头,一以贯之忠实践行"八八战略",坚定不移沿着法治浙江道路砥砺前行,探索法治中国建设新路径,加快建设法治中国示范区,为高质量发展建设共同富裕示范区提供法治保障,努力以"浙江之窗"展现"中国之治"。

催生思想萌发开启浙江探索,系统战略布局夯实法治之基

浩浩东海、滚滚钱江,挺立潮头开新天。浙江历来敢为天下先、勇当时代弄潮儿,成为中国改革开放前沿地、民营经济发祥地、法治中国先行地。

历史时针回拨到一个催生思想萌发的新契机——2002年的浙江,正进入全面建设小康社会的攻坚阶段,如何探索市场经济先发地区良法善治之道?2003年7月,浙江省委作出"八八战略"决策部署,将法治建设纳入重要内容。2006年4月,浙江省委作出关于建设"法治浙江"的重大决策,开启了法治中国建设在省域层面的实践探索。这一决策,是探索经济先发地区法治先行的系统战略布局,为法治浙江建设提供了思想旗帜和行动指引。这一决策,就建设"法治浙江"的总体要求、基本原则和主要任务,坚持和改善党的领导,加强地方性法规和规章建设,加强法治政府建设,加强司法体制和工作机制建设,加强法制宣传教育,加强对"法治浙江"建设的领导等十个

---

① 该案例写于2023年,为求表述准确,文中尽量保留相关论述。

方面提出了明确要求。

历届浙江省委坚持高起点谋划、高站位推进、高效率落实,一以贯之落实好这一决策部署。各地创新探索,夯实法治浙江基石,筑牢法治中国根基。在嘉兴,一部《嘉兴市南湖保护条例》,一支36人的南湖景区专职执法队伍,以"柔性执法+暖心服务",成为守护红色根脉的重要法治力量。在杭州,一个"城市大脑"把数字化改革融入法治政府建设的全领域、全过程,让群众实现一机在手、一网通办,真切触摸城市脉搏、感受城市温度、享受城市服务。在衢州,"大综合一体化"行政执法改革组建全市域无人机巡检网,开发"综合飞一次"应用场景,可识别垃圾乱堆放、违法建筑等79种基层高频事项,有力推动市域社会治理现代化。在绍兴,法院系统积极打造"枫桥式共享法庭",让更多法治要素进乡村、进社区、进网格,推动纠纷就地源头化解,让广大人民群众更直观感受到法治就在身边,绘就社会治理新"枫"景。

一张法治浙江建设的宏伟蓝图,扩展成了一张全面依法治国的总蓝图。党的十八大以来,以习近平同志为核心的党中央将全面依法治国纳入"四个全面"战略布局统筹推进。夯实安邦固本基石,筑牢千秋伟业根基。习近平总书记从坚持和发展中国特色社会主义全局和战略高度,定位法治、布局法治、厉行法治,创造性提出全面依法治国的一系列新理念新思想新战略,形成了习近平法治思想。2020年11月,党的历史上首次召开的中央全面依法治国工作会议,将习近平法治思想明确为全面依法治国的指导思想,推动"中国之治"进入新境界。

推动创新实践形成浙江经验,首创成果推广释放法治之力

百年征程波澜壮阔,百年初心历久弥坚。1921年,嘉兴南湖红船上,中国共产党的第一个纲领和决议在这里讨论通过,自此之后,推进法治实践,成为中国共产党和浙江人民的不懈探索。

为政者须率先奉法。2022年12月8日,刚履新的浙江省委书记易炼红赴党的诞生地——嘉兴南湖瞻仰红船,一个多月后,在浙江省十四届人大一次会议闭幕式上,新当选的浙江省人大常委会主任易炼红、浙江省长王浩进行庄严的宪法宣誓。浙江抓牢关键少数这一"牛鼻子",全面推进依宪执政、依法执政,发挥党委总揽全局、协调各方。

伟大思想源自于实践创新与理论创新的良性互动。浙江省委常委、政法委书记、省委依法治省办主任王成国说,这些年来,浙江坚定不移沿着习近平同志开创的建设法治浙江道路砥砺前行,一张蓝图绘到底、一任接着一任干,系统构建法治浙江建设顶层设计"四梁八柱",探索形成地方创制性立法、"大综合一体化"行政执法改革、互联网法院、数字法治改革、社会治理中心等一大批标志性成果,推动法治浙江建设走在了全国前列。

走进"枫桥经验"发源地诸暨市社会治理中心,就像进入矛盾纠纷的"全科医院",天平调解工作室调解员夏朝霞是名副其实的"名医"——原为诸暨法院资深法官,审理案件成千上万,如今坐镇专家门诊,依托中心一张矛盾纠纷筛选分级施策的"过滤网",单从天平调解工作室这一调解组织诉前过滤纠纷,一年就减少4600起诉讼案件,将大量矛盾纠纷化解在诉前。

诉源治理是新时代"枫桥经验"的生动实践,也是法治浙江建设的创新成果。从"枫桥经验"到"浦江经验",从"余村经验"到"后陈经验",从"三治融合"到"村民说事",一个个治村之计,被推广至全国。一张全国首创性成果清单列表,详细记录了自2002年以来法治浙江建设探索实践的50多项创新成果,这些创新实践不断总结形成浙江经验,不断被推广至全国,不断释放法治之力。

法治之力在于增加民生福祉,守护群众幸福生活。海宁硖石街道西山社区是新晋的基层治理"网红打卡点",居民王女士不仅日常享受43个社会组织带来的65个便民服务项目,连亲人的身后事办理,都有海宁市公民遗产服务中心助力,通过遗产一件事数字化平台,只要一张身份证,最多跑一次,就实现了遗产查询、领取、证照代办等"一站式"服务。

随着法治浙江建设不断向纵深推进,浙江全面推进科学立法、严格执法、公正司法、全民守法的力度不断增强,群众满意度不断提高,从2016年的83.15分提高至近4年都保持的90分以上。

科学立法突出高质量。浙江统筹推进科学立法、民主立法、依法立法,坚持与时代同步、与改革同频,加强重点领域立法,健全立法工作机制,加强立法指导和备案审查工作,2002年以来共制定修订地方性法规222件,其中20多部法规开创全国第一。

严格执法突出规范化。浙江深入推进政府职能转变,在全国率先启动并先后实施4轮行政审批制度改革,实施"四张清单一张网"建设,推动"最多跑一次"改革,依法规范重大行政决策程序,持续推进"大综合一体化"行政执法改革,探索行政复议体制改革的"浙江模式",全省行政诉讼败诉率连续3年下降并达到较低水平,夯实基层法治建设基础,加快打造"整体智治、唯实唯先"的现代政府。浙江在全国法治政府示范创建工作中领跑。

公正司法突出公信力。浙江纵深推进司法体制改革,健全司法权运行机制,提升司法权运行绩效,创建全国首家互联网法院、移动微法院、政法一体化办案、共享法庭等引领数字司法新潮流,努力让人民群众在每一个司法案件中感受到公平正义。

全民守法突出覆盖面。浙江加强全面普法,迭代升级社会大普法工作格局,全国首创普法责任清单制度;加强公共法律服务,实现市县乡村四级实体平台全覆盖;加强基层依法治理,建成10个全国普法宣传教育基地,建成省级以上民主法治示范村社4884个,各类法治文化阵地5970个。

20年来,浙江逐步探索形成了以党委领导、服务大局、法治为民、数字赋能、整体智治为特色的"浙江经验",为法治中国建设贡献了浙江智慧。

促进文明进步贡献浙江方案,示范创建引领彰显法治之效

一个现代化国家必然是法治国家。党的二十大报告对全面依法治国作出了新部署,吹响了法治中国建设的新号角。党的二十大报告首次将法治建设作为专章论述,在我国社会主义法治建设史上具有里程碑意义。坚持在法治轨道上推进国家治理体系和治理能力现代化,是新时代中国法治建设的重要指南和基本遵循。

浙江历来引领时代风气之先,奋力担当"努力成为新时代全面展示中国特色社会主义制度优越性的重要窗口"历史新方位,自觉肩负中央赋予的高质量发展建设共同富裕示范区时代新使命,努力争创社会主义现代化先行省。

如何为现代化先行探路?这一历史性新挑战,落到了新一届浙江省委领导班子头上。2023年新春第一会上,浙江明确提出将更大力度实施数字经济创新提质"一号发展工程",实现营商环境优化提升"一号改革工程"大突破,实施"地瓜经济"提能升级"一号开放工程"。

如何护航三个"一号工程"?法治是最好的营商环境。革命红船启航地正在探索最佳方案——在法治轨道上全面打造"浙里最'嘉'"营商环境品牌。嘉兴市委书记陈伟说,今年以来,嘉兴坚持将法治化营商环境作为法治嘉兴、法治政府、法治社会一体建设的关键突破口和标志性工程,推动政府有为、市场有效、企业有感、群众有利,努力把"根脉之地"打造成新时代法治高地。

建设现代化先行省,法治必须先行示范。2022年,浙江省委十五届二次全会提出"积极争创法治中国示范区"目标。传承敢为人先的首创精神,浙江有基础、有条件、有责任在法治建设方面先行探索,以全面深化法治领域改革为突破口,以增强人民群众获得感、幸福感、安全感为落脚点,在法治建设重点领域和关键环节率先突破、示范引领,将浙江打造成为法治中国建设省域实践示范区。

法治是人类文明进步的重要标志。浙江省副省长胡伟表示,建设法治中国示范区意义在于通过省域实践为全国打造实践典范,努力成为全面落实习近平法治思想的行动表率,全面展示中国特色社会主义法治优越性的重要窗口,在"浙里"感受法治中国,向世界展示具有中国特色的法治文明,给出应对发展所面临重大问题的中国答卷,充分展示社会主义法治的先进性、引领性。

如何为推进中国式现代化注入法治动力？浙江将从五个方面重点展开

理念上要实现法治思路三个转变。即从"就法治论法治"向平安法治一体推进转变,从事后制约监督向事前预防治理转变,从简单追求法治力度向系统提升法治温度和绩效转变,积极探索中国式法治的浙江实践。

要求上要做到全面领跑、树立标杆。包括立法、执法、司法、普法、基层依法治理以及法治文化、法治人才、涉外法治等各个方面都要对标最优、追赶一流,在法治建设的进度上也进一步加快、提前。

内容上要推进各方面工作法治化。坚持在法治轨道上建设社会主义现代化国家,坚持依法应对重大挑战、抵御重大风险、克服重大阻力、解决重大矛盾,全面推进各方面工作法治化。

重点上要突出浙江地域特色优势。尤其是新时代"枫桥经验""浦江经验"、地方创制性立法、整体智治现代法治政府、"大综合一体化"行政执法改革、诉源治理、信访法治化改革、乡镇街道法治化综合改革、共同富裕法治保障、数字法治建设等。

机制上要系统重塑法治推进体系。统筹全省各方面力量,选择部分市县先行突破,全面系统推动法治中国示范区建设。

专题 4　坚持全面推进依法治国

浙江争创法治中国示范区,怎么示范?

浙江省委依法治省办副主任、省司法厅党委书记、厅长王中毅介绍说,初步谋划将努力在八个方面争取示范引领:在健全党领导法治建设的制度机制上示范引领,在以良法促进发展保障善治上示范引领,在法治政府建设率先突破上示范引领,在践行公正高效权威司法制度上示范引领,在建设明德守法的法治社会上示范引领,在法治保障高质量发展实现共同富裕上示范引领,在数字法治创新突破上示范引领,在建设德才兼备的高素质法治人才工作队伍上示范引领。

透过"浙江之窗",展望中国法治未来。人民是历史的创造者。6500万浙江人民将以习近平法治思想为指引,勇当法治中国建设领跑者,引领新时代法治浙江建设新航程,把增进人民福祉落实到示范区创建全过程,推动浙江成为法治中国建设的省域实践典范。

思考讨论

1. 通过讨论浙江在"八八战略"指导下,将法治建设与经济社会发展紧密结合的案例,如"最多跑一次"改革和"数字法治"的推广,谈谈法治如何在促进经济发展的同时,保障社会公平正义。

2. 通过了解浙江在立法、执法、司法和守法等方面的创新实践,如"枫桥经验"和"互联网法院"等,探讨这些"浙江经验"如何为全国其他地区提供法治建设的参考和示范。

3. 浙江在推进法治中国示范区建设中,以及在推进中国式现代化过程中,如何在效率与公平之间找到平衡,实现可持续的发展目标?

教学建议

本案例主要适用于"坚持全面依法治国"部分的辅助教学,可以帮助学生了解浙江这一中国法治建设的先行省份所取得的主要成就。通过大力实施"八八战略",不断推进法治浙江建设,浙江以法治护航经济社会发展,创新实践形成"浙江经验",助力浙江成为法治中国建设的省域实践典范,为推进中国式现代化注入法治新动力,展示了中国特色社会主义法治的优越性。

1. 探讨法治与经济发展的关系

建议引导学生思考并讨论,浙江是如何通过法治建设促进经济社会发展的。在"最多跑一次"改革、数字法治等具体案例中,法治如何为经济发展提供制度保障?学生可以通过分析浙江的实践经验,理解法治对经济发展和社会稳定的重要作用,以及如何在现代化建设中实现法治和经济的双赢。

2. 分析"浙江经验"对法治中国建设的启示

课堂上可以引导学生讨论"浙江经验"中的具体做法,如"枫桥经验"、互联网法院等创新实践,分析这些经验如何为其他地区的法治建设提供参考。学生可以通过分析这些创新举措,思考如何在不同地区推广并应用这些经验,以推动全国法治水平的提升,进而为全面依法治国提供有力支撑。

3. 讨论中国式现代化与法治的关系

引导学生思考,为什么法治是推进中国式现代化的必要条件。可以通过探讨浙江在建设法治中国示范区中的具体做法,讨论法治如何在中国现代化进程中起到规范和保障作用,如何平衡法治的严格性与社会治理的灵活性,进而形成符合中国国情的现代化发展路径。学生在讨论中可以探索如何通过法治提升社会治理效能,保障人民群众的幸福感和安全感。

案例 4

江苏首家！原来，你是这样的互联网法庭①

核心阅读

未成年人充值游戏，钱款能否追回？虚拟财产是否受法律保护？涉及互联网领域的案件由谁来审？……伴随数字经济迅猛发展，涉互联网案件呈快速增长趋势，法律适用和司法服务保障方面也面临着新挑战。2023 年 4 月，设立于苏州市虎丘区（高新区）人民法院的专门审判机构——苏州互联网法庭揭牌，集中管辖部分互联网案件。该法庭系经最高人民法院批准的全省唯一一个互联网法庭。苏州互联网法庭集中管辖苏州大市范围内通过电子商务平台签订或者因履行网络购物合同而产生的合同纠纷、产品责任纠纷；签订、履行行为均在互联网上完成的网络服务合同纠纷；数据、网络虚拟财产权属纠纷、交易纠纷；在互联网上侵害他人人身权、财产权等民事权益而产生的人格权纠纷、财产损害赔偿纠纷；互联网平台经济模式下的新就业形态劳动争议；涉《中华人民共和国个人信息保护法》权利义务的纠纷，以及上级法院指定管辖的其他互联网民事案件。经过一定时间的发展，苏州互联网法庭解决了数字经济时代各类司法问题新需求，进一步让各类涉网纠纷得到更加高效、规范和便捷的化解。

---

① 顾敏.江苏首家！原来,你是这样的互联网法庭[EB/OL].(2023-12-05)[2024-12-10].https://www.xhby.net/content/s656f3272e4b06569fa93b0e2.html.

法官在法庭,原被告却在"云端",法官面对着正前方的高清电子屏,一步步引导当事人举证质证、辩论、陈述,语音识别系统实时进行庭审记录……这样的见"屏"如面、"云"上断案,在苏州互联网法庭早已司空见惯。作为全国第三家、江苏首家互联网法庭,苏州互联网法庭自5月18日成立以来就承担着特殊使命:既要为互联网审判专业化探路,也要通过构建完善裁判规则体系,促进网络空间治理法治化,护航数字经济高质量发展。"云案云审,融诉善治",履职半年多的苏州互联网法庭交出了怎样的答卷? 本文根据"瞭望君"的探访来进行一定了解。①

从因"网"而生,到"以网管网"

走进藏身于现代化写字楼的苏州互联网法庭,更像是进入了一家互联网企业——走出电梯,就能见到简洁、清爽的诉讼服务台和当事人休息区,随处可见的一块块电子屏和屏幕中缓缓"走出"的数字法官助理,都在向来访者彰显这所法庭的与众不同。

成立以来,苏州互联网法庭已受理涉网案件609件,案件法定审限内结案率达95%。

当"在线庭审""24小时不打烊"等形式在传统法庭逐步普及,苏州互联网法庭选择探索一条"以网管网"的新路径。幸运的是,法庭扎根于一片智慧审判的沃土——

智慧审判"苏州模式"一直走在全国最前列,而苏州互联网法庭所属的苏州高新区(虎丘区)人民法院更是在全市率先实现了电子诉讼全流程、全辖区、全领域覆盖,约七成民商事案件通过在线方式办理。

在因"网"而生的苏州互联网法庭,智慧审判更加"如鱼得水"。以卷宗为例,当不少传统法庭还在为纸质卷宗电子化劳神费力时,苏州互联网法庭受理的案件大多是电子材料,以电子卷宗深度应用为基础,全流程无纸化办案、100%全流程在线办理很快成为常态。

在这片"试验田"里,互联网与司法深度融合的脚步还在加快。在智慧审判"苏州模式"的基础上,苏州互联网法庭创新打造全流程在线"云智"互联网诉讼机制,让法官仅用一台电脑就能完成全案审理,院庭长借助一个系

---

① 该案例写于2023年,为求表述准确,文中尽量保留相关论述。

统就能监管事项进展,当事人足不出户就能打官司。

异步质证,是"云智"互联网诉讼机制的核心环节之一。质证是法庭审理的必要环节,而在证据繁多的情况下往往会占用大量庭审时间。依托虎丘法院自主研发的异步质证平台,当事人可以随时、自助上传诉讼材料,实现非同步参与听证及调解,在庭审前固定争议焦点及无争议事实。

"这一模式打破了诉讼活动时空限制,让法庭'交锋'可以不同时、不同地、不同步,利用碎片化时间完成。"虎丘法院党组书记、院长吴万江告诉记者,通过异步质证,庭审时间平均缩短半小时以上,简单案件审理天数缩短近1/3。异步质证机制已入选最高人民法院司法改革案例选编、2022年度中国法治蓝皮书。

在吴万江看来,智慧审判不是简单地把庭审"搬"上网,而是让法官办案从形式到内容、从手段到对象都发生全面深刻的变革,让互联网司法真正成为法官的办案习惯。

推动审判辅助事务集约化,苏州互联网法庭的审判团队采用"法官+法官助理+集约中心"的模式,将原本由法官、法官助理或书记员处理的非核心审判辅助事务全面剥离,交由辅助团队集中处理,涵盖了排期推送、开庭记录、财产保全等8项内容,法官更加专注于案件办理最核心的"审"和"判"。"好比是一条生产线,当事人、法官、法官助理等,全都跟着案件走,实现人和事的最优配置。"吴万江说。

从判一案,到治一域

段某曾在苏州某文化传媒公司从事新媒体运营工作。公司为开通网上直播带货,让段某用身份证进行公司账号的实名认证。离职后,段某要求公司解除账户绑定的身份信息,但遭到拒绝,段某随后将"老东家"告上法院。

这桩看似普通的个人信息保护纠纷案背后,包含了许多司法从未触碰的新问题:段某被绑定的身份信息是否属于受保护的个人信息?平台账号是否具有经济价值?平台禁止变更实名认证规则和个人信息保护又该如何平衡?

开庭前,苏州互联网法庭在第三方平台公司走访,了解到账号实名认证信息一经认证不能修改,但平台可以根据相关法定事由、司法机关的法律文书或行业主管部门的指令,协助对确需修改的实名认证信息予以修改或删除。最终,法庭宣判:被告公司于判决生效之日起,10日内配合段某删除社交平台账号的实名认证信息。

这一判决,不仅平衡保护了公民个人信息权利与企业网络虚拟财产权益,也探索了平台禁止变更实名认证的例外情形,发挥了定标尺、明边界、促治理的审判职能作用。

苏州互联网法庭成立后,集中管辖苏州市辖区内应由基层人民法院受理的七类第一审互联网案件。随着互联网蓬勃发展,新平台、新业务、新样态迭出,与之相关的法律、伦理、安全问题也被不断抛向法院——如何处理个体利益与社会公共利益之间的关系?如何发挥司法裁判社会价值风向标的作用?这是当下司法需要回应的难题,也是苏州互联网法庭在探索的课题。

每天和不断涌现的各种新类型案件打交道,苏州互联网法庭庭长朱海兰坦言,既兴奋又倍感"压力山大",因为一纸判决不仅影响到案件当事人,还可能会影响整个行业。"对于每一个案件,我们都会进行多重考量,在法治框架内,努力平衡好技术进步、个人权益、产业发展和社会公共利益等各方关系。"

在审理好每一起个案的同时,苏州互联网法庭依托管辖集中化、案件类型化、审理专业化的优势,不断强化网络空间治理和对互联网领域规则的探索。

苏州翡翠湖在小红书平台突然"走红",引来很多市民游客"打卡"。但实际上这里存在诸多安全隐患,并不适合徒步旅行。在看似简单的一起发生在翡翠湖附近的侵权案件中,法庭发现了其中暴露出的旅游"种草"风险。

一份司法建议随即发出,内容不长,却反映出平台公司"野蛮种草"的普遍性问题。收到司法建议后,"小红书"App 的经营公司立即排查整改,于次日通过官方账号"薯管家"发布《旅游出行危险目的地公示》一文,公示了包括苏州翡翠湖在内的 9 个危险目的地,并回查、删除了部分违规内容。

从"陪跑",到"探路"

眼下,苏州正在加快打造数字经济时代"创新集群引领产业转型升级"示范城市,去年数字经济核心产业增加值占 GDP 比重达 15.8%,数字经济发展综合水平指数位列全省第一。

而从具体的司法需求来看,相较于与阿里巴巴为"邻"的杭州互联网法院,苏州互联网法庭受理的大多是发生在消费 C 端的涉网纠纷。履职以来,法庭共受理通过电子商务平台签订或者因履行网络购物合同而产生的合同纠纷、产品责任纠纷共计 350 件,占比达 57.5%。其次,是在网上侵害他人人身权、财产权等民事权益而产生的人格权纠纷、财产损害赔偿纠纷共计 202 件,占比 33.2%。

如何立足苏州数字经济发展特点和百姓的司法需求,提供普惠均等、便捷高效、智能精准的互联网司法服务?

苏州互联网法庭以苏州中院确立的"融诉服"理念为指引,布局线上、线下双线"融诉"便民服务网络,打造"1+4+10+N"互联网诉讼平台。"1"是指苏州互联网法庭,"4"是指打通 4 个在线诉讼端口,"10"是指面向苏州 10 个县市区,"N"是指惠及 N 名当事人。平台以在线诉讼端口为支撑,以设立于全市 111 家公共法律服务中心、10 家律师事务所的线下"云审·融诉驿站"为载体,把互联网司法服务真正送到老百姓的家门口。

置身于苏州数字经济发展浪潮中,苏州互联网法庭的定位清晰而明确:既要当好并肩护航的"陪跑者",也要努力当好在前方及时预警、扫清障碍的"探路者"。成立以来,法庭频频"走出去"了解互联网技术要领、把握互联网产业规律,主动对接司法需求。比如,与阿里巴巴、腾讯、抖音、百度、京东等知名互联网企业代表面对面研讨交流,了解企业诉求;与赛迪研究院、申浪科技、食行生鲜等 20 余家苏州本地知名互联网企业建立常态化对话机制;发放互联网企业司法需求调查问卷,精准把握企业现实需求,帮助完善内控制度,源头防范纠纷产生;开展定期走访惠企活动,深入数字企业腹地提供调解指导、示范审理、法律咨询等,帮助化解企业面临的法律风险和难题等。

随着互联网的快速发展,新技术、新模式还将对互联网司法治理带来新挑战。从打造司法"数智大脑",到构建"产业链+法律服务"能动司法供给模式;从构建新型财产与人身权利保护裁判规则库,到持续推动网络空间治理法治化……苏州互联网法庭将立足苏州数字经济占比较高、数字化发展迅猛的资源特点和需求特点,在互联网司法领域继续"拓荒前行"。

思考讨论

1. 在数字经济不断发展的新形势下,苏州互联网法庭体现了哪些与传统司法不同的特点?这些特点如何提升了司法效率和公平性?

2. 司法在个人信息保护中的重要性,尤其是在平台经济高速发展的背景下,如何通过司法裁判规范平台行为,维护个人权益,同时促进平台经济的健康发展,无疑是一个重要课题,请结合上述案例谈谈如何平衡个人信息保护与互联网平台经济的发展。

3. 法庭对"小红书"平台的司法建议体现了司法在社会治理中的能动性作用,凸显了互联网法庭在规范网络空间、引导社会良性发展中的重要作用,基于此,谈谈未来互联网法庭如何应对新型网络问题和挑战,如何通过司法建议和判例引导社会治理。

教学建议

本案例主要适用于"坚持全面依法治国"部分的辅助教学,可以帮助学生了解数字经济背景下互联网法庭这一依法治国的新形式。苏州互联网法庭是江苏首家、全国第三家专门审理互联网相关案件的法院,其通过"云案云审"模式,解决了数字经济时代中大量新兴的互联网纠纷,并通过创新机制提升了审判效率,推动了网络空间治理的法治化,促进了数字经济的高质量发展。

1. 探讨数字经济与司法创新的关系

可以在课堂上引导学生思考数字经济发展对传统司法提出的新挑战,并探讨苏州互联网法庭如何通过"云案云审""异步质证"等创新手段应对这些挑战。学生可以通过案例分析,理解司法制度如何与科技创新相结合,以应对互联网时代的新型法律问题。此讨论将帮助学生认识到法治在数字经济中的重要性,以及创新对社会发展的推动作用。

2. 个人信息保护与司法平衡的探讨

可以利用段某的个人信息保护案件,引导学生讨论如何在保护个人信息权利和保障企业发展之间取得平衡。这一案例的探讨可以延伸至更广泛的互联网治理问题,如平台责任、用户隐私保护等。通过这类讨论,学生能够更深入地理解法治在保护个人权利与促进产业发展中的双重角色,并思考法律如何在快速发展的互联网环境中保持公正与公平。

3. 司法在社会治理中的能动作用

可以引导学生探讨苏州互联网法庭在网络空间治理中的能动作用,例如通过发出司法建议来规范平台行为,防范社会风险。通过分析司法如何主动介入社会治理,学生可以理解法治不仅仅是被动裁决的工具,更是社会治理的积极参与者。这有助于学生树立法治思维,并认识到法律在维护社会秩序和推动社会进步中的关键作用。

案例 5

以法治之力护航中国式现代化湖北实践[①]

奋力推进中国式现代化湖北实践,离不开法治的引领和护航。近年来,湖北全省司法行政系统深入学习贯彻习近平总书记关于中国式现代化的重要论述,认真学习贯彻全省奋力推进中国式现代化湖北实践大会精神,坚决扛起以司法行政工作现代化支撑和服务中国式现代化湖北实践的重要使命,在加强制度供给、推进严格规范公正文明执法、提升法律服务质效等方面,取得了实实在在的成效,彰显了法治力量。

在党的二十届三中全会召开之际,湖北日报联合省司法厅开设《推进中国式现代化湖北实践 司法行政新作为》专栏,聚焦武汉、宜昌、荆门、鄂州、黄冈、恩施六地司法行政机关的创新举措与显著成效,展现司法行政系统在现代化进程中的新担当、新作为,以铿锵步伐和坚实行动为湖北高质量发展保驾护航。

法治服务提升民生温度——武汉聚力营造惠企利民法治环境

"武汉市司法局不断深化公共法律服务'一区一品牌'建设,持续加大市场主体法律服务供给,助力武汉营商环境跻身全国省会和副省级城市前列,

---

① 李婷,李月鹏,李园园.以法治之力护航中国式现代化湖北实践[N].湖北日报,2024-07-16(8).

努力在推进中国式现代化湖北实践中扛牢武汉担当。"武汉市司法局负责同志介绍。

江汉区作为经济发展核心区域,在共建"一带一路"不断走深走实的背景下,挂牌运行公益性涉外法律咨询中心,成功举办法务商务"双外联动"活动,为企业"出海"提供法务保障。

武昌区作为首义首创之区,以流动普法"大篷车"为基础,聚合普法宣传、法律援助、人民调解、律师、公证等司法行政职能,联动辖区相关职能部门,精心打造流动的"司法局+",让企业、群众在家门口就能享受增值的公共法律服务。

黄陂区作为国家全域旅游示范区,创新开展"公共法律服务进景区"活动,依托新设立的木兰草原景区公共法律服务驿站,在法治文化阵地建设、涉旅矛盾纠纷化解、法律服务伴游惠民等方面持续发力,赢得游客一致好评。

自2020年8月起,武汉市全域开展"公共法律服务进园区进企业"活动,覆盖64个开发区、商圈及工业园区,设立61个工作站,惠及7366家企业。

2023年以来,武汉市司法局进一步整合全市法律资源,聚力开展以"武汉服务"为核心的优化营商环境"八大行动",陆续推出公证便企、调解帮企、律师助企系列举措。

推行"公证+不动产登记"等"一站式"服务模式,实现办事"一部门、一窗口、跑一次"。全市公证机构累计联办不动产登记业务约500笔,接待咨询达1000余人次。

大力发展商事调解组织,联合发布《武汉市商会调解白皮书》。目前全市备案在册的各类商会、商事调解组织达到130家。

启动"服务实体经济,律企携手同行"专项行动,组织律师参与涉企合规第三方监督评估,今年以来开展法治体检1657次,提出防范建议772个,帮助挽回企业损失上亿元。

法治力量守护绿水青山——打造以流域为单元的行政执法"宜昌范式"

"作为首批'全国法治政府建设示范市',宜昌市积极探索创新,以法治之力支撑和服务宜昌建设长江大保护典范城市,争当中国式现代化湖北实践示范区。"宜昌市司法局负责同志介绍。

作为长江大保护"立规之地",宜昌始终将制度建设摆在重要位置,先后推动出台城区重点绿地保护条例、海绵城市建设管理条例等地方性法规。黄柏河流域保护条例创新确立的"地方立法、综合执法、水质约法、生态补偿"综合治理模式,获评全国十大基层治水经验之首。

依法审查滨江风貌管控、河道采砂管理等行政规范性文件,常态化开展与"四化"同步发展不相适应的政府规章和行政规范性文件清理,为推进流域综合治理提供有力制度保障。

牵头制定《关于宜荆荆都市圈法治建设协同发展的意见(试行)》,推动"宜、荆、荆、恩、神"五地共同出台《关于加强生物多样性协同保护的决定》,探索构建区域内立法协同、执法联动、司法协作的法治建设工作体系。

深化综合行政执法体制改革,推动以流域为单元设立综合行政执法机构,在长江支流黄柏河、柏临河集中行使138项涉水生态保护行政执法权,"流域水生态保护综合执法改革"获评第二批全国法治政府建设示范项目,"聚法治之力推进流域综合治理"获评第二批全省法治政府建设示范项目。

围绕流域综合治理开展行政执法专项监督,对发现的重点线索实行专案办理、专班负责、专人跟进。突出个案监督质效,创新案卷评查"六步工作法",拓展与城运中心、信访、纪委等部门信息共享机制,推广"首违不罚+公益减罚+轻微速罚"柔性执法模式,探索"监督+服务"工作机制,让执法既有力度又有温度,以法治之力守护河湖安澜。

法治引领助力基层治理——"减""增"之间蹚出多元解纷荆门新模式

"近年来,荆门市创新打造多元解纷荆门新模式,实施'四级'联调,以提升基层依法治理效能促进社会平安稳定,为中国式现代化湖北实践贡献荆门力量。"荆门市司法局负责同志介绍。

做强"一站式"平台,构建了覆盖市、县、乡镇(街道)、村(社区)的四级矛盾纠纷多元化解中心,配备7660名专兼职调解员;整合综治、法院、检察、公安等15个部门资源,将全市42家行业性专业调委会纳入中心统一管理,实现"一站式"受理和调解。4年来,共受理民间纠纷58 861件,调解57 716件,调解成功55 471件,成功率96.1%。

常态化开展矛盾纠纷排查化解"红袖章"专项行动,建立诉调对接、访调对接、仲调对接、检调对接机制,成立行政争议化解工作室,化解各类案件2万余件。强化调解公信力,引导当事人及时履行调解协议,对难以履行的调解协议,建议当事人申请法院办理司法确认5996件,增强协议效力,减少群众诉累。

细化便民惠企服务举措。发挥党建引领作用,创建"红色物业调解进社区"等特色调解品牌。强化科技赋能,实现跨国、跨省纠纷在线化解。常态化开展送法进企业、法治体检等服务,开通为企解纷"绿色通道"。4年来,为企业化解纠纷8800余件,挽回损失6.8亿元。

四级矛盾纠纷多元化解中心的建立,有效破解了基层治理力量薄弱、解纷方式单一等难题,取得了维权"减累增速"、企业"减负增收"、司法"减压增效"、百姓"减访增和"的社会成效。

法治环境铺就繁荣之路——打造非诉解纷"鄂州仲裁"品牌

"鄂州市司法局紧紧围绕花湖机场、武汉新城两大省级战略,积极推动法治化营商环境提档升级,以高质量法治服务保障经济社会高质量发展。"鄂州市司法局负责同志介绍。

鄂州市建立了政府规章和行政规范性文件常态化清理机制,累计清理1986年以来的市政府规章84件次、行政规范性文件3210件次,持续释放制度供给红利,让企业更加宽心。同时,优化降成本工作举措,纠正不当罚款规定,推行承诺制改革,简化审批流程,提高企业办事效率。2023年,公布实行告知承诺制证明事项135项、取消4项。

启动行政执法品质提升行动,建立涉企行政执法监督、维护企业合法权益"四项机制"(工作交流机制、行政执法问题线索移送机制、行政执法监督协作配合机制、高效运行保障机制),不断提升行政执法质量,让企业感到暖心。发布包容审慎监管事项,进一步规范对新技术、新产业、新业态、新模式经济企业的行政执法。其中,2023年市场监管领域不予处罚、从轻减轻处罚案件占比达51.68%。

聚焦让企业发展顺心,近三年,进企业开展"法治体检"340余次、法治讲座90余场,解答法律咨询1500余件次,办理法律事务2200余件次。推出"市民法治学堂",围绕群众和市场主体关心关注热点,开展"点单式"精准普法。

打造"鄂州仲裁"品牌,健全仲裁解纷机制,启用智慧仲裁系统,实现"申请、缴费、立案、阅卷、开庭、查询"全流程无纸化办案。组建涉外仲裁服务团队,成立临空经济区仲裁服务中心。鄂州仲裁委自正式受案10个月以来,已办理各类案件60余件、涉案标的额6400万元。

设立知识产权公证服务中心。2023年度,全市知识产权质押融资金额1.0315亿元,较上年度增长74.23%,极大缓解了中小企业融资难问题。

法治政府绘就幸福底色——黄冈法治政府建设跑出"加速度"

"推动法治政府建设率先突破被作为法治建设的'一号任务'来部署开展。我们坚持把法治政府建设示范创建的过程转化为法治政府建设工作水平全面提升的过程,为奋力推进中国式现代化黄冈实践提供强引擎和硬支撑。"黄冈市司法局负责同志介绍。

坚持系统观念,把党的领导贯彻落实到法治政府建设全过程,认真贯彻落实《黄冈市法治政府建设实施方案(2021—2025年)》,统筹推进29项工作举措。市委高规格成立示范创建工作领导小组,市县联动,部门协同,形成了有序推进、合力共建的良好局面。

突出问题导向,通报问题和典型案例成为常态。针对行政机关负责人出庭应诉率不高、法院判决"执行难"等问题,出台《行政机关负责人出庭应诉暂行规定》,建立行政复议错案"双报告"制度,深化府院联动。一套"组合拳"下来,黄冈行政机关负责人出庭应诉率持续达100%,行政机关败诉率显著下降,破产案件办理期限大幅压缩。

践行人民至上,加快转变政府职能,打造"冈好办"政务服务品牌。建设"惠企政策·冈好办"平台,形成以惠企政策"两库一平台"(政策库、企业库、惠企政策精准推送和免申即享平台)为核心的政策兑现平台,创建"无证明城市",累计取消证明材料341项,实行告知承诺证明事项507项。顺应科技发展新趋势,实现1300个高频事项"最多跑一次",72个自主创新主题"并联事项集成办","云医保""黄冈通"不动产登记全域通办等创新服务,办事便捷被群众点赞。

创新实施"市长审案"制度。案审会上,市长、行政执法部门、复议案件承办机构、专家学者等各方共同参与,有效化解各类行政争议,并依法纠正行政机关违法行为。自2014年启动实施该制度以来,共有34位市长、副市长主持召开48次行政复议案审会,审案161件,决定履行率100%,使法治政府建设成果真正惠及于民。

法治基石夯实坚固防线——恩施打造"一所一品"特色矩阵

"近年来,恩施州司法局坚持强基导向,全面推进司法所规范化建设,不断夯实司法行政工作基层基础,为基层治理现代化、法治化提供了硬核支撑。"恩施州司法局负责同志介绍。

坚持重心下移、力量下沉,强化司法所编制、人员、经费保障,打通法治为民"最后一公里"。落实政法专项编制"专编专用、满编运行",健全完善"岗位练兵""结对帮带""跟班学习""以老带新""警示教育"等工作机制。

目前,全州所有乡镇(街道)普遍成立党委全面依法治乡镇(街道)领导小组及其办事机构,92个司法所长全部落实实职副科级待遇,所均工作人员4.8人,具有法学背景或通过法律职业资格考试的占40%以上。此外,16名个人、10家司法所获得省部级以上表彰表扬。

全国模范司法所长易满成、雷红兵,全国模范人民调解员钟登双……恩施州司法局通过培育选树典型,激励全系统干部职工见贤思齐、创先争优。同时,打造"一所一品"特色矩阵,各司法所结合实际,创新工作方法,提升服务效能。

在恩施市新塘乡,"60后"和"90后"聚在一起,全力打造"6090"工作室,探索构建"以老带新、以专带群、联调共治"的多元解纷新格局。建始县高坪镇摸索并形成了一套"三前五诊"工作法,有效解决了土地山林征地和工程建设等矛盾纠纷。巴东县野三关镇实现访调"一站式"矛盾纠纷化解闭环,为人民群众提供便捷高效的调解服务。宣恩县高罗镇将法治元素与民俗文化有机融合,法律知识融进了苗歌里,唱进了群众心里。咸丰县忠堡镇将首问负责制落到实处,积极协调各单位为群众分忧解难,不仅"首问负责",还要"回访销号"。来凤县百福司镇则在跨省矛盾纠纷联防联调协作机制下,探索建立"接边镇村手牵手"预防化解跨省矛盾纠纷工作法,有力解决了牵头难、协调难的问题。

专题4　坚持全面推进依法治国

思考讨论

1.法治在现代化中具有基础性作用,尤其是在保障经济高质量发展和维护社会稳定方面作用重大。通过分析湖北司法系统在制度供给、严格执法、法律服务等方面护航现代化建设的实践经验,探讨如何理解法治对现代化的不可或缺性,以及如何在新时代背景下创新法治实践来适应发展需求。

2.通过分析湖北各地司法机关的创新实践,如武汉的"公共法律服务进景区"活动、宜昌的流域综合治理法治模式,探讨这些地方创新举措如何有效提升法治水平,推动社会治理现代化;如何借鉴这些经验,推动其他地区法治建设,促进国家整体法治进步和社会和谐发展。

3.通过分析湖北各地司法机关的创新实践,如武汉的"公共法律服务进景区"活动、宜昌的流域综合治理法治模式,探讨这些地方创新举措如何有效提升法治水平,推动社会治理现代化;如何借鉴这些经验,推动其他地区法治建设,促进国家整体法治进步和社会和谐发展。

教学建议

本案例主要适用于"坚持全面依法治国"部分的辅助教学,可以帮助学生了解湖北省各地司法机关通过创新法治措施,在法治建设、执法改革、纠纷化解、营商环境优化等方面取得的显著成效,这为区域经济社会高质量发展提供了有力的法治保障和支持,展现了地方司法系统助力推进中国式现代化的生动实践。

1.探讨法治在区域经济发展中的关键作用

可以引导学生思考如何通过法治建设提升区域经济发展的质量和效率,特别是像湖北这样的地方如何通过优化法治环境,推动区域经济的高质量发展。讨论可以围绕武汉市司法局在优化营商环境和支持企业发展方面的具体做法展开,如通过公证便企、调解帮企等举措,帮助企业化解法律风险,促进经济的稳定和繁荣。

2.分析流域治理中的法治创新与实践

可以结合宜昌市在长江大保护中的法治实践,引导学生分析流域综合治理中的法治作用,探讨如何通过立法、执法和司法手段保护环境,促进生态文明建设。学生可以讨论黄柏河流域保护条例的创新性,思考地方立法

和综合执法在推动生态保护和实现绿色发展的过程中发挥的作用。

3.探讨多元化纠纷解决机制的创新与成效

可以通过荆门市的"四级联调"机制和恩施州的"一所一品"特色矩阵,鼓励学生思考多元化纠纷解决机制在基层社会治理中的重要性。学生可以讨论如何通过整合资源、创新机制,有效化解基层矛盾,维护社会稳定。同时,思考如何将这些成功经验推广到其他地区,提升基层治理的法治化水平,保障社会和谐。

案例 6

从牦牛背上的巡回审判到网络智慧法庭——走进帕米尔高原上一个小县人民法院,感受基层法治之变①

核心阅读

塔什库尔干塔吉克自治县辖区居民超过 4 万人,当地大部分乡镇地处崇山峻岭之中,牧民居住分散。过去,群众要到法院打官司十分困难,山高路远、高原缺氧,打官司耗时又耗钱,参加一次诉讼要奔波几百公里,往返数日。不仅是当地,县域外人员要参与诉讼活动也极为不便。与当地群众有同样烦恼的,还有塔县人民法院的法官,每次巡回审判少则 3 天,多则一周才能回来。如今,只要有信号的地方就能开庭。近年来,随着智慧法院建设在塔县落地生根,在帕米尔高原生活的群众切实体验到数字化建设带来的便利。

"努力让人民群众在每一个司法案件中感受到公平正义",是中国共产党践行"以人民为中心"司法理念的庄严承诺。今年是党的十八届四中全会召开 10 周年,新华每日电讯记者来到我国西陲,走进一个高原小县人民法院,感受基层法治之变。

---

① 新华社.从牦牛背上的巡回审判到网络智慧法庭——走进帕米尔高原上一个小县人民法院,感受基层法治之变[N].新华每日电讯,2024-05-24(7).

塔什库尔干塔吉克自治县(简称"塔县")坐落在距离北京约4000公里的新疆帕米尔高原。这里雪峰连绵、山高谷深,12个乡镇、4万多人口散落在约2.5万平方公里的县域内。

过往岁月里,为了办案,塔县人民法院工作人员翻山越岭,通过巡回审判的方式,骑着牦牛把公平正义送到各族群众身边;弹指一挥间,塔县迎来建县70周年,沧海桑田,如今即使身处远在县城两三百公里外的小山村,也能借助网络智慧法庭,用指尖触摸法治的温度。

从牦牛背上的巡回审判到网络智慧法庭的历史进程,是法治文明在中国边远之地落地生根的结果。这一变化成为帕米尔高原基层法院工作者坚守初心使命的见证,亦是当地逐步向现代法治社会转型的表现。

法庭不是喝茶聊天的"巴扎"

甘肃人王世龙在塔县人民法院工作了近30年。他从一名书记员干起,逐步成长为四级高级法官。法院里的年轻人称他是"可以走上历史展台的人物"。

每到上班时间,王世龙稳步拾级而上,走进形似天秤的现代化法院办公楼。向北远望,海拔7500多米的慕士塔格雪峰耸入云霄。冰山无言,见证着高原上的发展进步。

20世纪90年代中期,塔县人民法院仅有一排石头搭建的小平房、8间办公室,与县公安局在一个院子办公。

"人手极为紧缺,有时候,法院只好请政府办的同志当书记员。"王世龙清楚记得刚工作时的往事,"通常来讲,办公桌上放上审判员等桌牌,就是法庭。"

在基础设施尚不完善的时光里,只有碰到"大一点儿的刑事案件",塔县人民法院才会申请使用全县唯一的大型会议中心,按照法庭标准临时改造。

一米多高的主席台上,摆放着木头办公桌椅,组成审判席。审判席背后幕布上悬挂着木质国徽,国徽由法院工作人员描绘、手工制作。主席台的前梁上悬挂条幅,条幅上张贴着用毛笔书写的"某某案件公开审判"标语。

"当年只能通过高音喇叭,才能让人们在这个200多平方米的屋子里听清楚发言。"法院工作人员回忆。

尽管条件简陋,但所有流程均严格按当时法定审判程序执行。王世龙说,法院工作人员竭尽所能,营造庄重严肃的庭审氛围,直观体现国家法律的尊严。即使是骑着牦牛去牧场处理矛盾纠纷,国徽、法袍也是随身必带的。

"法庭绝不是喝茶聊天的'巴扎'(巴扎,意为集市)!"作为一名资深法官,王世龙认为非常有必要用严谨形式来体现法律尊严。

历经两次搬迁,王世龙和同事们走进了现今这座四层高、建筑面积4100多平方米的现代化办公楼。诉讼服务中心窗明几净,4间法庭全部适配"云上开庭"、隔空办案,其中一间约400平方米的大法庭用于审理重要案件。

"法庭变大,主要是满足人民群众不断增加的司法需求。"王世龙分析,"刚工作那几年,我们邀请人来旁听,人们的积极性都不太高;但现在,时常有人主动问法院'能不能来旁听'。"

更明显的变化体现在案件的数量上。20世纪90年代,塔县人民法院全年处理案件仅二三十起,直到2014年前后,每年平均约120起;而在2022年,达到900多起。案件所涉及的内容,再也不局限于家长里短、牧场牛羊纠纷,而是扩大到更宽广的社会经济领域,比如建筑工程、租赁合同、旅游服务等。

"这些现象再正常不过,都是发展中的问题。"王世龙说,正因为塔县经济社会向前迈步,人口流动日益频繁,社会联系增多,才会导致相应的矛盾纠纷。面对生产生活中的问题,"有事儿找法院"成了更多人的第一选择。

"前些年,涉及家庭纠纷,人们碍于情面,轻易不来法院。但前几天,我们刚调解好一起70岁老人离婚的案件。"面对这样的情况,王世龙和同事们援引婚姻法有关法条,综合考虑老人赡养、亲属关系、矛盾由来等实际因素,酌情劝和调解成功。

与人们法治意识提升相匹配的,是基层法治力量不断充实。移动网络普及后,"云上法庭"减轻了百姓的诉累,与此同时,塔县人民法院融合乡镇、司法所、派出所等部门,实现解纷资源集成,推进诉源治理,努力在村、乡一级化解矛盾纠纷,方便服务群众。

羊吃了别家的草并不是小事

买布甫沙·巴巴汗2008年从新疆大学法律专业毕业时,憧憬过各种关于法院工作"高大上"的场景。当他来到塔县人民法院开始职业生涯时,碰到的开庭现场,却完全出乎意料。

有一次,为了处理牦牛所有权的纠纷,买布甫沙跟着前辈,先是驱车3个小时行驶到大路的尽头,然后又耗费5个小时沿着羊肠小道步行,最终在天黑前抵达马尔洋乡努什墩村最偏远的村民小组。

开庭已是第二天上午。买布甫沙和同事们早早将国徽悬挂在村头空地的石墙上,地上摆好审判员、书记员、原告被告等名牌,法院工作人员和当事双方或蹲着,或席地而坐。

这就是在塔县最为常见的"巡回审判"场景。

"这样的'法庭'超出想象,审理的内容在书本上从未见过。"买布甫沙回忆,"但这些就是最真实的牧民生活,对他们来说,牦牛是最重要的生产资料,比天大。"

经现场村民作证、法官查看牙口和特殊标记,能确认牦牛确实归属原告。但因牦牛散养走失,误入被告的高山草场,且时间有两年之久。法官判定走失牦牛归还原告,同时原告向被告支付2000元,补偿被告辛苦看护及牦牛两年所食牧草的费用。

"老法官们能结合生活经验、村民实际情况,更好地规范行使自由裁量权。"刚入职时做书记员的经历给买布甫沙留下极为深刻的印象。作为帕米尔高原本地人,买布甫沙通晓当地语言、民俗文化,因而经常跟着前辈法官到村民身边参加巡回审判。

以前,因为山高路远的客观现实,再加上道路状况差、缺乏交通工具,塔县人民法院只能因地制宜,骑着牦牛进行"巡回审判"。时光荏苒,如今的塔县公路早已实现村村通,全县机动车保有量接近户均一台,但法院工作人员却依旧没有完全放弃这一传统。

法官们告诉记者,在当地,有些案件唯有去现场才能定分止争。比如,牧民的草场划分仅靠坐标点位,并没有精确分界线,一旦发生草场或牲畜纠纷,办案人员必须实地踏勘走访,才能弄清来龙去脉;碰上家庭婚姻矛盾,只有走到亲属邻里之间,才可以彻底摸清事情原委,做出兼具法理和情理的判断。

"最重要的还是为民服务的'能动司法'理念。我们主动去现场,牧民心里就感动,巡回审判、下乡办案,大概98%都能调解成功。"从一名书记员成长为现在的执行法官,买布甫沙坦言基层司法实践是不可或缺的职业历练。

不过,农牧民财产纠纷、家庭矛盾现在只是买布甫沙和同事们工作内容中极少一部分。更多因市场经济发展产生的案件占据了他们绝大部分时间。法律标的范围早已超出熟人关系范畴,跨越了帕米尔高原的崇山峻岭。

据塔县文旅局统计,近三年,当地的餐饮店、酒店宾馆、民宿牧家乐等数量急剧增长。

在法院的办公楼内,挂着来自湖南、四川等地的锦旗。正是得益于网络智慧法庭的建设,才使得这些跨越万水千山的矛盾纠纷能得到及时化解。如果没有网络智慧法庭,类似案件很难及时有效处理,即使能处理,诉讼成本也会增加不少。

买布甫沙感慨,骑着牦牛"巡回审判"传递法治的温度,也是一种精神;网络智慧法庭是新时代科技的产物,适应社会发展进步,提升法治效率。而在西陲帕米尔高原,基层法院则需要更好地结合温度与效率,实实在在"走好最后一公里",用法治护航冰山上的民生和经济发展。

这些事情总要有人来审理调解

在塔县人民法院一楼,有间约 40 平方米的荣誉室。这里是法院工作者心中的"精神高地"。

手工木质国徽、不同年代的打字机和影像采集设备、警用装备、扩音器等展陈物件,直观反映中国法治进程。一件件从四面八方汇集而来的锦旗和牌匾,无声讲述着属于帕米尔高原上法律工作者的荣光。

塔县人民法院有个传统,不管是新人入职还是"老兵"教育,大家总会去荣誉室看看。时间往往选定在建党节、国家宪法日和其他重要活动节点。每年两次的公众开放日,这里会迎来社会各界人士,成为人们透过法治窗口了解塔县发展进步的特殊平台。

"这是一种传承。下一辈人再来看这些,会发现不同的历史意义。"33 岁的青年法官郑娇说,"第一次看的时候,觉得进入法院工作,是件很荣耀的事情。"如今,来自距离塔县约 1000 公里外的她已在高原工作 9 年,这份当初的"荣耀"慢慢转化为内心"需要传承的责任"。

塔县干部群众中有几句流传度颇高的话——"艰苦不怕吃苦,缺氧不缺精神,海拔高工作标准要更高。"这种乐观精神的背后是不为人知的艰辛。

对从外地来到塔县工作的人来说,除了要适应平均海拔 4000 多米的严酷自然环境,克服相对欠发达的社会经济困难,更要融入地域牧区文化,忍受无法及时照顾家庭的精神困扰。近年来,塔县人民法院采取多种措施招录和培养外来青年才俊,但最终扎根下来的依旧不够,时至今日,法院的编制仍有空缺。

"首先就是落实待遇保障政策、倾斜资源培养后备人才,还要营造积极向上的干事创业文化氛围。"法官王世龙虽年届退休,仍然忙碌在"传帮带"的一线,"很多外地人来参观,会无意间问到'你们为啥在这里工作',我们决不能搞成'没本事的人才留在这里'的局面。"

青年法官郑娇入职塔县人民法院后,经过书记员、法官助理、法官等多个角色历练,现在已是立案庭副庭长。这样的成长机遇在其他平原地区的县市基层法院并不多见。不可否认的是,当今社会多元化的价值选择、同辈人之间的发展差异、现实琐碎与理想间无法弥补的落差,也会影响青年人心态。

"人需要一种精神。毕业时,有人考法院,也有人当律师。既然选择到这里工作,必须学会适应,然后结合工作和生活实际,寻求精神支撑。"郑娇的成长心路务实又充满情怀。

从初出茅庐面对当事人时会产生情绪波动,到现在能老练地处理各种棘手问题,以郑娇为代表的塔县人民法院青年法官群体在实践中成长,在老一辈的"手把手"教学中传承。

郑娇说,塔县人民法院作为基层法院,特别轰动的大案要案很少,自己负责的立案庭直面各族群众,经手的每一个案子都事关当事人的家庭、生计,必须以法律为准绳,学会结合当事人的情绪和实际难题,以达到实质性化解的目标去办理。

"有时候委屈了,迷茫了,我会到荣誉室去看看,静一静。"郑娇吐露心声,这是她寻求精神支撑的良药。

"法院在这里,这些案子和矛盾纠纷,总要有人来审理调解!"几天的采访里,这是塔县人民法院不同岗位的工作人员向记者说的最多的话。放眼"一县邻三国"的整个塔县,还有更多这样默默无闻的人,正是他们的接续奋斗,才使得帕米尔高原成为新疆"爱国戍边"的精神高地。

专题4　坚持全面推进依法治国

思考讨论

1. 塔县人民法院的变迁展示了法治如何在偏远地区逐步落地生根,这一进程反映了法治的普及和现代化在不同地区的重要性。在地理和经济条件较为不利的地区,法治的落实对维护社会公平正义为什么具有重要性?国家如何通过技术手段和政策支持,确保法治在全社会的均衡发展?

2. 塔县法院在处理草场纠纷时,法官们结合当地的实际情况和民俗文化,灵活运用了法律,这一做法体现了法律的弹性与文化适应性。在多民族、多文化背景下,如何实现法律的公平公正,同时尊重和融合地方文化,使法治既有普遍适用性,又具有地方特色?

3. 塔县法院工作人员尤其是年轻法官在面对艰苦的工作环境时,展现了极强的使命感和责任心,然而他们也面临着个人成长与职业理想之间的挑战。基层法治工作者如何在现实条件下保持职业理想? 如何在艰苦环境中找到内在的动力,继续为法治建设贡献力量?

教学建议

本案例主要适用于"坚持全面依法治国"部分的辅助教学,可以帮助学生了解法治在边远地区的深入落实的具体情况。塔县人民法院通过从传统的牦牛背上的巡回审判到现代化网络智慧法庭的转变,展示了基层法治的巨大进步,这一过程不仅方便了偏远地区群众的诉讼需求,也反映了法治在边远地区的深入和落实,是中国法治现代化的缩影。

1. 法治在偏远地区的重要性及其所面临的挑战

可以引导学生讨论法治在偏远地区的实际作用与重要性,特别是在像塔县这样地理环境恶劣、交通不便的地方,法治如何能够真正实现"让人民群众在每一个司法案件中感受到公平正义"。学生可以探讨网络智慧法庭的推广对偏远地区司法的意义,以及面对自然和社会条件的限制,如何克服这些挑战来保障法治的实施。

2. 传统司法与现代科技的结合

可以通过塔县人民法院从牦牛背上的巡回审判到网络智慧法庭的转变,引导学生思考传统司法方式和现代科技手段的结合如何提升司法效率与公平性。学生可以探讨在司法工作中,如何平衡技术的使用与法律的尊严,以及如何让科技更好地服务于基层法治实践,保障司法公正与便民服务。

3. 基层法治工作者的使命感与责任感

可以通过塔县人民法院法官们的工作经历,引导学生思考在艰苦环境中工作的人们如何保持强烈的使命感与责任感。可以让学生讨论在现代社会中,如何理解和践行这种奉献精神,以及如何在面对现实的困难与挑战时,坚持理想,履行社会职责。这一讨论有助于学生建立对公共服务和社会责任的深刻认识,激发他们未来为社会做贡献的动力。

案例 7

"全国法治人物"倪伯苍——深耕民间调解十载成"法律明白人"[①]

核心阅读

在江苏启东市海复镇庙基村,倪伯苍的名字可以说家喻户晓。他擅长用法律调解各类矛盾纠纷,无论村民有怎样的烦恼,他都会帮助大家解开心结,被亲切地称为"倪家伯"。在群众心中,他的家庭普法站就是身边的"解忧杂货铺"。十余年来,几十本近百万字的民情日记,记录着他服务村民的点点滴滴,也见证着法治清风吹进乡间田野。

2024年2月10日13点50分,《法治日报》记者在江苏省启东市海复镇庙基村见到了正月里还在忙碌的倪伯苍,他正要前往当事人顾某家中进行调解。2021年12月4日,曾经名不见经传的启东市海复镇庙基村第一网格网格员倪伯苍获评司法部、全国普法办等授予的"2021年度全国法治人物",让这位长期扎根在基层默默无闻服务群众的古稀老人声名鹊起。今年1月,他又在7000万网民的投票中脱颖而出,当选"2021年度全国平安卫士",成为一位"凡人英雄"。

---

① 丁国锋,罗莎莎.深耕民间调解十载成"法律明白人"——记江苏启东市"全国法治人物"倪伯苍[N].法治日报,2022-03-15(11).

是什么力量让一位老人乐此不疲奔波在基层一线？本文根据记者的探访进行陈述。①

10 年 39 本"民情日记"

沿着庙基一路路口向前走上几百米，就能看见庙基村网格活动中心，对面就是倪伯苍的家。头戴一顶印有"法律明白人"的鸭舌帽，身穿一件半旧不新的皮衣，个头不高的倪伯苍，声音却很洪亮。"要去村里顾某家里，他家里有个老父亲，之前因赡养费与儿女产生纠纷，最近又有点儿摩擦。"倪伯苍在还有些泥泞的乡道上边走边说，不一会儿就来到了顾某家中。

"小东（顾某小名），来来，先跟你说说。"刚走进顾某家中，倪伯苍就拉着他坐下，浓重的乡音在记者听来有点儿陌生，却是顾某听起来最亲切的话语。

几分钟后，倪伯苍来到正在晒太阳的顾老伯身旁，拉着手趴在他耳边说话。"小东和他娘子（当地方言，意为妻子——编者注）都不容易，小东娘子去年还做了手术，您要体谅他们，给他们一点儿时间缓缓。"

此前，顾某父亲与子女因赡养费问题产生纠纷，在倪伯苍的调和下达成一致。因受到疫情影响，顾某无法外出务工，以打零工为生，收入不稳定，遂与父亲在赡养费给付时间上产生分歧。在倪伯苍前后几次劝说下，顾老伯表示愿意听倪伯苍的，再给儿子点儿时间。

1948 年出生的倪伯苍，高中学历，今年已经 74 岁了。年轻时候曾在外闯荡，回乡养老后在乡间讲话做事公道正派，又是一名老党员，周围群众一直对他颇为敬重，他于 2008 年开始从事调解工作。

2012 年，倪伯苍被海复镇综治委聘为庙基村社区联络员、社区矛盾调解员。2017 年 12 月，因为能力出色，他的个人调解室被启东市社会调解服务中心授予首批金牌调解室，还曾获评"全国模范人民调解员"。后来他又成为一名网格员。他所在的庙基村第一网格是镇郊接合部，有学校、银行及 8 个村民组，还是附近村镇的赶集点，人员流动性大，区域内治安环境复杂。

"当时，辖区内人员构成复杂，且大部分人对于法律知之甚少。我在 1976 年就入党了，作为一名老党员，组织上交给我这个任务，我就得想办法

---

① 该案例写于 2022 年，为求表述准确，文中尽量保留相关论述。

干下去,还得干好。"倪伯苍是这么说的,也是这么做的。

自那之后,5点不到就起床,干完自家的农活,吃完早饭就上岗巡查安全隐患、收集民情民意、解决矛盾纠纷……倪伯苍的身影每天都会出现在乡间小路、田间地头。到了晚上,他会坐在书桌前,一笔一画记下当日的走访情况,将发现的问题以及解决的方法等一一记录下来,10年来已累计手写了39本"民情日记"。

翻开其中一本"民情日记",密密麻麻且端正的字迹里有调解案例、村民需求、活动策划等,还有涉及诸多时事政策和法律法规的"学习笔记"。"好记性不如烂笔头,将经验做法记下来,以后遇到类似情况可以作为参考,而为老百姓办事就得有据可依、有案可循。"倪伯苍说。

学法普法"领头人"

多年在网格中走访的经历,让倪伯苍越来越意识到——很多村民产生矛盾的症结,在于处理问题方法欠妥和法律意识淡薄,这恰恰显露出法治乡村建设的迫切性。

"首先要让群众知道法律是什么、能做什么,这就得做好法治宣传。"为此,倪伯苍自费改造了自家的平房,建成"家庭普法站",除了自己研究学习之外,还供村民借阅。同时,利用废旧材料在自家屋前的小场地上建起了平安法治护航站,定期展示最新政策法律,帮助村民获取更多法律资讯,提高学法用法能力。

村民小组会时、村民们跳广场舞时、学校做课间操时……都能看到倪伯苍带领网格员们进行法治宣传的身影。

在他的带动下,庙基村第一网格将法治宣传与农民活动紧密结合,自发组建了一支集应急救援、文艺活动、普法宣传、巡防联防、关注民生为一体的网格综合性团队,自编教材十余套,成为启东首批农民平安法治学校巡讲点,仅2021年就在海复镇17个村和周边乡镇开展了30余次宣讲活动。

在经年累月的工作中,倪伯苍渐渐发现群众的法治意识在不断提升,对法律的需求也在增加。为此,只要有新案例、新政策、新法规,倪伯苍总是第一时间关注学习,并在消化后用在法治宣传和纠纷化解中。

"过去调解时,用的就是'吹胡子瞪眼'的方法,现在得依法,还得法情理结合。"倪伯苍告诉记者,农村各种各样鸡毛蒜皮的小事都可能成为矛盾产生的导火索。

为了从源头上预防和减少矛盾纠纷的发生,倪伯苍在村委会的支持下,把家中一间闲置小屋改造成网格活动中心,与网格中有威望的乡贤们创建了网格邻里议事会,定期请村民们来唠唠嗑,从中收集社情民意,第一时间解决群众身边的小问题、小事件、小烦恼。

传帮带共建法治乡村

记者在与倪伯苍的交谈中发现,日常普法、调解纠纷涉及的政策法律,他都如数家珍。正是长年的积累,让他从一名兼职社情民意收集员变成调解矛盾纠纷的行家里手。

在倪伯苍的召集下,村民组长、热心群众组成志愿者队伍,帮助孤寡老人代办事项、收集社情民意、开展守望互助等,形成"五分钟志愿服务圈";他在家中设立了"家长学吧",定期邀请优秀教师讲学和开展法治宣讲等活动,为学校和家长架起沟通的桥梁。"以前村里发生矛盾,大家都看热闹,现在在老倪的带领下,大家都非常愿意出力,有什么困难互相帮助。"庙基村25组组长徐成岳说。

2020年以来,启东市委政法委、司法局组织开展"法律明白人"队伍梯队建设,启动"青蓝工程",通过推选一批"青蓝导师"帮带一批年轻同志,激发年轻同志自我提升的内生动力,提升法律素养和解决基层矛盾纠纷能力,而倪伯苍就是其中一名"导师"。

与倪伯苍结对成为"师徒"的是2021年8月调到庙基村任网格长的村综治专干彭丽丽。之前,彭丽丽在邻村担任网格长时,就和倪老伯一起处理过村民纠纷。"调到庙基村后直接'跟班学习'了,倪老伯虽然年纪大了,仍一心扑在工作上,还随叫随到,村里的人也都服他,我从他身上学到很多技巧和心得。"面对记者,彭丽丽述说时好几次红了眼眶。

村民们如今常能看到,彭丽丽骑着电动车载着倪伯苍下网格走访。短短一年多,师徒二人就已合作处置了20余起矛盾纠纷。"说不辛苦是假的,毕竟年岁大了。希望年轻一代能完全接下我的班,为家乡的法治建设略尽绵薄之力。"倪伯苍说。

据不完全统计,近10年来,倪伯苍累计化解各类社会矛盾纠纷一千多起,成为当地老百姓最信赖的人,被亲切地称为"倪家伯(当地方言,表示像老百姓自家的长辈一般——编者注）"。如今,家喻户晓的倪伯苍所探索出的"一队一站一会"网格化服务管理模式、建立起的"五分钟"志愿服务圈模式等,以及他利用自家院落建立起的"家庭普法站",像一颗螺丝钉一样扎根基层服务群众的模式,在南通大地正得到越来越多关注,得到更多复制和推广。

思考讨论

1. 结合倪伯苍的事迹,探讨如何在资源有限、法律意识薄弱的基层社会中,有效推进法治建设。根据基层法治工作的特点、挑战以及解决方法,探讨如何利用有限的资源最大化提升群众的法治意识和法律素养。

2. 以倪伯苍的调解经验为例,探讨基层调解员在维护社会稳定、化解矛盾纠纷中有何重要作用。根据基层调解与法律程序的关系,探讨如何在法治框架内有效开展调解工作,以及调解员如何平衡法理与人情,在化解矛盾时做到公平公正。

3. 结合倪伯苍的"师徒传帮带"模式,探讨如何在现代社会中传承和创新基层法治工作,如何激励年轻一代参与基层法治工作,如何将传统经验与现代技术相结合,以及如何通过创新手段提高基层法治工作的效率和影响力。

教学建议

本案例主要适用于"坚持全面依法治国"部分的辅助教学,可以帮助学生了解倪伯苍这一"全国法治人物"在推进法治中国建设进程中的经验与贡献,十余年中,他通过调解民间矛盾、普法宣传,帮助村民解决各类问题,成为当地公认的"法律明白人",他记录了近百万字的民情日记,并通过建立家庭普法站和志愿者队伍,推进法治乡村建设。

1. 探讨基层法治工作的挑战与意义

可以通过倪伯苍的事迹,引导学生思考基层法治工作的现实挑战和重要意义。学生可以讨论在资源有限的农村地区如何有效推广法治观念,以及调解员在化解社会矛盾中的关键作用。鼓励学生思考如何在新时代背景下推进乡村法治建设,特别是如何平衡法律与人情的关系。

2. 培养青年一代的社会责任感

倪伯苍在基层默默奉献的精神值得当代青年学习。通过课堂讨论,激发学生的社会责任感,让他们认识到在平凡岗位上同样可以做出不平凡的贡献。教师可以引导学生思考,如何在日常生活中践行法治精神,如何在未来的职业生涯中为社会和谐作出贡献。

3. 传承与创新基层调解经验

可以探讨倪伯苍的调解经验以及"传帮带"模式,鼓励学生思考如何在现代社会中传承和创新这一传统模式。可以组织学生模拟调解案例,增强他们对法律知识的理解和应用能力。通过讨论,学生还可以探讨如何运用新技术,如信息化手段,提升基层法治工作的效率和覆盖面。

专题 5

坚持全面从严治党

专题导读

办好中国的事情,关键在党,关键在全面从严治党。全面从严治党是党的十八大以来党中央作出的重大战略部署,是"四个全面"战略布局的重要组成部分,其基础在全面,关键在严,要害在治。"全面"就是管全党、治全党,面向 9918 多万党员、517 多万个党组织(截至 2023 年年底),覆盖党的建设各个领域、各个方面、各个部门,重点是抓住领导干部这个"关键少数"。"严"就是真管真严、敢管敢严、长管长严。"治"就是从党中央到省市县党委,从中央部委、国家机关部门党组(党委)到基层党支部,都要肩负起主体责任,党委书记要把抓好党建当作分内之事、必须担当的责任;各级纪委要担负起监督责任,敢于瞪眼黑脸,敢于执纪问责。

20 世纪 80 年代末,习近平同志赴任宁德之初,立即着手整治群众反映强烈的"马路边的腐败"。当时有人认为,相对于宁德的贫困,应该首抓经济发展,而非一上来就刹风,挫伤了大家的积极性。对此,习近平同志明确指出:"我们的目标是既要发展经济,又要廉洁的政府、清明的政风。"党的十八大以来,我们党把全面从严治党作为新时代党的建设的鲜明主题,提出一系列创新理念,实施一系列变革实践,健全一系列制度规范,推动新时代党的建设新的伟大工程不断深化发展,初步构建起全面从严治党体系。2024年6月27日,习近平总书记在主持中共中央政治局第十五次集体学习时发表重要讲话,从健全组织体系、教育体系、监管体系、制度体系、责任体系五方面,对进一步健全全面从严治党体系作出部署。党的二十届三中全会审议通过的《中共中央关于进一步全面深化改革、推进中国式现代化的决定》,强调要健全全面从严治党体系,切实改进作风,克服形式主义、官僚主义顽疾,持续为基层减负,深入推进党风廉政建设和反腐败斗争,扎实做好巡视工作。回望来路,我们党"推动新时代全面从严治党取得了历史性、开创性成就,产生了全方位、深层次影响",成绩来之不易,经验弥足珍贵。进一步全面深化改革、推进中国式现代化,必须深化党的建设制度改革,健全全面从严治党体系。"二次创业"再出发,我们要深化党的建设制度改革,健全全面从严治党体系,用改革精神和从严的标准管党治党,为进一步全面深化改革、推进中国式现代化提供了坚强政治保证。

案例 1

全面从严治党专题片凸显政治意义警示意义宣传意义[①]

核心阅读

党的十八大以来,以习近平同志为核心的党中央,把全面从严治党纳入"四个全面"战略布局,以前所未有的勇气和定力推进党风廉政建设和反腐败斗争,刹住了一些多年未刹住的歪风邪气,解决了许多长期没有解决的顽瘴痼疾,清除了党、国家、军队内部存在的严重隐患,管党治党宽松软状况得到根本扭转,探索出依靠党的自我革命跳出历史周期率的成功路径。《作风建设永远在路上》(2014)、《永远在路上》(2016)、《打铁还需自身硬》(2017)、《巡视利剑》(2017)、《红色通缉》(2019)、《国家监察》(2020)、《正风反腐就在身边》(2021)、《零容忍》(2022)、《永远吹冲锋号》(2023)、《持续发力 纵深推进》(2024),十部"反腐大片",正风肃纪反腐"影像册",是新时代全面从严治党不断向纵深推进的忠实记录,凸显重大的政治意义、警示意义和宣传意义。

[①] 丽娃清风. 十八大以来全面从严治党系列电视专题片合集[EB/OL]. (2024–06–18)[2024–12–10]. https://mp.weixin.qq.com/s/w_1WXdAz3cxD0CJgMAouWw.

近年来热播的一部部电视专题片,正是新时代全面从严治党向纵深推进的忠实记录。透过专题片,人们能感受到在不同阶段,党风廉政建设和反腐败工作的新情况、新特点、新要求,全面从严治党实践不断向纵深发展的脉络被勾勒呈现。专题片也传递出反腐败力度不减、节奏不变,震慑效应越来越强的清晰信号。

《作风建设永远在路上》(2014)

中央纪委宣传部与中央电视台联合制作的四集电视专题片《作风建设永远在路上——落实八项规定精神正风肃纪实》,以大量翔实的第一手材料,展现了中央坚决整肃"四风",推进作风建设的坚定决心,展现了各级纪检监察机关落实中央决策部署,严格监督执纪的坚决行动,展现了中央八项规定实施以来党风政风改进、社风民风转变的重大成果。

这部专题片共4集,分别是《承诺与期盼》《正风肃纪》《狠抓节点》《党风正 民风淳》。该片对话违纪人员,感受他们的反思痛悟;倾听专家学者,洞察作风之变后的深层律动。近百位受访者中,还有腐败分子身边人、会所服务员、举报人、暗访记者和纪检监察干部、普通群众等,不同观点,多元视角,为您全景式呈现"作风建设在路上"不平凡的历程。

《永远在路上》(2016)

由中央纪委宣传部、中央电视台联合制作的八集大型电视专题片《永远在路上》于2016年10月17日至10月25日在中央电视台播出。应地方纪检监察机关及相关部门的要求,经中央纪委宣传部统一安排,中国方正出版社出版发行该电视专题片光盘,供广大党员干部深入学习使用。

专题片反映了党的十八大以来,以习近平同志为总书记的党中央把全面从严治党提升到"四个全面"战略布局高度,正风肃纪,锲而不舍纠"四风",赢得党心民心;反腐惩恶,整治群众身边的腐败问题,厚植党执政的政治基础,着力构建不敢腐、不能腐、不想腐的体制机制,使不敢腐的震慑作用得到发挥,不能腐、不想腐的效应初步显现,反腐败斗争压倒性态势正在形成。

专题片共8集,分别是《人心向背》《以上率下》《踏石留印》《利剑出鞘》《把纪律挺在前面》《拍蝇惩贪》《天网追逃》《标本兼治》。专题片摄制组先后赴22个省(区、市),拍摄40多个典型案例,采访70余位国内外专家学者、纪检干部,采访苏荣、周本顺、李春城等10余位因严重违纪违法而落马的省部级以上官员,剖析了一些典型案例,讲述了一些鲜活的监督执纪故事,具有很强的警示和教育意义,是各级党组织开展党风廉政教育的难得教材。

《打铁还需自身硬》(2017)

《打铁还需自身硬》是由中央纪委宣传部、中央电视台联合制作的反腐电视专题片。影片反映了党的十八大以来,纪检监察机关认真贯彻习近平总书记的指示要求,全面从严治党把自己摆进去,加强自身建设、完善内控机制,坚决清理门户,严防"灯下黑",努力打造一支忠诚干净担当的纪检监察队伍,体现"打铁自身硬、永远在路上"的清醒和韧劲,回应党内关切和人民群众期盼。专题片共3篇,分别是上篇《信任不能代替监督》,中篇《严防"灯下黑"》,下篇《以担当诠释忠诚》。

《巡视利剑》(2017)

党的十八大以来,以习近平同志为核心的党中央从党肩负的历史使命出发,把全面从严治党摆上战略布局,把巡视工作提到前所未有的新高度。巡视,成为党之利器、国之利器。中央纪委宣传部和中央电视台联手,制作全面从严治党大型纪实纪录片《巡视利剑》,全片共4集,分别是《利剑高悬》《政治巡视》《震慑常在》《巡视全覆盖》。

《巡视利剑》反映了党的十八大以来,以习近平同志为核心的党中央把全面从严治党纳入"四个全面"战略布局,把巡视作为党内监督的战略性制度安排,坚持党内监督和群众监督相结合,赋予巡视制度新的活力,有效破解自我监督的难题,探索出一条自我净化、自我完善、自我革新、自我提高的有效途径。

《红色通缉》(2019)

中央纪委国家监委宣传部联合中央广播电视总台,摄制了反映反腐败国际追逃追赃工作的五集纪实专题片《红色通缉》,专题片展现了国际追逃追赃工作取得的显著成效,彰显了党中央"不管腐败分子逃到哪里,都要缉拿归案、绳之以法"的坚定决心和鲜明态度。

《红色通缉》选取"百名红通人员"杨秀珠、乔建军、许超凡等15个案例,采访了有关国家外交部长、警察总监与国际组织官员等30余人,讲述了国际追逃追赃背后鲜为人知的故事,彰显了党中央"不管腐败分子逃到哪里,都要缉拿归案、绳之以法"的坚定决心和鲜明态度。显示着全面从严治党永远在路上、反腐败斗争永远在路上的决心。

《国家监察》(2020)

中央纪委国家监委宣传部联合中央广播电视总台摄制了反映纪检监察体制改革成效的五集纪实专题片《国家监察》。深化国家监察体制改革是健全党和国家监督体系的重要组成部分,是推进国家治理体系和治理能力现代化的一项重要改革。专题片全景展现了以习近平同志为核心的党中央以自我革命的勇气,谋划、领导、推动纪检监察体制改革,健全党统一领导、全面覆盖、权威高效的监督体系,探索走出一条党长期执政条件下强化自我监督有效途径的生动实践和显著成效。

专题片共5集,分别是《擘画蓝图》《全面监督》《聚焦脱贫》《护航民生》《打造铁军》,选取20余个近两年来发生的真实事例、案例,赴天津、湖南、四川、吉林等20多个省(自治区、直辖市)和中央纪委国家监委7家派驻纪检监察组实地拍摄,采访纪检监察干部、有关被调查人及涉案人员、群众330余人,生动讲述坚持和完善党和国家监督体系、强化对权力运行的制约和监督、巩固和发展反腐败斗争压倒性胜利的故事。

《正风反腐就在身边》(2021)

《正风反腐就在身边》是中央纪委国家监委宣传部、中央广播电视总台联合制作的以反腐败为主题的电视专题片。该专题片共4集,分别是《政治监督》《守护民生》《坚守铁规》《严正家风》。该片展现了在以习近平同志为核心的中共中央坚强领导下,纪检监察机关聚焦"两个维护",紧紧围绕中共中央决策部署贯彻落实情况强化政治监督,锲而不舍督促落实中央八项规定精神,持续纠治形式主义、官僚主义,坚持以人民为中心的发展思想,着力整治群众身边腐败和不正之风,一体推进不敢腐、不能腐、不想腐体制机制,让中国人民在全面从严治党中感受到公平正义,以正风肃纪反腐凝聚党心、军心、民心,为决胜全面建成小康社会、决战脱贫攻坚提供坚强保证。

《零容忍》(2022)

中央纪委国家监委宣传部与中央广播电视总台联合摄制五集电视专题片《零容忍》,展现了以习近平同志为核心的党中央把握和运用党的百年奋斗历史经验,坚持自我革命,坚持全面从严治党战略方针,一刻不停推进党风廉政建设和反腐败斗争,系统施治、标本兼治,不断实现一体推进不敢腐、不能腐、不想腐战略目标,全面从严治党的政治引领和政治保障作用充分发挥。专题片共 5 集,分别是《不负十四亿》《打虎拍蝇》《惩前毖后》《系统施治》《永远在路上》,共选取 16 个案例,采访纪检监察干部、有关审查调查对象及涉案人员、干部群众 140 多人,生动讲述全面从严治党、推进反腐败斗争的故事。

《永远吹冲锋号》(2023)

《永远吹冲锋号》是党的二十大后首部反腐电视专题片,生动讲述新的历史条件下,中国共产党持之以恒推进全面从严治党,以党的自我革命引领社会革命的故事。一经播出,吸引广大党员干部群众收听收看,反响热烈。

习近平总书记在党的二十大报告中强调,只要存在腐败问题产生的土壤和条件,反腐败斗争就一刻不能停,必须永远吹冲锋号;习近平总书记在二十届中央纪委第二次全体会议上发表的重要讲话中强调,要站在事关党长期执政、国家长治久安、人民幸福安康的高度,把全面从严治党作为党的长期战略、永恒课题,始终坚持问题导向,保持战略定力,发扬彻底的自我革命精神,永远吹冲锋号,把严的基调、严的措施、严的氛围长期坚持下去,把党的伟大自我革命进行到底。

《持续发力 纵深推进》(2024)

为学习贯彻党的二十大精神,落实二十届中央纪委二次全会部署,由中央纪委国家监委宣传部与中央广播电视总台联合摄制的电视专题片《持续发力 纵深推进》。专题片突出反映了党的二十大以来,中央纪委国家监委坚持以习近平新时代中国特色社会主义思想统领纪检监察一切工作,深入贯彻落实党的二十大精神和二十届中央纪委二次全会部署,持续强化政治监督,以严的基调正风肃纪,全面加强党的纪律建设,纵深推进反腐败斗争,推动完善党和国家监督体系,有力推动新征程纪检监察工作高质量发展取得新进展新成效。

专题片共4集,分别是《解决独有难题》《政治监督保障》《强化正风肃纪》《一体推进"三不腐"》,选取12个案例,采访纪检监察干部、有关审查调查对象及涉案人员、干部群众170余人,采用案例纪实、夹叙夹议、剖析点评等方式,生动讲述以习近平同志为核心的党中央时刻保持解决大党独有难题的清醒和坚定,坚持全面从严治党永远在路上、党的自我革命永远在路上,持续发力、纵深推进,一刻不停正风肃纪反腐的故事。

思考讨论

1. 全面从严治党是中国共产党在新时代背景下应对内部和外部挑战的重要战略,为什么党的自我革命对于维护党和国家的长治久安至关重要?在当前的国际和国内环境下,全面从严治党如何体现了党的先进性和纯洁性?结合实际案例,探讨如何将这种精神延续到未来的党风廉政建设中。

2. 反腐败斗争不仅是整治贪污腐败行为的重要措施,也是优化政治生态、赢得民心的重要手段,在新时代反腐败斗争中,如何有效发挥"不敢腐、不能腐、不想腐"体制机制的作用?从专题片中的典型案例出发,可知反腐败斗争对国家治理现代化具有重要促进作用,如何进一步巩固和深化反腐败成果?

3. 党的监督机制是确保全面从严治党落实的重要保障,党的巡视制度、纪检监察体制改革等监督机制在反腐败斗争中的作用有哪些?结合《巡视利剑》《国家监察》等专题片,探讨新时代党的监督机制如何创新与实践,并思考如何在强化党内监督的同时,促进党内民主和人民监督的有机结合。

教学建议

本案例主要适用于"坚持全面从严治党"部分的辅助教学,可以帮助学生了解党的十八大以来,以习近平同志为核心的党中央在推进全面从严治党、党风廉政建设和反腐败斗争方面的决心与成就。通过多角度的真实案例和深刻剖析,这些专题片体现了全面从严治党的政治意义、警示意义和宣传意义,展示了党在自我革命过程中不断深化反腐败的战略实践和制度创新。

1. 加强对党的自我革命精神的理解与认同

可以通过这些专题片,让学生深入了解党在新时代推进全面从严治党和自我革命的重要性。教师可以引导学生思考为什么自我革命对于党的长远发展至关重要,如何通过自我革命实现党的纯洁性和先进性。通过讨论和案例分析,帮助学生深刻理解党的自我革命精神与党的初心使命的内在联系。

2. 分析反腐败斗争的必要性和成效

可以组织学生观看和分析这些反腐败专题片中的典型案例,探讨反腐败斗争在维护党和国家长治久安中的关键作用。通过分组讨论或辩论,学生可以就如何进一步巩固反腐败成果,完善"不敢腐、不能腐、不想腐"的长效机制发表见解,并思考如何在实际生活中践行廉洁自律的原则。

3. 探讨新时代党的监督机制与社会治理

可以通过《巡视利剑》《国家监察》等专题片,引导学生理解党的监督机制在新时代的创新与实践。通过课堂讨论或小组研究,引导学生探讨这些监督机制如何有效应对党内外各种挑战,以及它们对国家治理现代化有何推动作用。此外,可以进一步引导学生思考如何将党的监督机制与社会治理相结合,推动全面从严治党向基层延伸。

案例2

"啄木鸟"行动——江苏常州市"啄"出党建业务融合发展新路径[①]

 **核心阅读**

江苏常州市的"啄木鸟"行动是一项旨在提升党员干部能力、优化服务群众、促进党务业务融合发展的专项行动。该行动通过"实践—认识—再实践—再认识"的过程,收集反馈基层一线、办事窗口、监督执法、项目推进、创新攻坚等各方面的情况和问题,引导和督促广大党员干部坚定理想信念,增强干事本领,做好廉洁自律、履职尽责、勤政为民的表率。此外,该行动还通过强化监督和调研,聚焦优化作风建设,确保精准服务、监督管控、问题整改的全面覆盖,以解决群众"急难愁盼"问题,优化营商环境,服务社会经济发展。在实施过程中,"啄木鸟"行动不仅提升了党员干部的能力和素质,还畅通了服务群众的"最后一公里",形成了党务业务融合发展的良好格局。通过这一行动,常州市努力打造一个更加廉洁、高效、服务的政府形象,以实际行动回应群众的需求和期待。

---

① 中共常州市委市级机关工作委员会.江苏常州市:"啄木鸟"行动——"啄"出党建业务融合发展新路径[EB/OL].(2022-08-09)[2024-12-10].http://dangjian.people.com.cn/n1/2022/0809/c441888-32498397.html.

专题 5　坚持全面从严治党

"啄木鸟"行动是常州市在基层党建领域的一项创新举措,是推动党建工作、作风建设和业务工作深度融合的生动实践。"啄木鸟"行动以党的建设为统领,以为民服务为宗旨,以"去疴捉虫"为抓手,以党建业务融合发展为目标,通过开展专题察访、突出重点察访、深化常态察访、落实整改回访等方式,推动各级党组织和广大党员干部进一步增强党性观念,提优作风效能,切实发挥好基层党组织的战斗堡垒作用和党员的先锋模范作用,探索出一条"党建+业务"融合发展的"常州路径"。①

一、背景和动因

习近平总书记指出:"历史和现实都告诉我们,只要毫不动摇坚持和加强党的全面领导,不断增强党的政治领导力、思想引领力、群众组织力、社会号召力,永远保持党同人民群众的血肉联系,我们就一定能够形成强大合力,从容应对各种复杂局面和风险挑战。"深刻阐明了党建工作要坚持人民至上原则,始终把人民摆在最高位置。近年来,常州市坚持以习近平新时代中国特色社会主义思想为指导,着力践行"以人民为中心"的发展理念,在加强党建引领上彰显新担当新作为,深入推进实施"啄木鸟"行动,主要基于以下几个方面考虑:

(一)实施"啄木鸟"行动,是推动党建引领高质量发展的重要载体

党政军民学,东西南北中,党是领导一切的。高质量机关党建内涵丰富,重中之重就是对标经济社会发展大局,高标准、高效率、高质量地推进落实,真正做到以一流党建引领一流发展、以一流发展检验一流党建。"啄木鸟"行动作为创新和加强党的建设的重要载体,坚持总体设计、统筹协调、整体推进的方式,充分发挥党总揽全局、协调各方的领导核心作用,切实推动常州综合实力大幅提升、群众生活持续改善、生态建设空前加强、治理能力不断增强,引领实现更高质量、更有效率、更加公平、更可持续、更为安全的发展。

(二)实施"啄木鸟"行动,是炼就党员干部"金刚不坏身"的重要抓手

"基础不牢,地动山摇",这个"基础"既是党的基层组织,也是每一名党

---

① 该案例写于 2022 年,为求表述准确,文中尽量保留相关论述。

员干部。"啄木鸟"行动通过"实践—认识—再实践—再认识"这一过程,收集反馈基层一线、办事窗口、监督执法、项目推进、创新攻坚等各方面的情况和问题,引导和督促广大党员干部坚定理想信念,健脑补钙壮骨,增强干事本领,做好廉洁自律、履职尽责、勤政为民的表率,以优良党风政风带动和谐社风民风,形成党务业务融合发展的良好格局。

(三)实施"啄木鸟"行动,是畅通服务群众"最后一公里"的重要途径

近年来,在市委、市政府的坚强领导下,在各地各部门的协同攻坚下,在广大人民群众的积极参与下,全市机关工作作风明显改善,政务服务效能明显提升。但对标上级要求,对照企业基层群众期盼,仍存在一些问题和不足。因此,亟须通过"啄木鸟"行动,构建分级分类"察"、深挖深究"问"、入情入理"讲"、真实真诚"晒"、立改立行"做"的"5+N"监督体系,推动刀刃向内、动真碰硬、立行立改,着力提高机关服务发展、服务基层、服务群众的能力,切实增进民生福祉,凝聚高质量发展的"最大公约数"。

二、主要做法

"啄木鸟"行动以围绕中心、建设队伍、服务群众为遵循,通过聘请特邀监督员、察访员等"啄木鸟",实现全面监督、科学监督、民主监督、社会监督,倒逼广大党员干部强党性、优服务、争一流,推动党的建设和业务工作同频共振、两翼齐飞。

(一)紧贴中心大局,高点站位"深度谋"

深入贯彻落实习近平总书记视察江苏重要讲话精神,着眼"争当表率、争做示范、走在前列"使命担当,大力弘扬"勇争一流、耻为二手"常州精神,每年根据全市中心工作、重点任务,确定不同主题筹划落实。2020年以来,先后开展服务"重大项目强化攻坚年"、服务"重大项目攻坚突破年"、服务"全市'532'发展战略"等"啄木鸟"专项行动。通过年度聚焦、主题推进,持续推动基层党组织和党员干部以更大力度践行"三个表率",更高标准建设模范机关,不断开创机关党建工作新局面。

(二)紧实责任链条,组合出击"一体推"

将实施"啄木鸟"行动作为围绕中心、服务大局、育优党员、建强队伍的重要载体。按照"素质好原则强、懂政策善沟通、敢监督会监督"标准,精选

各界人员,配强专业队伍,组织开展专业化、系统化培训,切实提升"啄木鸟"深挖"病灶"、精准"捉虫"的积极性和主动性。依托辖市(区)机关工委,推动成立7个监督点,创新实施"1+N"模式,增设项目攻坚类、民生服务类、营商环境类监督分点25个,拓展延伸监督触角,实现监督"零距离",发挥作风观察"窗口"、群众监督"探头"、能力提升"平台"的重要作用,积极构建问题线索收集反馈机制,切实打通上下联系"快速通道"。

(三)紧盯各界关切,四访并举"重点察"

紧紧围绕党政关注、社会关切、群众关心的热点难点问题,实施专题察访、重点察访、常态察访、整改回访。对市重大项目采取"点对点""一对一"形式,深入走访了解项目推进过程中各级机关部门存在的问题,充分听取意见建议,推动从"重过程"向"重结果"的转变,切实增强广大党员干部党性修养和担当意识。对各辖市(区)、常州经开区察访,创新采取"双循环"的模式,着力排除干扰,确保察访实效。2020年以来,共察访窗口、社区、企业和机关部门等近5000余个,发现问题或征集意见1500多条,为党委政府找准问题症结提供决策参考。

(四)紧扣热点难点,列表销号"扎实改"

将"啄木鸟"行动作为解决问题,提升质效的重要手段。针对察访中发现影响全市"532"发展战略实施、"两湖"创新区建设等方面的重大问题,以及企业和群众关注的税收、环境、教育、医疗等方面的热点问题,第一时间向有关地区和部门反馈,督促列表整改、对表销号。特别是对"老大难"问题,下发专项督办单重点督办,实行一事一报、专题整改,情节严重的严肃追责问责。通过严审整改方案、专题察访督导、跟踪推进落实等方式,解决部分党员干部中存在的党性不强、担当不足、能力不够等问题。督促各级各部门"一把手"履行"第一责任人"职责,开展市级机关部门制定党建提升行动计划和"一把手"服务攻坚项目,把党建工作作为加强干部队伍建设、服务推动高质量发展的重要抓手,助推常州奋力走在社会主义现代化建设前列。

(五)谨防反弹回潮,从严从实"回头看"

对标江苏省委"勇争一流,争创更多第一唯一,成为全省现代化建设走在前列的一面旗帜"的要求,围绕"问题整改全覆盖,监督管控全流程"的目标,认真抓好"啄木鸟"行动"回头看"工作。针对前期整改落实情况,紧盯

"时间表""路线图",精心组织实施,紧抓关键节点,谨防整改"虎头蛇尾",严防问题反弹回潮,推动作风建设各项目标任务落细落小。坚持人民至上原则,注重问需于民、问策于民,探索构建双向反馈机制,上网公示部分涉企涉民典型问题整改措施、整改进度。以开展国家级政务服务管理标准化试点为契机,创新服务方式、简化审批事项、提高办事效率、增强市场主体活力和社会创造力,为企业和群众提供优质、高效、便民的政务服务,全力打造市场化、法治化、国际化营商环境。

(六)紧抓常态长效,建章立制"筑堤坝"

以"啄木鸟"行动为契机,持续完善建章立制,以规章制度的刚性约束,推动机关作风建设向纵深发展。制定出台《常州市机关工作人员作风建设"十带头、十严禁"规定》,推动机关党员干部做到有令必行、有禁必止。制定出台《常州市机关工作人员作风问责办法(试行)》,对贯彻落实市委、市政府重大决策部署不力,工作中庸懒散慢、推诿拖拉等19种符合问责的情形,明确问责程序和问责方式。制定出台《常州市机关首问负责制实施办法(试行)》,明确各级机关部门和机关工作人员首问首办负责内容,以首问负责"小切口"做好作风优化"大文章"。推进实施"三亮四查五评"(三亮即亮岗位身份、亮作风举措、亮监督渠道;四查即对照检查、常态巡查、重点督查、责任追查;五评即现场测评、重点研评、定期讲评、网上民评、年度考评),通过明确六个方面的重点任务和12条具体保障措施,确保作风建设明确"主攻点"、抓住"关键点"、啃下"硬骨头",夯实常州现代化建设的底板支撑。

三、取得的初步成效

近年来,常州市持续深化拓展"啄木鸟"行动,坚持问题导向、需求导向,结合实际不断改革创新,推动党建和业务"两手抓、两手硬",以高质量党建引领高质量发展。

(一)党员干部党性观念得到加强,精神面貌呈现"新气象"

各级党组织以实施"啄木鸟"行动为抓手,充分发挥社会监督作用,破积弊、除痼疾、立规矩、扬正气,推动打造精神状态更佳、工作能力更强、行政效能更优、纪律观念更严、群众满意度更高的党员干部队伍。各地各部门围绕改革勇于探索、发展勇于担当、服务勇于创新三个方面开展项目化创新攻坚活动,277个项目扎实推进、取得实效,选树确定101个优秀项目汇编成册,引领发展,切实提振全市机关党员干部干事创业的"精气神"。《常州市机关效能评价系统》显示,机关处室好评率为99.57%,党员干部个人好评率达99.69%。

(二)机关部门服务意识有效提升,工作效能实现"新跨越"

实施"啄木鸟"行动,是创新和加强党组织建设的生动实践,有效推动各级党组织切实解决党员干部"才短思涩、力不胜任""推诿扯皮、不敢担当""坐而论道、落而不实""有令不行、有禁不止"等问题,机关部门以及各级党组织的服务质效进一步提升,经济社会各项事业取得新进展、新突破。在江苏省发改委牵头组织的2020年度营商环境评价中,常州排名进入全省第一方阵,"政务服务"指标名列全省第一。2021年,常州市地区生产总值达8807.6亿元,增长9.1%;人均地区生产总值突破16万元,位居全国前十强。

(三)党建业务融合发展取得突破,一体推进展现"新成效"

"啄木鸟"行动切口虽小,却是各级机关党组织实现党建和业务融合,向中心大局聚焦的有力抓手,在推动同步规划、同步部署、同步落实等方面发挥重要作用。深化党建创新、强化政治功能、发挥引领作用,在聚焦聚力党委政府关注的大事和企业基层群众关注的"小事"中,切实践行为人民服务的宗旨,在融入中心、服务大局中,充分彰显党的组织优势。2021年,"啄木鸟"专项行动被评为常州市基层党建样板项目,并作为典型案例,被"常州龙城先锋"微信公众号推送报道,有效发挥优秀项目的示范引领和借鉴参考作用。

四、小结与探讨

(一)抓党建优作风强业务促融合,必须融入中心、服务大局,才会有旺盛生命力

作风问题本质上是党性问题。因此,必须全面落实新时代党的建设总要求和新时代党的组织路线,对标上级要求、融入中心大局,以实施"啄木鸟"行动为契机,教育引导党员干部做习近平新时代中国特色社会主义思想的坚定信仰者,做新时代的见证者、开创者、建设者。

(二)抓党建优作风强业务促融合,必须系统谋划、统筹推进,才会有持久战斗力

党建工作看似"软任务",实则"硬指标",作风建设是永恒课题,必须锲而不舍、久久为功。要找准切入点、把握着力点、抓好落脚点,强化顶层设计,统筹谋划推进。特别是通过"啄木鸟"行动的精准捉"虫",有效推动"灯下黑""两张皮"等问题解决,促进党建工作、作风建设和业务工作从"表层结合"向"深度融合"转变,以党建和作风的高标准引领经济社会发展的高质量。

(三)抓党建优作风强业务促融合,必须为了群众、依靠群众,才会有更强凝聚力

党的作风就是党的形象,是观察党群干群关系、人心向背的"晴雨表"。必须坚持以人民为中心,持续加强"啄木鸟"行动等载体建设,真正找到找准工作的"镜子"和"靶子",自觉把群众呼声作为第一信号,把群众满意作为第一标准,构建党建引领促发展,服务民生聚民心的良好格局,为高质量推进"党建+业务"双融双促,提供可复制可推广的"常州经验"。

 **思考讨论**

1. 结合"啄木鸟"行动的具体实践,探讨党建工作如何与业务工作有机结合,形成协同效应。如何通过加强党建,提升党员干部的责任感和服务意识,从而推动业务工作的高效开展,加强这种融合对社会发展和民生改善的正面影响?

2. 在基层治理中,如何通过创新举措如"啄木鸟"行动解决群众的"急难愁盼"问题?如何在实践中确保党务工作的扎实推进,并通过党员干部的实际行动改进服务群众的方式,提升群众的满意度和幸福感?

3. 在"啄木鸟"行动中,监督机制如何有效防止和纠正党员干部中的不良作风,确保廉洁高效的政府运作?在推动高质量发展过程中,如何通过持续监督和整改机制提升党组织的公信力和执行力,进而推动党风廉政建设和反腐败工作?

专题5　坚持全面从严治党

教学建议

本案例主要适用于"坚持全面从严治党"部分的辅助教学,可以帮助学生了解"啄木鸟"行动这一旨在通过党建与业务的深度融合,借由系统的监督和整改机制,提升党员干部的能力和作风,解决基层实际问题,提升政府的廉洁和效率,优化服务群众方式的"常州经验"。

1. 探讨党建与业务深度融合的重要性

可以引导学生思考和讨论为什么党建与业务的深度融合是当前推进社会治理现代化的关键路径。可以通过对"啄木鸟"行动的案例分析,让学生认识到党建不仅是思想政治建设的工具,更是提升业务能力、增强政府治理能力的有力抓手。通过实例讨论,学生可以理解党建工作对提升行政效率、优化营商环境的重要性。

2. 分析监督机制在作风建设中的作用

可以在课堂上设置讨论环节,探讨"啄木鸟"行动中实施的监督机制如何帮助提升党员干部的工作作风。可以通过案例分析让学生认识到,只有持续的监督和有效的整改机制,才能真正防止作风问题的滋生和蔓延。学生可以分组讨论如何在不同的工作场景中建立类似的监督机制,以确保作风建设的长效性。

3. 探讨基层党建如何回应群众需求

可以组织学生讨论如何通过"啄木鸟"行动这样的党建创新举措,解决基层群众的实际问题,提升服务群众的能力。可以鼓励学生结合实际,设计一些类似的活动或行动方案,探讨如何通过党建引领更好地服务群众,打通服务群众的"最后一公里",从而增强党群关系和政府的公信力。

案例 3

从基层创新看浙江清廉建设,推进全面从严治党①

 核心阅读

清廉建设是浙江省推进全面从严治党的重要载体和抓手,该省各级纪检监察机关锚定清廉浙江建设新目标,持续完善清单管理推进机制、民情通达反馈机制、基层创新成果提炼推广机制、科学量化评价机制,统筹推进"政治清明、政府清廉、干部清正、社会清朗、文化清新"建设,努力为实现"两个先行"提供更加风清气正的政治生态。层出不穷的基层清廉建设经验,是浙江持续放大新时代新征程全面从严治党新优势,推进自我革命省域新实践、谱写清廉浙江建设新篇章的缩影。

2023年12月,由浙江日报报业集团、浙江大学主办,《反腐败导刊》杂志和浙江大学廉政研究中心承办的第四届"基层清廉建设(浙江)十大创新案例"发布会在杭州举行,"浙江省清廉单元建设十大创新案例""浙江省基层纪检监察工作十大创新案例"及"浙江省廉洁文化建设十大创新案例"三张榜单发布。本文将对浙江基层全面从严治党的实践情况进行一定说明。②

---

① 戴睿云,张东红.从基层创新,看浙江清廉建设如何深入[N].浙江日报,2023-12-15(5).
② 该案例写于2023年,为求表述准确,文中尽量保留相关论述。

早在2017年，浙江省第十四次党代会就明确提出"在全面从严治党上更进一步、更快一步，努力建设清廉浙江"，率先在全国提出了省级层面清廉建设的战略目标。经过6年探索先行，清廉浙江建设不断从"设计图"转化为"实景图"。这些年来，针对发展中的新要求新挑战，浙江基层清廉建设创新实践层出不穷，并向各领域各单元不断拓展，用生动实践诠释了清廉建设如何不断深入，全面从严治党如何不断向基层延伸。"这次'基层清廉建设（浙江）十大创新案例'推选，调动社会力量广泛参与，形成了一大批可复制、可推广的案例，为经济社会发展保驾护航，成效显著。"中国人民大学纪检监察学院教授、教育部"长江学者"特聘教授倪星评价道。

从一枚公章到一个质量指数，多维度创新提升基层监督效能

在村里，小到一张证明，大到涉及不菲金额的村土地承包合同，都得盖村里的公章。一枚小小的印章，既是权力的象征，也关乎民生事项办理的便捷性。但要真正管好，并不容易。

入选"浙江省基层纪检监察工作十大创新案例"的《"智慧印章"让基层不慌"章"》，让这道难题有了新解法。解锁、输入用章数量，对用章人进行人像采集后，按下"盖章"，印章瞬间解锁落下，一份文件盖好了。随即，杭州市萧山区义桥镇新坝村印章管理员朱笑潇的手机上收到一条用章完成的提醒。

2022年以来，萧山区纪委监委创新推出用印智慧监督应用，将村社党组织章、村（居）委会章和经联社章3枚实体章锁进电子套筒中，利用物联网技术自动对盖章人、文件内容、时间等关键信息采集记录并上传，并依托大数据分析实现基层小微权力"审批、使用、管理、监督"一体化闭环式管理。这样一来，在源头上杜绝了"人情章""关系章"，在过程中避免了"拖延章""错误章"，在结果上实现了"精准章""智慧章"。目前，萧山区"智慧印章"已实现村社全覆盖，用印平均审批时长较以往缩短90%以上，因村级用章不规范引发的问题大幅减少。

越往基层，各级纪检监察机关越要牢牢把握既执纪问责也保驾护航的职责定位。温州打造"暖心咨询"平台，"提前预警"让执纪监督更入微，"帮扶挽救"让教育管理更温暖，"撑腰鼓劲"让关心关爱更主动；兰溪市深入开展"三提三清两担当"专项行动，旗帜鲜明向懒政宣战、拿问题开刀，有力促进"干部为事业担当、组织为干部担当"的良性机制……

对于浙江基层纪检监察工作的创新探索,中共浙江省委党校党史党建教研部主任、全面从严治党中心主任邱巍教授表示,本届浙江基层纪检监察工作创新案例既有技术手段的革新,也有思路理论的创新,从基层经验的角度不断回答清廉建设的普遍性问题,不断推动着党的自我革命的省域新实践。

近年来,基层清廉建设创新,不仅局限于某一项具体工作、针对某一类问题,还将量化标准、系统观念引入纪检监察工作中,整体提升基层监督水平。

在第四届"基层清廉建设(浙江)十大创新案例"推选中,丽水市纪委监委探索构建的纪检监察"高质量发展指数"评价体系得到了专家评审的高度认可。

"2022年以前,我市虽有一些单项的考核评价机制,但系统集成程度不够,难以反映整体质量水平。对于一些没有开展评价的重要工作,往往重视程度不一、工作开展很不平衡。"丽水市纪委监委相关负责人指出了基层纪检监察工作普遍会遇到的难点堵点。2022年以来,丽水市纪委监委探索构建"高质量发展指数"评价体系,形成一套系统化、可量化、常态化的纪检监察工作高质量发展的统一标准,提升全市纪检监察工作规范化、法治化、正规化水平。在指数推动下,丽水市纪检监察工作呈现出查办案件数量持续上升、检举控告数量持续下降的发展态势。

从"廉模方"到数智赋能,清廉建设迈向深层次全领域

近日,台州市黄岩区模具小镇的清风会客厅里座无虚席。模具小镇联合区人民法院、区商务局、区工商联开展"法护永宁·畅行天下——民营企业涉外法律护航"专题活动,100多家黄岩辖区内的外贸企业代表提出了自己营商实践中最关心的法律问题,法律专家和商事专业法官对此一一解答。

黄岩被称为中国模具之乡,近年来,模具行业快速发展、民营经济活跃。发展越快,新的挑战出现也越快:行业纠纷随之增多,但调处难、案涉标的大,鉴定评估周期长、费用高等问题,成为企业发展难点。对此,黄岩经开集团下属模具小镇联合区工商联、区司法局、区法院、区检察院组建"司法廉盟"为企业提供法律指导和服务。

"司法廉盟"只是打造"廉模方"清风小镇模式中的一环。在黄岩区纪委监委推动下,黄岩经开集团联合区工商联、街道、行政服务中心、司法局和商会等各所属清廉单元"破壁融合",推动形成市场主体、乡镇街道、机关部门、纪检监察机关、国有企业同题共答、全程联动的监督服务格局。

主体责任和监督责任同向发力,才能劲往一处使,向着实现全方位全领域清廉的目标不断迈进。浙江省委高度重视清廉建设工作,2022年9月,在原有八大清廉单元的基础上,将清廉公安、清廉社会组织、清廉财政、清廉市场监管、清廉医保纳入清廉浙江建设重点单元。立足职能职责,各级纪检监察机关发挥协调推动作用,推动各单元扛起责任担当,全域深化清廉浙江建设。如今在浙江,清廉建设迭代升级、全域推进的趋势不断彰显,共建清廉浙江的责任共同体持续巩固。

在第四届发布活动中,"数智"成为关键词之一。早在2021年,浙江在全国率先全面推进数字化改革。在纵深推进清廉浙江建设的征程中,各个清廉单元积极拥抱数字变化,基层的大数据监督也向更深层次、更多领域迈进。

医疗行业关系到老百姓的切身利益,而药品、设备、耗材占据医院采购金额的90%以上,廉政风险点集中。近年来,在杭州市富阳区纪委监委的推动下,富阳区卫健局紧扣省纪委公权力大数据监督"跑道",聚焦"药品、设备、耗材"三大公权力运行轨迹,全国首创"智廉医院"大数据监管平台,形成了医疗监管、智慧监督、亲清院企、清廉指数、满意度评价、医院公权力监督等"六大维度"数字化监督体系,实现问题线索"一屏掌握",牢牢管住了医院的"三大公权力"。

以数字赋能清廉建设,各级纪检监察机关积极运用数字技术对治理方式、流程等进行重塑,把权力关进数据和制度的笼子。海盐经济开发区锁定工程建设、招商引资、土地收储三大权力集中领域,探索打造开发区公权力大数据运行和监督"双轨"平台,实现了主体责任和监督责任的协同发力;金华义乌市大陈镇红旗村聚焦基层公权力监督相对薄弱的村级小微权力,探索建设"乡村智治"数字化平台"村务清廉钉办",打通村内高频事项业务流程……借助大数据、互联网等智能手段,提高监督执纪效能,如今已成为新形势下浙江各级纪检监察机关有力有效开展监督的重要抓手。在省纪委监委指导推动下,及时总结清廉建设好经验好做法,一地创新、全省共享的良好局面正不断形成。

北京航空航天大学公共管理学院教授、中国管理现代化研究会廉政分会理事长任建明表示,本届的清廉单元建设创新案例,显示出浙江各行各业参与清廉建设强烈的主体责任意识,呈现出良好的发展态势,有助于推动全域清廉建设迭代升级。

从一群"8090"到"一书一街区","浙里廉风"以文化人

"廉洁从政是党员干部立身之本。海瑞'布袍脱粟,令老仆艺蔬自给';林则徐'决不敢于俸禄而外,妄取民间或下僚分毫';焦裕禄起草'干部十不准';孔繁森去世时身上仅有8元6角钱……"不久前,一场别开生面的宣讲活动在衢州市龙游县举行,17位"8090"清廉宣讲员,用家常话传播清廉思想,朗朗清音引导干部群众进一步知敬畏、存戒惧、守底线。

在衢州,廉洁文化建设作为"8090"新时代理论宣讲的重点内容,已经越来越深入地走进机关支部、园区企业、医院科室、学校班级、基层村居等各地各单位,常给党员干部作一场场"说纪讲廉"的专题宣讲,推动清廉教育、廉洁文化更"接地气"。

"清风"化雨,以文化人。近年来,浙江围绕打响"浙里廉风"品牌,探索构建具有鲜明浙江特色的新时代廉洁文化建设体系。在今年发布的创新案例中,首次增设了"浙江省廉洁文化建设十大创新案例"。

近年来,浙江各地坚持守正创新,一地一品,越来越多贴近实际、贴近生活、贴近群众的廉洁文化创新成果不断涌现。

与《东瓯廉集》内的50位清官廉吏,来一场跨越时空的对话;深入温州五马清廉街区,细细品味风清气正的文化根基;驻足古戏台前,从一个个被搬上舞台的古今清廉故事中汲取养分,绷紧为官为民之弦……眼下,在温州,由《东瓯廉集》和五马清廉街区组建的"一书一街区"特色廉文化宣教载体,正融入越来越多干部群众的日常生活。

发挥廉洁文化凝聚共识、增强认同、扩大影响作用,需要激发更多元的社会主体加入廉洁文化创作传播中来,营造共建共享的氛围。

着眼于"浙江味""时代性"等特点,各地结合地方实际、连通历史传统、挖掘本土特色,寻找符合现代社会节奏和审美趣味的表现形式,推动新时代廉洁文化与影视、戏曲、文学、书法、工艺、美术等多领域相融合,开拓廉洁文

化传播新路径的探索。杭州市纪委监委着力打造"玉琮杯"清廉微电影微视频大赛、"藕花洲杯"廉洁故事大赛、"钱潮杯"动漫清廉微作品大赛等三大赛事,从视频、文字、图片等维度构建起立体化、全国性的廉洁文化赛事矩阵,参赛主体覆盖全国各地、各行各业。宁波市纪委监委联合宁波市演艺集团以鄞州走马塘御史为素材创作越剧《走马御史》,并赴全国各地巡演50余场。

北京大学中国政治学研究中心教授、中国管理现代化研究会廉政分会会长何增科认为,浙江廉洁文化建设经验对全国各地廉洁文化探索具有借鉴意义。他表示,浙江廉洁文化建设既重视实效性、趣味性,又呈现了常态化、体系化的特点,本次"浙江省廉洁文化建设十大创新案例"遵循了文化传播、文化教育的基本规律,发挥了显著的影响力。"作为中国省域发展最均衡的省份之一,浙江经验再次雄辩地证明,清廉就是核心竞争力。"倪星评价道。

当前,锚定打造勤廉并重的新时代清廉建设高地的新目标,清廉浙江建设的新征程已经开启。期待更多实战实效的基层清廉创新经验接续涌现,铺陈出清廉浙江风清气正的政治生态新图景。

思考讨论

1. 根据以上案例中浙江省的清廉建设情况,探讨作为全面从严治党的重要抓手,如何通过基层创新和制度建设,有效提升党内廉洁自律和社会风气。清廉建设在政治、社会、经济等多个领域有实践应用,这些措施如何帮助实现党内自我净化与社会治理目标?

2. 结合以上案例,探讨浙江省如何通过基层创新,特别是纪检监察工作中的技术革新和制度创新,推动清廉建设的深入发展。结合以上案例中的具体实践,如"智慧印章"和"高质量发展指数"评价体系,谈谈这些创新如何提升基层监督效能、减少腐败风险。

3. 浙江省如何通过文化创新,推动廉洁文化的传播与深化,让廉洁意识深入人心?通过了解"8090"清廉宣讲员、"一书一街区"等案例,谈谈廉洁文化如何通过多样化的传播途径,如影视、戏曲、文学等,与现代社会的审美趣味相结合,增强其在新时代的影响力。

 **教学建议**

本案例主要适用于"坚持全面从严治党"部分的辅助教学,可以帮助学生了解浙江省通过基层创新推进全面从严治党的具体实践,特别是通过清廉建设在基层监督、廉洁文化推广以及数字化治理等方面的创新举措,如何营造风清气正的政治生态,并助力社会的全面发展。

1. 探讨基层创新在全面从严治党中的作用

可以引导学生讨论为什么基层创新在全面从严治党中具有重要作用。可以通过浙江省的清廉建设案例,探讨如何通过技术创新、制度创新以及文化创新,有效地将从严治党的要求落实到基层,解决实际问题,防止腐败行为的发生。鼓励学生结合实际,思考如何在自己的社区或单位中推动类似的创新。

2. 分析数字化技术对清廉建设的推动作用

可以引导学生讨论数字化技术在现代治理中的作用,特别是其在清廉建设中的应用。通过分析如"智慧印章""智廉医院"等数字化平台的案例,学生可以探讨如何利用大数据、物联网等技术手段,加强对权力的监督,提升行政效率,减少腐败风险。可以鼓励学生思考其他领域如何借鉴这些做法,推动透明化和清廉化的治理模式。

3. 探讨廉洁文化的传播与现代社会的融合

可以组织学生讨论廉洁文化在新时代的传播方式和影响力,尤其是浙江在推动廉洁文化过程中所采取的创新方法,如廉洁微电影、清廉故事大赛等。学生可以分析这些文化活动如何与现代社会的审美趣味相结合,如何通过影视、文学等形式提升廉洁文化的吸引力和感染力。讨论如何在其他地区或领域推广和创新廉洁文化的传播方式。

案例 4
福建探路大数据反腐[①]

核心阅读

党的建设一直被视为中国共产党的生命线,也是实现中国特色社会主义事业的重要保证,信息时代应运而生的大数据技术,为监督执纪提供新思路,从而织密监督之笼、助推全面从严治党向基层延伸。近年来,随着信息技术的迅猛发展,党建工作也逐渐借助大数据技术实现了从"线下"到"线上"的转变,大数据技术的应用,使得党建工作更加精准和高效,进一步推进了全面从严治党。

2022 年底,福建一家省属国企原总经理助理郑某,因严重违纪、涉嫌违法犯罪被开除党籍和开除公职。目前,这起案件已进入司法程序。审查调查中,纪检监察机关利用大数据技术,分析相关人员银行账户信息、交易往来明细、通信和社交软件聊天记录等海量数据。尽管腐败分子利用各种"白手套"转移赃款,但在大数据精准"画像"之下,郑某受贿上亿元的事实最终被查清。

汇聚公安、税务、工商、石化、景区等数据信息,查找违反中央八项规定精神问题,分析"三公"消费态势;将执纪监督"嵌入"网上办事平台,规范权力运行;构建基层小微权力监督平台,村(居)社区权力行使全程留痕,实时

---

① 郑良.探路大数据反腐[J].瞭望,2023(35):54—56.

接受监督……近年来,随着数字中国建设深入推进,大数据技术在纪检监察领域有了更多应用。

二十届中央纪委二次全会工作报告明确提出,构建基层公权力大数据监督平台,畅通群众监督渠道,健全基层监督网络。近日,《瞭望》新闻周刊记者在福建多地调研了解到,纪检监察机关通过打通部门数据壁垒,汇聚共享大数据,提升发现腐败线索、审查调查取证、精准执纪监督等各方面能力,实现有效预防、深度反腐、有力惩治。

接受采访的基层纪检监察干部表示,数字化技术应用在提升执纪监督效能的同时,更促动了执纪监督方式创新和治理理念升级,建议进一步打通数据壁垒,拓展应用场景,助力纪检监察工作高质量发展。本文根据《瞭望》新闻周刊记者所做探访进行说明。①

大数据"碰撞"磨砺反腐利器

记者了解到,郑某在省属国企多个重要岗位任职期间,利用职务便利在工程承揽、项目招投标、业务合作等领域疯狂牟利,并通过各种手段藏匿、转移赃款,对抗组织审查,串供并伪造证据。

"我们调取了银行账户交易明细、通信记录、不动产登记等多个部门的数据信息进行分析,发现其利用'白手套'收受巨额贿赂、藏匿、转移赃款的证据事实。"办案人员告诉记者。

调查发现,郑某母亲虽已过世,但其名下的银行账户仍然活跃,有数十笔单笔超过50万元的资金往来。办案人员查询关联账户,梳理出40多名涉案人员名下的1100余个账户、40多万条交易明细,以及不动产登记、工商登记、审计报告、工程项目材料等3000余份,以此为基础查证出郑某受贿1.2亿余元的犯罪事实。

记者在福建多地采访了解到,纪检监察机关和金融、通信、税务、公安、法院、卫健等部门建立起数据信息快捷查询、共享渠道,探索搭建数据比对分析模型,在海量数据中敏锐捕捉疑似问题线索,然后进行重点核查,大幅提升了发现线索、调查取证能力。

2022年9月,福州鼓楼区纪委监委对网上办事平台上群众申诉举报线

---

① 该案例写于2023年,为求表述准确,文中尽量保留相关论述。

索进行筛查比对,发现1—9月涉及园林系统的诉求近300件,有关内部管理、干部作风问题的诉求指向明确。

比如有群众多次反映,福州温泉公园管理中心原主任杨某利用职权"吃拿卡要",参与企业经营牟利,虚报侵占公园管养费用等。区纪委监委跟踪核查,发现群众反映问题基本属实。今年4月,区纪委监委对相关人员予以党纪政务立案。

鼓楼区纪检监察干部告诉记者,接待处置群众信访举报、听汇报、看台账、搞测评等传统查找问题线索方式,不同程度存在线索来源窄,以及问题发现难、调查取证难等现实问题。在办案实践中,需要推动分散在各个部门、各个时段的数据汇聚共享、碰撞分析,对某一领域、某个地区的政治生态精准"画像"。

龙岩市纪委常委、秘书长杨丹介绍,近年来,龙岩市纪委建立"制度+科技"信息化监督平台,通过与政府办、税务、市场监管、文旅、石化等十多个部门信息共享,快速识别疑似"四风"问题389个,移交处置46条问题线索,多人受到党纪政务处分。

嵌入式监督紧盯权力运行

近年来,政务服务数字化建设持续推进,网上办事大厅、12345公共服务平台、政务微信公号等成为群众、企业办事、反映诉求主要渠道。权力运行"上网"成常态,执纪监督如何及时跟进,成为数字时代纪检监察工作面临的重要课题。

以12345公共服务平台为例,群众在线反映诉求,平台回复即可办结。但在个别地区,由于缺乏跟踪、督办、约束机制,"神回复""线上空转"等情形影响了政府公信力。

记者调研发现,福建多地探索数字视域下执纪监督新路径,着力打造基层公权力全程线上运行、异常信息实时预警、群众诉求及时处置的基层数字化监督新场景。

在福州,鼓楼区将执纪监督"嵌入"网上办事平台,实时监督权力运行。2022年以来,鼓楼区在网上办事平台设置"党风政风监督"板块,纪检监察机关与城市运行指挥中心、行政服务中心等部门,建立起线上信息共享—线索移交—会商研判,线下实地走访的"3+1"协作配合工作机制,在线实时监督权力运行。

鼓楼区纪委副书记高建中介绍,"嵌入"网上办事平台后,纪检监察机关能够实时查看"鼓楼智脑"等平台上 86 个区直部门、10 个镇街及市级水电气三大运营商、地铁等公用企业对群众反映问题诉求的处置情况。通过筛查分析,聚焦群众重复投诉、久拖未决以及政策不明、涉及多个部门等难点事项,形成"数据分析—及时预警—推动整改"的大数据日常监督模式。

2022 年底,福州鼓楼区东水路多家商户通过 12345 公共服务平台投诉称,区燃气管理站站长李某,利用安全检查的职务便利,多次向商户索要购物卡。12345 公共服务平台将投诉分别批转给福州华润燃气公司和区建设局,要求回复。区纪委通过平台数据筛查发现这一线索后,迅速跟进监督。经核查问题属实,李某被区建设局停职并调离岗位,区纪委对其立案调查。

泉州市探索构建大数据监督平台,实现基层小微权力内容、运行向公众公开,接受实时监督,增强监督的时效性、互动性、主动性。2022 年以来,为规范村级小微权力运行,泉州以"村村有群、户户入群"方式建立监督微信群,由村书记担任群主,村两委成员、驻村干部及乡镇纪委干部入群履职。

泉州市纪委党风政风监督室主任郭顺明介绍,市纪委监委协调督促相关职能部门梳理完善村级需公开的 3 方面 27 类事项,明确涉及村集体决策、村集体"三资"、村级工程项目、惠农资金申领发放等村务,均需推送到微信群里,确保群众能看到、看得懂。

"如村民对公示内容有异议,或发现问题线索想举报,既可以在群里发表意见,也可以通过微信小程序'点对点'直接'抵达'纪检监察部门后台。市县乡三级纪委根据权限分别跟进监督,对履职不到位问题发函督办,涉及不作为、慢作为、乱作为等问题深入核查,坚决追责。"郭顺明说。

该监督平台运行以来,已收到群众在线诉求反映 8 万多条,发现问题近 4000 个,一批不作为、乱作为的基层干部被查处。目前,该做法已在福建全省推广。

期待更多执纪监督应用

多地纪检监察干部告诉记者,数字化助力精准监督、调查取证,倒逼、督促基层权力运行规范,"治未病"预防腐败的作用更加显现。"通过大数据监督平台,基层权力行使全程留痕,实时接受监督,永久可追溯,不敢腐、不能腐、不想腐有了更多技术支撑。"连城县纪委书记邱阳说。

"大数据+铁脚板",线上线下联动,促动了执纪监督方式创新。高建中说,如今,鼓楼区纪委党风政风监督室、各镇街纪(工)委、派驻纪检监察组等部门工作人员,每天在监督平台上线,对数据进行拉网过筛、列项梳理,聚焦突出问题,有针对性地开展线下调查核实,以强有力的一线监督推动问题解决。

2022年以来,鼓楼区纪委监委通过数据共享、分析研判,筛查监督事项3.81万件,核查、督办、处置各类问题921件,以"四种形态"处置82件。

采访中,多地基层干部表示,执纪监督"上网"推动了部门、镇街、公用企业等作风转变,群众办事更加方便,诉求表达更加畅通。

长期以来,惠企资金申领发放是廉政风险较为集中的领域。由于涉及部门多、申领程序繁琐,有的部门个别经办人员通过暗箱操作优亲厚友,甚至出现权力寻租现象。

泉州台商投资区纪工委书记刘刚介绍,2020年以来,当地探索建立"亲清家园"智慧监督服务平台,从企业申领惠企资金手续繁琐甚至暗箱操作等"痛点"入手,建立全区涉企财税奖补和惠民资金集中统一入口机制,督促职能部门将各类惠企资金全部纳入平台。平台在线实时发布、动态更新信息,自动匹配、精准推送信息;企业全程线上申报;相关职能部门线上审批;纪检监察机关全程监督。

"现在,惠企政策内容和申报条件等信息全部在网上公示。我们只需在微信公号上提出惠企资金申报,全程网办,不见面、不找人。只要符合条件,一般3天之内资金就能到账。"玖龙纸业(泉州)有限公司总经理信刚告诉记者。

多地纪检监察干部表示,期待大数据执纪监督方式,在更多场景得到应用。记者了解到,一些基层纪检监察部门正在与大数据企业合作建立数据分析模型,通过自动分析比对海量信息,精准查找可疑问题线索,进行重点核查,在实践中取得了一定成效。

一些基层部门建议,对于各地已探索建立的行之有效的数据分析模型,可考虑在纪检监察系统内共享、推广,持续提升大数据反腐威慑力,为权力规范运行提供实时在线的精准监督。

思考讨论

1. 大数据技术如何在反腐败工作中发挥关键作用？其应用是否存在局限性或挑战？大数据在监督和反腐工作中的优势，例如提高精准性和效率，打破信息壁垒等，同时也存在技术应用中的数据隐私、技术依赖等潜在问题，如何平衡技术创新与伦理考虑？

2. 在推动全面从严治党的过程中，如何利用大数据技术构建有效的基层监督网络？结合大数据在基层治理中的实际应用，如通过数字平台进行实时监督、留痕管理等，探讨这些措施如何提升监督效果，防范腐败风险？结合自身所在社区或单位的实际情况，提出一定改进建议。

3. 数字化技术如何与传统的监督方式相结合，形成更为全面和有效的监督体系？数字化监督与"铁脚板"式传统监督具有互补性，如何将两者有机融合，形成线上线下联动的监督机制，从而提升反腐工作的整体效能？通过以上案例分析，谈谈对未来监督工作的改进建议。

教学建议

本案例主要适用于"坚持全面从严治党"部分的辅助教学，可以帮助学生了解大数据技术在反腐败和纪检监察工作中的应用，特别是通过数据分析、实时监督和跨部门信息共享等手段，提升了监督执纪的精准性和高效性，有助于推进全面从严治党向基层延伸。

1. 探讨大数据技术对反腐败的影响

可以引导学生探讨大数据技术如何提升反腐败工作的效率和精准度。可以通过案例分析，了解大数据在发现问题线索、锁定目标对象和精准打击腐败行为中的作用。教师可以组织小组讨论，让学生思考在数字时代如何运用新技术加强纪检监察工作，同时探讨技术应用中的潜在风险与挑战，如数据安全和隐私保护。

2. 结合基层治理探讨反腐倡廉的实践

可以通过分析福建等地的实际案例，探讨大数据技术在基层治理中的应用。教师可以引导学生思考，如何通过科技手段提升基层反腐工作的透明度和效率，以及如何在实践中落实这些技术手段。例如，学生可以被分配研究某个具体的反腐案例，并提出改进意见，讨论如何在其他地区推广这些经验。

3.讨论数字化监督的伦理与法律问题

可以在讨论数字化监督的同时,关注其伦理和法律问题。可以组织辩论,让学生从不同角度探讨数字化监督的边界,如何平衡监督的有效性与个人隐私权的保护。教师可以引导学生思考,如何在推进数字化反腐的同时,确保技术的合法合规使用,并制定相应的法律法规来规范这些行为。

案例 5

河海大学以"六个抓"推进全面从严治党向纵深发展①

 **核心阅读**

教育是国之大计、党之大计。习近平总书记指出,我们要建设的教育强国,是中国特色社会主义教育强国,必须以坚持党对教育事业的全面领导为根本保证;建设教育强国,龙头是高等教育。党的领导是中国特色社会主义大学最本质的特征和最显著的优势,新征程上推动高等教育事业高质量发展,关键是要充分发挥全面从严治党的政治引领和政治保障作用。面对新形势新任务新要求,高校推进全面从严治党,必须将习近平总书记关于教育的重要论述和党的教育方针政策落到实处,坚持和加强党的领导这一根本点,紧扣"为党育人、为国育才"落脚点,立足"全面"着眼点,把握"从严"关键点,抓好"治理"着力点,以风清气正的政治生态,引领保障高校政治生态和育人环境持续向好。

自2017年河海大学第十三次党代会以来,在校党委坚强领导下,学校全体师生员工团结一致,锐意奋进,在人才培养、科学研究、学科建设、人才队伍建设、国际合作交流、校园文化建设、思政工作、党建和党风廉政建设等方面,

---

① 河海大学.以"六个抓"推进全面从严治党向纵深发展[EB/OL].(2024-06-07)[2024-12-10].https://www.hhu.edu.cn/_t128/2024/0607/c166a281510/page.htm.

创新举措,追求卓越。在中国共产党河海大学第十四次党员代表大会即将召开之际,特设"改革·奋进"专栏,全面总结和回顾学校各项事业的发展成就,激励师生勇担强国使命,高质量开创世界一流特色研究型大学建设新局面。

河海大学始终坚持以习近平新时代中国特色社会主义思想为指导,深刻领悟习近平总书记关于党的自我革命的重要思想,贯彻落实新时代党的建设总要求,切实履行管党治校主体责任,健全完善监督执纪问责体制机制,坚持不懈把全面从严治党向纵深推进,持续涵养正气充盈的政治生态,为学校事业发展提供坚强政治保障。

一、抓政治强引领,把准把稳高质量发展方向

坚持以政治建设为统领,充分发挥全面从严治党的政治引领和保障作用,有效把"两个维护"落到管党治校、育人育才全过程,奋力推进学校高质量内涵式发展。

一是以加强班子建设为重点,提升领导干部政治能力。坚决贯彻"第一议题"制度,学思践悟新时代党的创新理论,健全完善重大决策前的理论学习与专题调研机制,强化对政治理论学习的指导和管理,促进理论学习与工作决策部署深度融合,不断提高政治判断力、政治领悟力、政治执行力。

二是以落实立德树人为根本,把牢社会主义办学方向。始终坚守为党育人、为国育才初心使命,持续推进党的创新理论成果进教材、进课堂、进头脑,牢牢掌握意识形态工作领导权,切实把办学特色和优势转化为培养社会主义建设者和接班人的能力,擦亮中国特色社会主义大学的鲜明底色。

三是以建设中国特色世界一流大学为导向,服务国家水安全与高质量发展。积极践行"四为方针"和"四个面向",自觉履行高水平科技自立自强的使命担当,凝心聚力建强水科学研究院、长江保护与绿色发展研究院等国家战略科技力量,重组全国重点实验室,瞄准大江大河治理中重大关键科技问题与"卡脖子"技术,深化有组织的教学和科研,着力打造"国之重器",全面建设水安全与高质量发展领域的世界重要人才中心和创新高地。

二、抓制度建机制,拧紧拧牢"四责协同"链条

坚持"四责协同",厘清责任主体,抓实一体联动,从制度、机制层面探索"做什么""谁来做""怎么做"的有效举措。

一是重视以制度性、清单式要求推动责任落实。注重顶层设计和基层探索相结合,制定、修订全面从严治党主体责任清单、"两个责任"实施细则、党风廉政建设责任制考核办法、领导班子建设若干规定、全委会、常委会、校务会会议议事规则等,修订"三重一大"决策制度实施办法,规范落实党委主体责任、纪委监督责任、党委书记第一责任、班子成员"一岗双责",努力实现同频共振、同向发力。

二是构筑形成履责、督责、考责的责任体系。聚焦各级"一把手"和领导班子履行管党治党责任、规范权力运行、廉洁自律等情况,强化学校党委和纪委贯通协同,采取责任制考核、校内巡察、专项督查、述责述廉和约谈提醒、廉情抄报等方式,加强督责考责,层层传导压力,推动一级抓好一级,督促责任落实到底。

三是构建系统集成、协同高效的监督体系。充分发挥党内监督主导作用,出台监督工作协作联动机制实施意见,建立健全沟通会商、信息共享、协同联动、线索研判处置、整改问效五项协作机制,明确组织领导、落实责任、配套制度三项保障措施,持续推动组织、纪检、巡察、财会、审计等方面监督统筹衔接、贯通融合。每年召开监督工作联席会议,建立定期跟踪督办机制,组织开展联合式检查、嵌入式检查,打好监督"组合拳",实现监督成果共享,减轻基层工作负担,以协同监督成效提升学校治理能力。

三、抓思政重教育,聚力培根铸魂启智润心

坚持不懈用习近平新时代中国特色社会主义思想铸魂育人,把思想政治工作贯穿教育教学全过程,办学治校各方面,凝聚育人合力形成"三全育人"思政工作大格局。

一是把牢思想政治工作"生命线"。把思想政治工作列入党委重要议事日程和学校事业发展规划,建立健全责任体系和"党委统一领导、党政齐抓共管、职能部门组织协调、相关部处各负其责、二级单位贯彻实施"的思想政治工作机制。抓细抓实思想政治工作各项任务,台账式推进学校思想政治工作体系、"大思政课"建设、"时代新人铸魂工程"各项任务清单。加强思政课程建设和马克思主义学院建设,书记、校长深入一线主持召开现场办公会。持续实施校党委书记、校长,院(系)党委书记、院长(系主任)为学生讲思想政治理论课制度。

二是持续强化理论武装。坚持把学习贯彻习近平新时代中国特色社会主义思想作为首要政治任务。扎实开展党内集中学习教育,深入学习贯彻党的二十大精神,引导师生坚定拥护"两个确立",坚决做到"两个维护",推动理论学习教育提质增效。校院两级理论学习中心组建设进一步加强,师生理论学习制度体系进一步完善。组建师生宣讲团队,建设专题教育网站,理论宣传宣讲广泛深入,营造良好氛围。理论研究阐释持续推进,依托理论研究基地,推动形成一批高质量研究成果。校党委中心组成员在新华网等主流媒体发表理论文章40余篇。

三是形成教师思想政治工作体系。成立党委教师工作委员会,形成教师思想政治工作合力。全覆盖开展教师思想政治和师德教育网络培训,分批组织高层次人才、海外归国教师、青年骨干教师开展国情研学。不断健全师德"教育、宣传、考核、监督、激励、惩处"六位一体的师德建设长效机制,创新"河海师者"师德教育和师德文化建设工作,严格师德考核评价,加强师德监管工作,不断推进教师思想政治和师德师风建设工作取得实效。

四、抓队伍筑堡垒,有效夯实党的组织基础

坚持夯基础、抓队伍、筑堡垒,全力落实新时代党的组织路线,充分发挥高质量党建示范引领作用,为学校高质量发展提供坚强组织保证。

一是突出选育管用,锻造过硬队伍。围绕改善班子结构、结合事业发展需要,先后对学校二级机构班子成员进行两轮优化调整,切实增强中层领导班子整体功能。坚持政治"铸魂",健全完善全员全覆盖与精准化针对性相统一的"1145"培训体系,着力提升干部的政治能力和治理能力。注重在各条线、各层级发现培养选拔优秀年轻干部,打造年轻后备干部队伍的"蓄水池"。建成干部监督信息系统,加强对干部全方位管理和经常性监督。

二是发挥组织力量,抓好人才建设。坚持党管人才原则,加强对人才工作的政治引领吸纳,团结服务各类人才。5年多来,共发展专任教师党员和高知识群体近300人,学校教师党员比例达到71.4%。加强对人才的政治把关,建立"引进人才党委谈话"制度,实行思想政治素质和业务能力双重考察。加大对人才的支持力度,全方位支持人才、帮助人才。

三是筑牢战斗堡垒,推进质量建党。台账式贯彻高校基层组织工作条例,全面落实高校党建工作重点任务,深入推进"一融双高"建设,构建形成

学校基层党建工作规范体系。深入开展各级党组织书记抓基层党建述职评议考核,配齐建强院系专职组织员,打造一支硬核"双带头人"教师党支部书记队伍,大力加强对议事规则、组织生活、发展党员等工作的监督检查,压紧压实工作责任。精心打造智慧党建系统,全方位优化党员教育管理服务模式,持续为基层减负,提升工作效能。组织实施"对标争先""强基创优""提质增效"等党建品牌建设计划,入选全省首批党建工作示范高校,获评全国党建工作标杆院系、样板支部、"双带头人"工作室等"双创"项目19项,引领推动基层党建质量全面提升。

五、抓作风明纪律,一体贯通办案整改治理

坚持严的基调,坚决整治师生群众身边的腐败和作风问题,综合发挥执纪审查治本功效,不断推进惩治震慑、制度约束、提高觉悟一体发力。

一是依规依纪依法开展执纪审查。强化高压态势,持续紧盯重点问题、重点领域、重点对象、新型腐败和隐性腐败,准确把握政策策略,注重纪法情理贯通融合,规范运用"四种形态",做到精准定性量纪。对标上级要求,制定和修订监督执纪工作制度规范,系统梳理信访受理、线索处置、审查审理等操作规程,建立健全会商研判、请示报告、督办反馈等工作机制,严格落实办案安全责任,不断提高规范化、法治化、正规化水平。

二是做深做实查信办案"后半篇文章"。在用好问责利器、强化"一案双查"的同时,有效运用纪检监察建议、监督提醒函等,构建督办、反馈和回访监督机制,增强刚性约束,深化推进以案促改、以案促治。近6年,督促相关责任部门修订完善因公出国(境)、公务用车、差旅报销、校园收费、周转住房管理等方面制度,抓实问题整改、完善制度建设、堵塞管理漏洞,有力提升学校重点领域治理能力。

三是推动纪律警示教育常态长效。坚持纠"四风"树新风并举,持续加固中央八项规定堤坝,通过召开警示教育大会、构建重要节点廉洁提醒机制、制发知纪明责手册及警示教育课件、通报违规违纪典型案例等,用身边事教育身边人。坚持师德第一标准,强化教师的法治和纪律教育,将从严抓作风一贯到底。

六、抓安全保稳定,防范化解重大风险

坚持和践行总体国家安全观,统筹发展和安全,持续健全工作机制、加强分析研判、注重部门协同、强化属地联动,更加精准有效抓好安全稳定工作。

一是严格落实落细意识形态工作责任制。进一步完善责任体系和分析研判、信息报送、检查考核、责任追究等工作机制。定期围绕课堂教学、媒体网络、学生社团等重点阵地开展监督检查指导,认真落实零报告制度,完善网络舆情协同研判处置工作机制,畅通属地沟通渠道,全面、细致、动态地排查、化解、防范意识形态风险,风险防控能力稳步提升。

二是加强党对统战群团工作的领导。完善大统战工作格局,强化对党外人士的政治引领。扎实做好民族和宗教工作,以铸牢中华民族共同体意识为主线,健全民族团结进步教育常态化机制,全面贯彻新时代党的宗教工作理论和方针政策,加强党的宗教政策和相关法律法规宣传教育,抵御宗教渗透,防范校园传教。用心用情做好离退休工作,充分发挥老领导、老同志在学校党建和思想政治工作和事业发展中的重要作用。强化党建带团建,深化共青团和学生会、研究生会等社团组织改革,不断增强团组织在青年学生中的凝聚力和战斗力。

三是切实维护校园安全稳定。牢固树立以师生为中心的安全发展思想,以"时时放心不下"的责任感,严格落实上级主管部门有关政治安全、科技安全、网络安全、人身安全、食品安全、实验室安全、消防安全等各方面的工作要求。持续深化平安校园建设,注重不同部门之间工作的协同联动,不断健全完善维护校园安全稳定形势研判会商机制、突发事件应急处置工作机制,全力维护学校阵地稳固、人员稳控、校园稳定。

思考讨论

1.在河海大学推行的"六个抓"措施中,如何体现全面从严治党的要求?这些措施如何具体落实到高校的日常管理和教学中?如何将全面从严治党的要求与高校的具体发展需求结合起来,实现教育高质量发展的目标?

2.在当前复杂的国际国内形势下,高校如何通过加强思想政治工作,保证意识形态的正确引导?河海大学的思政工作有哪些值得借鉴的经验?如

何将思想政治工作融入学生的日常学习和生活,形成"三全育人"的工作格局?

3.河海大学在推进廉政建设中采取了哪些具体措施?这些措施如何提高高校管理的透明度和廉洁性?新形势下,高校如何在日常管理中预防腐败,确保校园的风清气正,营造良好的育人环境?

教学建议

本案例主要适用于"坚持全面从严治党"部分的辅助教学,可以帮助学生了解河海大学通过"六个抓"措施推进全面从严治党向纵深发展,如何在高等教育中坚持党的领导,落实习近平新时代中国特色社会主义思想,保障高质量发展,并且提升高校治理水平、思政工作、师德建设等各方面的经验。

1.探讨全面从严治党在高校的具体实践

可以引导学生讨论全面从严治党在河海大学的具体实施措施,如"六个抓"中如何通过政治引领、制度建设、思政教育等方面推进学校治理现代化。让学生结合案例,分析这些措施如何有效提升高校的治理能力和育人质量,帮助学生理解全面从严治党在高校中的具体体现和实践价值,增强对党的领导在教育中的重要性的认同感。

2.结合实际案例探讨高校思政工作的创新路径

可以组织学生探讨河海大学如何将思想政治工作融入教育教学全过程,如"大思政课"建设和"时代新人铸魂工程"等举措。通过案例分析,让学生思考如何在日常教学和管理中更好地实现思想政治教育的全覆盖和高质量,引导学生思考如何创新思政工作模式,增强思政工作的吸引力和实效性,从而更好地实现"立德树人"的根本任务。

3.探讨高校安全稳定与全面从严治党的关系

可以讨论河海大学如何落实意识形态工作责任制、防范校园安全风险等措施,让学生思考高校如何在全面从严治党的背景下,维护校园安全与稳定,保障教学和科研的顺利进行,帮助学生深入认识到安全稳定工作与全面从严治党的紧密联系,培养学生对校园安全的责任感和使命感,增强他们对国家安全观的深刻理解和高度认同。

专题 6

坚持以新的发展理念引领高质量发展

专题导读

发展是人类社会的永恒主题,也是解决我国一切问题的基础和关键。发展理念是发展行动的先导,是发展思路、发展方向、发展着力点的集中体现。发展理念是否对头,从根本上决定着发展成效乃至成败。"发展必须是科学发展,必须坚定不移贯彻创新、协调、绿色、开放、共享的发展理念。"这一新的新发展理念不是凭空得来的,是在深刻总结国内外发展经验教训、深刻分析国内外发展大势的基础上形成的,是针对我国发展中的突出矛盾和问题提出来的。坚持新发展理念,是关系我国发展全局的一场深刻变革。党的十八大以来,以习近平同志为核心的党中央面对经济社会发展新趋势新机遇和新矛盾新挑战,鲜明提出了创新、协调、绿色、开放、共享的新发展理念,进一步传承了党的发展理论,坚持以人民为中心的发展思想,进一步科学回答了实现什么样的发展、怎样实现发展的问题,深刻揭示了实现更高质量、更有效率、更加公平、更可持续发展的必由之路,深化了我们党对中国特色社会主义经济发展规律的认识,有力指导了我国新的发展实践。

具体来看,创新是引领发展的第一动力,创新发展注重的是解决发展动力问题,必须把创新摆在国家发展全局的核心位置,让创新贯穿党和国家一切工作。协调是持续健康发展的内在要求,协调发展注重的是解决发展不平衡问题,必须正确处理发展中的重大关系,不断增强发展整体性。绿色是永续发展的必要条件和人民对美好生活追求的重要体现,绿色发展注重的是解决人与自然和谐共生问题,必须实现经济社会发展和生态环境保护协同共进,为人民群众创造良好生产生活环境。开放是国家繁荣发展的必由之路,开放发展注重的是解决发展内外联动问题,必须发展更高层次的开放型经济,以扩大开放推进改革发展。共享是中国特色社会主义的本质要求,共享发展注重的是解决社会公平正义问题,必须坚持全民共享、全面共享、共建共享、渐进共享,不断推进全体人民共同富裕。概而言之,创新、协调、绿色、开放、共享的发展理念,相互贯通、相互促进,是具有内在联系的集合体,要统一贯彻,不能顾此失彼,也不能相互替代,哪一个发展理念贯彻不到位,发展进程都会受到影响。

案例 1

践行新发展理念,江苏高质量发展不断推进[①]

核心阅读

立足新起点,奋进新征程。党的二十大报告明确了到2035年和本世纪中叶我国发展的总体目标,擘画了第二个百年奋斗目标的美好蓝图。从蓝图到现实,各地锐意进取、真抓实干。2024年是新中国成立75周年,是实现"十四五"规划目标任务的关键之年。江苏在爬坡过坎中前行、在攻坚克难中奋进,沿着习近平总书记指引的方向,践行新发展理念,全省上下深刻领悟"在推进中国式现代化中走在前、做示范"的重大要求,牢牢把握高质量发展这个首要任务和构建新发展格局这个战略任务,取得了一系列来之不易的成绩。

2024年2月6日,南京海关发布的最新统计数据显示,2023年江苏出口"新三样"1949亿元,出口规模位居全国第一。与传统的外贸服装、家具、家电——"老三样"相比,电动载人汽车、锂电池、太阳能电池——"新三样"科技含量及产品附加值更高、发展前景更好,已成为江苏产业高质量发展的一张新名片。江苏是全国唯一一个所有地市都跻身百强之列的省份,也是唯

---

① 央广网.江淮领潮,强富美高[EB/OL].(2024-02-26)[2024-12-10]. https://mp.weixin.qq.com/s/UaGWI4HWxB1BBtt6gh7aEQ.

一个所有地市 GDP 都在 4000 亿元以上的地区。江苏下辖的 13 个地级市各个强,牢牢握着全省产业地标名片,并持续向上探索、向外拓展。2023 年 7 月,习近平总书记在江苏考察时留下"在推进中国式现代化中走在前、做示范"的谆谆嘱托。江苏牢记嘱托,交出了一张张"走在前、做示范"的崭新答卷。江苏何以领跑?又将如何继续领跑?

"智"创江苏:下好制造业高质量发展先手棋

外贸"老三样"到"新三样"的变迁,折射出的是制造业转型升级的积极成效。江苏在"新三样"发力,常州是一匹"黑马"。

2024 年江苏政府工作报告中指出,江苏地区生产总值万亿之城增至 5 座。这第五座,便是常州。常州新能源领域制造业产值高达 7680.7 亿元,为常州跻身万亿城市提供了强有力的支撑;"新三样"出口 299.7 亿元,同比增长 12.3%,电动载人汽车出口更是增长 165.4 倍。

在常州,新能源汽车产业链仍不断集聚。与理想汽车常州生产基地一路之隔,就是汇川新能源汽车技术有限公司。该公司副总经理任亮介绍,"常州项目一、二期全部达产后,将形成年产新能源汽车动力总成、电机、电机控制器等关键零部件 430 万台(套)的生产能力,年产值超过 100 亿元"。

数据显示,以新能源汽车为代表的新兴产业已挑起常州工业经济大梁,全国出口每 10 辆新能源汽车中就有 1 辆产自常州。跨入"万亿城市"之后,常州又将目光投向氢能、碳纤维、合成生物等产业,以"新能源之都"建设为牵引,引领发展战略性新兴产业和未来产业,加快形成新质生产力。

江苏是制造业大省,2023 年制造业增加值 4.66 万亿,居全国首位。传统制造业如何焕发"新动能"?同样刻不容缓。

在省会南京,聚焦新能源发电,南瑞集团有限公司"电网运行风险防御技术与装备"全国重点实验室里,科研人员正在合力攻关一项与此相关的国家重点研发计划。该研究聚焦沙漠、戈壁、荒滩及远海千万千瓦级新能源发电基地直流外送问题,致力于将新能源经直流送出能力由当前的 50% 提升至 80%,促进新能源规模化开发与利用。

在江苏徐州,徐工集团是当地龙头企业。在 2023 年全球工程机械制造商 50 强排行榜中,徐工集团稳居中国第一、全球第三。2024 年,徐工集团继续推进"领航·攀登"行动计划,制定一揽子行动方案,创新链、产业链、资金链、人才链"四链"深度融合,带动产业集群提档升级。

"江苏13个地级市产业基础非常好,如果江苏的产业技术创新走在前列,那么全国的科技创新在世界上就会有一个非常好的位置。"中国科学院院士朱美芳表示。

科技创新,浪花奔涌。在2024年江苏政府工作报告中,江苏制造业的"含智量"越来越高——制造业高质量发展指数达91.9,居全国第一,13个设区市全部入选国家先进制造业百强市;工业战略性新兴产业、高新技术产业产值占规上工业比重分别提高到41.3%和49.9%。

江苏省产业技术研究院是江苏深化科技体制改革的"试验田",一头连着科研,一头连着市场。截至目前,研究院在电子信息、先进材料、制造装备、生物医药和能源环保等领域已建有研发载体77家,拥有研发人员超过1.2万人。

"接下来,我们继续围绕江苏着力打造具有全球影响力的产业科技创新中心这个目标,培育一批重大的集成创新平台和领域类的技术创新中心,打造一批具有国际影响力的专业研究所。"江苏省产业技术研究院副院长郜军表示。

面对外部环境复杂严峻、经济面临下行压力等现实困境,江苏的着力点依然是制造业。2024年,江苏苏州、南通、淮安等多个城市"新年第一会"纷纷把主题聚焦到了新型工业化。在江苏省政府举行的"建设制造强省 加快推进新型工业化"专场新闻发布会上,江苏明确2024年将大力推进新型工业化,持续深化"1650"产业发展、企业技术创新、产业转型升级、智改数转网联、优质企业梯度培育、产业服务支撑六大工作体系建设,巩固和增强工业经济回升向好态势,推动制造业高质量发展迈上新台阶、开创新局面。

江苏省社科院区域现代化研究院共同富裕研究中心主任何雨表示,推进新型工业化,彰显了江苏对中国式现代化道路动力源的新理解,更加强调实体经济,更加注重工业制造业,而非简单地以三产占比作为衡量经济现代化的标准。制造业,始终是江苏的最大底气。

协同江苏:做好内外同频共振大文章

2023年7月,中国百强城市排行榜发布,江苏13个地级市全部入围百强。据统计,江苏已连续多年全部城市登榜,成绩背后,是多年来江苏各区域协同发展的努力。

江苏省政府2023年8月发布的数据显示，2022年苏南与苏北人均地区生产总值比值为1.93，居民人均收入比值为1.85，是全国区域差距最小的省份之一。百尺竿头更进一步，2024年江苏省政府工作报告中，"联动推进长三角一体化发展和长江经济带高质量发展"继续被放到重要的位置。

2023年12月26日，位于江苏南通的苏锡通科技产业园区举办项目集中签约活动，现场签约落户的移动通讯精密结构件项目、北斗航天应用装备研发制造项目等4个高端制造业项目，皆来自上海和苏南地区，体现了苏锡通园区跨江融合的发展优势。

"我们将进一步强化与上海、苏南等地产业链协同、创新链对接和供应链融合。"苏锡通科技产业园区管委会副主任曹锐表示，园区要坚定扛起高水平建设"沪苏跨江融合发展试验区"使命任务，积极探索跨江融合、南北联动的新模式，推动长三角一体化向更深层次、更高水平拓展。

苏锡通科技产业园区只是南通对接上海、融入苏南的案例之一。自2006年以来，江苏的苏南和苏北各类共建园区38个，有力推动了南北区域经济的协调发展和产业的深度融合。

长三角一体化，上海是龙头。在江苏，各个城市对接上海的步伐也一刻没有停歇。

在无锡高新区综合保税区，由上海某自动驾驶公司为保税区企业量身打造的无人驾驶厢式货车正在运输电子零部件，助力打造智慧工厂。这家自动驾驶企业，拥有全球首张智能网联汽车示范运营牌照，以及自动驾驶领域的先进技术。企业瞄准了无锡蓬勃发展的物联网产业和自动驾驶应用场景，于2022年11月16日获得了无锡市首张示范运营牌照。

一个有技术，一个有场景。该自动驾驶公司总经理李忠欣表示，未来，企业将在上汽大通无锡工厂入场物流场景进行商业落地部署。与此同时，在无锡成立子公司，实现智能网联车智慧运输商业运营闭环，共同推动无锡市智能网联产业生态建设，构建"5G智慧物流+"特色工业互联网模式，形成可复制、可推广的"无锡标准"。

近年来，无锡与上海的合作发展成果丰硕：双方共同策划举办16个重大活动，在锡落户的两地合作项目22个、协议投资超1200亿元，上海华虹项目的落地并投产，更成为无锡史上投资规模最大的产业项目。

作为新亚欧陆海联运通道桥头堡,连云港这座江苏最北的城市,也在积极拥抱长三角。连云港在全国设立7个招商中心,其中有3个在长三角地区,分别是上海、南京、无锡,发挥着产业项目招引的积极作用。总投资54亿元的威孚环保新材料项目以及总投资8亿元的均和云谷、7亿元的应急装备制造、7亿元的吴中智能装备等项目均由长三角地区招引落地。

引活水,造新血。连云港全力推动锡连南北共建园区建设,充分发挥临港靠海资源禀赋和"三新一高"产业特长,深度融入长三角产业分工体系,大力推进补齐产业短板、提升产业链韧性、增强自主可控水平的关键项目建设,努力实现错位发展、协同发展、共赢发展。

长三角一体化,是基础设施、产业协作、公共服务等全面的一体化。南京大学城市科学研究院执行院长胡小武认为,江苏以国家区域重大战略为牵引,区域协同发展堪称全国典范,"一是省委省政府对苏北发展的高度重视,选派大量苏南干部苏北任职、挂职,推动关键力量的提升;二是苏北地区全力以赴谋发展,在产业规划、招商引资、改善营商环境上不懈努力,抓大项目的劲头十足;三是苏南产业的梯度转移和苏北的产业承接,不断取得新成果"。这是江苏经验,更是江苏各地你追我赶、奋勇争先的真实写照。

江苏城市缘何各个强?答案呼之欲出。于外,江苏认真落实国家重大区域战略,联动推进长三角一体化发展和长江经济带高质量发展;于内,加强南北结对帮扶和产业链合作,高质量建设南北共建园区。江苏,聚势、顺势、乘势,盘活区域协同发展一盘棋。

生态江苏:为"美丽中国"贡献新拼图

江苏水网密布,水域面积占16.9%,全省共有乡级以上河道2万余条,是全国唯一同时拥有大江大河大湖大海的省份。千百年来,居于江苏大地的人们守长江、望黄海,勾勒出新时代"鱼米之乡"的崭新画卷。也正因如此,在这片土地上,水资源的生态保护更显得尤为重要。2024年江苏省政府工作报告中,将"加快建设美丽江苏"作为2024年十项重点工作之一。

"从前我们哪敢穿白衬衫出门,回家肯定变成'灰衬衫'。"今年39岁的吴继伟从小就住在潘安湖街道的权台村。回忆起家乡,吴继伟记忆最深刻的就是来往大货车在路面上扬起的尘灰。

有着百余年煤炭开采历史的徐州贾汪区,曾密布大大小小的煤矿。丰富的煤炭资源一度成为贾汪区致富的"金山"。然而随着过度开采,贾汪区采煤塌陷地越来越多,严重时达到了13.23万亩,约占全区总面积的12%。其中,吴继伟所居住的潘安湖区域周边,塌陷情况最为严重,地上房屋因之损毁,生态环境日渐恶劣。

"现在不一样了,出了家门口就能逛公园。"吴继伟指了指身后的潘安湖国家湿地公园说。经历了采煤塌陷带来的苦果后,贾汪区对潘安湖采煤塌陷区进行综合整治。潘安湖国家湿地公园副总经理韩宝周说,去年被称为"鸟中大熊猫"的震旦鸦雀来到了潘安湖,这在当地成为一大喜讯,标志着潘安湖湿地周边生态环境的改善有了明显成效。

"去年,依托'国家山水工程'项目,贾汪区启动清泉湖和董庄湖共计3000亩采煤塌陷地综合治理工程,全面推进新一轮生态修复实践。"贾汪区生态环境局党组书记、局长朱雪峰介绍说:"预计2024年完成修复,这意味着贾汪全区采煤塌陷地修复将全部完成。"

水清沙好,富民增收。生态环境的改善为居民带来了致富的新路子,也为区域经济品牌的打造提供了新的可能,真正变"绿水青山"为"金山银山"。

"现在我们太湖的水,不仅很养人,也很适合养螃蟹。"陈建庆在苏州吴中区临湖镇苏州太湖现代农业示范园内经营着110亩蟹塘,是一位经验丰富的蟹农。随着一只只膏满肉肥的大闸蟹到了成熟期,成批的订单纷至沓来。他正忙着把螃蟹捞起打包,发向全国各地。

"曾经太湖里蓝藻和水葫芦到处都是,严重影响水产养殖。同时,原先不规范的水产养殖也进一步加剧了水体富营养化。"苏州太湖现代农业发展有限公司总经理张雪洪介绍说,为了保护太湖的生态环境,如今产业园通过治理已经告别了过去的大规模围网养殖,改为内塘养殖,引进了专业的养殖户来进行规模化养殖,同时大力发展绿色养殖。

接下来,太湖现代农业示范园将科技创新与渔业生产相结合,探索环境治理与渔业发展共荣共生的发展新路径。张雪洪表示,2024年太湖农业将进一步把"智慧"运用到种植、采收、加工等各个环节,让数字赋能农业产业的高质量发展,让科技赋能生态环境治理。

对于水乡而言,水资源生态治理的意义不仅在于景观提升,更是文脉的一次重新梳理。

扬州,位于大运河和长江交汇点上。近年来,扬州为了让古运河重焕生机,对运河沿线持续进行生态修复和景观提升,如今已经成为当地的文旅新地标。

"现在来到大运河边上,真的像走进了一幅古代山水画",家住扬州的李欣然说,"2024年春节期间来这里看大运河的游客非常多,没想到家门口的运河背后竟还有这么多故事。"

2024年是中国大运河申遗成功十周年。如今大运河非遗文化园二期项目已启动建设,未来将与大运河非遗文化园一期、大运河博物馆、三湾公园等,一同勾画"水韵江苏"的新景致。

2024年1月底,江苏召开生态环境保护工作会议提出,2024年将扎实推进长江大保护和太湖治理。持之以恒抓好长江大保护,更加扎实推进新一轮太湖综合治理任务,推动长江经济带高质量发展、长三角一体化生态环境共保联治。

江苏辖江临海,经济繁荣,文化昌盛。长江从此奔涌向海,横跨东西;大运河在此经年流淌,纵贯南北。岸边的人们枕水而居,守护着绿水青山,也创造着幸福生活。这是"美丽中国"故事的绚丽篇章,更是江苏坚定践行"两山"理念,生态文明建设取得巨大成就的生动写照。

大道至简,实干为要。在2024年江苏"两会"上,江苏明确提出,要落实好总书记赋予的"四个走在前""四个新"重大任务,在实施行动方案上取得实质性进展,在彰显先行优势上取得标志性成果,在推动高质量发展、服务构建新发展格局上真正挑起大梁,努力交出一份好答卷。

思考讨论

1. 结合江苏在制造业转型升级和区域协调发展方面的实际做法,探讨如何在新时代中国特色社会主义现代化建设中发挥示范引领作用。江苏在新发展理念中的具体实践,对其他地区发展的有怎样的启示和借鉴意义?

2. 结合江苏制造业的转型案例,谈谈江苏制造业从"老三样"到"新三样"的转型升级说明了什么。科技创新在推动产业升级中具有重要作用,如何通过技术创新和产业链重构来实现高质量发展?谈谈制造业在推动经济发展的过程中如何适应全球竞争。

3. 结合江苏在生态保护和治理方面的实践,谈谈生态文明建设如何成为高质量发展的重要组成部分。在经济快速发展的同时,如何平衡环境保护和资源利用,推进绿色发展理念的落实?

教学建议

本案例主要适用于"坚持以新的发展理念引领高质量发展"部分的辅助教学,可以帮助学生了解江苏省如何通过践行新发展理念,推动制造业转型升级、区域协调发展和生态文明建设,取得高质量发展成果。江苏在推进中国式现代化过程中,通过科技创新和生态保护,展现了其在经济和环境协调发展中的示范作用。

1. 讨论新发展理念的核心内涵与实践路径

可以引导学生深入理解新发展理念的五大发展观(创新、协调、绿色、开放、共享)如何在江苏省的经济发展和产业转型中得到具体实践。通过分析江苏的实际案例,学生可以思考如何将这些理念应用于其他地区的发展策略中,并讨论新发展理念对推动中国式现代化的重要性。

2. 探讨制造业转型升级与区域经济协调发展的关系

可以组织学生讨论江苏省制造业从"老三样"到"新三样"的转型升级过程,分析科技创新如何推动传统产业焕发新动能。通过对比江苏省内不同地区的产业发展路径,学生可以探讨区域经济协调发展对整体经济稳定的重要性,特别是在长三角一体化背景下的区域协同效应。

3. 思考生态文明建设在高质量发展中的重要性

可以通过江苏在水资源管理和生态环境保护方面的成功案例,引导学生思考生态文明建设如何助力经济高质量发展。学生可以探讨江苏如何将"绿水青山就是金山银山"的理念落到实处,以及这对其他省份在发展经济的同时保护环境有何借鉴意义。

案例 2

从"南泥湾"到"新宏图":小米"全链路"赋能"自主创新"①

核心阅读

党的二十大报告提出,推动创新链、产业链、资金链、人才链深度融合。小米旗下的红米品牌用十年时间探索了一条国产供应链自主创新的道路,是"四链融合"在实践中的验证。2013年第一代红米手机发布时,行业震惊,销量火爆,也给行业带来了困惑:小米已经有了小米,为啥还有红米?11月27日,小米集团合伙人、总裁卢伟冰揭秘:为了采用国产元器件带动国产供应链进化。草蛇灰线,伏笔千里。早在2011年,小米手机创立仅一年,主管部门就给了小米一个新课题:小米手机这么火,能不能带动一下国内产业链?小米手机对标的是iPhone,采用的供应链都是苹果的供应链,主要以海外的供应商为主。小米科技创始人雷军带着大家研究了很久,最后下定决心还是要下。红米计划就此诞生,红米带着使命出生。2023年11月23日,由红米牵头、携手国产供应链核心伙伴官宣,正式启动"2万亿新宏图计划"全球合作新框架:未来十年在全球市场共创共享2万亿综合产值,一起推动国产供应链从追赶到引领。

---

① 侯继勇. 从"南泥湾"到"新宏图":小米"全链路"赋能"自主创新"[EB/OL]. (2023-12-06)[2024-12-10]. https://mp.weixin.qq.com/s/niO3RIGm7yYiZgqzIIxjmA.

2023年11月27日,小米发布K70系列。① 卢伟冰说:"这是红米十周年的献礼之作,是十周年四大战役的最后一战,也将会是最精彩的一战。"同时,小米K70更是国产供应链集大成之作。中国技术创新一直存在技术引进与自主创新两条路径。改革开放初期,利用技术溢出以及发达国家的技术扩散,我们通过技术引进在很多领域取得了进步,随着我国经济的发展与技术的进步,技术引进发挥的作用已经越来越弱,自主创新成为更主要的选择。小米"新宏图"实践的是一条自主创新的道路,充分利用改革开放形成产业优势、市场优势,用全产业链的方式推动国家自主创新。

红米十年销量超过10亿台,形成了一个备受欢迎的国民品牌,更重要的还是形成了一个推动国家自主创新的全产业链。卢伟冰说:"中国力量链接全球,强者之路,十年不晚。"强者有红米,更有国产供应链。

自主创新:一个"4000万打水漂"的故事

2020年红米K60立项,卢伟冰与红米团队内部讨论:是否能够研发一款超越国外产品的2K屏,分辨率要高,显示效果要好,最关键的是要护眼。当时2K屏幕手机非常少,一方面非常贵,一片2K屏那时差不多100美元,另一方面交期特别长,交期需要6个月,所以当时搭载2K屏的手机售价基本都在4000元以上。柔性的OLED屏幕几乎全部依赖进口,分辨率基本是Full HD。小米需要供应商完全开放技术联合开发,在技术开放方面,国外屏厂不能满足小米的要求。

小米内部讨论,在全力开发Full HD屏幕同时攻关2K屏,把小米积累的所有在屏幕方面的技术和能力赋能一家屏幕厂家,一起来承担所有风险。小米找到了华星。华星正在全力攻克Full HD的屏幕,再加上新冠疫情的影响,团队非常为难,压力非常大。卢伟冰对华星高管说:"如果要做出世界上最好的屏幕,一定要攻克2K屏这个技术的制高点。"

"世界上最好的屏幕"打动了华星的高管,双方组成了一个攻关团队。团队常驻武汉,吃住在工厂,没日没夜地解决一个又一个技术问题,包括硬件的设计、算法、良率的提升等。一共熬了700多天,费了一万多块测试屏,最终一起攻克了2K技术。从1%的良率开始爬坡,现在接近90%,实现了

---

① 该案例写于2023年,为求表述准确,文中尽量保留相关论述。

全球量产良度最高的2K屏幕,旗舰2K的中国屏。

小米屏幕专家吴仓志,从北京去武汉的时候做了长期驻厂的准备,带了十套衣服,计划从春天待到秋天。没想到春天出发,冬天才回来,还要去买冬装。他很感慨:"万万没有想到,十套衣服都扛不住。"搭载了旗舰2K中国屏的K60上市后广受好评。经过两年的发展,今天中国厂商已经可以做出世界上最好的屏幕,陆续有越来越多的中国屏厂攻克了2K屏幕的技术。与过去的技术引进不同,也与单打独斗的自主创新不同,通过产业链崛起推动自主创新,红米十年打造了一个自主创新的"新范式"。回到故事开始的地方,这个成功的新范式始于一次冒险。

2012年小米刚刚创立两年,国产手机供应链非常薄弱,不止缺芯少屏,几乎全部依赖进口,国产化率非常低,用国产供应链做一款手机的压力很大。如果做不好,公司可能会关门。红米团队历时1年,投入了4000万元,终于做出了第一款手机,内部代号H1。意外却发生了,在关键的评审阶段,大家认为产品不达预期。对当时的小米来说,4000万元不是一个小数字。团队反复论证,雷军做了一个艰难的决定,取消H1,完全推倒重来,做了H2。H2是市场熟悉的第一代红米手机,其实是小米内部研发的第二款。红米带动了国产供应链的发展,彻底地终结了山寨机,普及了智能手机,加速了移动互联网的发展。罗永浩在直播时说,红米真的是"功德无量"。

为什么取名红米?卢伟冰说:"因为我们要有一颗红心,这颗红心就是要深度捆绑国产供应链,相互支持一起成长。"为什么支持国产供应链?雷军有两个理由:一是作为一家中国的科技公司,有责任有义务带领国产供应链进步;二是国产技术突破了,既可以提高品质,也可以降低成本,并且能够实现快速地交付。

4000万元打水漂,卢伟冰却说"打得真好",因为这笔学费不仅仅是为红米交的,也是为用户交的,更是为中国的手机产业链交的。但这只是"产业链崛起推动自主创新"这个故事的开始。

创新崛起:从"南泥湾"到"新宏图"

红米第一代手机定价799元横空出世,高品质、高性价比完美地结合,当时在金立做总裁的卢伟冰大受震撼,怎么算,红米一代都是巨亏的。用户的眼睛是雪亮的,红米一代一共卖了4460万台。

红米 Note7 采用了康宁第五代大猩猩玻璃，不计成本地解决了大屏幕易碎、维护成本高的问题。Note7 代号叫小金刚，从此以后 Note 就是小金刚，小金刚就是高品质。999 元的价格让 Note7 彻底"爆了"，销量突破了 3.55 亿台。2019 年 K20 发布，"米粉"们直呼惊艳。K20 是小米的第一部旗舰机，做到了全面屏的标杆性设计，用了当时少有的 AMOLED 屏幕，4000 毫安电量，手感好、长续航，成为米粉心中的真旗舰。K20 系列一共卖了 500 多万台，到今天还有 120 万用户，他们真是货真价实的"钉子户"。

红米十年，销量 10 亿，带动一批国产供应链厂商崛起，除了华星外，还有蓝思科技、龙旗科技、比亚迪、豪威、欣旺达、天马电子……目前跟小米在合作的国产关联的伙伴已经达到了大约 300 家。

与华星的合作是红米跟国产供应链合作伙伴合作的缩影和样板，红米跟国产供应链伙伴一起，相互信任，相互支持，一起努力，攻克了一个又一个技术难题，在一个又一个领域取得了突破。

忆往昔，上海韦尔半导体董事长虞仁荣说，国内半导体十几年前的基本上都属于国外品牌的天下；TCL 华星 CEO 赵军说，那个时候国内的面板市场还是由韩国企业所垄断；欣旺达集团高级副总裁李载波说，锂电池供应链在早期主要依赖于进口的原材料和设备；天马电子董事长彭旭辉说，缺乏大规模的对新技术、新工艺、新产品进行充分验证的机会……

看今朝，比亚迪电子首席运营官江向荣说：红米手机横空出世，以山寨机杀手的身份终结了市场混乱，让市场看到国产手机做爆品的可能，供应链端都在向优质产品转型，这是一个良币驱逐劣币的过程；瑞声科技执行副总裁潘开泰说，红米强有力的销量让供应链企业更好地生存，也为下一阶段的突破积蓄力量；彭旭辉说，国产屏从追赶到超越的转折点，应该就是 K50 至尊版，我们双方联合打造了全新的 1.5K 分辨率，这是我们中国厂商首次定义新的分辨率规格，打响了国内 OLED 显示屏的突围之战，这十年是迅速突破的十年，是深入合作，联合开发，不断突破的十年……

历经十年，小米与供应链伙伴共成长，相互合作进一步加深，2021 年小米与比亚迪成立了联合实验室，每年有 80 到 100 项研究项目，约有 50% 成果转化到量产，小米与欣旺达创立了联合研发实验室，在锂电池各个技术领域进行探索。截至目前，小米与供应链伙伴合作建立了十多家联合实验室，在供应链的各个领域突破。

展望未来十年,"新宏图计划"水到渠成:11 月 23 日,红米与产业链合作伙伴共同签署了新十年的全球产业链合作框架,未来十年面向全球的市场红米带动国产供应链实现 2 万亿综合产值。为了应对美国对华为的技术打压和封锁,华为在 2020 年 9 月启动了一项"南泥湾项目",旨在实现国产替代,摆脱对西方的依赖,三年后,Mate60 横空出世,全球震惊。从"南泥湾"到"新宏图",中国"创新崛起"的故事翻开了新的一页。

链接全球:"全链路"赋能"自主创新"

11 月 28 日,首届中国链博会在北京召开,中国链博会是全球首个以供应链为主题的国家级展会,聚焦促进全球产业链供应链合作,注重绿色低碳发展、数字化转型,推动经济全球化健康发展。作为"全球制造工厂",我们拥有全球最完善的供应链和产业配套,再加上中国庞大的市场规模和丰富的人力资源,这为供应链的发展提供了坚实的基础,也为"全链路"赋能"自主创新"提供了强大的支撑。

在"新宏图计划"的基础上,小米与供应链伙伴达成了"中国科技产业链清河共识",在这份产业级共识中,红米与国产供应链企业提出四项发展倡议:坚定持续"硬核创新"是时代命题;扎根中国、"链"接全球是必然选择;"一面自立自强,一面合作开放"是持续开拓的必由之路;万亿级产业集群崛起,将重塑全球价值链格局。"清河共识"将"全链路"赋能"自主创新"又向前推进了一步。

包括 TCL 华星、豪威科技、蓝思科技、龙旗科技、维信诺、伯恩等众多国产供应链龙头企业,参与了"2 万亿新宏图计划"以及共识的发布。"全链路"赋能"自主创新",产业链中的龙头或"链主"的位置很重要,穿针引线,串珠成帘,"链主"就是把全链路连接起来的线。南华为、北小米近期发布的小米 14、Mate 60 两款产品都受到了用户追捧,除了出色的产品力外,也因为这两款产品采用了诸多国产生态链企业生产的元器件而受到国人的喜欢,"国货自强"的情绪被投射到了现实的产品上。

10 月 26 日,小米于北京召开主题为"跨越时刻"的小米澎湃 OS 暨 Xiaomi 14 系列新品发布会,正式发布自研操作系统小米澎湃 OS。小米澎湃 OS 是小米历时 7 年打造的,以人为中心的"人车家全生态"操作系统。

小米澎湃 OS 定位"人车家全生态",作为"跨终端"OS,澎湃 OS 跨越所有智能终端。万物互联时代,手机、汽车、电视、PC/平板将成为超级终端,超级终端连接周边的智能终端。与目前智能终端仅手机、PC/平板等少数品类不一样,未来所有终端都将成为智能终端,比如冰箱、洗衣机、微波炉等。万物互联时代行业走到了"科技树分叉"的时刻,小米澎湃OS、华为鸿蒙这样的"跨终端"OS代表了未来。

雷军在发布会上宣布了小米集团的战略升级,从原来的"手机 X AIoT"升级为"人车家全生态"。小米手机全球销量第三,全球拥有8.2亿的智能连接设备,拥有全球最大的消费级的IoT生态。伴随着小米战略的升级,小米会向更多终端与场景落地。"手机 X AIoT"时代,小米是手机国产供应链的主力军和压舱石,"人车家全生态"时代,小米要成为更多供应链的主力军和压舱石。

简单说,"人车家全生态"时代,"全链路"赋能"自主创新"将会在更多行业复制,除了手机,还有汽车、空调、冰箱等所有被"AI+"的行业,推动国产供应链自主创新。

与PC时代、移动互联网时代相比,我们站在了一个全新的时刻:一是中国已经超越美国、日本成全球最大的科技产品市场,不止PC、手机,还有空调、冰箱、洗衣机、可穿戴设备等,未来还有汽车及为数众多的物联网产品;二是中国已经成为全球工厂,拥有全球最完整的产业配套,最好的基础设施,最强的工程制造能力,这两点都是中国自主创新的坚实基础。

PC时代、手机时代正处"全球化"黄金时代,技术、产业、资金、人才等资源按照全球自由流动的逻辑配置,中国制造,美国创造,中美双向奔赴;随着经济贸易局势的演变,"双操作系统"的形成,世界格局正在进入新常态,我们必须接受"中国创造,中国制造"的现实。小米的实践证实,"全链路"赋能"自主创新"是个好的选择。既然终将如此,那就让我们放手去做,从此刻开始。

汽车创新:产业链的力量与政策的翅膀

2021年3月30日,小米集团正式宣布进军智能电动汽车市场。那时,雷军表示:"我愿意押上我人生所有积累的战绩和声誉,为小米汽车而战。"这句话不仅体现了雷军的决心和勇气,也揭示了小米对于汽车市场的雄心壮志。

专题 6　坚持以新的发展理念引领高质量发展

汽车行业的供应链复杂,从原材料采购、零部件生产,到汽车组装,每一个环节都需要精密的调控。而且,汽车行业的供应链往往需要与众多的供应商进行协调,每家车企的情况都有不同,这对于小米来说无疑是一个长期的挑战。2024 年 3 月 28 日,小米集团在北京举行主题为"向前"的小米汽车上市发布会,正式发布小米 SU7。小米 SU7 开启大定 4 分钟,大定数便达到 10 000 台。而大定数突破 50 000 台更是只花了 27 分钟,这样的成绩无疑显示出了消费者对小米 SU7 的认可。

小米汽车的成功交付并非偶然。公司在研发过程中,始终坚持创新驱动、质量为本的原则,不断突破技术瓶颈,提升产品性能和质量。同时,小米汽车还积极与全球优秀的供应商和合作伙伴开展深度合作,共同打造高品质的智能电动汽车。同时,小米汽车还注重用户体验和服务质量的提升。公司通过建立完善的售后服务体系,为用户提供全方位的贴心服务,确保用户在购车、用车过程中能够享受到便捷、高效的服务体验。这种以用户为中心的服务理念,使得小米汽车在市场中赢得了良好的口碑和信誉。

此外,除了产业链的完善,政策的支持也是小米造车能够快速推进的重要因素。北京市政府对于新能源汽车产业的大力支持,为小米等企业提供了强有力的后盾。在这样的政策环境下,小米不仅能够获得必要的资源和资金支持,更能够在法规和市场准入方面得到便利,这些都是推动小米造车项目快速前进的关键因素。

小米造车的速度,是产业链完善与政策支持共同作用的结果。这不仅是小米的胜利,更是中国制造业成熟度和创新能力的体现。在未来的道路上,我们有理由相信,小米将会在智能汽车领域创造出更多的奇迹,为消费者带来更多的惊喜。让我们拭目以待,小米如何在这场科技与创新的交响乐中,继续演绎它的华丽篇章。

思考讨论

1. 在全球科技竞争激烈的背景下,小米通过推动国产供应链自主创新取得了巨大成就。"小米全链路赋能自主创新"对中国科技产业具有重要意义,谈谈这对中国制造业和科技产业的长远发展有何影响。在经济全球化和贸易保护主义并存的时代背景下,如何平衡自主创新与国际合作?

2. 小米在"新宏图计划"中展现出了"南泥湾精神",这一精神如何转化为小米自主创新的动力？在应对外部压力和技术封锁时，企业如何借鉴"南泥湾精神"，通过自主创新和全链路整合，摆脱对国外技术的依赖，从而实现技术突破和产业升级？

3. 结合小米在推动国产供应链发展的实例，探讨企业该如何承担起推动技术进步、提升产业链自主性、增强国家科技实力的责任。在实现自主创新的过程中，企业可能面临的挑战，如资金压力、技术瓶颈和国际市场竞争等，如何有效应对这些挑战？

教学建议

本案例主要适用于"坚持以新的发展理念引领高质量发展"部分的辅助教学，可以帮助学生了解小米如何通过技术突破和全产业链整合，推动自主创新，提升国产品牌竞争力，为中国科技产业崛起作出贡献。

1. 探讨自主创新在国家战略中的意义

可以引导学生思考自主创新对国家发展的重要性。通过小米在推动国产供应链发展中的实践，讨论自主创新如何提升国家竞争力，并分析其对中国科技产业的长远影响。鼓励学生思考在全球科技竞争日益激烈的背景下，如何继续加强自主创新。

2. 分析"全链路"赋能模式的成功经验

可以通过分析小米在"全链路"赋能中的成功经验，引导学生理解企业如何通过整合产业链、创新链、资金链和人才链，实现技术突破。讨论这种模式在其他行业的可复制性，探讨其对中国制造业整体提升的启示。

3. 反思自主创新中的风险与挑战

可以通过小米早期在自主创新过程中遇到的风险与挑战，引导学生思考在创新过程中可能面临的困境。鼓励学生探讨如何在技术攻关中应对风险，如何在失败中积累经验，并将其转化为成功的动力。学生可以讨论企业如何在挑战中寻找机遇，推动产业链的全面升级。

案例 3

江南大学用科技创新牢牢守住"舌尖上的幸福"[①]

核心阅读

诸葛亮发明的馒头、张仲景首创的饺子、苏东坡炖出的第一碗"东坡肉"……很多传统食品，人们吃得多，知道的相关知识自然也多。但是，与时俱进的创新食品及其原料来源、制作技术、食用方法等，往往会出现知之不多、知之甚少，甚至不为所知的情况。比如，未来食品。未来食品到底是什么样的食品呢？中国工程院院士、江南大学未来食品科学中心首席科学家陈坚在他的"科学家做科普"中说道："未来食品的属性，是未来生产方式和生活方式改变的代表性物质，主要是解决食物供给和质量、食品安全和营养、饮食方式和精神享受等问题，核心内容包括植物基食品、食品感知、智能制造、替代蛋白、精准营养、食品安全。"

[①] 叶真等.探访江南大学食品科学与技术国家重点实验室:用科技牢牢守住"舌尖上的幸福"[EB/OL].（2022-10-21）[2024-12-10］. https://kxjst.jiangsu.gov.cn/art/2022/10/21/art_83499_10634971.html.

党的二十大报告指出,全方位夯实粮食安全根基,牢牢守住十八亿亩耕地红线,确保中国人的饭碗牢牢端在自己手中。守护粮食安全、实现食品营养健康,耕地是基础,科技是关键。安全、健康、营养、美味的食品是"吃好饭"的保障。本文根据《科技周刊》记者所作探访进行说明。①

走近未来食品,让细胞工厂"长"出食品

在人工气候室,一株株珍贵药用植物沐浴在恒温恒湿的阳光房内,它们的体内孕育着关键中药成分的合成酶,研究人员已通过酵母发酵生产数种中药成分;在高通量筛选平台,一块块细胞培养板正在等待"机器人"进行高效筛选;在植物蛋白肉生产线上,植物基分离蛋白经过复水、脱水、拆丝,与其他配料有效整合压实后,只需要一个多小时,就产出了一块块植物蛋白肉……这些,就是江南大学未来食品科学中心的科学研究场景。在这里,可以看见未来食品的一些生产方式,品尝未来食品的风味。

"提到未来食品,大家的第一反应往往是植物蛋白肉,但这仅仅是未来食品研发的一个方面。"江南大学未来食品科学中心副主任汪超告诉《科技周刊》记者,未来食品是在传统食品、现代食品基础上逐步发展起来的,变革了传统食物的生产模式,未来人们能够通过优化饮食方式减少慢性疾病。在绿色减碳方面,他们希望尽量减少养殖业产生的温室气体排放。微生物培养、植物培育技术提升了传统畜禽养殖效能,通过原料、加工技术等方面的提升,应对未来可能出现的全球食品供给短缺等情况。

近年来,植物基食品已经走进了千家万户,逐渐为人们所认可,但不容忽视的是其致敏性、异味、营养品质低于动物蛋白等问题。如今,另一种人造食品——细胞培养肉正走向市场。"植物蛋白肉虽然是比较成熟的产品,但仍需要不断改进。"汪超表示,"我们利用细胞工程和组织工程技术,在生物反应器中通过培养动物细胞的方式生产动物肌肉和脂肪,俗称细胞培养肉。这种'肉'具有与动物肉相近的营养和风味。"

江南大学未来食品科学中心教授周景文介绍,与动植物相比,微生物具有生长快、生产转化率高的优点。利用现代生物技术、以工程化设计理念对微生物进行改造,再通过发酵进行扩大培养,形成规模化微生物发酵生产。

---

① 该案例写于2022年,为求表述准确,文中尽量保留相关论述。

他们正在通过选育和构建高产量目标蛋白的细胞工厂种子,打造具有高效、精准的食品制造能力的细胞工厂。目前能够实现食品(药品)的实验室生产,未来有望解决食品(药品)的可持续供给问题。此外,他们现已通过合成生物学、高通量筛选等方法,实现了多种黄酮类化合物的发酵法生产,实现了黄酮类化合物在微生物中的高效异源合成。

2022年9月23日,江南大学未来食品科学中心陈坚院士团队的"细胞培养五花肉制备关键技术"通过了中国轻工业联合会成果鉴定。这种技术制造出来的"五花肉",在质构口感、营养风味等方面与真肉更接近。"项目研究成果将对细胞培养肉产业化起到积极的推动作用,细胞培养五花肉产业未来可期。"周景文表示。

"我们重组食品的概念,并不是模拟现在已经存在的食物,而是要让粮食、食品的品质更好,来源可溯,质量可控。"周景文表示,"诚然,人造肉无法全部替代自然界的真肉,但肯定可以替代一部分。"

开发自主知识产权益生菌,让国人吃得更健康

益生菌有利于肠道平衡调节,提高机体健康水平。近年来,随着益生菌越来越多地运用于治疗癌症、代谢性疾病、口腔类疾病、过敏类疾病等领域,益生菌日益成为生命健康领域的关注点,开发益生菌系列功能食品成为重要发展趋势。

由中国工程院院士、江南大学校长陈卫领衔的江南大学"益生菌科学与技术"团队,多年来一直从事益生菌生理功能、益生菌特性研究、益生菌发酵与产业化工作,挖掘益生菌的秘密。

"益生菌科学与技术"团队成员刘小鸣教授告诉记者,提起益生菌,大家都很熟悉,但是,我们喝的发酵乳中,真正来源于中国的菌株并不多。较欧美而言,我国益生菌研究与应用起步较晚。而研究发现,中国人和外国人的肠道菌群结构是不一样的。生在中国本土的优秀益生菌,更适应"中国肠道"。"我们正在进行有中国自主知识产权的益生菌类的研发工作。"

那么,中国本土的益生菌从何而来,如何研发?这是行业内的"卡脖子"问题。为了收集到更多的益生菌,"益生菌科学与技术"团队做了大量工作。"我们会定期前往新疆、内蒙古、西藏、云南、广西等地,收集当地人们的乳制品、发酵食品,从中提取益生菌,必要的时候,也会收集当地居民的排泄物。"

刘小鸣告诉记者，益生菌的收集地点必须是不受污染的原始而隐秘的自然生态，这样更能确保菌株的安全性与科研要求。随着多年的发展，益生菌本身其实也在不断进化发展，留下的都是一些更加适应人体的菌株。

收集完益生菌后，团队会对菌株进行基因测序，之后经过一系列筛选、鉴定以及科学研究，将来源清晰、功效优良的菌株挑选出来，才能使这些优质的菌株可以进行规模化生产、商业化应用。"一般情况下，筛选出一种合格的益生菌，需要2年甚至更长的时间。"刘小鸣介绍，"我们发现，益生菌其实很有意思，通过调节人的肠道菌群可以发挥很多作用，比如，在湖北钟祥发现的青春双歧杆菌（CCFM8630），能够降糖减脂、预防糖尿病、缓解代谢综合征，在广西巴马发现的罗伊氏乳杆菌（CCFM8631），能够调节血糖、降低胆固醇、缓解代谢综合征，在重庆发现的植物乳杆菌（CCFM1137），能够抗牙周病、缓解口臭、清洁口腔，这些定制化的益生菌配方通过临床试验后，可以进行工艺改进和产业化生产。"

在江南大学的协同创新中心，有一个特殊的实验室，里面是一排排的柜子，保持一定的温度和湿度，这里就是全国最大的益生菌专利菌种库，也是益生菌的"种质资源库"。截至目前，这里共收集了2.5万多株菌种，其中拥有专利及申请专利的益生菌有200株，种质资源覆盖了可用于食品的菌种目录上的所有菌种。

"让人备感振奋的是，现在国内益生菌市场，已经越来越多地使用有本土自主知识产权的菌株。当前我国益生菌专利申请量占全球总申请量的26%，仅次于美国。"陈卫表示，未来，团队将更加科学准确解释益生菌的功能及其作用机理，既要有消费者层面的明显体感，更要有科学研究层面的数据证据。只有找到或看到这些能调节肠道屏障、肠道免疫和特定菌群的关键物质，才能真正说明益生菌发挥了作用。"相信在不久的将来，益生菌产品类型也将从发酵乳等普通食品，过渡到功能食品、微生态制剂药品、功能日化等多个领域的全面、精细化应用。"

构建大食物观，用科技牢牢守住"舌尖上的幸福"

近日，世界粮食计划署发出警告称，全球粮食危机持续加深，仅在2022年的前几个月里，全球饥饿人口就激增，世界可能再次面临创纪录的饥饿年。中国、美国、欧盟和日本等国家和地区都将食品生物技术的发展提高到战略高度。

"作为食品工业领域科研工作者,我们更要着力让老百姓'吃好饭'。"中国工程院院士、未来食品科学中心首席科学家陈坚表示。在他看来,将生物学原理转化为先进的产业化要素,并应用于食品加工中,将成为未来食品产业发展的重要趋势之一。"保障粮食的战略安全,转化食品效应,需要从更高的层次来看待我们的研究。"

陈坚指出,近年来,我国食品科技研发水平不断增强,基础研究水平显著提高,已初步形成基础研究与前沿技术创新、关键共性技术开发、系统化产品制造技术集成三位一体的发展新格局。但是,我国食品工业科研实力与发达国家存在差距、前沿领域研究力度不足、部分关键核心技术尚未突破、重要装备产品等方面问题依然存在。"粮食、食品与人民群众关于美好生活的向往息息相关。在这一情况下,我们更要居安思危,自立自强。中国人对美食的热爱,是我们精益求精的动力。国内的巨大市场、齐全的工业产业链也给予我们底气。我们可以相信,人类对合成生物学制造技术的驾驭和运用,正在颠覆传统的食品生产和供给方式。采用合成生物学实现人工合成淀粉的概念和技术创新,不仅对未来农业生产特别是粮食生产具有革命性影响,对全球生物制造产业发展也有里程碑意义。"

民以食为天。好的未来食品只有走出实验室,走向百姓餐桌,让人们吃得好、吃得健康才能够实现食品工业的意义。因此,食品工业的产学研最能够被老百姓感知。陈坚表示,发挥大学与企业这两个核心要素的作用,对食品行业创新具有重要作用。"发现"是大学在科技创新中的首要任务,是实现"从无到有"的关键环节。"发展"是企业在创新中的首要任务,是实现"从有到好"的重要环节。大学科技研究中的"发现"环节与企业科技转化中的"发展"环节紧密相扣,促进食品行业发展。

思考讨论

1. 江南大学在未来食品和益生菌研究中取得了众多创新成果,这些技术如何解决当前和未来的食品安全与营养问题?通过思考这一问题,进而理解科技在改善民生、保障国家粮食安全中的重要性。

2. 未来食品如细胞培养肉、植物蛋白肉等创新会对传统饮食文化产生影响,如何在尊重传统的同时,接受和推广这些新的食品形式,平衡创新与文化传承之间的关系?

3. 江南大学在益生菌自主知识产权研发中收获不少成就,谈谈在全球化背景下,拥有自主知识产权的科技成果对国家科技自立自强的重要性,并讨论如何进一步推动我国在食品科技领域的自主创新。

教学建议

本案例主要适用于"坚持以新的发展理念引领高质量发展"部分的辅助教学,可以帮助学生了解江南大学通过科技创新推动未来食品的研发,确保食品安全、营养和健康,特别是在植物基食品、细胞培养肉和益生菌领域的突破。

1. 探讨科技创新在保障国家粮食安全中的作用

通过江南大学在未来食品研发中的创新实践,学生可以讨论科技如何帮助应对全球粮食危机,保障国家粮食安全。鼓励学生思考在新时代背景下,如何运用科技力量确保"舌尖上的幸福",提升国家的粮食安全和食品供应保障能力。

2. 分析自主知识产权在科技创新中的重要性

可以以江南大学在益生菌自主知识产权研发中的探索为案例,引导学生思考自主知识产权在食品科技中的重要性。通过讨论如何在全球竞争中保护和发展本土科技成果,帮助学生认识到自主创新对于国家科技实力和经济安全的核心地位。

3. 探讨未来食品对传统饮食文化的影响

结合江南大学在未来食品领域的创新,特别是植物基食品和细胞培养肉的研发,学生可以讨论这些创新食品对传统饮食文化的冲击和融合。鼓励学生思考如何在保留和传承传统饮食文化的同时,接受和推广健康、可持续的未来食品,找到传统与现代之间的平衡。

案例 4

做创新的"主人翁",江南大学打通益生菌专利转化之路[①]

核心阅读

在人类的肠道中,居住着数以万亿计的肠道微生物,即肠道菌群。尽管"微"不足道,但它们实则深入地参与到人体的各种生理过程,与人体的健康或疾病状态息息相关。根据医学界研究,如果肠道菌群失衡,可能引发代谢紊乱、胃肠道疾病、免疫失调甚至神经系统疾病。江南大学校长陈卫表示,平衡的肠道菌群能够利用膳食纤维作用于人体器官,缓解结肠炎、2型糖尿病,以及多种非传染病风险。从健康管理的角度,不仅要让自身更健康,菌群也要更健康。当小菌种走向大市场,迎来更为广阔的发展天地。江南大学致力于推动益生菌的产业化应用,打通产学研融合堵点。江南大学通过鼓励企业把研发中心建在大学校园里,实验室与企业的距离不断拉近,有效促进了学界与业界的沟通协作,以及创新链、培养链、产业链、需求链的对接。据统计,江南大学益生菌菌种库中共保存2.5万多株菌种,覆盖了人体肠道、传统发酵食品、母乳等多种来源。目前,相关菌种已"走"进拜耳等健康保健行业的龙头企业,实现产业化落地应用,取得较为显著的经济效益和社会效益。

---

① 叶云彤.江南大学多举措推进科技成果转化:"先奖后投"打通专利转化之路[EB/OL].(2024-05-22)[2024-12-10].https://www.cnipa.gov.cn/art/2024/5/22/art_3405_193087.html.

运用益生菌专利的产品销售额近 2 亿元;现有存量专利 1 万余件;软科世界一流学科排名中,"食品科学与工程"学科五年蝉联世界第一……地处太湖之滨的江南大学素有"轻工高等教育明珠"美誉,以"彰显轻工特色,服务国计民生"为办学理念奋进起航。一直以来,江南大学积极推进民生领域的创新成果转化,让科技与产业无缝对接,将民生愿景变成幸福实景。

民生无小事。"食品产业作为国民经济支柱和保障民生的基础产业,其高质量发展意义重大。我们把知识产权创新和转化应用作为学校科研工作的主要抓手,科研成果转化日益丰富,在食品领域取得了一系列成果。"中国工程院院士、江南大学校长陈卫介绍。让更多拥有自主知识产权的"好东西"走入千家万户,是江南大学无数科研人暗自许下的诺言。

小菌株落地生"金"

走进超市,乳制品、发酵饮品、健康食品等产品的配料表上时常可见"益生菌"的字样。那么,益生菌产品为何如此受欢迎?它会给老百姓带来哪些福音?江南大学食品学院研究员崔树茂介绍,益生菌是一种对人体有益的微生物,通过菌体生长和代谢产生有效的功能成分,以食品或保健品的形式摄入,从而达到促进人体健康的效果。

每一个功能性益生菌菌株的问世都非易事。崔树茂介绍,早年间,我国益生菌市场普遍被国外菌种垄断,缺乏拥有自主知识产权的功能性益生菌。面对困境,作为我国最早一批益生菌研究者之一,陈卫牵头成立了"益生菌与营养健康"科研团队。在陈卫的带领下,科研团队致力于中国本土功能性益生菌选育,发掘与整理益生菌资源,建立益生菌菌种库,挖掘益生菌的"健康密码",拓展益生菌的应用技术,开展一系列科技攻关,得到了多株拥有自主知识产权、适合中国人群肠道的本土益生菌。现今,经过 40 年的积累,江南大学已开发了本土益生菌近 400 株,为国内目前最大的益生菌专利菌株库。

坐拥体系庞大的菌株库,如何让"中国菌"走入千家万户?2020 年,该校益生菌与营养健康团队和拜耳(中国)有限公司(下称拜耳)展开合作,围绕江南大学 4 株专利菌株,设计出 4 款用于解决不同人群健康问题的配方产品"达益喜",并实现上市。崔树茂介绍,江南大学与拜耳分别于 2020 年和 2022 年签订两份许可及框架合作协议,约定了"达益喜"系列产品的开发与相应专利菌株的授权许可。2023年,"达益喜"系列产品市场销售额近2亿元,服务超30万我国消费者。

专利许可加速小菌株撬动大产业。崔树茂介绍,2022年3月,江南大学与河北一然生物科技股份公司签订"一种抗幽门螺旋杆菌的植物乳杆菌及其用途"的专利许可合同,合同金额达2700万元。近年来,江南大学就益生菌生产制备、发酵乳制品、益生菌+中草药(药食同源)、功能后生元、功能日化与国内外多家企业达成专利转让合作。益生菌项目的发掘与产业化应用,也是江南大学将更多的中国本土专利菌株推向市场并进军国际市场、产学研深度合作的一个缩影。

做创新的"主人翁"

决定创新成果转化成效有两个关键因素,创新成果质量是内因,相关机制的激励是外因。"之前,高校院所的科研人员缺乏转化的动力,导致大量资源得不到高效利用。"江南大学未来食品科学中心教授李江华表示。2020年,江南大学修订了《江南大学专利技术转化管理办法》,提高了科研团队的知识产权转让和许可收益奖励比例。

在实践中,江南大学摸索出"先奖后投"的专利权处置方式,将其中大部分权益奖励给专利发明人。"现在的专利作价入股方式将专利和转化效益捆绑在一起。对研发团队来说,作价入股后,将以'主人翁'的心态来推动成果转化,这意味着要对专利落地市场'负责到底'。"李江华表示。

为了让老百姓"吃好饭",2021年,江南大学未来食品科学中心陈坚院士团队以"一种添加含硫氨基酸强化植物蛋白肉类风味的方法"等3件专利作价入股2000万元,与五芳斋集团股份有限公司合作成立浙江远江生物科技有限公司(下称远江生物),运用相关专利技术,实现整块植物蛋白肉的工业化生产。2023年12月,远江生物植物基蛋白项目正式投产,预计年产值将超7亿元。

2020—2023年,江南大学与多家中外企业达成协议,完成19项作价投资入股项目(涉及51件专利),总估值约1.1852亿元。李江华表示,"先奖后投"方式让企业和科研团队成为"一家人",大家各司其职,企业负责销售和获得市场反馈,科研团队不断升级技术,让更多好技术走向市场,惠及民生。

构建科学管理体系

2022年6月,江南大学知识产权运营中心正式成立,中心统筹学校知识产权全周期管理,强化成果转移转化,为学校知识产权和科技成果转化提供全链条专业服务。同年7月,江南大学与无锡市市场监督管理局(知识产权局)联合成立江南大学无锡知识产权研究院,推进江南大学更多创新成果落地无锡。"江南大学构建'1+2+N'成果转化体系,针对无锡市重点企业和科技需求,加强有组织科研,构建以大食品学科为引领,以纺织、设计等特色优势学科为重点,以物联网、机械、化工等其他学科为支撑的科技成果转化体系。"江南大学相关负责人介绍。

针对学校内设服务机构与市场未能有效接轨、缺乏独立的成果转化专业服务队伍等问题,学校建成江南大学科技成果与知识产权转化平台,集合学校的成果库、人才库、企业库,实现对专利成果、科技人才、合作企业的综合展示、管理、分析,促进学校专利成果的转化运用。

"下一步,江南大学将打造从基础研究、技术攻关到科技成果转化全链条的协同创新体系,构建知识产权全流程管理体系,从科技创新供给侧大力支持高质量知识产权创造与运用,让更多科技成果惠及民生。"上述相关负责人表示。

 思考讨论

1. 江南大学通过"先奖后投"等机制,促进了益生菌和其他科技成果的产业化,推动科技服务民生,结合这一案例,谈谈高校作为知识和技术的源泉,如何在科技成果转化中承担更大的社会责任。将学术研究与社会需求紧密结合,再谈谈高校在服务国家战略和推动经济社会发展中扮演的角色与实现路径。

2. 江南大学通过建立知识产权运营中心和推进专利成果转化,强化了科技成果的应用,结合这一案例,谈谈知识产权如何成为推动国家科技创新的重要工具。知识产权保护在国家间的科技竞争中具有重要性,谈谈如何在全球竞争中提升我国的科技自主权与核心竞争力。

3. 江南大学的益生菌专利转化不仅创造了经济效益,也对社会健康带来了积极影响,在推动科技创新时,如何平衡社会效益与经济效益?结合以上案例,谈谈在科技成果转化过程中,如何既满足市场需求,又实现科技造

福社会的目标,特别是在关乎民生的领域,如何确保科技创新真正惠及大众。

教学建议

本案例主要适用于"坚持以新的发展理念引领高质量发展"部分的辅助教学,可以帮助学生了解江南大学在推动益生菌专利转化和科技成果应用方面的创新举措。通过"先奖后投"等激励机制,江南大学成功促进了产学研融合,推动了本土益生菌的产业化应用,实现了科研成果的社会和经济效益,体现了高校在服务民生中的重要作用。

1. 探讨高校在科技创新中的社会责任

可以结合江南大学推动益生菌专利转化的实践,讨论高校在科技创新中的社会责任和使命。学生可以分析高校如何通过科技成果转化,积极服务社会需求,解决实际问题,从而推动国家科技进步和经济社会发展。

2. 研究知识产权与创新激励的关系

可以围绕江南大学"先奖后投"机制的成功经验,引导学生讨论知识产权保护与创新激励的关系。通过探讨如何通过有效的知识产权管理和激励机制,激发科研人员的创新动力,促进科技成果的转化与应用,提升国家核心竞争力。

3. 思考产学研融合对国家经济的推动作用

借助江南大学推动益生菌产业化的案例,鼓励学生思考产学研融合对国家经济和民生的影响。可以探讨高校与企业的合作如何推动技术创新和产业升级,进而促进经济高质量发展,实现科技惠民的目标。

案例 5

C919，见证中国高端制造的创新发展[①]

 **核心阅读**

2022年9月29日，中国民航局向国产大飞机C919颁发型号合格证，C919大型客机向着商业运营迈出了坚实的一大步，这标志着我国具备按照国际通行适航标准研制大型客机的能力，是我国大飞机事业征程上的重要里程碑。让中国的大飞机翱翔蓝天，承载着国家意志、民族梦想、人民期盼。C919大型客机是我国第一款真正意义上的民航大飞机，全国24个省市的1000余家企事业单位30万人参与了大飞机的研制。以C919为代表，大国重器亮点纷呈、制造业迈向高端的背后，无不体现出新型举国体制的独特优势。以C919为代表，一件件大国重器、一批批世界瞩目的超级工程，是中国制造创新发展的最好见证。生产一架国产大飞机，需要多达6000项技术，它带动的产业链至少有万亿规模，C919的国产替代，表面上来看是自主研发，不被外国"掐脖子"，但生产制造国产大飞机，得到的真正实惠是促进经济发展，带动产业链发展，从而形成良性循环。2023年5月28日，C919完成首次商业飞行，此后C919的适航成绩可圈可点，不断实现"从0到1"的突破。截至2024年8月3日，C919已在5条国内航线上累计承运旅客42万人次，且未发生任何重大安全事故，良好的运营表现，为其进一步扩大航队规模打下了基础。

[①] 柴雅欣，韩亚栋.大飞机之路[N].中国纪检监察报，2022-10-01(4).

专题6　坚持以新的发展理念引领高质量发展

2022年9月29日,中国民用航空局向中国商用飞机有限责任公司颁发C919大型客机型号合格证,这标志着我国具备按照国际通行适航标准研制大型客机的能力,是我国大飞机事业征程上的重要里程碑。让中国的大飞机翱翔蓝天,承载着国家意志、民族梦想、人民期盼。以C919为代表,一件件大国重器、一批批世界瞩目的超级工程,是中国制造创新发展的最好见证。本文根据《中国纪检监察报》记者所作探访进行说明。①

历经15年攻坚克难,我国成功探索出一条中国设计、系统集成、全球招标、逐步提升国产化的发展路子

在获颁中国民用航空局型号合格证这一重要时刻前夕,两架C919飞机从研制地上海飞到了北京。"今天很顺利,天气也很好。"中国商飞试飞中心试飞员邹礼学是其中一架飞机的驾驶员,飞机稳稳落地后,他喜笑颜开,"C919飞得轻松,心里高兴,还有满满的自豪感!"邹礼学飞C919的时间已达1000小时左右,对这个"大家伙"再熟悉不过。"咱们大飞机省油,飞行员飞得更轻松,乘客也坐得更舒服。"邹礼学说,最关键的是,C919安全、可靠。

身高4.166米,身长38.9米,翼展33.6米,是同类客机里面机身最宽的;拥有比同类客机更"大"的"眼睛",将原有的6块挡风玻璃设计减为4块,减少飞行阻力、增大驾驶视野……C919大型客机是我国首次按照国际通行适航标准自行研制、具有自主知识产权的喷气式干线客机,最大载客人数192人,最大航程5555公里,于2007年立项,2017年首飞。

首飞成功后,C919先后投入6架试飞机和两架地面试验机,开始了取证试验试飞。飞机分别在阎良、南昌、东营、锡林浩特、吐鲁番以及敦煌等地进行了试飞取证工作,直到今年8月1日宣布完成取证试飞。

长期以来,全球大飞机市场被空客和波音两大巨头垄断。制造中国自己的大飞机,考量的是中国自主创新的信心、勇气和水平。

"我们第一次自主设计超临界机翼,就达到了世界先进水平,得到了国际同行的认可。"据上海飞机设计研究院C919型号副主任设计师张淼介绍,C919设计研制中的超临界机翼能够减小飞机阻力,提升飞机性能,帮助降低油耗。

---

① 该案例写于2022年,为求表述准确,文中尽量保留相关论述。

据公开消息，C919突破掌握核心技术100余项，体现了我国航空制造业等多个领域技术发展的最高水平。以整体壁板数控喷丸成形技术为例，这曾是制约我国大型客机研制的核心技术之一。在C919项目的带动下，中航工业西飞公司通过大量的基础理论研究和系统性试验，先后攻克了复杂外形结构整体壁板预应力喷丸成形等一系列超临界机翼壁板数控喷丸成形工艺的关键核心技术，打破了国外技术封锁和垄断，使中航工业西飞公司成为世界上掌握机翼壁板数控喷丸成形技术的少数几家企业之一。

商用飞机作为人类有史以来最复杂的工业产品之一，前后牵涉上百万个零部件，被称为"现代工业皇冠上的明珠"。历经15年攻坚克难，我国成功探索出一条中国设计、系统集成、全球招标、逐步提升国产化的发展路子，培养出一支信念坚定、甘于奉献、勇于攻关、敢打硬仗、具有国际视野的大飞机人才队伍，取得了丰硕成果，积累了宝贵经验。

C919首架飞机将于2022年底交付，商业运营的步伐正在加快。去年3月1日，中国东方航空作为C919全球首家启动用户，与中国商飞签署了购机合同，首批引进5架。截至目前，C919已拥有累计28家客户的815架订单。

过去十年，中国制造迈向高端，新型举国体制优势凸显

C919大型客机是我国第一款真正意义上的民航大飞机，全国24个省市的1000余家企事业单位30万人参与了大飞机的研制。以C919为代表，大国重器亮点纷呈、制造业迈向高端的背后，无不体现出新型举国体制的独特优势。

中国是世界上高速铁路运营里程最长、在建规模最大、商业运营速度最高、高铁技术最全面、运营场景和管理经验最为丰富的国家。截至2021年底，中国投入运营的高速铁路超过4万公里，占世界高铁总里程的三分之二以上。

中国高铁技术探索起步于20世纪90年代初，体系化研发始于2008年。当时，日本、法国、德国都拒绝向我国转让除生产工艺技术以外的所有关键核心技术。党的十八大以来，在国家科技计划持续支持下，我国在高铁领域攻克了一大批关键核心技术，支撑起了世界上运营里程最长、运营速度最高的中国高速铁路网。

"我国高铁发展比发达国家晚40多年,但依靠党的领导和新型举国体制优势,铁路人接续奋斗,实现了从无到有、从追赶到并跑再到领跑的历史性变化。"中国国家铁路集团有限公司相关负责人说。

"新时代十年是我国科技进步最大、科技实力提升最快的十年。"中国工程院院士、东华大学校长俞建勇指出,我国全球创新指数排名十年上升了22位,是世界各国中唯一持续快速上升的国家。

"举国体制是特殊的资源配置与组织方式,由政府统筹调配全国资源力量,达成相应目标任务。新型举国体制是在原有举国体制基础上的继承与创新。"清华大学中国发展规划研究院常务副院长董煜告诉记者,发展到今天,新型举国体制有了新的核心任务——关键核心技术攻关,有了新的目标定位——在若干重要领域形成竞争优势、赢得战略主动。

"新任务是我国产业薄弱环节面临的问题,产品直接面向市场,不能单靠政府力量来解决;新目标要抢占科技竞争制高点,是国际战略博弈焦点,仅靠市场自发力量很难形成突破。因此,新型举国体制既要发挥社会主义制度集中力量办大事的显著优势,强化党和国家对重大科技创新的领导,又要充分发挥市场机制作用,围绕国家战略需求优化配置创新资源。"董煜说。

在C919的研发过程中,国内数十所高校参与开展技术攻关和研发,建立了多专业融合、多团队协同、多技术集成的协同科研平台。据此前公开报道,通过C919等国产民机项目,我国掌握了五大类20个专业6000多项民用飞机技术,加快了新材料、现代制造等领域关键技术的突破。

从北斗卫星导航系统的布局到载人航天技术的突破,从"嫦娥工程"的稳步前进到"中国天眼"的落成启用,新型举国体制展现了对科技重大创新领域突破的促进作用。

一茬接着一茬干,一件事接着一件事办好,实现更多"从0到1"的突破,朝着建设世界科技强国目标不断迈进

科学有险阻,苦战能过关。中国大飞机"从0到1",离不开大飞机人长期奋斗、长期攻关、长期吃苦、长期奉献。而很多科研成果的取得,都是十几年、几十年如一日持续攻关,一点点积累起来的。

盾构机,应用于地铁、铁路、水利等基建和能源领域,代表了一个国家高端装备技术水平,处于地下工程产业链核心地位,被誉为"工程机械之王"。

19世纪40年代,盾构工法及其掘进装备在英国诞生,随后在德国、法国、美国及日本等国不断发展成熟。我国在20世纪60年代也曾尝试自主研制掘进装备,但受限于基础工业薄弱、人才队伍缺乏等因素,国产化工作长期停滞。20世纪80年代末,随着北京、上海、广州等地大规模启动地铁建设,国外掘进装备及隧道施工技术不断涌入我国,受制于人的问题愈发凸显。

2001年,"关于隧道掘进机关键技术的研究"被正式列入国家"863"计划,中国中铁成立了盾构研发项目组,开启了中国盾构研发的新征程。"那时候一没技术,二没指导,摸着石头过河,每一个关键点都是一根硬骨头,都需要有'哪怕磕掉牙齿也要啃下来'的勇气。"中国中铁工程装备集团副总经理、首席专家王杜娟介绍说,在大家的共同努力下,2008年,中铁装备研制出我国第一台具有自主知识产权的复合式土压平衡盾构机,填补了我国在复合盾构制造领域的空白,从此拉开盾构机国产化的序幕。

"其实在研发过程中遇到的最大的困难,不是研发过程,而是供应链的问题,就是我们自己的供应链还不足以支撑,我们要在全球去找供应链,遇到了国外的盾构机制造商在供应链上对我们的封锁,所以在这个过程中遇到了非常多的困难。"王杜娟介绍说,经过持续不懈努力,现在国产盾构机已经连续五年产销量世界第一,盾构机也从外国人的"印钞机"变成了中国人的"争气机"。

五轴数控机床,我国建设工业强国的重要工具,被称作"大国重器"。辽宁省高科技企业光洋集团对我国高端数控机床产业的贡献,可以概括为"自主可控,替代进口"。作为国内唯一一家只配套国产数控系统的五轴联动数控机床制造企业,光洋集团掌握了从高端五轴联动数控机床到机床关键部件的自主知识产权和生产制造能力,可以自主地、不受限制地设计、制造、销售各类高端五轴机床及其关键部件产品,生产能力以年均40%以上的速度增长。

"我们就是在封锁打压中一点一点熬出来的。"回顾企业自主创新历程,大连光洋科技集团董事长于德海说,光洋集团坚持自力更生、自主攻关,二十多年如一日,先后攻关解决了系列化转台、摆头、电主轴、电机、传感检测装置、刀库、铸石床身、自动化工装、液压站等各类机床部件,从此走上了"自主可控,替代进口"的发展道路,打破了我国航空航天等领域叶轮、叶盘类零件加工设备长期依赖进口的局面,实现了五轴联动高档数控机床的"中国创造"。

"我们面临的既有'卡脖子'问题,也有'卡脑袋'问题。"董煜说。"卡脖子"问题主要集中在工艺技术上,"卡脑袋"问题集中在基本原理上。工艺上的进步需要反复试错验证和数据积累,基本原理上的突破需要长年累月的深入钻研。"必须敢于啃硬骨头、甘于坐冷板凳,以持之以恒的韧劲、慎终如始的毅力,奋勇攀登世界科技巅峰。"

思考讨论

1. 新型举国体制在推动C919大飞机研发中产生了重要作用,谈谈这种体制如何整合全国资源、协同多个领域力量,克服技术难题,并推动中国制造业迈向高端。这种体制在其他科技领域中的应用前景如何?

2. C919项目对中国制造业升级和经济发展具有较大推动作用,谈谈大飞机制造如何带动整个产业链的发展,促进技术创新和人才培养,并对国家经济安全和国际竞争力产生深远影响。

3. 在C919项目开展过程中,自主创新和国际合作都是重要的方面,请说明如何在保持自主研发核心技术的同时,利用全球资源和技术,实现国际标准下的自主制造,并从中获得宝贵的经验和教训。

教学建议

本案例主要适用于"坚持以新的发展理念引领高质量发展"部分的辅助教学,可以帮助学生了解C919大飞机项目是中国高端制造业创新发展的代表,展示了新型举国体制在推动国家重大科技创新中的独特优势。C919的成功不仅是技术突破的象征,更推动了相关产业链的发展,促进了中国经济的高质量发展。

1. 探讨新型举国体制在C919项目中的作用与优势

可以引导学生分析新型举国体制在C919项目中的具体表现,如如何协调全国资源,整合科研力量,推动技术突破。通过案例讨论,学生可以深入理解这种体制在重大科技项目中的独特优势及其对中国制造业发展的推动作用。

2. C919项目对中国制造业升级的影响

可以组织学生讨论C919项目对中国制造业的影响,特别是在技术创新、产业链发展和经济效益等方面。学生可以通过对C919技术突破的案例分析,认识到自主创新的重要性,以及如何通过科技进步实现国家产业升级和经济增长。

3. 自主创新与国际合作的平衡分析

可以引导学生探讨在C919研发过程中,如何在坚持自主创新的同时,积极参与国际合作。通过讨论这一平衡,学生可以理解全球化背景下,如何有效利用国际资源,同时保持国家核心技术的自主可控。这有助于他们认识到在现代科技领域中,全球视野与本土实践相结合的重要性。

案例 6

东西协作发展让"山水情谊长"——中山与六盘水东西部协作纪事[①]

核心阅读

东西部协作是一种促进区域协调发展的重要举措,旨在通过东部地区的资源和技术优势,帮助西部地区实现经济发展和脱贫致富。这一协作机制起源于改革开放后东部和西部发展的不平衡,经过多年的发展,已经形成了包括政府援助、企业合作、社会帮扶、人才支持等多种形式的协作方式。东西部协作不仅有助于缩小区域发展差距,促进共同富裕,还在加强区域合作、增进民族团结、促进人与自然和谐共生等方面具有重大价值。开展东西部协作,是党中央着眼推动区域协调发展、促进共同富裕作出的重大决策。2021年新一轮东西部协作启动以来,协作省份充分发挥各地区比较优势,加强产业合作、资源互补、劳务对接、人才交流,形成了多层次、多形式、全方位的协作帮扶格局。

广东中山,位于伶仃洋畔,珠江自此滔滔入海;贵州六盘水,地处乌蒙山脉,珠江在此滴水成河。同饮一江水,山水情谊长。

2021年,中央调整新一轮东西部结对帮扶关系,粤黔牵手协作,相隔千

---

① 范超,卢兴江."山水样本":跨越山高水长的"山水情":中山与六盘水开展东西部协作三年纪事[N].中山日报,2024-01-16(A03).

里的中山市与六盘水市喜结良缘。中山市因孙中山先生命名,六盘水市因"三线"建设而兴,两地跨越山海,共同书写新时代的东西部协作"山水样本"。

三年之功,凝结的是跨越山水的双向奔赴,是齐心协力走向共同富裕的坚定脚步。其间,中山市贯彻落实全国巩固拓展脱贫攻坚成果同乡村振兴有效衔接工作会议、全国东西部协作和中央单位定点帮扶现场会部署,牢牢把握"三个转向"工作要求,按照"三抓三促"工作思路,扎实推动粤黔东西部协作取得新成效,助力贵州巩固拓展脱贫攻坚成果同乡村振兴有效衔接,促进区域协调发展,在中国式现代化建设大局中体现中山担当、作出中山贡献,携手打造东西部协作的"山水样本"。

两地开展东西部协作以来,中山市累计投入财政援助资金5.04亿元,重点用于产业发展、劳务协作、人才培训、乡村建设等,实施帮扶项目211个,聚焦产业"造血"功能提升和民生事业发展。其中累计实施产业项目59个,投入协作资金2.867亿元。其间,中山市"大后方"和派驻六盘水工作组提高站位,立足中山所能,着眼六盘水所需,以高频互动强化联动、以产业引领"强肌造血"、以共商共建改善民生、以创新探索拓展空间,携手打造粤黔东西部协作典范。在近三年的东西部协作工作中,中山市和六盘水市同心协力交出了满意的答卷。

高位谋划,让结对帮扶走深走实

六盘水市,别称"中国凉都",地处贵州西部乌蒙山区,滇、黔两省结合部,由于自然条件等因素制约,经济欠发达。中山与六盘水两市颇有"互补"之缘——中山以"山"为名,却向海而生、以水为魂;六盘水名中有"水",却背倚高原、以山为根。

跨越山水回答时代命题,离不开两地党委政府的深远谋划。从两地定下协作发展的盟约开始,两地党委政府深入贯彻习近平总书记对深化东西部协作和定点帮扶工作的重要指示精神,认真落实党中央、国务院的部署和粤黔两省省委、省政府要求,坚决扛起政治责任,高位谋划,推进帮扶协作。三年时间里,两地党政代表团开展了多次互访和调研,召开多次联席工作会议,提出"长期协作、风雨同舟、互学互鉴、共同发展"十六字方针,力推两地协作不断向纵深发展。

协作帮扶,人才交流是关键。中山市委组织部与六盘水市委组织部强化沟通对接,把中山的优秀干部、技术人才派到帮扶一线,把对口帮扶地区的人员派到中山跟班学习,形成人员互动、技术互学、观念互通、作风互鉴、资源互补的协作格局。2021年11月,中山市委成立中山市派驻六盘水市东西协作工作组,加大"山水协作"前方统筹力度,与六盘水市级层面加强沟通协同。

同时,中山市24个镇街组成火炬开发区组团、小榄组团、东区组团分别结对帮扶水城区、盘州市、六枝特区,中山市农业农村局、市乡村振兴局、市教育体育局、市卫健局、市工业和信息化局、市总工会、团市委、市妇联、市残联和市工商联等成员单位,多次到六盘水市调研对接,指导推动中山市组团镇街携手促振兴,制定出台对口帮扶计划和措施,让协作工作走深走实。

创新举措,两市共建六大产业园

每天早晨,150余名员工都会涌入位于六盘水市水城经济开发区的富筑电器科技有限公司生产车间开始一天的忙碌。这些员工大多来自附近的易地搬迁区,只要正常上班,一个月能拿到5000元左右的薪水。值得注意的是,富筑电器总部位于中山市南头镇,通过中山市派驻六盘水市工作组牵线搭桥,该公司跨越千里,进驻位于六盘水市的中山市火炬开发区镇街组团·六盘水市水城经开区共建工业产业园,为当地铝产业资源延拓链的同时,带动当地村民在家门口就业。

东西部协作中,共建产业园被认为是中山市和六盘水市最重要且最接地气的创新举措。两市结为协作帮扶的"亲家"后,中山市发挥科技创新、贸易基础以及完整的产业链优势,主动参与六盘水的工业产业园区、农业产业园区规划设计、投资建设、招商引资和运营管理。

三年多来,两市共建农业产业园区3个,工业产业园区3个,包括中山市东区组团·六枝特区共建农业园区、中山市小榄组团·盘州市共建工业园区、中山市小榄组团·盘州市共建农业园区、中山市火炬组团·水城区共建现代农业产业园区、中山市火炬开发区镇街组团·六盘水市水城经开区共建工业产业园和中山市·六盘水市东西部协作共建产业园区。

2021年至今,这些共建产业园新增引导落地企业44家,累计到位投资额 30.2 亿元,通过携手开展促振兴行动,吸引当地 5154 人就近就业。在这些企业中,有 14 家来自中山,已经投入资金超过 2.6 亿元。

外培内育,山水共育教育之花

在东西部协作帮扶中,中山市始终坚持为六盘水市办好教育出一分力的朴素理念,不断拓展优化教育帮扶协作机制,推进骨干示范引领、教育人才队伍建设和教育帮扶项目落地等方面合作,让珠江之水的教育温情,洒满乌蒙腹地的凉都大地。

王宏站在六盘水市第八中学的校园里,看着去年新落成的食宿综合一体楼,接通了水电,通过了验收,满目欣慰。王宏是 2022 年中组部"组团式"教育帮扶中山市选派的一名中学校长,他率领中山优秀教育人才团队来到六盘水市第八中学开展对口帮扶,与六盘水一起共育教育之花。

六盘水市第八中学坐落于贵州省六盘水市水城区,创办于 2007 年,学校占地 317 亩,现有教师 330 人,学生 3684 人,66 个教学班,是水城区最大的一所综合性高中。由于学校所在地是国家乡村振兴重点县,在城市化过程中出现了优秀生源和优秀师资流失的现象,同时,在学校硬件建设和教育教学理念方面和东部发达地区有不小差距。如何补齐教育发展的短板,承载着当地群众的深切期盼。

近两年的建设,创建省级示范性普通高中的目标已第一次通过评估;利用中山市东西部协作资金 600 万元援建的学校食宿综合一体楼已经通过验收;由"组团式"帮扶团队担任教师的六盘水市第八中学"中山班"已面向全市招生 102 人,初显良好发展态势,逐渐成为学校的一张名片。

实际上,六盘水第八中学只是中山对口帮扶六盘水教育的一个缩影,中山共有 21 所学校与六盘水 25 所学校开展结对帮扶,组织 23 所学校 160 多名教师到六盘水开展教学指导、"名师指导"、送教帮扶、"家校共育"等活动。六盘水先后选派 197 位校(园)长、357 位教育行政管理干部、280 位教研员和骨干教师到中山培训学习。

组团帮扶,为凉都建"四大中心"

张女士今年 46 岁,家住六盘水市六枝特区。去年底,经医院检查,被诊断患有肾癌(左侧肾),爱人付先生深知情况不妙,准备到省城住院救治。

"就在我们犹豫的时候,院领导告诉我,中山市人民医院的医学博士要来医院坐诊,并开展相关手术。我一听是沿海城市来的医疗专家,决定在医院等候。"付先生说,两周等来了中山的医疗帮扶专家团队,并为妻子施行了手术,真的感谢东西部协作对六盘水人民的帮助。

实际上,就在张女士手术的12月28日,中山市人民医院与六枝特区人民医院签订帮扶协议,由中山市人民医院袁润强博士、宫满成博士、卢扬柏博士提供诊疗和指导服务的泌尿外科"博士工作室"揭牌成立。实际上,去年以来,中山市还协助六盘水市的卫生健康系统建了生殖辅助中心、眼科医疗中心、危重孕妇救治中心和新生儿救治中心。这些中心填补了六盘水的医疗技术空白,目前均已投入运行,正在为六盘水群众提供"家门口"的优质医疗服务。

中山市派驻六盘水市东西协作工作组提供的情况表明,过去两年时间里,中山市组织了20家医院130多名医生到六盘水开展帮扶,开创本地新技术27项,开展"百千万"医务人员进基层强能力暨医疗救治巡回指导义诊活动17次,服务对象超千人次。

推进"组团式"医疗帮扶,惠泽乌蒙山群众的同时,中山市还通过"粤黔同心"家庭心理教育项目,关注六盘水学生的身心健康。2022年,经过先行先试,助力六盘水六枝特区留守儿童心理健康教育取得成效,得到国家乡村振兴局关注。2023年,中山市投入东西部协作资金300万,聘请广州市家庭教育研究院专家团队,建成"粤黔同心·关爱未来"六枝特区家庭心理指导服务中心,辐射引领当地乡镇学校46所,1万名留守未成年人直接受益,10万名学生间接受益。

双向奔赴,黔货出山粤品入黔

以"黔货出山,粤品入黔"为主题的消费帮扶成为两地协作的一大亮点。在贵州刺力王生物科技有限公司,一条崭新的国内先进果糕生产线正在运行。这条生产线由广东中山投入1500万元东西部协作资金援建。生产线在带动当地种植户增收致富的同时,也为当地居民家门口上班提供了机会。

庄志强是刺力王生物科技有限公司的副总经理,"在东西部协作资金的扶持下,企业得到快速发展,同时,公司还借助东西部协作消费帮扶的东风,让刺力王的产品走出大山,走到了粤港澳大湾区。目前,刺力王在全国布局

4个销售中心,其中广东销售中心落在了中山。去年下半年,广东销售中心新增销售额在全国4个销售中心之中业绩排名第二"。

中山助力黔货出山的同时,也鼓励粤品入黔。去年12月11日,在中山市派驻六盘水市工作组的协助下,中山阜沙镇阜翔脆肉罗非鱼养殖专业合作社理事长,荣获"全国农业农村劳动模范"的梁少文将脆肉罗非鱼带到了六盘水,通过产品推介会等方式,让中山的鱼"游"上了当地群众的餐桌。此前,中山市三角镇的黑鱼已经"游"进六盘水,成为市民喜欢的一道美味。

产业要想长足发展,必须依靠坚实的平台。2023年12月6日,六盘水市广东商会暨中山六盘水印象馆揭牌。在印象馆里,六盘水的猕猴桃等土特产,中山的灯饰家电红木,两地的旅游景点推介都有丰富的展示。六盘水市广东商会会长李朝习表示,将团结和服务广大会员企业和商家,推动粤企入黔和广东产业梯度转移,为强化两地(协)会联动发挥积极的桥梁纽带作用,为粤黔两地产业协作和经济文化交流作出积极贡献。

实际上,在三年的时间里,中山市已经帮助采购、销售六盘水市农畜牧产品和特色手工艺产品累计18.27亿元。两市政府共同推动、指导贵州乡里乡亲电子商务公司在中山建成运营"贵粤荟·中山馆";成立中山水城印象东西部协作展馆;中山荣电集团发挥智能家电产品优势,在六盘水建立家电产品供应平台;引导开设"中山-六盘水印象馆",促进了两市名优产品的互展互销。

社会联动,东西协作帮扶谱新篇

三年来,中山市派驻六盘水工作组,积极动员社会各界力量,助力解决六盘水孩子"上学难"和山区百姓"就医难"等问题,谱写了一曲东西协作帮扶新篇章。

中山市爱心社会组织——广东狮子会良都服务队、英雄服务队,在调查了解到六盘水的一些偏远学校至今仍然使用旱厕后,在这些学校掀起一场"厕所革命",捐出爱心款共计469 821元用于新建或改建厕所,帮助师生改善卫生条件,惠及山村学生超过1000名。中山爱兰基金得知六盘水市是中山市的对口帮扶城市后,连续三年奔波千里赶到六盘水市实地考察,总共为六盘水的六枝特区、钟山区、水城区和盘州市近千户困难残疾家庭捐款近150万元,以实际行动为东西部协作、巩固拓展脱贫攻坚成果、助推乡村全面振兴贡献力量。上述两个社会组织的爱心行动只是中山社会帮扶的一个缩影。三年来,中山市动员社会力量累计向六盘水市投入社会帮扶资金(含物折款)超过7859.33万元。

珠江奔流,一往无前,山水携手,共谱新发展阶段东西部协作美好篇章。

思考讨论

1. 新型举国体制在东西部协作中有着重要体现,如何通过中央统筹与地方执行的方式实现区域间资源、技术和人才的高效配置?这种体制在推动区域协调发展、促进共同富裕中的具体表现是什么?在实践中遇到哪些挑战,如何克服?

2. 通过了解中山市与六盘水市共建产业园的案例,可知产业合作在东西部协作中的重要性。如何通过产业合作提升"造血"能力,促进区域经济可持续发展?如何在产业合作中实现环境友好和资源高效利用?

3. 通过了解中山市派遣优秀干部和教育团队到六盘水市的案例,可知人才交流和教育帮扶在推动区域均衡发展中具有重要作用。如何通过教育资源的共享和人才的交流提升西部地区的发展潜力?如何在未来进一步优化这些合作机制,以更好地实现教育公平和社会进步?

教学建议

本案例主要适用于"坚持以新的发展理念引领高质量发展"部分的辅助教学,可以帮助学生了解中山市与六盘水市在新一轮东西部协作中的具体实践和成效,具体涉及产业合作、教育帮扶、医疗援助和社会力量参与等多个方面。

1. 探讨东西部协作对实现共同富裕的重要性

可以引导学生思考为什么东西部协作是实现共同富裕的重要手段,以及这种跨区域合作如何有效缩小区域发展差距。可以通过案例中提到的中山市对六盘水市的财政支持和产业合作,分析这对两地经济发展的影响,理解协作的长期意义和现实挑战。

2. 分析人才交流在区域发展中的关键作用

可以讨论人才在区域协作中的重要性,特别是如何通过人才交流实现知识和技术的转移,推动当地社会经济发展。学生可以通过中山与六盘水的干部和教育人才的交流学习,思考人才交流如何帮助提升当地发展潜力,并对推动区域均衡发展提出自己的见解。

3. 思考社会力量在东西部协作中的角色和作用

可以通过分析社会组织在协作中的参与方式和效果,探讨非政府组织和社会力量如何补充政府资源,推动协作目标的实现。案例中中山市社会组织的积极参与,为学生提供了思考社会力量如何在大规模协作中发挥创新性和灵活性的契机,鼓励学生讨论未来如何进一步激发社会力量的潜力。

案例 7

绿色:从"一城煤灰半城土"到"一城青山半城湖"——江苏省徐州市贾汪区演绎化蛹成蝶新篇章①

核心阅读

从百年煤城到梦里水乡的蝶变,从资源枯竭到焕发新生的转变,从"一城煤灰半城土"到"一城青山半城湖"的华丽转身……作为曾经的采煤沉陷区,江苏省徐州市贾汪区深入贯彻新发展理念,提出了"生态立区、产业强区、旅游旺区、文明兴区"发展定位,坚持以"高质量再造绿水青山"为出发点,持续实施生态修复。近10年来,贾汪区累计完成绿化造林13.1万亩、荒山绿化2.7万亩,完成绿美村庄建设39个,连续三年被国家发改委评为国家资源枯竭城市转型绩效考评优秀等次,真正实现了资源枯竭城市转型发展的华丽转身。

如今的贾汪已变身为绿树成荫、鸟语花香的生态旅游示范区,全区拥有AAAA级景区3家,AAA级景区2家,AA级景区4家,省自驾游基地2家,省四星级乡村旅游点7家,省三星级乡村旅游点20家,市示范农家乐9家,市农家乐15家。持续打响"全域旅游、贾汪真旺"的金字招牌。该区先后荣获全国第三批"绿水青山就是金山银山"实践创新基地、国家生态旅游示范区、中国休闲小城、全国休闲旅游示范区等称号。

---

① 生态环境部."绿水青山就是金山银山"实践模式与典型案例[EB/OL].(2021-08-07)[2024-12-10].https://mp.weixin.qq.com/s/AHV3I1nwy7GwYaNKh2tljw.

贾汪区隶属于江苏省徐州市,位于徐州东北部。全区设5个镇、4个办事处、1个省级经济开发区,总面积671.95平方公里,人口52.12万人。属亚热带与暖温带过渡带,为湿润至半湿润季风气候区。贾汪区是典型因煤而兴的资源型城市,长达130年的煤炭开采,生态环境破坏严重,留下来了13.23万亩的采煤塌陷地、283座裸露荒山。背负着资源枯竭城市生态欠账的包袱,贾汪区秉承"生态优先、绿色发展"的理念,通过生态修复再造,建成了潘安湖、大洞山、督公湖、凤鸣海4个AAAA级景区,探索出了资源枯竭城市生态发展的特色之路。习近平总书记在贾汪区考察时指出,"塌陷区转型是一个普遍性难题。实际上国外做到的,你们也做到了"。本文将对贾汪区绿色发展的实践情况进行简要介绍。①

一、主要做法与成效

(一)下大力气再创"自然生态",变灰色印象为绿色主题

一是采煤塌陷地治理变包袱为资源。加大投入治理地球伤疤,先后实施潘安湖、小南湖、商湖、月亮湖等塌陷地治理工程82个、治理面积6.92万亩。通过村庄易地搬迁、基本农田整理、采煤塌陷地复垦、生态环境修复、湿地景观开发"五位一体"模式进行综合整治,潘安湖目前已呈现出碧波万顷、湖阔景美、飞鸟蹁跹的美好景象,成功创建国家AAAA级景区、国家湿地公园、国家生态旅游示范区,成为全国采煤塌陷地治理的典范和标杆。

二是荒山造林为煤城披上绿装。贾汪区有大小山头283座,岩石裸露率曾高达50%。2011年以来持续"向荒山进军",累计完成绿化造林13.2万亩、荒山绿化2.7万亩,森林覆盖率达到32.3%,比2011年提高近20个百分点。

三是水环境建设重现泉城风采。实施"引运润城"工程,开挖疏通河道144条306公里,全面打通城市水循环,彻底改变了长期煤炭开采导致的水位下降、缺水少水、水质恶化的状况,重现了贾汪绿水绕城、人水相亲的"泉城"风采。

(二)积极构建现代"生态工业",变一煤独大为绿色多元

一是工业经济加速升级。突出发展以先进制造业为重点的实体经济,

---

① 该案例写于2021年,为求表述准确,文中尽量保留相关论述。

高起点规划建设新型工业化走廊,抓好徐州工业园区扩容提质,坚持把高新技术产业和战略性新兴产业作为主攻方向,加快构建具有贾汪特色的高端装备制造、新能源乘用车、新材料、集成电路与 ICT 和现代农业、现代物流、文化旅游"4+3"现代产业体系,更深层次融入淮海经济区产业链。

二是现代物流产业蓬勃发展。开通双楼保税物流园区至上海洋山港班轮航线,年运输量达 14 000 标箱,成为淮海经济区大宗物资集散中转基地和徐州仓储物流新高地,贾汪迈进"通江达海"的新时代。

三是现代农业特色发展。依托京杭大运河,沿线规划建设农谷大道现代农业产业园区,全面发展都市农业和休闲观光农业,合理布局农家乐和精品民宿,大力推进农村一二三产业融合发展,使农民增收的渠道更加宽广,农业成为有奔头的产业。贾汪区设施农业面积 12.5 万亩,休闲观光农业园区、农家乐 115 个,获评全国休闲农业和乡村旅游示范区。

四是全域旅游方兴未艾。推动旅游产业从无到有、由弱到强,五年来成功创建潘安湖、大洞山等 4 个 AAAA 级景区和卧龙泉 1 个 AAA 级景区,成为首批国家全域旅游示范区创建单位,2018 年来外地游客达 600 万人次,实现综合收入近 20 亿元,被誉为"挖煤贾汪,旅游真旺"。

(三)统筹协调打造"人文工业",变陈旧矿区为生态新城

一是打造美丽宜居生态家园。扎实推进棚户区改造,累计完成棚户区改造 530 万平方米。积极推动农民按照城镇化规律集中居住,加快推进新型农民集中居住区建设。围绕打造特色田园乡村,以"四横三纵"道路沿线整治美化为抓手,深入开展农村人居环境整治,建立"政府出资、企业运营、居民受益"的农村垃圾收运体系,实现城乡市场化保洁、污水处理全覆盖,打造了马庄村、磨石塘村、西大吴村、小吴村等一批乡村环境整治亮点,带动美丽乡村生态宜居提档升级。

二是推动城市空间与自然环境有序建设。推动大洞山、凤鸣海、督公湖等城中景区提档升级,建成了"墨上集"民俗文化园、紫海蓝山创意产业园等一批生态友好型旅游项目,启动建设潘安生态新城,放大现有生态基础和交通区位优势,打造一座集养生养老、休闲旅游、电子商务于一体的现代生态新城,实现城区景区一体化发展。同时,扎实推进人民公园改造、凤凰泉湿地公园整治、五号井矿工广场等生态工程,彻底改变了老城脏乱差面貌,百年矿区旧貌换新颜。

三是大力开展绿色创建活动。积极引导和推进国家、省级和市级生态县（区）、生态乡镇、生态村和绿色社区、绿色学校等创建活动，创建江苏省生态文明示范镇2个、示范村2个；创建省级绿色社区4家、市级绿色社区6家；创建省级绿色学校5家、市级绿色学校26家。通过典型引领、示范带动，越来越多群众在参与绿色创建活动的同时，享受到美好环境，也更加珍惜自己的劳动成果，形成了良性互动的局面。

（四）以人为本涵养"心灵生态"，变矿竭人去为共建共享

一是筑牢生态文明新阵地。贾汪区将新时代文明实践与生态文明建设紧密结合，全力推进新时代文明实践"365工程"，充分发挥12个文明实践所、134个文明实践站的作用，广泛开展"全民义务植树""垃圾不落地""环境守护者"等志愿服务活动，在服务群众中引导广大人民树立崇尚自然、保护生态的情操，形成尊重自然规律的生态道德意识。

二是创建生态保护新平台。按照"制度化+信息化+公开化"的方法路径，探索开发污染防治监管平台，平台终端接入108个监控探头，运用大数据手段推动污染防治线索全覆盖、履职全透明、监管全流程、监督全方位，推动污染防治向精准治污、智能治污转变。贾汪区以信息化手段守护绿水青山的做法获得江苏省纪委蒋卓庆书记批示肯定，已在徐州市推开，并将在江苏省推广。

三是健全环境保护新机制。围绕"生态立区"战略，着力完善生态治理制度，强化源头严防、过程严管和后果严惩。严格实行项目建设环评审批制，把环评作为项目审批、报批的前置条件，落实环保第一审批权，坚决不要黑色GDP。近五年，贾汪区先后否决亿元以上不符合环保的项目20余个。推行污染物排放许可制和污染防治体制机制，严格实行生态环境损害赔偿制度，推进生态环境监测监察体制机制创新。将环境保护与生态建设纳入各级领导班子考核机制，先后对环境保护问题突出的26名党员干部进行党政纪处分，累计严肃查处255家污染企业。

二、经验启示

贾汪区大力实施采煤塌陷地治理、荒山绿化、水系治理三大攻坚战，建成"十纵五横一环"生态水网，变"地球伤疤"为"宜游花园"，变"裸岩秃山"为"森林氧吧"，变"黑臭水体"为"水韵泉城"，实现了从"一城煤灰半城土"

到"一城青山半城湖"的华丽转身,走出一条生产发展、生活富裕、生态良好的文明建设成功之路。贾汪区的创新实践表明,生态环境不仅是宝贵的自然资源,更是经济和社会发展的重要动力,而恢复绿水青山,就是再造金山银山;生态环境保护是将绿水青山变成金山银山的重要载体,是推动经济转型升级的重要动能,是造福百姓实现脱贫致富的重要路径,也是资源枯竭城市持续发展的全新模式。

思考讨论

1. 贾汪区通过生态修复实现了从资源枯竭到生态旅游示范区的转型,谈谈这一过程是如何展示"绿水青山就是金山银山"理念在实际经济社会发展中发挥作用的。如何将这一理念应用于其他类似地区的转型发展中,并探讨生态保护与经济发展的辩证关系?

2. 贾汪区通过采煤塌陷地治理、荒山绿化和水环境建设,实现了从"一煤独大"到"绿色多元"的经济转型。如何在现代工业发展中借鉴这些经验,进而促进可持续发展和产业升级?

3. 贾汪区通过基层政府和社区的积极参与,推动了生态文明的实践与落实。基层政府和社区在生态保护中有何责任与作用?如何在日常生活中通过个人和集体的行动支持生态文明建设,并推动环境保护意识的普及?

教学建议

本案例主要适用于"坚持以新的发展理念引领高质量发展"部分的辅助教学,可以帮助学生了解江苏省徐州市贾汪区通过实施生态修复实现绿色产业发展,从资源枯竭的百年煤城到生态旅游示范区的华丽转变,走上生态优先、绿色发展这一"绿水青山就是金山银山"发展道路的实践成果。

1. 探讨生态修复与经济转型的关系

可以引导学生讨论贾汪区如何通过生态修复从"一城煤灰半城土"转变为"一城青山半城湖",实现经济和环境的双重转型。通过分析贾汪区的成功案例,鼓励学生思考其他资源枯竭地区如何借鉴这一模式,实现可持续发展。

2. 分析生态文明与社会发展的相互作用

可以通过贾汪区的生态文明建设和绿色发展实践,探讨生态文明如何促进社会进步和人民生活质量的提升,引导学生思考如何在现代社会中树立生态道德意识,推动全民参与生态保护,实现人与自然和谐共生。

3. 探究"绿水青山就是金山银山"理念的实际应用

可以结合贾汪区的案例,深入探讨"绿水青山就是金山银山"理念的实际应用和效果,让学生思考如何在经济发展过程中保护生态环境,探讨生态保护与经济效益的平衡,鼓励学生在未来工作中践行这一理念,推动绿色经济的发展。

案例 8

浅湖深治,美成在久——江苏推进太湖生态治理综述①

核心阅读

太湖治理是习近平总书记念兹在兹、反复强调的"国之大者"。帆影浮天际,波光碧水漾。"包孕吴越"的太湖是长三角的"母亲湖"。吴侬软语里唱不尽的水清碧绿,曾一度被浓稠的绿浆糊所覆,蓝藻成了太湖的"心病"。2007 年以来,江苏省财政每年安排 20 亿元作为专项引导资金,累计下达 340 亿元,支持项目约 8000 个。从产业调整到生态修复协同发力,太湖重现碧波万顷。如今,太湖流域正探索走出一条经济发展和生态文明相辅相成、相得益彰的路径。

在无锡市新吴区六步港附近,张贴了一张新吴区历年蓝藻打捞量统计表:2021 年 12.3 万吨,2022 年降至 7.2 万吨,2023 年这个数字是 0。很难想象,2007 年太湖发生水危机时,这里的蓝藻臭味扑鼻,岸边堆得厚厚一层。

太湖美,美就美在太湖水。在参加 2023 年全国两会江苏代表团审议时,习近平总书记专门询问了太湖水质,"没有蓝藻了吧",强调"在生态上一定要把握住"。牢记总书记的嘱托,江苏扛起上游担当,太湖治理交出新成绩

---

① 新华社.浅湖深治,美成在久——江苏推进太湖治理综述[N].新华每日电讯,2024-03-22(04).

单:湖心区水质首达Ⅲ类,指标达到2007年以来最好;藻情达到2007年以来最轻;流域重点断面优Ⅲ比例达到2007年以来最高。

重塑"湖"与"人"的关系,江苏持续破解浅水型湖泊治理这一世界级难题,在太湖流域五市全面开展控源截污、生态扩容、绿色转型,推动生态、生活、生产、生意"四生合一"的系统重构,唱响新时代人水和谐共生的"太湖美"。

明珠焕彩

春日暖阳下,太湖贡湖沙渚饮用水源地风景壮丽,放眼望去,远处碧波万顷,水光接天;近处水草摇曳,鱼翔浅底。时钟拨回到2007年5月29日,同在此处,湖中"常客"蓝藻突袭了无锡千家万户。岁月流转,十余年后,这里的水质让市民放心吗?

湖水优劣,水厂先知。"近两年,处理藻类的净水剂使用量明显减少,夏季也未启动蓝藻暴发应急预案,出厂水质明显提升。"无锡市水务集团相关负责人表示,为防止蓝藻影响供水安全,水厂配置了应急处理工艺,但基本处于"备而不用"状态。

长期监控太湖蓝藻水华的科研人员亦有同感。去年,在太湖蓝藻水华高发的盛夏时节,记者来到位于无锡太湖之滨的中国科学院太湖站,科研人员从湖中随机取了一瓶水带回实验室,显微镜下,仅有一小块蓝藻,吃藻的浮游生物比蓝藻还多。他回忆,自太湖有清晰卫星影像以来,2023年上半年是蓝藻水华面积最小的时段。

被誉为"江南明珠"的太湖是长三角的"母亲湖"。因湖而生,江浙沪每年超21亿立方米优质自来水来自太湖;靠湖而兴,太湖流域以0.4%的国土面积,创造了全国10%的经济总量,人均地区生产总值是全国平均水平的2倍以上。

太湖的"前置库"长荡湖是围网养殖发源地之一,湖中一度围网密布,湖滨排污企业林立。住在附近的村民袁栋回忆,污染严重时,湖水发黑,味道刺鼻。近年来,政府整治力度加大,记者在现场看到,湖中不见围网、岸边草木葳蕤,"生产湖"变成"生态湖"。

全长约57公里的太浦河既是太湖重要的泄洪通道,也是给上海、浙江等地供水的生态廊道。以前河道两岸聚集了很多小散企业,经多年治理,昔日的"工业锈带"正变成百姓茶余饭后散步休闲的"生活秀带"。

江苏省生态环境厅数据显示：2023 年，总磷、总氮浓度同比下降 17.5% 和 9.9%；蓝藻平均面积、最大面积、湖体藻密度同比分别减少 45.7%、50.8% 和 30.3%；从流域水环境来看，流域 206 个重点断面优Ⅲ比例为 96.6%，是 2007 年以来最高。

水质好，万物生。西山岛是太湖中最大的岛，徒步岛上，常能看到成群鸟儿在空中盘旋。秋冬时节，树叶落下，还能看到很多鸟巢汇聚而成的"巢流"。窥一隅可见全域，2023 年，太湖流域水生生物多样性指数达到"优秀"等级，底栖动物、浮游植物和浮游动物多样性等级均达到"良好"及以上水平，太湖"三白"之一的白鱼以及重点保护物种中国淡水蛏在全湖主要湖区均有检出。

明珠焕彩，人湖和美。环湖走访，常能偶遇搭帐篷看夕阳的市民、游客和拍婚纱照的情侣，一张张笑脸令人印象深刻。"以前沿湖居民虽拥有太湖，却因围网、污染等看不见、看不清。如今，全湖恢复美丽容颜，大家更愿意亲湖。"江苏省生态环境厅副厅长、太湖水污染防治委员会办公室主任秦亚东说。

浅湖深治

"水下有红菱，水边芦苇青，水底鱼虾肥"，一曲《太湖美》令人心驰神往。然而，20 世纪 80 年代以来，随着工业化和城市化快速推进，太湖这颗"江南明珠"一度蒙尘，工业和生活排放对太湖污染很大，敲响了生态警钟。

污染阵痛让江苏痛下治理决心，可治理并非易事。从外源污染看，流域人口密集、产业集中，面临开发强度大、生态容量小、资源环境约束趋紧的现实。从自净能力看，太湖是我国五大淡水湖中平均水深最浅的湖泊。稍有风浪，底泥就被搅动上来，氮、磷等营养物质也随之扩散，有研究者无奈地称其为"一盆泥汤水，一本糊涂账"。

"太湖虽浅，治理却要下足深功夫。"中国科学院南京地理与湖泊研究所研究员秦伯强一语道破太湖治理之难。

水滴石穿，功在不舍。面对这一世界级难题，党的十八大以来，江苏坚持把太湖治理作为全省生态文明建设的标志性工程，点面结合、标本兼治、久久为功。

问题在水中,根子在岸上,控源截污需先行。秦伯强说,水体富营养化、发生蓝藻水华,只是反映在水环境中的最终结果,其根本矛盾还是排污总量超过环境容量,必须首先减少入湖污染源。

2007年以来,江苏铁腕治污:太湖一级保护区建成无化区;建立完善"磷账本""磷清单",持续压降磷排放。位于宜兴的灵谷化工集团有限公司是江苏最大氮肥企业,2019年以来,公司投资近2亿元用于污水处理提标改造,总氮排放削减量超80%。同时,江苏还全面推进污水收集处理,实现管网应接尽接、污水应收尽收。

三分治,七分养,生态扩容增韧性。常州、无锡等湖西片区是治理的重中之重,当地在整治污染之外,通过退田还湖、水生植物种植、水生动物投放,培育出数十万平方米的"水下森林"。

坚持把生态修复摆到太湖治理突出位置,江苏在太湖东部、北部湖区试种沉水植物约2900亩;在太湖西部恢复芦苇面积约1000亩;在流域建设各类生态安全缓冲区18个、湿地保护小区191处,湿地总量下降趋势得到根本扭转。"沉水植被是大型浅水湖泊生态系统的调节器。要做大生态'分母',从根本上增加环境容量。"江苏省生态环境厅厅长蒋巍说。

从"二三一"到"三二一",绿色转型谋长远。产业结构偏重偏化是太湖流域环境容量超载的重要原因。太湖治理的出路不光是技术性选择,更是发展理念、发展方式、发展质量的重塑。十余年来,江苏铁腕治理太湖非但没有影响经济发展,反而倒逼了传统产业焕新,催生出新质生产力。

2014年起,苏锡常地区产业比重总体实现由"二三一"到"三二一"的历史性转变。2023年,宁苏锡常镇五市高新技术产业产值占规上工业比重分别达57.1%、53%、51.8%、56%和54%。党的十八大以来,在流域经济总量翻番、城镇化率提高10%、人口增加380万的情况下,太湖水质仍取得明显改善。

重现太湖美,永远在路上。2007年以来,江苏动员了5个市、30个县区,组织住建、农业农村、发改、工信、自然资源等十多个部门,超万人直接从事太湖治理工作。江苏各级财政投入的专项资金及带动的社会资金,已累计超过3000亿元。在全面落实国家《太湖流域水环境综合治理总体方案》的基础上,江苏出台《推进新一轮太湖综合治理行动方案》,省委常委会每季度调度进展,省政府每月召开现场推进会,更大力度、更加精准推动太湖水质持续改善,生态不断向好。

江苏省水利厅厅长、省河长办主任高圣明说,站在新起点,江苏将进一步优化河湖长制工作机制,强化入湖河流系统治理,不断巩固提升太湖综合治理成效,推动太湖水质持续改善,确保饮用水安全、确保不发生大面积水质黑臭,不断提升生态环境治理现代化水平,提高流域防洪保安与水资源配置能力。

与湖共生

地处太湖上游,金坛柚山村西傍长荡湖,村里的心形"峭壁悬宕"遗址公园在互联网上动辄刷屏。令游客意想不到的是,这处网红景观的前身竟是被挖了数十年的采石宕口。2016年起,当地决心关停水泥厂,不断做好生态文章,"伤山残山"变成"金山银山"。"近三年,村民人均收入每年递增4000元。"柚山村党委书记蒋燕峰说。

造景更育境,变生产性工程思维为生态性有机思维,"田野里的都市"和"都市里的田野"交相辉映,照映着太湖流域高水平保护和高质量发展相得益彰之路。

藏身太湖下游,苏州市吴中区186公里的"环太湖"一号公路上游人如织,色彩斑斓的植被在暖阳的映射下,宛如大自然无意中打翻了调色盘。这条独具特色的太湖路,串起了新四军太湖游击队纪念馆、西山岛、碧螺春茶山等文旅元素。

串珠成链,扩线成面。以文化为魂、以生态为墨、以创意为笔,随着沿太湖世界级生态文化旅游区建设全面起势,江苏沿湖三市春节假日文旅市场"滚烫":无锡鼋头渚等沿湖景区接待游客超370万人次;常州45个乡村旅游重点村实现营收同比增长123.92%;苏州累计接待游客同比翻番,正全方位呈现"生态绿心""文化核心""经济重心"的全域美境。

生态优势就是发展胜势。坐落在太湖西部生态屏障的宜兴,古称阳羡,因苏东坡写下"买田阳羡吾将老,从初只为溪山好"闻名于世,今年1月又添一新例证,境内阳羡生态旅游度假区获评"中国天然氧吧"。2022年,宜兴GEP(生态系统生产总值)与当年GDP相当,是唯一GDP与GEP都位列全国前十的县级市。"宜兴市不断推进产业生态化和生态产业化"入选2022年度生态环境系统"十佳生态产品价值实现典型案例"。

不止是宜兴。梳理江苏近年发布的生态产品价值实现及环境治理改革创新典型案例不难发现,来自太湖流域的探索常居其半;流域五市已创建4个"绿水青山就是金山银山"实践创新基地和16个国家生态文明建设示范区;南京市高淳区、苏州市吴中区等地为蓝天碧水、公园绿地、河流湖库等生态资源贴上"价值标签",沿湖GDP、GEP共荣共生的路子越走越宽……

作为中国生态文明建设的一场大规模试验,太湖流域生态治理牵涉利益多、涉及方面广、累积矛盾多,无先例可循。从开发强度看,其他国家大型湖泊周边大多人烟稀少,而太湖周边人口和企业密布。唯有改革方能破题、唯有创新方能探路,只有高效统筹"市场有效、政府有为、企业有利、百姓受益",才能在别人未走的道路上收获最美风景。

万物各得其和以生,各得其养以成。"要深入开展新一轮太湖综合治理。"蒋巍表示,太湖以其宽阔的胸怀、丰沛的水源、丰饶的物产,哺育了江南人民,造就了繁华富庶之地,我们要做到未病先防、既病防变、愈后防复,将环太湖地区逐步打造成为世界级生态湖区、创新湖区。

思考讨论

1. 太湖治理过程展示了生态保护与经济发展并不矛盾,而是相辅相成的关系。在现代化进程中,如何在保障经济发展的同时,保护和修复自然环境,进而实现可持续发展?太湖治理中的"浅湖深治"思路对其他地区的环境治理有何借鉴意义?

2. 太湖作为一个浅水湖泊,治理难度较大,江苏通过控源截污、生态扩容等措施取得了显著成效。这种综合治理思路如何应用于其他环境治理项目,以及在不同地区、不同生态环境中如何灵活调整治理策略?

3. 太湖治理的成功离不开政府的引导、企业的参与以及公众的支持,通过以上案例我们可知,环境治理不仅是政府的责任,也是企业和每个公民的共同责任。如何加强多方合作,共同推进生态文明建设?

教学建议

本案例主要适用于"坚持以新的发展理念引领高质量发展"部分的辅助教学,可以帮助学生了解生态文明建设的重要性与复杂性,认识到在持续治理和创新实践下,如何在经济发展与生态保护之间取得平衡,实现人水和谐共生。这一过程展现了江苏省在应对环境挑战中的多层次措施与长期努力,为其他地区提供了生态治理的宝贵经验。

1. 探讨生态治理与经济发展的关系

可以在课堂上引导学生讨论如何在生态保护和经济发展之间找到平衡。通过分析太湖治理案例,学生可以思考在实际政策制定中如何兼顾环境保护和经济增长。可以让学生分组讨论,探讨不同的政策选择如何影响环境和经济,并结合习近平总书记"绿水青山就是金山银山"的理念,理解这一重要的生态文明观。

2. 分析长期治理的必要性与挑战

在课堂上可以设置一个专题讨论,探讨为何太湖的生态治理需要长期的坚持与投入,以及在长期治理中可能遇到的挑战。通过这个讨论,学生能够理解环境治理的复杂性和长期性,以及为什么短期的治理措施往往难以取得持久的效果。这有助于学生培养长期思维和全局观念,理解生态治理的艰巨性和必要性。

3. 创新与科技在生态治理中的作用

可以通过案例中的具体措施,如"沉水植物种植"和"污水处理提标改造",引导学生讨论科技和创新在生态治理中的重要作用。课堂上可以让学生提出其他可能的创新治理措施,并讨论这些措施的可行性和潜在影响。这不仅能提高学生对科技在环境保护中的作用的认识,还能激发他们对环境治理问题的创造性思考。

案例 9

"144 小时免签"再上新！"China Travel"潮持续火热中①

 **核心阅读**

在当今全球化的时代，旅游与文化的交流日益频繁，各国纷纷出台便利政策吸引国际游客。144 小时免签政策作为中国对外开放的重要举措之一，不仅为外国游客提供了前所未有的便利和体验，更为中国带来了经济、文化和社会等多方面的积极影响。这一政策的成功实施，不仅展示了中国作为大国的自信和担当，也为世界旅游和文化交流树立了新的典范。未来，随着政策的不断完善和拓展，相信中国将在国际舞台上发挥更加重要的作用，为世界和平与发展贡献更多力量。

中国，这个拥有五千年文明史和丰富自然风光的国家，自实施 144 小时过境免签政策以来，不仅为外国游客提供了前所未有的便利，更为自身发展带来了深远的经济、文化和社会影响。

"144 小时免签"扩容给入境游热再添一把火

国家移民管理局 7 月 15 日发布公告称，即日起，在河南郑州航空口岸实

---

① 季晓莉. "144 小时免签"再上新！"China Travel"潮持续火热中[EB/OL]. (2024-07-19)[2024-12-10]. https://mp.weixin.qq.com/s/-OBI3JDgmAQEqJFz1z_Y_A.

施144小时过境免签政策,停留范围为河南省行政区域;将云南省144小时过境免签政策停留范围由昆明市扩大至昆明、丽江、玉溪、普洱、楚雄、大理、西双版纳、红河、文山等9个市(州)行政区域。此外,新增郑州新郑国际机场、丽江三义国际机场和磨憨铁路口岸等3个口岸为144小时过境免签政策适用口岸。

截至目前,国家移民管理局已在北京、天津、河北石家庄、秦皇岛、辽宁沈阳、大连、上海、江苏南京、连云港、浙江杭州、宁波、温州、舟山、河南郑州、广东广州、深圳、揭阳、山东青岛、重庆、四川成都、陕西西安、福建厦门、湖北武汉、云南昆明、丽江、西双版纳等地的37个口岸实施144小时过境免签政策。

这为外籍人员来华旅游、商贸提供了更多选择。美国、加拿大、英国等54国公民持有效国际旅行证件和144小时内确定日期及座位的联程客票,即可从上述口岸过境前往第三国(地区),停留期间可从事旅游、商务、访问、探亲等短期活动。

144小时过境免签政策带来入境游热潮

我国自2013年1月实施72小时过境免签政策以来,过境免签政策在服务国家高水平对外开放、便利中外人员往来、促进对外交流合作方面发挥了重要作用。近来,"City不City""China Travel"成为国内外社交媒体热点,相关视频播放量超10亿次。国家移民管理局"政策+市场"的双轮驱动,使得中国入境游市场迎来良性循环,驶入发展快车道。数据显示,今年上半年,全国各口岸入境外国人1463.5万人次,同比增长152.7%。其中,通过免签入境854.2万人次,占比52%,同比增长190.1%。

在今年二季度入境游的外国游客中,韩国、新加坡(2月9日起与中国相互免签证)、日本、澳大利亚、英国、美国、俄罗斯、德国、西班牙、法国游客较多;主要入境游国家中,希腊、巴西、匈牙利、俄罗斯、加拿大等国家环比一季度增速较高。

携程数据显示,2024年二季度,享受72/144小时过境免签政策的54个国家的境外游客,入境中国旅游订单环比一季度增长28%。扩容前,享受该政策的23座国内城市入境游订单环比一季度增长42%。昆明、丽江、大理、西双版纳等地入境游订单同比分别增长290%、410%、520%、87%,云南省入境游订单同比增长 320%。

去哪儿平台显示，今年上半年外国游客国内航线的机票预订量同比增长 1.8 倍，而且半年之内，有超过一成的外国游客第二次来。在中国居住过、曾经来过中国或是善于做攻略深度游的外国游客，已经不满足于在城市之间飞来飞去走马观花，"进阶版"外国游客选择乘坐高铁，体验中国速度。美国、韩国、俄罗斯、越南、马来西亚的旅客高铁票预订量排名更高，江浙沪 2 小时高铁圈、川渝 2 小时高铁圈、广深 2 小时高铁圈广受欢迎。

中国太大，144 小时太短。在去哪儿平台上，一名俄罗斯旅客半年内到访了北京、天津、上海、杭州、日照、宁波等 16 个城市；一名土耳其旅客到访了广州、深圳、珠海、济南、青岛等 12 个城市。黑河成为俄罗斯人网购的"收货地"，韩国游客扎堆湖南张家界。以梯田景观闻名的云南元阳、被誉为"最窄县城"的云南昭通盐津、七彩丹霞甘肃张掖等小城，出现在外国游客视频记录中。

在延长对法国、德国等 12 个国家单方面免签有效期的基础上，从今年 7 月 1 日起，中国还正式对新西兰、澳大利亚、波兰等三国实施单方面免签。今年上半年，艺龙酒店科技平台各品牌酒店的外宾预订量同比增长接近一倍。预计在暑期阶段，上海、杭州、北京等入境游接待量较大的城市，酒店外宾预订量仍将有较大增长。

各地"政策+市场"双轮驱动促进入境游

各地正在充分发挥入境游在促进经济发展等方面的作用。长三角地区将推进境外人员 144 小时过境免签政策全域实施；川渝两地联动实施境外人员 144 小时过境免签政策；安徽努力争取境外人员 144 小时过境免签政策落地。

以河南为例，新政实施后，河南省会郑州出入境边防检查站在出入境现场设置了专门的 144 小时过境免签手续办理区域及通道，调整了口岸引导标识，放置临时入境外国人入出境卡填写模板、前置指纹采集仪等，优化外国人入境通关流程，提高旅客通关体验感。

河南省积极提升入境游客在豫支付及入园便利化水平，成功举办河南省入境游市场调研座谈会、2024 入境游线上启动仪式，先后举行了"万名澳洲游客行走河南"、郑州—卢森堡"空中丝绸之路"等系列首发团的欢迎仪式,针对澳大利亚、意大利、德国、卢森堡、韩国、马来西亚、越南、泰国等重点客源市场开展入境游产品提升推广工作营,并邀请网红达人及旅行商来豫采风踩线。

今年5月,郑州新郑国际机场启用具备移动支付、绑定境外银行卡、ATM支取人民币现金、引导货币兑换和境内银行卡开卡等功能的专门服务机构,便利境外来宾。6月,郑州市文旅部门发布入境游首站城市配套政策,对接待入境游的旅行社、包机、专列和新兴客源地市场给予一定额度的奖励;同时,在重要景区、酒店等文旅场所部署外卡POS机和兑换点。未来还将在当地交通、文旅、金融、商务等多部门形成合力,为入境游客便利化提供最大支持。

入境便利政策为河南带来一波入境游流量。今年以来,郑州市入境游订单同比增长144%,河南省入境游订单同比增长170%。这个暑期,郑州、开封、洛阳等古都迎来不少外国面孔。

各环节优化产品服务提升入境游体验

入境游的复苏也有赖于各环节产品和服务的持续优化。去年以来,多部委持续推进签证简化及便利化,推出外国旅游团乘坐邮轮入境免签政策,单方面免签国家范围持续扩大;明确"大额刷卡、小额扫码、现金兜底"的支付原则;多地景区取消门票预约等,有效改善和提升了境外游客旅游体验。各旅游企业尤其是在线旅游平台,持续优化产品,提升入境游体验。

例如,在门票购买环节,携程海外平台已联合国内2000多家景区开通在线购票服务,还在八达岭长城、秦始皇陵兵马俑等近30家景区落地国际版售票机,支持境外游客多种语言、多种支付方式购票。此外,海外平台还上线超过8000条全日游、半日游产品,满足境外游客旅游需求。

在支付环节,携程平台在全国13个城市的24个外币兑换网点提供"零钱包",内含20元、10元、5元等小面额纸币若干,方便境外客户兑换。同时,平台在国家外汇局上海分局指导下,与上海地区酒店合作,开展在酒店办理外币兑换的业务试点,当境外游客在携程已授权的酒店办理入住时,当即就能在酒店前台办理小额兑换业务,更省时省力。

在出行环节,携程专车今年4月份入驻携程海外平台,直面境外游客,提供接送机服务。目前,平台专车服务已落地全国26个热门入境游城市,还发起了"Welcome to China"活动,境外游客预订暑期飞往成都、上海、北京、广州、深圳、重庆、西安等七城的机票,领取优惠券即可享一次免费接机服务。

打通外国游客堵点痛点的一系列举措,优化了外国人来华体验,让更多人看到了生动真实的中国,见证了高水平开放的中国。亲身体验过中国的秀美山川、人文历史、社会和谐等后,许多外国游客感慨"从未想过中国是这样的",也希望更多了解中国、到访中国。

144小时过境免签政策被称为"中国新的顶级名片",甚至是"中国最强文化输出",成为中国持续推进高水平对外开放的硕果。

国家移民管理局相关负责人表示,预计今年下半年外国人来华热度将持续升温。持续提升"China Travel"吸引力,还需进一步补齐景区门票预约对外国游客不太友好、部分酒店、景区外语人才尤其是小语种人才不足等短板,不断提升外国人来华旅游意愿,让中外交往更有活力、更加热络,进而带动人文、商贸、科技等领域的交流合作,加深国际社会对中国的认识和了解,实现资源共享、互惠互助。

 思考讨论

1. "144小时免签"不仅为外国游客提供了便利,也使中国在国际社会中展示了开放、包容和自信的形象。谈谈这一政策对中国国际形象有何影响。随着这一政策的推广,外国游客对中国的认知是否会有所改变?中国通过这种政策输出文化和价值观的效果如何?

2. 在全球化背景下,开放与安全之间的平衡始终是一个重要的议题,"144小时免签"虽然促进了国际交流和经济发展,但也可能带来安全风险。在推进开放政策的同时,如何确保国家安全?从移民管理、信息技术、安全监控等多个角度来看,中国在制定和实施开放政策时如何采取有效的安全措施,以保障国家和社会的安全稳定?

3. "144小时免签"不仅促进了外国游客的入境,也为地方经济带来了新的机遇,谈谈这一政策如何促进地方经济和文化的发展。云南、河南等地通过这一政策吸引外国游客,带动了哪些具体的经济和文化效益?地方政府应如何进一步优化政策,充分发挥"144小时免签"的作用,实现经济与文化的双重发展?

专题6　坚持以新的发展理念引领高质量发展

教学建议

本案例主要适用于"坚持以新的发展理念引领高质量发展"部分的辅助教学,可以帮助学生了解"144小时免签"这一中国推进对外开放的重要举措。该政策极大地促进了国际游客入境中国的便利性,带动了中国入境游的快速增长,增强了国际文化交流,不仅展示了中国的开放与自信,还为中国的经济、文化和社会发展注入了新的活力。

1. 探讨"144小时免签"政策对中国软实力提升的影响

可以在课堂上引导学生讨论"144小时免签"政策如何通过便利外籍游客来华,提升中国的国际形象和软实力。学生可以分析该政策对外国游客的吸引力,以及其在文化传播和国际交往中的重要作用。通过分析游客反馈和国际媒体报道,学生可以进一步理解这一政策在塑造中国作为开放、包容国家形象方面的成功经验,并探讨如何通过类似政策进一步增强中国的全球影响力。

2. 结合经济学理论分析政策对地方经济的促进作用

可以引导学生以经济学视角分析"144小时免签"政策对地方经济的推动作用。学生可以探讨该政策在促进旅游业发展的同时,如何带动相关产业如酒店、餐饮、零售等的繁荣。通过具体案例,如云南、河南等地的旅游数据增长,学生可以学习如何运用经济学理论解释政策实施后的经济效益,并思考如何在政策实施中最大化地方经济和文化资源的利用,推动区域经济的可持续发展。

3. 讨论国家安全与对外开放的平衡问题

可以在课堂上探讨"144小时免签"政策在促进开放与确保国家安全之间的平衡。学生可以讨论如何在吸引更多外国游客的同时,保持对国家安全的有效监管。通过分析国家移民管理局的措施和技术手段,学生可以理解国家在实施开放政策时如何预防潜在的安全风险。这一讨论有助于学生理解在全球化背景下,如何兼顾开放与安全,确保国家的长治久安与国际形象的提升。

案例 10

"合作+众筹+共享"新模式,湖南彭山庄园打开乡村振兴新思路①

核心阅读

没花一分钱,靠"合作+众筹+共享"的模式,3000亩荒山变成了五星级农庄,年入几千万! 湖南省常德市澧县的彭山庄园是一个集观光旅游、餐饮住宿、休闲游乐、科普教育、民俗文化、水果采摘等功能于一体的城郊农业休闲旅游业态。其建设和运营管理思路体现了"共享"的思维方式,通过与多方合作、利用众筹、锁定用户群体、制定适宜的营销方案等方式实现多方共赢。同时,打造文化品牌,提高山庄的知名度。休闲庄园对于庄主的考量将是大平台格局下的资源整合能力。

目前,随着乡村振兴、田园综合体和美丽乡村建设等项目在全国的持续升温,"共享农场"的孕育空间正在慢慢变大。共享农庄是以农民专业合作社、农村集体经济组织等为主要载体,以各类资本组成的混合所有制企业为建设运营主体,以信息技术为支撑,以农业和民宿共享为主要特征,通过"互

---

① 乡镇振兴指挥部公众号. 乡村振兴案例,彭山庄园用"众筹+共享"的模式,打开新思路[EB/OL]. (2024-01-28)[2024-12-10]. https://baijiahao.baidu.com/s?id=1789311446600867075&wfr=spider&for=pc.

联网+现代农业"技术建设集循环农业、创意农业、农事体验、服务功能于一体的农业综合经营新业态。

彭山庄园简介

彭山庄园,15年前是一片3000亩荒山,经过不断迭代发展,成为湖南首个收门票的度假庄园,2016年被评为国家AAAA级旅游景区、湖南省休闲农业示范园、湖南省五星级农庄、湖南省城头山地质公园。2017年获评中国最美休闲庄园、全国森林康养试点基地。

彭山庄园景区内部由湿地公园、彭山森林康养公园、省级地质公园、园林绿化苗木基地、青山有机食品生产基地组成"三园二基地"格局。年游客数量超过50余万人,景区年收入数千万余元。

旅游资源和区位优势

彭山庄园,位于湖南省常德市澧县城西,被称为澧州古城的后花园。周边有澧州古城、澧州城头山AAAA级风景区,湖南涔槐国家湿地公园等旅游资源。彭山也位于常德旅游大三角的枢纽位置,与城头山遗址公园、千年古刹钦山寺、澧县文庙被旅游专家誉为"澧县四大景观"。总体来说,旅游资源集聚效应良好。

彭山景区距离常德市区约85公里,车程1小时左右,距离张家界约160公里,2小时40分车程,比邻国道,省级公路贯穿全境,交通通达度较好,出行方便。2002年以来,彭山景区内逐渐开发了原乡梦体验区、生态氧吧、户外游乐、亲水、民俗文化、禅修文化共六大功能体验区,集观光旅游、餐饮住宿、休闲游乐、科普教育、民俗文化、水果采摘等功能于一体。重点突出农业观光体体验、休闲娱乐、科教等内容,打造城郊农业休闲旅游业态。

园区设计

根据规划区的自然地形及现状用地条件,主要将彭山景区规划为原乡梦体验区、游乐体验区、民俗文化体验区、禅修文化体验区、生态氧吧体验区六大功能分区。

原乡梦体验区以"吃、住、娱、育、购"为一体,业态丰富。亲水体验区以澧水为中心快乐向前冲影视基地、观光画舫船、快艇、露营、烧烤等多种项目。游乐体验区由秋千园和沙滩公园以及炫目刺激的过山车、蹦极、摩天轮、5D影院等众多游乐设施组成。民俗文化体验区各种民间工艺加工而成原汁原味的农产品,体验传统的舂米劳作和腊肉、木油榨、打糍粑、磨豆腐、酿酒等民间制作工艺,感悟中华祖先的勤劳与智慧以及农耕文化的博大精深。禅修文化体验区有思王祠、娘娘殿等。生态氧吧体验区气温适中,植被茂盛,水质优良,空气清新,富含大量负氧离子,山水相连,动静相依,素有九澧天然氧吧之美誉。酒店和餐厅的建筑设计多为现代中式。景观设计有传统的亭、台、楼、阁、廊、榭等景观建筑,以赏景和组景为主,实用美观,与华诚彭山庄园的自然景观、人文底蕴相协调,保持本地乡土建筑的景观建筑形制特色。

"共享"的运营管理思维

彭山庄园最值得借鉴的是其建设和运管管理思路,在基础项目建设阶段,通过"客人投资,我们运营"的方式与旅行社、优质客户合作,搭建餐饮、住宿、游乐设施等基础配套业态,通过"众筹"模式进行后期运营资本募集,与投资者共同投资,共同盈利。彭山庄园的建设和运营管理中处处体现着"共享"的思维方式。

通过与多方合作,减少运营成本

彭山脚下有一个2000亩的湖面,准备增设游轮项目的运营。但是一条游艇需要300万投资,钱虽然不多,庄园也完全有实力购买,但是购买后如何保证客源生生不息,谁也没有办法打包票。

庄主刘连华找到10家旅行社,让每家出资30万,然后可以享受10年免费使用权,旅行社方面一下子就答应了,因为他们只要稍稍算一笔账就会发现,这是一笔稳赚不赔的好生意。就这样,刘连华不仅解决了游艇的投资问题,还解决了项目的客源问题。更重要的是,旅行社带来的人群,在庄园内还会产生大量的餐饮、商品购买以及其他项目消费。

而游轮项目的操作,只是整个华诚彭山庄园的一个缩影。事实上,整个庄园的几乎所有项目,都是利用类似的模式来操作的。比如庄园的摩天轮观光项目,刘庄主也没有自己投资,而是采用平台化合作的模式。

整个项目投入约50万元,由外来投资者进行出资,项目所有权归属庄园,5 年内的收益由双方按照一定比例进行分配。5 年之后,项目完全归庄园所有,如果投资方愿意继续经营,则双方重新拟定利益分配比例,继续合作。

利用众筹的方式,实现多方共赢

在建设彭山的时候,刘连华以一亩地为单位租赁出去,期限是 30 年,一次性收回 30 万元,并允许租赁者在这一亩的土地上建设小木屋,但是面积不超过 50 平方米。在此基础上,刘连华实施了租赁者在 30 万元的租赁费用一次性缴清后,每年返给租赁者 1 万元,分 30 年还清的措施,吸引租赁者。

此外,房子建设好之后,每年给租赁者 2 个月的居住时间,其余时间均由公司经营打理,利润分成。刘连华发布众筹建设了餐厅,并精选出一批优秀的员工,把餐厅的众筹份额作为一种福利让员工参与进来,除了员工之外,众筹的主体还包括餐饮的供应商、消费流量大的客户,以及自己的亲戚朋友。在短短一周的时间,就筹集了 250 万元。而通过这种方式,不仅获得了稳定的客源,而且因自己出资建设餐厅的缘故,员工自身的积极性得以调动,整个餐厅更加富有生命力。

这样,庄园与投资者之间,就是超市与柜台、网站与店主的平台化合作关系。这种关系的合作,几乎颠覆了以前庄园、景区一个投资者,大小项目和事务统一管理和营运的模式。

锁定用户群体,制定适宜的营销方案

庄园的有机水稻项目,更是将平台化和共享概念发挥到了渠道的价值。传统的农产品销售模式,就是农产品成熟后,通过广告的渲染,卖给用户。这种方法一方面营销成本高,另一方面销售有一定的风险性。更重要的是,有机产品的推广,一直存在着信任问题。

刘连华采用的方式是:23 800 元的价格,用户可以买到 10 年的大米,庄园每个月配送一定数量的大米给用户。同时,用户还以享受到庄园门票的减免待遇。对于用户而言,如果算账的话会发现,这样的价格非常划算。而对庄园而言,几乎处于零利润状态。但是在刘庄主眼中,则是另外一个算法。一方面,这些用户无疑将会是庄园的高黏性客户,另一方面,这些精准客户的大米配送,还会顺便搭售一些自己的产品。更重要的是,这些高净值客户的存在,还成为一些类似农产品极佳的推广渠道。

现在,很多品牌商愿意把自己的产品样品赠送给客户,甚至给庄园付出一定推广费用。而对于庄园客户而言,凭白获得一些五谷杂粮之类的赠品,都以为是庄园的心意,从而对庄园产生感谢之情。

景区产品开发,多方面赚取盈利

庄园该不该收门票,是目前业界讨论比较多的一个话题。很多庄主担心不收门票,会对庄园环境产生严重破坏。一旦收门票,就会立刻门可罗雀。而在彭山庄园,门票经济被演绎出新的价值。

在刘连华看来,精心打造的庄园应该收取门票,但不应成为过分关注的一项收入,而应从心理学角度出发,把它变成拉动客流的一种手段。之前,华诚彭山庄园的门票定价是40元。刘庄主采用"异业联合"的方法,和KTV、商场、银行等有大量高消费客户的单位进行合作,免费给他们的客户赠送门票,唯一条件就是要他们客户的联系方式。

同时,还针对"异业联盟"的大客户,赠送一些年卡,这些年卡可以自用,可以带朋友,还可以赠送给其他人。如此下来,虽然在门票上,庄园没有形成规模的营收,但是这些拿到门票的人,多数会选择前来庄园,从而形成消费上的营收。这些收入以及延伸形成的收益,要远远大于门票收入。

除了这些常规途径,华诚庄园还发起了"认购一棵树"活动,推出5000张售价为1万元的绿卡。认购者不仅可享受终身免门票,并获赠超过1万元的农庄产品,还能认购庄园内的一棵树,树上可以挂上单位名字,在巨大的客流中形成品牌露出。虽然1万元的售价着实不便宜,但超多的延伸价值,使得该卡一周内销售一空。这些收入不仅为农庄解决了绿化问题,还收揽了相当一批的高消费群体。

打造文化品牌,提高山庄的知名度

周末彭山汇:每个周末,聚集一群上班族在一起吃喝玩乐,放松心情、释放压力,过好两天慢时光。

彭山约饭:通过线上社交平台,线下组织吃一些"稀奇古怪"的食物。让参与者每次就餐都有人陪伴,让饭局有得聊,有得玩,有得看,让"吃货"的生活变得简单精彩。

端午屈原祭祀大典：澧州是屈原行吟澧水时的核心地带，而屈原的千古名句"沅有芷兮澧有兰"所描绘的正是彭山脚下的澧水沅洲。彭山每年端午举办屈原祭祀大典，不仅完成对屈子文化的宣传，而且也向广大游客展示彭山中华传统礼仪，弘扬民族文化，景区从而赢得美誉。

通过以上多项营销活动，以及举办诗歌、散文、摄影等大赛，不仅为景区带来更多的人气，也提升了景区的文化底蕴。

作为一个多产业融合的综合体，休闲农庄一"出生"就决定了其平台化的宿命。如今不少庄园出现的缺资金、缺人才、庄主很忙很累等状况，本质上，都是平台化缺失的后果。彭山庄园的模式或许有特殊性，但其平台化、共享化的经营思维，对于绝大部分庄园而言，都有着诸多可借鉴的共性。

未来的竞争不再只是个人的运营能力，更多的是跨资源的整合能力。因此，我们作为一线农创人，更应该抱团起来，彼此之间交换资源、交换产品、交换客户，用共享和互联的方式，实现农创事业。休闲庄园对于庄主的考量，不再是辛勤努力，不再是某个单项技巧，而将是大平台格局下的资源整合能力。

思考讨论

1. 通过彭山庄园的"合作+众筹+共享"模式，我们可以看到这种创新的商业模式有效整合了社会资源，实现多方共赢。这种模式在推动乡村振兴方面的优势和挑战是什么？是否可以在其他地区或产业推广？在推动乡村经济发展、增加农民收入的同时，这种模式如何确保公平分配资源和利益？在实际推广中可能遇到的困难，如资金不足、管理不善等，如何克服这些障碍？

2. 彭山庄园通过共享农庄的模式，不仅实现了经济效益，还促进了社会效益，如推动文化传承、加强社区合作等。这种模式如何在实践中更好地平衡经济效益和社会效益？在共享农庄的运营中，如何确保文化传承不被经济利益所侵蚀？如何通过这种模式增强社区的凝聚力和农民的幸福感？在推动乡村发展的过程中，如何有效调动社会各界的参与，形成合力，共同推动社会和经济的可持续发展？

3. 彭山庄园的成功为其他乡村提供了可借鉴的经验，彭山庄园的发展模式是否适用于其他地区的乡村振兴？在不同地区推广时，应该如何因地制宜，进行本土化调整?在推广这些成功经验时,如何应对可能存在的文化、资源、市场等方面的差异?如何通过政策支持、社会资本引入等手段,促进类似模式在更大范围内的推广,帮助更多乡村实现经济与社会的双重发展?

 教学建议

本案例主要适用于"坚持以新的发展理念引领高质量发展"部分的辅助教学,可以帮助学生了解彭山庄园通过"合作+众筹+共享"实现乡村振兴的新模式。该模式将城郊农业与休闲旅游相结合,利用多方合作与平台化运营,实现资源整合与共赢,展示了乡村振兴背景下通过创新经营模式和文化品牌打造,如何推动乡村经济发展和文化传承,提升乡村旅游竞争力。

1. 探讨"合作+众筹+共享"模式对乡村振兴的影响

可以引导学生讨论"合作+众筹+共享"模式如何推动乡村振兴,以及这一模式如何打破传统的单一经营方式,实现资源整合与多方共赢。通过分析彭山庄园的成功经验,学生可以思考这种模式在其他地区是否具有推广价值,并讨论在推广过程中可能遇到的挑战,如资源分配不公、管理复杂等问题,进一步探讨如何通过政策支持和社会资本的引入,推动乡村经济和社会的可持续发展。

2. 探究文化品牌在乡村旅游中的作用

可以通过彭山庄园的案例,引导学生思考文化品牌在乡村旅游中的重要性。彭山庄园不仅依靠其自然资源,还通过文化活动和品牌推广提高了知名度和吸引力。课堂讨论可以围绕如何通过文化品牌的打造,增强乡村旅游的竞争力,以及如何在现代化和传统文化之间找到平衡点,确保乡村文化的传承与发展。同时,学生可以探讨如何利用文化品牌推动乡村社区的文化认同和经济增长。

3. 分析资源整合能力对乡村发展的重要性

可以通过彭山庄园的运营模式,讨论资源整合能力对现代乡村发展的重要性。彭山庄园通过整合多方资源,实现了运营成本的降低和效益的最大化。学生可以分析这一模式如何在其他乡村推广,并探讨如何通过跨区域合作和资源整合,提升乡村经济的整体竞争力。同时,教师可以引导学生思考资源整合过程中的公平性问题,探讨如何在合作过程中实现利益共享,推动乡村的共同繁荣。

案例 11

共享发展,更好潍坊![①]

核心阅读

习近平总书记指出,发展理念是发展行动的先导,是管全局、管根本、管方向、管长远的东西,是发展思路、发展方向、发展着力点的集中体现。近年来,潍坊市聚焦高质量发展首要任务,完整、准确、全面贯彻新发展理念,坚持用创新、协调、绿色、开放、共享引领各项工作,革故鼎新、担当实干,潍坊大地处处释放着创新涌流、创造迸发的发展活力,处处呈现着勃勃生机、欣欣向荣的发展景象,处处展示着动能转换、蝶变转型的发展成效。本案例从创新、协调、绿色、开放、共享的新发展理念角度观察,试图挖掘潍坊韧性增长背后的新动能,寻找潍坊高质量发展的新变化。

推动共享发展,就是要按照人人参与、人人尽力、人人享有的要求,坚持全民共享、全面共享、共建共享、渐进共享,注重机会公平,保障基本民生,着力增进人民福祉。习近平总书记指出:"人民对美好生活的向往,就是我们的奋斗目标。"

近年来,潍坊市认真贯彻习近平总书记关于完整、准确、全面贯彻新发展理念重要论述精神,落实省委、省政府部署要求,牢固树立以人民为中心

[①] 王明玉,刘斌. 新发展理念看潍坊系列报道之五:共享发展 更好潍坊[EB/OL]. (2024-03-18) [2024-12-10]. https://baijiahao.baidu.com/s?id=1793831136786009245&wfr=spider&for=pc.

的发展思想,始终把老百姓的安危冷暖放在心上,倾情尽力办好惠民实事,用心用情解决好群众的操心事、烦心事、揪心事,扎扎实实推动共同富裕,加快构建高品质民生服务体系,全市人民的获得感、幸福感、安全感不断增强。

现在的潍坊,群众的口袋更殷实,超过36.8万贫困人口稳定脱贫,337个省定贫困村全部摘帽,教育、医疗、养老、住房等各项事业全面进步。乡村振兴全面推进,共同富裕加速起势,城乡差距、收入差距持续缩小,城乡居民人均可支配收入年平均分别增长8.4%、9.6%,城乡居民收入比逐步缩小至1.91∶1。群众的生活更讲究,全市80%左右的财政支出用于民生,社会保障持续提质提标,民生资源由紧平衡向优供给转变,群众满意度位居全省前列,正向着"共同富裕示范城市"加速迈进。

砥砺担当,"三个模式"深化拓展结硕果

改革开放以来,潍坊闯出了贸工农一体化、商品经济大合唱、农业产业化经营等改革路径,创造了"诸城模式""潍坊模式""寿光模式",聚力突破了农户分散经营与大市场之间的矛盾,解决了农业生产、加工、流通脱节及蔬菜生产产业化经营的一系列问题。

2018年全国两会期间,习近平总书记两次肯定"三个模式",对潍坊的发展表达了深切关怀和殷切期望。近年来,潍坊牢记嘱托、砥砺奋进,把拓展创新"三个模式"作为全市工作重点,勇于实践、勇探新路,深化拓展"三个模式",持续深入探索有效路径,形成"内敛外扩"新格局,为中国农业农村现代化探路闯关,为推动乡村全面振兴、促进共同富裕增添动力。

潍坊以"三个模式"为引领,持续探索融合发展路径,一体化解决农业、农村、农民问题,加快推动农业产业现代化、农村治理现代化、农民生活现代化,聚力探索势单力薄的小农户如何在现代农业中找到发展空间,更好地引领"三个模式"升维破局,助力"乡村振兴齐鲁样板先行区"和"共同富裕示范城市"建设。

这种探索在诸城市深化拓展"三个模式"过程中,表现得淋漓尽致。

诸城市发挥"诸城模式"优势,围绕解决好"人往哪里去""钱从哪里来""地该怎么用"三大课题,创新提出了股份合作改革的新路径,在唱响"股份合作三部曲"的过程中,推动资源要素向新兴经营主体、农业龙头企业集中。

据记者了解,诸城充分发挥党组织引领作用,将该市259个社区划分为

1690个网格,设立网格党支部,为股份合作改革打牢基础。在此基础上,诸城市重塑底层设计,发挥党组织政治优势、组织优势,引领农户、集体入股,搭建起与企业对接合作的平台。最后通过租赁、托管、雇佣等形式与各类市场主体合作,构建"党组织+股份合作社+涉农龙头企业"的稳固利益共同体,全面激活农村资源要素。

诸城市创新实施的"股份合作三部曲",进一步将小农户嵌入了农业产业链条,通过延伸产业链、稳定供应链、拓展价值链的形式,构造起了一个完整、有效的利益联结机制,破解了农民在现代化进程中遇到的增收致富难题。受益于此,诸城市城乡差距不断缩小。2023年,诸城市农村居民人均可支配收入达到2.96万元,城乡收入比降至1.82∶1。

与"诸城模式"不同,"寿光模式"在系统总结设施蔬菜产业标准化后,成功进阶到向全国输出设施蔬菜种植标准和集成化解决方案的新阶段,通过不断向全国输出技术、人才、标准和农业问题解决方案,成功带动全国各地农民共同增收致富。

在江苏省盐城市响水县大地九丰农博园千禾现代农业科技中心,全程采用"寿光模式"建设运营的蔬菜大棚内,智慧农业大数据管理平台和水肥一体机等智慧农业设备平稳运转,无论是育种、育苗,还是生产、管理,该园区统一推行标准化、数字化和智能化生产模式,蔬菜日产量达5万公斤,成为带动当地现代农业发展的"标杆"。

在雄安新区安新县端村镇关城村和容城县城子村,"雄安乡村振兴寿光工作专班"全力推动潍坊与雄安抱团发展蔬菜产业。工作专班按照"寿光标准",从园区建设、种植管理、蔬菜销售等全链条进行合作。现如今,当地农户从大田作物种植成功跨越到高标准设施蔬菜种植,"设施蔬菜省工省力,经济效益还高,现在我们这儿的人可认可设施农业了,大家积极性都很高。"看着满棚的西红柿,城子村村民刘冬明表示。

在西藏自治区日喀则市白朗县,寿光蔬菜产业集团在此地挂牌成立"贾思勰·新农人"服务站,择优输送经验丰富、技术过硬的技术员,手把手教当地群众种植蔬菜。同时,蔬菜产业集团还在白朗县建设了蔬菜种植基地,配套设施冷链物流配送中心、精品果蔬加工区,助力该县发展成为西藏名副其实的"菜篮子""果园子"。

目前,"寿光模式"已成功输出到河北雄安、湖北黄冈、海南乐东、重庆开州等全国30多个省市自治区,寿光常年派出超过8000多名技术人员在各地指导蔬菜生产,极大地促进了当地经济社会的发展,为我国缩小东西部之间、城乡之间、区域之间的发展差距做出了积极贡献。

倾心倾力,高福祉民生建设绽繁花

泛可小康盼大同,共同富裕的美好社会是更高级的社会形态,就是要在努力推动高质量发展的过程中办好各项民生事业,补齐民生短板。近年来,潍坊市始终以百姓心为心、为百姓事谋事,聚焦人民群众最关心、最迫切、最现实的利益问题,统筹做好就业、教育、医疗、养老、社保等各领域工作,一件件惠民实事,一项项惠民好事,汇聚成不断上扬的幸福曲线,绘就成一幅幅"更好潍坊"新图景。

就业事关千家万户的生计,是"最基本的民生"。潍坊市积极实施就业优先战略,把"稳就业"摆在促增收、促消费、促增长的基础地位,坚持完善服务体系,优化就业结构,不断提高就业质量。2023年,全市城镇新增就业10.26万人,开发城乡公益性岗位安置就业超10万人,离校未就业高校毕业生就业率达95.5%。

为稳就业,潍坊市聚焦"实施绿色低碳就业工程",从提升就业能力强的产业和企业入手,全面提升劳动者素质,扩大就业人群;为提升高校毕业生等青年群体的就业参与度,潍坊市实施高校毕业生"筑基行动",开发高校毕业生"三支一扶"基层就业岗位,深化青年人才招募行动;为支持灵活形态就业,潍坊市推出"零工客栈"下沉服务,积极搭建全市统一找活平台,提升"零工客栈"数字化水平,更好地服务灵活就业人群;为壮大建筑行业从业人员,潍坊市大力发展装配式建筑,推进绿色施工、智慧建造,支持建筑企业做大做强,促进建筑业高质量发展;为进一步扩大就业规模,潍坊市举办文化旅游等服务行业专场招聘活动,加强家庭服务职业培训示范基地建设,鼓励支持现代物流业发展,壮大"专精特新""隐形冠军"企业,推动各县市区举办餐饮消费活动。

以有为之举守护万家灯火,潍坊市全面落实就业优先政策,努力推进稳存量、扩增量、提质量、兜底线,扎实推动各项稳就业措施落实落地,为广大就业群众绘就了一幅统筹效率与公平的共同富裕新图景。

健康关系千家万户的幸福安康,潍坊市把实现好、维护好、发展好人民群众健康利益作为医疗卫生事业发展的出发点和落脚点,推动全市优质医疗资源不断扩容,区域化布局更加均衡,全市医疗卫生水平和人民健康明显提高。

近年来,潍坊市借助承担我国公立医院薪酬制度改革和现代医院管理制度改革等多项国家试点的机会,分别在2021年成功争创省级和国家级基层卫生改革综试区,在2023年成功获批中央财政支持公立医院改革与高质量发展示范项目、紧密型城市医疗集团国家级试点,在全省率先实现国家级重大医改试点的城乡全覆盖,重塑了全市医疗卫生服务体系,医疗服务水平实现跨越式发展,为广大人民群众的健康提供了坚实的保障。

截至2023年,潍坊全市共有医疗卫生机构8566家,实有床位7.02万张,卫生技术人员8.03万人;每年完成5300多万门(急)诊量,服务165多万名住院患者,开展手术40多万台。全市建成甲等乡镇卫生院99处、县域医疗服务次中心14处,基本形成城乡居民"15分钟健康服务圈",全市县域内就诊率提高到94%。人均预期寿命由78.17岁上升到79.4岁,"一老一幼"健康保障大幅提高,每千人3岁以下婴幼儿托位数达到3.4个,儿童健康管理率达到95%。全市医养机构达到174家、床位3.2万张,42家镇街卫生院与敬老院实现"两院一体"运营,65岁以上老年人健康管理率超过70%。

高层次、高质量、高水平的医疗保障,为960万潍坊人绘就了一幅优质普惠的幸福生活新图景。

教育是民生之基,涉及千家万户,惠及子孙万代。为努力办好人民满意的教育,潍坊市锚定率先实现教育现代化目标,持续深化教育综合改革,加大财政投入、改善办学条件、狠抓育人质量,全市教育呈现"各类教育协调、区域优质均衡、体制机制灵活、群众满意认可"的教育生态。

2023年以来,潍坊市加快实施中小学幼儿园"三年攻坚行动",全市共建成中小学55所,建成公办幼儿园120所,改造提升乡村中小学110所,改造提升幼儿园252所;有效应对小学入学高峰,全市18.18万名一年级新生实现顺利入学;"两项创建"成效显著,4个县市区接受学前教育普及普惠县省级评估,其中,滨海区接受国家评估认定,3个县市区顺利完成义务教育优质均衡县国家评估验收,2所学校入选教育部乡村温馨校园。

让学生安心,让家长放心,让社会满意,潍坊还坚持共建共育,凝聚学校、家庭、社会育人强大合力。在全国率先探索开展家庭教育,潍坊家庭教育行、中国家长移动学校、中小学生成长导航站等成为影响全国的家庭教育品牌。创新成立市、县两级家校社共育委员会，探索建设校门口"家长驿站"1599处，率先开通市、县、校三级"教育惠民一码通"3277个，首创设立社区教育服务岗、聘任社区教育协调员1111人，大力实施义务教育招生"零证明"、多孩同校就读、课后服务、小学生学校暑期免费托管等教育惠民系列行动。

一个个教育民生工程从计划变为现实，从"民之所盼"化为"心之所向"，潍坊绘就了一幅教育优质均衡发展的新图景。

用心用情，高品质社会帮扶显温度

发展成果由人民共享，就要在不断做大"蛋糕"的同时，注重分好"蛋糕"，要通过建立完善社会保障制度，形成更加和谐的社会氛围和宜居宜业的生活环境，不断满足人民过上美好生活的新期待，不断推进全体人民共同富裕。

近年来，潍坊市兜底线、织密网、建机制，持续推进社保扩面、提标、优服务，完善重特大疾病医疗保险和社会救助，大力发展养老事业和养老产业，推动公共设施适老化改造，办好长者食堂建设等民生实事，以有温度的社会帮扶增进民生福祉，让广大群众共享经济社会发展成果。

在困难人群保障方面，潍坊市不断健全完善困难群众救助保障标准动态调整机制，按5.1%、7.4%的涨幅提高城乡低保标准，挂钩提高特困人员照料护理费、困难残疾人生活补贴以及孤困儿童生活费等7项保障标准，城乡低保标准差距缩小到1.23∶1。

为民生托底，让民心更暖。2023年，"鸢·助你"帮办代办移动应用平台上线，在全省率先链入"山东通"，对低收入人口实施动态监测，不断提高低保覆盖率，实现21项社会救助"指尖办""掌上办"，传递着"指尖上"的民生温度。2023年以来，全市累计发放各类保障金14.6亿元，有效保障了31.8万名各类困难群众的基本生活。

不让一家受寒，方为天下之暖。面对失能老年人这个最需要照护的困难群体，潍坊市建成护理型床位3475张，完成年度建设任务的231%；为5581户特殊困难老年人家庭实施适老化改造，累计改造8203户，提前超额完成省定7000户的"十四五"任务目标。

"一老一小"事关每个家庭和社会稳定。潍坊市持续织牢织密"一老一小"服务保障网,推动老有颐养、幼有善育,养老服务更加优质,儿童关爱保护更加有力,民生底色绘就得更加温暖。

截至目前,潍坊市新建助老食堂606处,累计建成761处,较好地解决了老年人"一餐热饭"的难题。此外,潍坊还积极探索民政服务站运营养老服务设施新模式,托管农村幸福院16个;精心打造"潍·护你"系列困境儿童关爱品牌,获评全省关爱服务困境儿童十佳标杆4个,数量居全省第二;积极开展孤困儿童成年后就业帮扶试点工作,进一步健全困境儿童关爱服务体系;精准实施"明天计划""福彩助学"等关爱服务项目,惠及困境儿童5000余名。

安居才能乐业。潍坊于2014年在全省率先启动老旧小区改造,成功入选2020、2021年全省第一、二批省级试点城市,5个项目入选全国试点,4个片区、52个小区入选省级试点,规模居全省首位,争取上级资金14.25亿元。2023年,潍坊市按照"基础类、完善类、提升类"三个类别,持续推进老旧小区改造提升,目前,共改造老旧小区项目53个,覆盖466个小区,涉及居民约4.9万户,改造面积448.8万平方米。

从设施老化、楼顶漏水的老旧小区,到路面开阔、绿树成荫、设施完善的美好家园,潍坊市聚力补短板,促进基本公共服务体系日益完善,让老百姓切身感受幸福,欣赏最美宜居风景。三年来,全市完成棚户区改造1.4万套,改造老旧小区1493个,18.2万户享受到了看得见、摸得着的"实惠",此举也让群众的获得感、幸福感越来越强。

共享发展理念实质是坚持以人民为中心的发展思想,体现的是逐步实现共同富裕的要求。2023年,潍坊市委市政府首次提出"一七五一"思路目标和任务举措,明确提出要加快建设实力强品质优生活美的更好潍坊。

在这个目标中,潍坊市提出,全市的发展要聚焦"生活美"。所谓的"生活美"就是要全力推进民生福祉殷实普惠,让群众获得感更加充实、幸福感更可持续、安全感更有保障,推动富足安康、安居乐业、和谐美满的幸福生活途径变为现实。可以说,这个目标就是坚持共享发展理念的深度体现。

民之所向,政之所往。当前,潍坊市正向着建设实力强品质优生活美的更好潍坊加力奋进,正向着逐步实现全市人民共同富裕的目标加力奋进。潍坊市坚持共享发展,始终把实现好、维护好、发展好最广大人民根本利益作为发展的出发点和落脚点,坚定不移壮大经济实力、坚定不移增进民生福祉、坚定不移深化改革开放、坚定不移锤炼能力作风,全力推动高质量发展,在现代化建设进程中阔步前行,在"共同富裕示范城市"建设上加速迈进。

思考讨论

1. "共享发展"理念强调人人参与、人人尽力、人人享有的发展模式,是实现共同富裕的重要途径,在潍坊市的发展过程中,这一理念在推动城乡一体化发展、缩小收入差距、提升公共服务质量等方面起到了较好作用。结合案例谈一谈,共享发展理念如何通过制度设计和政策实施,确保经济增长的成果能够惠及更多的社会群体,从而推动社会的整体进步与和谐。

2. 潍坊市的"诸城模式""潍坊模式""寿光模式"是推动农业现代化和农村发展的成功案例,谈谈这些模式是如何通过创新农村经济体制、加强合作组织、推广先进农业技术等手段,解决小农户在现代农业中的发展困境,从而推动城乡协调发展,促进农村地区的经济增长和农民收入的提高,实现共同富裕的目标的。

3. 潍坊市在增进民生福祉方面,特别是就业、医疗、教育、社会保障等领域采取了一系列有效措施,确保经济发展成果惠及广大人民群众,谈谈这些举措如何体现了以人民为中心的发展思想。在实现共同富裕过程中,政府如何通过民生政策的不断完善和优化,提高人民的获得感、幸福感和安全感,从而推动社会的全面进步?

教学建议

本案例主要适用于"坚持以新的发展理念引领高质量发展"部分的辅助教学,可以帮助学生了解潍坊市坚持共享发展理念,以创新、协调、绿色、开放、共享的新发展理念为引领,推动高质量发展,建设"共同富裕示范城市"的具体实践。

1. 探讨"共享发展"理念如何提升城乡居民的幸福感和安全感

共享发展强调经济成果由全民共享,潍坊市通过精准扶贫、公共服务提升和基础设施改造等举措,大幅度提高了城乡居民的生活质量和幸福感。在课堂上,可以让学生讨论"共享发展"理念如何通过一系列具体政策和措施,改善居民生活环境,增强社会保障,从而实现真正的共同富裕。这不仅有助于学生理解共享发展的内涵,也让他们思考这一理念在实现社会公平和正义中的重要性。

2.分析潍坊"三个模式"对乡村振兴和共同富裕的启示

潍坊的"诸城模式""潍坊模式"和"寿光模式"在解决农业、农村和农民问题上具有示范作用。在课堂讨论中,学生可以分析这些模式如何通过资源整合、技术推广和合作机制,解决了小农户在现代农业中的困境,促进了农村经济的发展。通过探讨这些模式的成功经验,学生可以更好地理解乡村振兴战略的重要性及其在实现共同富裕中的作用。

3.讨论潍坊市在教育、医疗等民生领域的创新举措如何推动社会和谐

潍坊市在教育、医疗等领域采取了一系列创新措施,以提升公共服务质量,保障民生。在课堂中,可以鼓励学生讨论这些创新举措如何通过改善教育和医疗资源的分配,确保城乡居民平等享有发展机会,促进社会和谐和稳定。这一讨论将帮助学生更深刻地理解公共政策在实现社会公平和提高人民生活质量中的关键作用,同时培养他们关注民生、关心社会的责任感。

案例 12

"数"治新机制！贵州：公共数据开放共享，数字治理服务民生①

核心阅读

随着社会的变迁和人们不断增长的物质、文化需求,使得城市运行发展面临资源不平衡、人口老龄化、基础设施不足等一系列问题。在此背景下,城市秩序的建立与维护、城市关系的协调与优化、城市功能的调整与控制、城市问题的应对与处置都变得尤为重要。数字技术作为新质生产力的典型代表,在经济社会的创新发展和治理中发挥着举足轻重的作用。《贵州省"十四五""智慧黔城"建设发展规划》提出,要创新数字治理模式,提高城市管理水平,积极创新应用5G、区块链、北斗卫星导航等技术,提升城市交通、环境卫生、治安防控、应急管理、市场监管等重点领域的精细化、智能化管理能力。

每天清晨,家住油榨街青年路的陈晓云都会提前打开手机地图,查看自己上班乘坐的78路公交车实时定位。提前5分钟下楼,就能精准地坐上自己需要的班次——出行尽在掌握之中。她说,打开支付宝"出行"公交二维

---

① 李雪雪."数"治新机制！贵州:公共数据开放共享 数字治理服务民生[EB/OL].(2024-08-26)[2024-12-10]. https://zlzh.zgqxn.com/system/2024/08/26/030259190.shtml.

码,识别支付成功后,系统自动播报"滴!请上车"的声音总是让人安心。

《贵州省"十四五""智慧黔城"建设发展规划》提出,要创新数字治理模式,提高城市管理水平,积极创新应用5G、区块链、北斗卫星导航等技术,提升城市交通、环境卫生、治安防控、应急管理、市场监管等重点领域的精细化、智能化管理能力。

数字治理是基于数据平台的协同与开放,基于数据要素的协同与合作。其核心特征是全社会的数据互通、数字化的全面协同与跨部门的流程再造,形成"用数据说话、用数据决策、用数据管理、用数据创新"的治理机制。

乘"数"而上,加"数"前行。近年来,贵州加快推进公共数据开放共享服务民生,在政务、医疗、社会治理等民生领域逐步推进智慧化升级改造,促进公共服务便捷、智慧,惠及大众。

数字+政务,服务一网通办

"真是方便,办事更容易了。"8月中旬,需要办理契税抵扣的张长江通过微信公众号预约,准时来到南明区政务大厅税务窗口。得知张先生没有带结婚证后,税务窗口工作人员立即对接相关窗口,通过系统数据共享,查找到张先生的电子版结婚证,打印后不到15分钟就完成了所有资料的审核办理。

今年来,省政务服务中心加快升级数字证照系统,实现电子证照许可、制证、用证、注销等全链条管理。联合省公安厅推进"一拍共享",实现了办事过程中照片实时按需共享调用,从而有效减少材料提交,提升数字化服务水平。

贵州采取"省级统筹、市县参与、共建共用"模式,统筹推进"全省一张网"建设,打通国家和省内自建业务系统114个,形成了上联国家、横联部门、下通市县乡村五级的贵州政务服务网。

深入推进更大范围"一网通办",贵州政务服务网承担了国家"好差评"标准、电子证照共享应用、政务数据直达基层、线上线下融合和向基层延伸等11轮试点,不断探索政务服务新模式,以数据跑取代"群众跑""干部跑"。

省政务服务中心联合省大数据局成立数据共享专班,围绕业务协同打通自建业务系统,实现高频业务协同、前后台业务协同、跨层级业务协同。

省司法厅完成"司法律师行政审批系统""司法公证行政审批系统""司

法鉴定综合管理系统"3个自建系统97个事项的业务迁移对接。5月20日起,全省各司法部门通过贵州政务服务网全流程办理司法业务。

省农业农村厅实现一批如惠农补贴查询、农机购置补贴、农药经营许可、食用农产品承诺达标合格证等497个政务服务事项"移动办"。

"截至目前,覆盖全省4400多个部门、1500多个乡镇、1.7万多个村居的5060个标准化事项通过贵州政务服务网集中对外服务,集成企业开办、工程建设项目审批管理、投资项目等系统入口,形成了覆盖全省的一张大网。"省政务服务中心业务三处工作人员骆毅说。

数字+医疗,服务便利均等

"我们有四大核心场景,包括慢病续方、便民购药、在线问诊和上门护理……"8月19日,贵阳市卫生健康信息中心负责人陈舒怀的指导下,记者通过手机小程序搜索"贵阳市互联网健康服务平台",一个全方位、多层次、严密的健康保障网便展现在眼前。

通过充分利用大数据、云计算、人工智能等新一代信息技术,该平台将传统健康医疗服务搬上云端。

陈舒怀说,平台致力于打造成为全市卫生健康领域的"淘宝网",以"数据赋能、应用支撑、服务增值"的核心理念,整合线上线下资源,以市场需求为导向,丰富服务场景,补链卫生健康数据,增加全民就诊数据库的完整性;同时开放平台应用场景,吸引第三方机构进驻,提供多样化的卫生健康服务。

今年4月,为进一步方便市民就医,在贵阳贵安城市级智慧民生综合服务App"爽贵阳"上线了个人健康档案服务功能,涵盖就诊记录、检验记录、检查记录、用药记录等相关就医记录。用户在需要复诊时可随时随地查看历史就诊记录,既方便医生跨院了解患者情况,也免去了纸质就诊记录丢失等导致的问题。截至8月,平台注册用户达57万人,平均日活人数3000人,服务人次超过24万,服务药以数字技术为引擎,在推动医疗健康服务创新能力提质升级的同时,优质医疗资源也不断向基层延伸下沉。

5月26日,浙江省人民医院毕节医院远程超声医学中心正式启动——通过充分运用先进超声医学技术和信息技术,实现影像、人工智能、大数据资源融合,打破地域限制,推进优质医疗资源下沉基层,"隔空看病"照进现实。

贵州各地依托 5G 技术的超高速传输与广泛覆盖,打破县域医疗资源分布不均、信息孤岛等瓶颈,实现医疗资源优化配置、高效利用。

数字+监管,服务效力更足

"通过'智水贵阳'App,河长记录巡河轨迹与起止时间,通过拍照、定位、文字描述等方式将巡河问题及时上传至贵阳贵安河长办,极大地提高了处置效率。"8月20日,在贵阳市河湖保护中心,贵阳智慧水务大数据融合平台建设项目经理陶国信说,提高数据更新与问题处置精准度和时效性的同时,多维度水务监测数据的实时传输,也打破了部门"壁垒",实现协同治水。

目前,该系统涵盖了108条河流、222个水库、54座污水处理厂等实时数据。通过600余套监控设备,上传至"智水贵阳"系统,提供至相关涉水部门723名各级河长手中。

贵阳市水务管理局市河湖保护中心信息技术科工作人员杨航说,通过打通平台数据共享,让公众参与水质监测、河道监管等事务中来,是实现数据化到智慧化的进一步探索。即时数据采集和算力的提升,数据驱动的"即时预测",在应急监管领域发挥着巨大作用。

贵州博益科技发展有限公司开发的"矿数卫士",将煤矿的专业知识和经验转化为AI算法,针对煤矿各类监测监控系统及相关业务数据进行周期性和实时性地侦测分析,最终给出各种安全风险问题的判断结论,为煤矿安全管理提供高效辅助决策支撑。

贵阳贵安建设以"1+5+1"为规划方向的智慧交通平台,作为五大应用系统之一的智慧管控系统,其子功能模块节假日客流预测系统已于今年4月投入使用。

"通过比对一小时后乘坐出租车的客流量和出租车通道的排队车辆数,实时判别未来一小时内是否会出现运力不足的情况,再由现场人员结合实际情况发送调度指令,避免乘客滞留。"贵阳市交委城市交通处相关负责人说,运力"智慧调度"不仅提升大客流应对能力,也提高了旅客出行满意度。

思考讨论

1. 数字治理依赖于大规模的数据收集与共享,在此过程中如何确保公民的隐私权得到保护?如何在公共数据开放的同时防止数据滥用?

2. 通过探讨贵州在医疗和政务等方面的数字化实践,谈谈数字技术如何帮助缩小城乡之间的服务差距。如何进一步推进数字化技术在偏远地区的普及以实现均衡发展?

3. 数字化治理如何通过数据的互通和协同提升社会治理效率,从而改善民生服务?在实际操作中如何避免数字化治理带来的潜在技术依赖问题,确保治理的公平与有效性?

**教学建议**

本案例主要适用于"坚持以新的发展理念引领高质量发展"部分的辅助教学,可以帮助学生了解贵州省通过数字化治理手段,推动公共数据的开放共享,提升政务、医疗、环境等多领域的管理和服务效率,从而改善民生、促进社会的智能化发展。

1. 探讨数字治理如何推动社会治理现代化

可以从贵州省数字治理的实际案例入手,讨论数字技术在提升城市管理、公共服务效率方面的作用。引导学生思考如何在全国范围内推广数字治理经验,以及如何处理数字化过程中可能出现的挑战,如技术落后地区的数字鸿沟和数据安全问题。

2. 分析数字化公共服务对社会公平的影响

在课堂上引导学生分析数字化公共服务如政务、医疗等领域的便利性,讨论这些技术进步如何帮助缩小城乡差距,提升社会整体公平性。同时,也要考虑不同群体对新技术适应能力的差异,探讨如何保证数字服务的普惠性。

3. 讨论数字化治理中的数据隐私与安全问题

学生可以讨论在贵州数字治理过程中,如何保障公民的隐私与数据安全。在数字化加速发展的背景下,如何平衡公共服务的便利性与个人隐私的保护,以及相关法律和政策的完善,都是值得深入探讨的话题。

专题 6　坚持以新的发展理念引领高质量发展

案例 13

"一带一路"10 周年：用民生的"温度"提升幸福的"热度"①

核心阅读

从 2013 年我国首次提出共建"一带一路"倡议,到确立共商共建共享原则;从党的十九大报告提出要以"一带一路"建设为重点,到党的二十大报告提出推动共建"一带一路"高质量发展,10 多年来,共建"一带一路"倡议不断丰富发展,并从理念转化为行动、从愿景转变为现实,取得了实打实、沉甸甸的重大历史性成就。截至 2023 年 9 月,中国已与 150 多个国家,30 多个国际组织签署了 230 多份共建"一带一路"合作文件。在共商共建共享原则引领下,"一带一路"打造了一个个"国家地标""民生工程""品牌项目",开创了国际交往的新理念新范式新路径,为世界经济繁荣发展注入了新动力、开辟了新空间。

"一带一路"倡议提出十年来,从谋篇布局的"大写意"到精雕细琢的"工笔画",既有一个个旗舰项目让沿线国家找到发展途径、丰富发展愿景;也有雨后春笋般"小而美"的民生工程不断为沿线人民带去可感的幸福;近年来更是在抗击新冠疫情和减贫发展方面成效显著,让互利共赢的康庄大

---

① 张诗蕊."一带一路"10 周年：用民生的"温度"提升幸福的"热度"[EB/OL].(2023−12−05)[2024−12−10]. https://mp.weixin.qq.com/s/h-8fHNOC56X8REfHqgTyQQ.

道切实延及社会各个领域,增进了各国民众对中国的了解,缔结下跨越山海的友好情谊。本文根据东博社张诗蕊所作综述进行说明。①

人文交流硕果累累

2021年12月3日,国家主席习近平通过视频连线出席中老铁路通车仪式时表示,"中老友谊的未来在青年,互联互通的根基在心心相通"。人民相知相亲、文明互学互鉴一直是高质量共建"一带一路"的目标。为此,人文交流不断扩大并日益多元。十年来,中国同"一带一路"沿线国家在教育、科技、旅游、文化、卫生等领域持续深化合作,取得了累累硕果,为推进地区和平发展提供了有力支持。多领域的人文交流与合作,拓展了民心相通的广度,拉近了"心"的距离。

教育和科技方面,截至2023年6月底,中国已与45个共建国家和地区签署高等教育学历学位互认协议。目前,在中国学习的"一带一路"共建国家和地区留学生占比超过85%;截至2023年6月底,中国与80多个共建国家签署《政府间科技合作协定》,在农业、新能源、卫生健康等领域启动建设50余家联合实验室。

文旅合作则在良好的文明友谊和深厚的文化联结根基上,助力更深层次的心心相通。截至2023年6月底,中国已与144个共建国家签署了文旅领域的合作文件,成立了丝绸之路国际剧院、博物馆联盟、艺术节联盟、图书馆联盟、美术馆联盟,成员单位达562家,为人们长期提供由各国经典荟萃而成的"精神食粮"。

医疗卫生方面,在新冠疫情的冲击下,中国积极开展抗疫援助,引领抗疫国际合作,已同31个国家一道发起"一带一路"疫苗合作伙伴关系倡议;亚洲基础设施投资银行还专门成立了总规模130亿美元的专项应急基金,与中国山水相连的越南便在此支持下,应对其国内紧急经济、财政和公共卫生压力。

常态化的医疗服务合作也随着"健康丝路"的理念深入广大人民群众的生活。以"健康快车'一带一路'国际光明行"项目为例,自2016年起,该项目在中国国家卫生健康委员会支持下,选派优秀的眼科医生先后到访6个

---

① 该案例写于2023年,为求表述准确,文中尽量保留相关论述。

"一带一路"沿线国家的贫困地区,与当地医护人员默契配合,帮助3000名左右白内障患者恢复视力、重见光明;并带教当地眼科医生,让复明的"种子"落地生根。

时年63岁的杜纽纽在"2017健康快车缅甸光明行"中免费进行了复明手术。此前,她曾花费7万缅币(约合350元人民币)治疗过右眼白内障,无力再负担左眼白内障手术的费用。她对国际在线的记者说:"这次中国的医生来给我做手术,一分钱不要,感谢从中国来的医生,是他们使我重见光明。"在患者的声声感谢里,中缅"胞波"情谊的长卷新增了历史厚度,载上了时代新意。

"小而美"项目树典范

不仅如此,随着"一带一路"建设如火如荼地推进,"大而坚"的工程越建越好,一批批"小而美"的项目应运而生,想当地民众所想,急当地民众所急,为各地人民带来了实实在在的幸福感和获得感。"小而美"给人们带来了简单的幸福、"惠而实"的生活,也增加了民心相通的厚度。

"小而美"项目提升人们的幸福感。2021年12月,印尼总统佐科视察中印尼共建的德龙工业园时,充分肯定其建设为繁荣印尼经济、促进社会发展带来了贡献。而在当地居民心中,充分肯定的还有他们亲切称作"一带一路"公路的新水泥路。德龙工业园到当地发展期间,相关项目为邻近的波拉拉村修建了总长度超过50公里的水泥路,使村民的出行更加便利、安全。公路建成后,沿线衍生出了很多村民小商铺,增加了"过路经济"的小创收。

这条公路是众多中企"走出去"为基建开山破土,给村民架桥修路、拉网通电的一个缩影。此外,在印尼,中国企业建设了"秦工苑"中文+职业技能培训中心,有效提高当地复合型人才建设的质量;在老挝,中国中铁中老铁路项目建设指挥部、中铁二局在中老铁路修建期间,与当地农村小学"结对子",为学生带去更好的教学条件……"以人为本"的理念渗透在中企工作的方方面面,为一方人民创造着福祉。

中企参与"一带一路"建设不仅兼顾经济和环境效益,也将社会效益落到了实处。中国商务部数据显示,截至2022年年底,中企在沿线国家建设的合作区已累计投资3979亿元人民币,为当地创造了42.1万个就业岗位。

"小而美"项目打通"减贫之路"。"一带一路"倡议自提出以来,不断深

化同联合国2030年可持续发展目标对接,致力于打造中国周边和世界减贫发展新引擎,相关领域的社会组织走在了前列,让共同发展的阳光照亮更多"新农村"。

以中柬友好扶贫示范村项目为例,自2021年启动建设以来,中国和平发展基金会出资帮助村里修建了公路,村民用上了清洁用水,发展起畜牧养殖。这一项目立足当地,借鉴中国减贫经验,发挥产业减贫的造血功能,极大地提高了村民的生活水平。对此,柬埔寨柬中关系发展学会会长、柬民间社会组织联盟论坛项目计划部主任谢莫尼勒曾说,"中国农村地区的发展为柬埔寨等东南亚国家减贫和改善民生提供了示范"。

据不完全统计,中国在共建国家推动中外社会组织建立600多对合作伙伴关系,增进共建国民众的获得感。据世界银行估计,到2030年,"一带一路"合作能够使700多万人摆脱绝对贫困、3000多万人摆脱中度贫困,并将使参与国贸易增长2.8%~9.7%、全球贸易增长1.7%~6.2%、全球收入增加0.7%~2.9%。

"八音合奏"共助力

"一带一路"倡议走过10年,为各国发展经济、增加就业、改善民生作出了积极贡献,已经成为深受欢迎的国际公共产品和国际合作平台。"丝路精神"也走进人们的日常,释放着"一带一路"倡议对不同民族、不同文化"交而通"的影响力,凝聚成对"一带一路"倡议进一步发展的信心。

如今,在泰国曼谷,吃到正宗的桂林米粉、柳州螺蛳粉成为现实。广西外国语学院(以下简称广外)教育投资有限公司董事长朱桂玲告诉《人民日报》的记者,泰国曼谷有"广外一条街",是广外毕业生创业的聚集地;广外则有"东盟一条街",留学生们可以在那里展示各自国家的特色文化,还可以把创业灵感付诸实践。随着"一带一路"倡议的深入推进,精通双语乃至多语种、推进区域互联互通成为不少中国和东盟青年的抱负与志向。

"留学生志愿者的家乡在哪里,'一带一路'的影响力就延伸到哪里。'一带一路'我带路,民心相通共助力。"在2023年中国(福建)—东盟青年论坛开幕式上,来自福建省的华侨大学华文学院印尼留学生陈微茹分享了自己作为志愿者回到家乡,给当地中小学生讲授感知中华文化、"一带一路"与世界等课程的经历。据了解,陈微茹所在的华文学院有遍及"一带一路"沿线 65 个国家的 6 万多名校友,他们中的很多人以"做民心相通、文化交融的践行者"为己任,10 年来已服务了沿线 18 个国家、59 个地区超过 34 000 名青少年,增进了新一代对"一带一路"倡议的认知度和好感度。

2023 年,共建"一带一路"来到了稳步推进的第十个年头。十年华章,海纳百川,无一不汇聚成中老铁路列车车窗上那句用中老双语书写的话:"丝路通途,美美与共。"未来,随着高质量共建"一带一路"持续向前发展,中国将与国际社会一道书写国家互利共赢、人民相知相亲、文明互学互鉴的丝路时代新篇。

思考讨论

1. 在全球化进程中,如何通过"一带一路"倡议促进沿线国家和地区的经济发展,特别是欠发达地区,实现更公平、更包容的全球发展?

2. 在推进"一带一路"建设的国际合作中,民生工程能够发挥重要作用,如何将经济效益与社会效益相结合,增强民众的幸福感和获得感?

3. 在"一带一路"建设中,在文化、教育、科技等领域,如何通过交流来加深不同国家和民族间的认同感,为"一带一路"倡议的可持续发展奠定基础?

教学建议

本案例主要适用于"坚持以新的发展理念引领高质量发展"部分的辅助教学,可以帮助学生了解"一带一路"倡议提出以来的成就,尤其是在民生改善、文化交流和减贫方面的突出贡献。通过具体项目展示了"一带一路"如何通过实际行动提升沿线国家人民的幸福感和生活质量,同时加强了各国之间的文化理解与合作。

1. 探讨"一带一路"倡议如何促进全球减贫

在课堂上可以引导学生探讨"一带一路"倡议在全球减贫中的作用,特别是通过"小而美"项目,如中柬友好扶贫示范村项目,如何帮助贫困地区改善基础设施、提高生活质量,学生可以思考中国在这些项目中所扮演的角色,以及这些项目如何体现了全球合作与发展的理念。

2. 分析"一带一路"倡议在人文交流中的影响

可以引导学生讨论"一带一路"倡议如何通过教育、文化和科技等领域的合作,促进不同国家人民之间的相互理解与尊重。可以结合案例,如中老铁路项目与相关教育合作,探讨这些交流如何深化了民心相通,增强了国际间的友谊与合作,促进了全球和平与稳定。

3.思考"一带一路"倡议中的社会效益与经济效益平衡

可以引导学生思考"一带一路"倡议中,如何在推动经济发展的同时,兼顾环境保护与社会效益。讨论可以围绕中企在沿线国家的项目展开,探讨如何在经济收益和社会贡献之间找到平衡,确保这些项目不仅带来经济增长,还能提升当地居民的生活质量。

专题 7 坚持让现代化建设成果惠及全体人民

专题导读

现代化既是一种世界现象和国际潮流,又是我国的发展目标和全体人民的共同期盼;既有普遍规律和共性特征,又有国别特色和多样性。从世界历史进程看,现代化具有一些共性特征。首先,现代化是一种世界现象,代表着 18 世纪工业革命以来人类社会发展趋势。其次,现代化是一种文明进步,要求人类文明从传统文明向现代文明转变,要求促进人的发展和保护生态环境。学术研究表明,现代化的内涵在不断丰富发展,不仅包括从农业经济向工业经济、从农业社会向工业社会转变,还包括从工业经济向知识经济、从工业社会向知识社会转变等。① 先发国家的现代化往往经历了一个工业化、城镇化、农业现代化、信息化按顺序发展的过程。后发国家则可以通过工业化、信息化、城镇化、农业现代化叠加发展来大大缩短实现现代化所用的时间。

现代化的本质是人的现代化,人民是中国式现代化的主体。作为一个包含价值指向的历史过程,现代

---

① 何传启.让发展成果更多更公平惠及全体人民[N].人民日报,2021-04-09(9).

化具有鲜明的价值观取向,即为了谁而发展、为什么搞现代化。中国共产党根基在人民、血脉在人民、力量在人民,党和政府的一切工作,都是为了老百姓过上更加幸福的生活,以实现人自由而全面的发展为最终目标,追求人民至上的价值导向,让现代化更好地回应人民各方面诉求和多层次需要,更好地"维护人民根本利益,增进民生福祉,不断实现发展为了人民、发展依靠人民、发展成果由人民共享,让现代化建设成果更多更公平惠及全体人民"。中国共产党100多年团结带领中国人民追求民族复兴的历史,也是一部不断探索现代化道路的历史。中国式现代化始终把人民立场作为根本价值立场,把人民利益摆在至高无上的地位,体现了习近平新时代中国特色社会主义思想的价值底色,更在实践中赋予了"人民是历史的创造者"的时代内涵。

案例 1
共享中国式现代化建设成果[①]

核心阅读

"江山就是人民,人民就是江山。"中国共产党来自人民,是为人民利益奋斗的政党,人民立场是中国共产党的根本政治立场。回望波澜壮阔的奋斗历程,我们党团结带领人民干革命、抓改革、促发展,归根到底就是为了让人民过上更好的日子。为了人民的利益,无论面临多大挑战和压力,无论付出多大牺牲和代价,我们党始终坚定不移、顽强奋斗。中国有14亿多人口,人口如此众多的大国实现共同富裕,其长期性、艰巨性、复杂性没有先例,必须脚踏实地、多措并举,确保共同富裕路上一个也不能掉队。近年来,我国扎实推进共同富裕,以全域推进着力解决发展不平衡不充分问题,以全民推进确保共同富裕路上一个也不能掉队,以全面推进兼顾物质富足与精神富有,促进人的全面发展和社会全面进步,取得了举世瞩目的巨大成就。

位于浙江省衢州市柯城区的新华小学,学生来自当地坎底村、黄茶村、派溪头村等多个山区村落。2023年,这所乡村小学与城里小学共创"云课堂",城乡孩子线上同上一节课,不少名师课堂入驻其中。柯城区是浙江省发展相对滞后的山区县,按照浙江省深化山海协作工程要求,由作为省内经济强县的杭州市余杭区结对帮扶,通过"云课堂"、教师轮岗交流、教育共同

---

① 张康喆,黄庆刚,李力可.共享中国式现代化建设成果[J].瞭望,2024(9):38-42.

体等方式,缩小城乡之间的教育差距。

目前,我国近3000个县义务教育基本均衡发展水平总体上达到了国家标准要求。全国县域内义务教育学校基本办学条件的校际差距、城乡差距均大幅缩小。这是在义务教育领域实现党的二十大提出的"让现代化建设成果更多更公平惠及全体人民"的生动缩影。在实现第一个百年奋斗目标的基础上,党中央把握发展阶段新变化,把逐步实现全体人民共同富裕摆在更加重要的位置上,推动区域协调发展,采取有力措施保障和改善民生,打赢脱贫攻坚战,全面建成小康社会,为促进共同富裕创造了良好条件。

党的二十大报告提出,"以中国式现代化推进中华民族伟大复兴"。"全体人民共同富裕的现代化"是中国式现代化的本质特征,也是区别于西方现代化的显著标志。近年来,我国扎实推进共同富裕,以全域推进着力解决发展不平衡不充分问题;以全民推进确保共同富裕路上一个也不能掉队;以全面推进兼顾物质富足与精神富有,促进人的全面发展和社会全面进步。

全域推进:持续缩小差距

2024年1月26日,中国电信中部智算中心发布会在武汉光谷举行,标志着中部地区最高等级智算中心算力集群正式投入运营。未来,这一智算中心将着力构建立足湖北、辐射长江中游城市群的智算算力高地。通过"超级大脑"赋能中部地区新发展,是我国促进中部地区加快崛起的重要举措之一。近年来,我国坚持在高质量发展中促进共同富裕,在把"蛋糕"做大做好的基础上分好"蛋糕",着力推进城乡融合和区域协调发展,缩小不同区域、城乡之间的发展差距。

区域协调发展,将发展差距转化为追赶势能。近年来,我国深入实施区域协调发展战略,推动新发展格局加快形成。一方面,突出强调"四大板块",着力推动西部大开发形成新格局,推动东北全面振兴取得新突破,促进中部地区加快崛起,鼓励东部地区加快推进现代化,夯实共同富裕的"区域底座"。另一方面,依托"五大战略",打造高质量发展新增长极。推动京津冀协同发展,牵住疏解北京非首都功能的"牛鼻子";提升长三角一体化发展水平,提高长三角地区配置全球资源要素能力和辐射带动全国发展能力;推进粤港澳大湾区建设,打造富有活力和国际竞争力的一流湾区和世界级城市群;推动长江经济带高质量发展,坚持生态优先、绿色发展;推进黄河流域生态保护和高质量发展,增强保护和治理的系统性、整体性、协同性。

据统计,2022年,京津冀、长三角、粤港澳大湾区内地九市地区生产总值合计达到49.5万亿元,动力源地区引擎带动作用明显;中部和西部地区生产总值占全国的比重分别提升至22.1%、21.4%,区域板块发展平衡性增强。

城乡融合发展,促进生产要素双向流动。"我是一名基层代表,来自农村。我想,扎实推进共同富裕应运用更多举措盘活农村集体资产资源,完善联农带农机制,让农民更多受益、增收致富,进一步缩小城乡差距。"全国人大代表、四川省成都市温江区寿安镇岷江村党委书记陶勋花说。

近年来,我国积极创新以城带乡举措,助力形成工农互促、城乡互补、全面融合、共同繁荣的新型工农城乡关系。

在乡村,持续统筹推进农村承包地、宅基地、集体经营性建设用地"三块地"改革,结合农田建设、土地整治逐步解决细碎化问题,为实现城乡土地要素市场一体化、实现资源合理配置打下基础;同时,推动城市公共服务向乡村延伸,加快农村公路改造升级和冷链物流设施等建设,实现城乡基础设施统一规划、建设和管护,促进城乡资源要素双向传导和平等交换。

在城市,以县城为重要载体推动农村产权交易,盘活县域内的自然资源、宅基地等集体资产,发展休闲旅游、文化创意和电商产业,构建以县城为枢纽、以小城镇为节点的县域经济体系;同时,不断健全农业转移人口市民化机制,稳步推进城镇基本公共服务常住人口全覆盖,使农业转移人口更多、更公平地享受新型城镇化发展成果。

全民推进:一个也不能掉队

云南省怒江傈僳族自治州贡山独龙族怒族自治县独龙江乡,是独龙族的唯一聚居地。实现整体脱贫后,独龙江乡推进巩固拓展脱贫攻坚成果同乡村振兴有效衔接,草果、独龙牛、养蜂、旅游等产业初见成效。独龙江景区还成功创建为怒江州首个AAAA级旅游景区,曾经人迹罕至的偏僻之所,成了旅客心向往之的"养心秘境"。2023年,独龙江乡6个行政村村集体经济收入均突破30万元,其中有两个村达到50万元,一个村突破100万元。

共同富裕是全体人民的富裕。中国有14亿多人口,人口如此众多的大国实现共同富裕,其长期性、艰巨性、复杂性没有先例,必须脚踏实地、多措并举,确保共同富裕路上一个也不能掉队。

兜牢困难群体,分层分类开展社会救助。兜底、扩面、提质、增效……近年来,我国健全分层分类的社会救助体系,救助保障政策向低保边缘家庭、支出型困难人口延伸,社会救助制度更好发挥保障困难群体基本生活、提升低收入家庭收入、促进社会分配公平的重要作用,帮助更多低收入群众走出困境。截至2023年10月底,全国共保障4024万名城乡低保对象、471万名特困人员的基本生活,实施临时救助544万人次。

2023年10月,民政部等十部门联合出台意见,要求加强低收入人口动态监测,做好分层分类社会救助工作。各级民政部门加大力度开展跨部门信息比对,实时监测发现低收入人口的困难风险,分类处置预警信息。

"分层分类、城乡统筹的中国特色社会救助体系不断完善,是扎实推进共同富裕的基本制度安排。不分城乡、地域、性别、职业,人民群众在遭遇生活困境时都能得到相应救助,实现弱有所扶、难有所帮、兜住底线。"中共中央党校(国家行政学院)教授青连斌说。

以实现更加充分更高质量就业为抓手,着力提高居民劳动收入。国家统计局数据显示,我国已形成了超4亿人的世界上规模最大、最具成长性的中等收入群体。"十四五"规划纲要提出,实施扩大中等收入群体行动计划,以高校和职业院校毕业生、技能型劳动者、农民工为重点,不断提高中等收入群体比重。

着力扩大中等收入群体,首先要保证其更加充分、更高质量就业。2023年,从中央到地方,稳就业、促创业政策密集出台,以"组合拳"稳固就业底盘:实施高校毕业生等青年就业创业推进计划、百万就业见习岗位募集计划,推动就业服务扩量提质;积极构建终身职业技能培训工作体系,全面实施"技能中国行动",推进技工教育高质量特色发展;组建劳务协作联盟,打造特色劳务品牌,畅通农村劳动力外出务工和就近就地就业渠道……

完善为劳动者增加收入、减轻负担的政策和制度,是扩大中等收入群体的重要保障。近年来,我国着力完善按劳分配政策制度,积极采取完善企业薪酬调查和信息发布制度、健全最低工资标准调整机制、加强对农民工工资支付的保障等措施;持续完善覆盖全民的社会保障体系,进一步织密社会保障安全网,把更多人纳入其中,强化互助共济功能,加大社会保障的再分配力度;完善住房供应和保障体系,坚持"房住不炒"的定位,租购并举,因城施策,扩大保障性租赁住房供给,重点解决好新市民住房问题;引导、支持有意愿有能力的企业、社会组织和个人积极参与公益慈善事业。

"更多的就业机会、更多劳动收入,将扩展居民收入和财富积累空间。通过'提低扩中',形成中间大、两头小的橄榄型分配格局,让人民群众真切感受到扎实推进共同富裕的坚实脚步。"青连斌说。

聚焦人的全生命周期需求,托稳扶好"一老一小一青年"。老人、儿童和青年是我国推动全民迈向共同富裕时重点关注的群体。近年来,我国推动养老托幼服务更普惠可及,守护"一老一小"的幸福安康;把青年工作作为全党的一项战略性工作来抓,具有中国特色的青年发展政策体系日益丰富。

持续扩大"一老一小"服务供给。养老服务惠及更多老年人,2023年我国列出基本养老服务清单,全国所有省份均已出台基本养老服务实施方案和清单,2025年"基本养老服务体系覆盖全体老年人"的目标可期可盼;普惠托育服务提质增效,国家发展改革委、国家卫生健康委持续开展普惠托育服务专项行动,累计新增托位20万个,努力让广大家庭都能享受到普惠便利的托育服务。

全方位引领青年发展工作。党中央、国务院及相关部委出台多项青年发展政策,覆盖青年思想道德、教育、健康等十大领域。如今,我国青年健康水平向好向强,20至24岁年龄段的青年平均身高和体重较十年前均有所提升;受教育水平大幅提升,2022年高等教育毛入学率达59.6%;精神文化生活丰富多彩,20岁至29岁的青年互联网渗透率已达到近100%。"我深刻地感受到,我们党始终把人民利益摆在至高无上的地位,让改革发展成果更多更公平惠及全体人民,朝着实现全体人民共同富裕扎实迈进。"全国人大代表、广西医科大学基础医学院院长谭国鹤说。

全面推进:实现人的全面发展

走进浙江省绍兴市柯桥区漓渚镇棠棣村,村民门前屋后花木成林,村里兰花基地幽香扑鼻。2022年,该村村民人均年收入突破12万元。在这里,幸福生活不只是"吃穿不愁"。村民清早能够在"花园一样的"乡间小道上漫步,到村里党群服务中心"健康小屋"测血氧、量血压,有意见建议或诉求还可以到"棠棣人大代表联络站"反映心声。

这样村美人和共富的图景,正在我国扎实推动共同富裕的持续努力中徐徐铺展。我国将人民对美好生活的向往期盼一体纳入扎实推进共同富裕的制度安排、政策举措中，努力让人民群众共享经济、政治、文化、社会、生态文明各方面建设成果。

践行全过程人民民主，广泛凝聚民心民意。基层立法联系点被形象地称为立法"直通车""连心桥"，是践行全过程人民民主的有效形式。在浙江，义乌市人大通过后宅街道李祖村"大樟树下议法议事"、江东街道"天幕圆桌会"等，近距离获取基层群众意见建议；在重庆，沙坪坝区人大开发"沙磁民议厅"基层立法征询小程序，向群众颁发有辨识度的荣誉证书、感谢信、聘书与奖杯等，提升参与立法的自豪感……各地基层立法联系点整合资源、畅通线上线下渠道、创造总结特色方式，最大程度吸收百姓声音。

近年来，我国加强人民当家作主制度保障，全面发展协商民主，积极发展基层民主，巩固和发展最广泛的爱国统一战线，持续扩大人民有序政治参与，通过各种实现形式确保全过程人民民主这一最广泛、最真实、最管用的民主得到践行发展。

"全过程人民民主有着满足人民发展需求、保障人民发展权益的价值取向和显著优势，是共享中国式现代化建设成果在政治层面的生动体现。"中国社会科学院政治学研究所所长张树华说。

文化更加繁荣发展，富口袋也要富脑袋。2023年夏天，一场"乡土味儿"的篮球赛从黔东南大山深处"出圈"，让贵州省台江县台盘村"火遍"全网，折射出农村地区对高质量精神文化生活的强烈需求。

不仅是在贵州，遍布全国乡村的"农家书屋"、城市里的公共图书馆与博物馆……一处处别具特色的文化地标、一个个舒适宜人的文化景观，让人民群众感受到物质富裕、精神丰盈。

近年来，我国文化事业高质量发展。新时代文明实践站建设不断推进，文明新风在广袤农村落地生根，促进基本公共文化服务均等化；文化遗产保护传承全面加强；影视、出版等文化产业繁荣发展，满足人民精神文化生活新期待。2023年，全国规模以上文化及相关产业企业实现营业收入129 515亿元，比上年增长8.2%。

健全生态补偿机制，绿色发展"生态富美"。2023年6月，我国首个跨省流域生态补偿迎来"升级版"：浙江、安徽两省签署《共同建设新安江—千岛湖生态保护补偿样板区协议》，从单一资金补偿向资金、产业、人才多元补偿新模式升级，从共同保护走向共同富裕。进一步健全长效补偿机制，有利于推动我国生态脆弱区、生态屏障区可持续发展,提升生态保护主体的获得感和幸福感。"十四五"规划纲要提出,推动长江、黄河等重要流域建立全流域生态补偿机制。根据生态环境部的最新数据,目前全国已有18个省份、13个流域(河段)探索开展跨省流域上下游横向生态保护补偿。

"近年来,我国持续深入打好蓝天、碧水、净土保卫战,以高水平生态文明建设推动共同富裕,持续放大生态文明建设新优势,让人民群众共享生态文明建设成果。"全国人大代表、广西三环企业集团股份有限公司董事长陈诚说。

着力提升民生福祉,助力人口高质量发展。在浙江省舟山市普陀区,有一艘特殊的"共富方舟·健康守护"医疗船。船载着专业医疗团队,每月到2~3个偏远海岛精准开展巡回医疗,让每一位渔村群众都能享受到与城市水平接近的医疗服务。

健康是幸福生活最重要的指标,健康是1,其他是后面的0。近年来,我国持续推进公立医院改革和高质量发展,大力推进国家医学中心、国家和省级区域医疗中心建设,促进优质医疗资源加速"扩容""下沉"。

目前,全国已经有7100多所基层医疗卫生机构达到推荐标准,占比超过68%;农村和社区医疗卫生人才队伍持续壮大,2023年招聘大学生乡村医生超过5000人;稳步推进家庭医生签约服务高质量发展,截至2023年6月底,重点人群签约覆盖率超过70%。

"全域""全民""全面",擦亮了扎实推进共同富裕的成色、底色和特色。实现全体人民共同富裕的现代化,"路线图"更加清晰。

思考讨论

1. 在历史进程中,中国共产党始终坚持以人民为中心,确保人民的利益得到最大程度的维护和发展,谈谈这一理念如何体现在具体政策实施中,如扶贫攻坚、区域协调发展等方面。这一理念对推动全体人民共同富裕有何深远影响?

2. 在实现共同富裕的过程中,如何通过区域协调发展战略、城乡融合发展等政策措施,来有效解决发展不平衡不充分的问题?

3. 中国式现代化不仅关注物质层面的富足,还注重精神文化生活的丰富和生态文明建设。在推动共同富裕过程中,如何通过文化建设、生态保护和教育普及等手段,实现人的全面发展,确保社会的和谐进步?

 **教学建议**

本案例主要适用于教材中"坚持以人民为中心"部分的辅助教学,可以帮助学生了解中国共产党在推进中国式现代化建设中,始终坚持以人民为中心,通过多领域、多层次的政策措施,推动共同富裕,缩小城乡和区域发展差距,实现全体人民共享现代化建设成果。这些努力体现了中国式现代化的独特性与社会公平性。

1. 聚焦人民立场,深入理解中国式现代化的根本目标

可以引导学生通过阅读和讨论案例中的实际事例,如"云课堂"在城乡教育中的应用,理解中国共产党如何通过政策实践,确保人民在现代化进程中共享发展成果。鼓励学生讨论中国式现代化如何区别于西方现代化,以人民为中心的核心立场如何在政策制定和实施中得以体现。

2. 分析区域协调发展在共同富裕中的重要性

可以讨论"中部智算中心"的建设以及区域板块的发展差异,分析国家如何通过区域协调发展战略推动经济平衡和共同富裕。引导学生思考区域间的协调发展如何解决发展不平衡问题,并探讨在中国广阔的地域背景下,这种协调发展对全国经济和社会稳定的重要性。

3. 探讨城乡融合发展对社会公平的意义

可以运用案例中的农村集体资产盘活和城乡基础设施建设等具体内容,讨论城乡融合发展的路径与意义。引导学生从城乡资源要素的双向流动、基础设施的均衡发展等方面入手,思考如何通过这些措施缩小城乡差距,实现社会公平与共同富裕,并探讨这对于推进整个社会和谐发展的深远影响。

案例 2

湖南湘西十八洞村,讲好新时代乡村振兴故事①

核心阅读

湘西十八洞村是"精准扶贫"首倡地,"实事求是、因地制宜、分类指导、精准扶贫"的理念犹如春风,从古老苗寨吹遍神州大地。湘西十八洞村是观察中国乡村"千年跨越"的窗口,从地瘠民贫到步入小康,勤劳质朴的山区人民蹚出一条从脱贫到振兴之路。民族要复兴,乡村必振兴。十余年间,湘西十八洞村的"蝶变"故事,刻画在青山绿水间,映照出人民群众对美好生活的向往。

走进十八洞村,层层铺叠的绿意间,"精准扶贫"石碑分外显眼。10 多年来,这块"村宝"立在村口,向南来北往的中外游客讲述着山乡巨变的今朝和往昔。十八洞村是"精准扶贫"首倡地。11 年前,"精准扶贫"方略从这里走出苗寨,深远影响着中国乡村大地。在这一方略的指引下,中国不仅如期完成脱贫攻坚、全面建成小康社会的历史任务,而且提前 10 年完成联合国 2030 年可持续发展议程减贫目标。

如今的十八洞村,已成为世界看中国的一扇窗口。2023 年 11 月 3 日,

---

① 华贤东等.十八洞村,讲好新时代乡村振兴故事[N].乡村干部报,2024-06-21(1).

来自30多个国家的驻华使节、官员学者齐聚湖南省湘西土家族苗族自治州,他们奔着同一个目标而来——交流分享中国的减贫经验。"精准扶贫"方略的成功实践,为其他国家解决贫困治理这一世界难题提供了中国智慧和中国方案。

"我们不仅要做脱贫攻坚的模范,更要做乡村振兴的典范。"正如第二十届中央候补委员、湖南省花垣县双龙镇十八洞村党支部书记、村委会主任施金通向外界宣告的那样,新时代的山村蝶变,还在十八洞村不断上演。

精准施策,走上小康之路

从吉首火车站开车不到1个小时,就到达十八洞村。这比记者几年前坐大巴来村,又提速了不少。这里的山,曾是人们脱贫致富的屏障,如今,山还是那座山,村子和村里的人早已变了模样。

"记忆里,世界离自己太遥远,要走几个小时才能走到公路上,卖一捆柴不到3元钱,只够买全家人两天吃的馒头。"正在民宿门口迎接游客的村民杨正邦说,早年因为家里太穷,自己出门去打工都谎称是邻镇的。

贫困不仅阻隔了十八洞村与外界的联系,也浇灭了村民们脱贫致富的信心。十八洞村曾先后尝试过直接现金帮扶、养猪、养鸽子等多种扶贫方式,但有的村民拿到小猪仔后转身就去镇上卖掉了。"村民都不让孩子读书,认定一辈子穷命,对改变现状根本没有信心。"施金通说,十八洞村的"山乡巨变",要追溯到2013年11月3日。

那天,习近平总书记跋山涉水,来到十八洞村访贫问苦。在村民施成富家中,习近平总书记首次提出了"精准扶贫"的重要指示,要求必须坚持"实事求是、因地制宜、分类指导、精准扶贫"十六字方略。

蜕变一天天在十八洞村发生。除了修通水泥路、接进自来水,设立银行、邮局等基础设施外,扶贫工作队挨家挨户为贫困群众"量身定制"帮扶措施,搭建脱贫致富的平台,村里的优势资源不断被开发出来,一步步旧貌焕新颜。看到家乡有起色、有奔头了,2017年杨正邦回村摆起了小吃摊,攒到钱后开起了农家乐,这两年又扩建成民宿,每天忙得乐呵呵的。

针对部分群众"口袋穷"思想更"穷"的现状,施金通着力打通村民自信自强的"心路"。他在村里推行"互助五兴"农村基层治理模式,让村民们学习互助兴思想、生产互助兴产业,还在村民中开展"群众思想道德星级化管理"，对支持公益事业、遵纪守法方面得分高的村民给予表彰。人心齐、干劲足，村民累计自愿投工投劳1万多个；施金通和村干部拿出自家最好的地和村民置换，村民施六金也由一寸不让的"刺头"，转变为主动让地给村里修建停车场。"十八洞村的美，不但有面子，更有里子。"施金通自信地说。

"人是发展的动力，精准扶贫最重要的就是调动每个人的内生动力。"面对地域不同、文化不同、资源也不尽相同的国家代表，如何阐释"精准扶贫就是践行以人民为中心的思想"，施金通将"精准"说透："我们从扶贫对象、项目安排、资金使用、措施到户、因村派人、脱贫成效'六个精准'上发力，逐人、逐户施策，难题逐个分解、攻破，最终实现了'小康路上一个也不能少'。"

"真正的发展是惠及所有人的发展，这是中国正在发生并在不断延续的真实故事。"这是2021年联合国国际农业发展基金驻华代表马泰奥对中国减贫事业的评价。

如今，十八洞村村民人均年收入从2013年不及全球极端贫困标准二分之一的1668元增加到2023年的25 456元，村集体经济也从空白增长到2023年的507万元。

因地制宜，拓展富民新路

一方水土孕育出一方独特的物产。十八洞村虽地无三尺平，却有着优质的山泉水资源。位于大峡谷深处的十八洞村山泉水厂，就是村子脱贫后建成的第一个现代化产业项目，水厂除每年给村集体分红，还吸纳了众多当地劳动力，成了十八洞村的致富源泉。

能让村民在"家门口"就业挣钱的，还有老书记石顺莲组织成立的苗绣特产农民专业合作社。苗绣坊成立于2014年，已经带动村里近50名留守妇女就近就业。绣娘吴满金说，十八洞村苗绣坚持用人工手绣，一年总产值达上百万元，产品每天都能卖出去近千件，苗绣还被当成了中国国礼，沿着"一带一路"送到了各国人民手中。

11年间，十八洞村坚持因地制宜壮大产业，除了引进企业投资山泉水厂，发掘传统特色文化和苗绣非遗资源，还打造十八洞蜂蜜等特色产品，形成种养、苗绣、劳务、旅游、山泉水五大产业体系，乡村"造血"功能逐渐增强。

11年的时间里，作为中国脱贫攻坚的鲜活样本，来自西班牙、纳米比亚、越南等40多个国家的20余个代表团，带着好奇走进这座深山苗寨，十八洞村的故事也开始在世界各地传播。以十八洞村为原型的视频《大地颂歌》在老挝播出;《大国小村:十八洞村的社会学考察》在哈萨克斯坦出版发行;去年11月3日,十八洞村还与老挝琅勃拉邦省琅勃拉邦市听松村签署缔结"国际姊妹村"意向协议。

"我的湘村我建设",十八洞村翻天覆地的变化,不断召唤着山村儿女"归巢"。近几年来,不少外出打工的人返回家乡,有的开饭店、搞养殖,有的在当地水厂就业,还有不少年轻大学生也回到家乡,有的成为致富带头人,有的还被发展成为党员干部。"目前的十八洞村'两委'班子6个人中,有5个是大学生。"施金通说。

十八洞村地处富硒带,气候、土壤、光照、水源等均适宜油茶树的生长,施金通认准了这是个"绿色金矿",但缺少称心的合作方。"产业和人才的发展相辅相成,没有产业吸引不来人才,没有人才管理不好产业,再多的资金投入也只是无源之水。"为此,施金通前往多地考察了几十家企业,最终湖南省常德市的技术人才李学文与十八洞村的发展思路一拍即合,"李学文有自己的生产基地和生产技术,也有管理市场的经验,最重要的是愿意与十八洞村村民共享发展成果。"

2021年,十八洞村成立了油茶产业公司,十八洞村占股51%,李学文负责油茶产品的生产与销售,不仅每年为十八洞村集体带来120万元收入,还为村民提供了家门口就业的岗位。

稳中求进,走好乡村振兴路

"啃"下了贫穷这块硬骨头,拔掉了固守的旧思想,十八洞村新时代的乡村振兴路怎么走?这个问题时常被问及,施金通也一直在思索。

"'实事求是、因地制宜、分类指导、精准扶贫'十六字方略是我们当年制胜的法宝,新征程新起点上,'实事求是、因地制宜、分类指导、乡村振兴'就是我们在新时代的指南。"施金通回答得很肯定。

施金通坦言,村子也走过弯路,"当时村子里搞了18个合作社,要全面开花,其实就是为了好看好听。其实村里都凑不出18个致富能人来管理,最后村集体有了负债,这就是没有坚持实事求是、不尊重发展规律的后果。"

如今的十八洞村游人如织,俨然成了"网红村"。但时至今日,十八洞村仍然是以五大产业为主,没有进行太大的扩张。"实事求是,不贪大求洋"也是施金通向第一个到十八洞村求取减贫经验的外国元首特别提到的。

"风口的力量是强大的,我们要坚持稳中求进。"十八洞村的村集体经济收入一年一个台阶,11年间快速突破了500万元,面对外界"十八洞村的村集体经济还要几年能破千万"的好奇提问,施金通也坦然面对。他表示,发展壮大村集体经济的目的,不是为了数字好看,而是要真正让更多的村民增收致富,为村民做更多可感可及的实事。

"总书记说过,十八洞村不要提好高骛远的目标,能干什么就干什么。我们会脚踏实地,一步一个脚印,当前最重要的就是把'十八洞村'品牌打造好、管理好,把村子的政治优势不断转化为经济优势。"施金通表示,目前每年500万元的村集体经济收入,除了40%通过积分制的形式给老百姓分红之外,已经足够覆盖全村人合作医疗的60%,"我们村最大的返贫风险,就是因灾、因病返贫,十八洞村的目标就是在10年以内,确保让全村村民看多大的病都不用自己花钱。"

云雾缭绕,山清水秀,梯田悬挂山腰间,宛如一张和美乡村山水画。十八洞村已成为令人向往的"望得见山,看得见水,记得住乡愁"的美丽家园。说到远景目标,施金通表示,"一家好不叫好,大家好才是好!"十八洞村将深入挖掘千年苗寨优秀传统文化资源,加大力度推动农文旅深度融合,与周边的马鞍村、双龙村、红英村等7个村资源共享、产业共育,携手走好乡村振兴路,"一起共同打造'十八洞村乡村振兴示范片区',继续讲好山村的新故事"。

思考讨论

1. 给十八洞村带来翻天覆地变化的"精准扶贫"理念,是如何在十八洞村得以实施的?这一实践为中国乡村振兴提供了哪些启示?如何将"实事求是、因地制宜"的原则应用于其他贫困地区的脱贫和振兴过程中?

2. 在十八洞村的发展过程中,如何将"以人民为中心"的思想贯穿于扶贫与振兴的各个环节?如何通过改善基础设施、发展产业以及增强村民的自信,最终实现让全体村民共享发展成果的目标?

3. 十八洞村在发展集体经济时,是如何坚持"实事求是、不贪大求洋"的原则,以保障村民的长远利益的?在当前乡村振兴的过程中,如何平衡经济增长与社会效益,避免盲目扩张带来的风险?

 **教学建议**

本案例主要适用于教材中"坚持以新的发展理念引领高质量发展"部分的辅助教学,可以帮助学生了解湘西十八洞村这一"精准扶贫"首倡地的乡村振兴始末。通过坚持"实事求是、因地制宜"的方略,十八洞村在十余年间实现了从贫困到小康的跨越,成为中国乡村振兴的典范,村里通过发展多元产业和强化基层治理,推动了经济和社会的全面发展,为全球减贫提供了中国智慧和方案。

1. 讨论精准扶贫的成功经验及其对乡村振兴的启示

可以引导学生讨论十八洞村"精准扶贫"成功的原因,以及这些经验如何为中国其他贫困地区的乡村振兴提供了参考。学生可以思考如何在未来的发展中继续坚持"实事求是、因地制宜"的原则,避免脱贫过程中的盲目扩张和急功近利,从而实现可持续的乡村振兴。

2. 探讨乡村产业发展与生态保护的平衡

学生可以围绕十八洞村如何在保护生态环境的同时,合理利用自然资源发展特色产业进行讨论。通过分析村里山泉水、苗绣等产业的成功案例,探讨如何在乡村振兴过程中处理好经济发展与生态保护的关系,实现绿色发展和可持续发展目标。

3. 思考新时代乡村治理与乡村振兴的关系

课堂上可以引导学生探讨十八洞村在推行"互助五兴"农村基层治理模式中的做法,分析这种模式如何激发了村民的内生动力,促进了村庄的全面振兴。学生可以讨论如何将这一治理模式推广到其他乡村,实现社会和谐与经济发展的双赢。

案例 3

山海难阻苏青情[①]

核心阅读

牦牛肉、藏羊肉、枸杞、青稞、冷水鱼……在江苏省南京市栖霞区华润苏果超市,来自青海省西宁市的农特产品在专柜整齐摆放,吸引了不少市民前来购买。青海的农特产品,摆上了2000公里之外江苏超市的专柜,这离不开江苏援青干部的努力付出。2016年7月,在东西部扶贫协作座谈会后,党中央、国务院确定由江苏省对口帮扶青海省。自此,南京和西宁携手同行,走过了脱贫攻坚,全面开启乡村振兴。人才交流、产业合作、劳务协作、消费帮扶……南京-西宁东西部协作工作,在各个领域开花结果,"宁宁协作"的强劲东风,吹遍高原大地。

蓝天白云,风景如画。8月的青海,是游人眼中最美的时节。而此刻的江苏援青人却奋战正酣。《扬子晚报》"共富争先·微故事"采访团来到青海,走访对口支援和东西部协作的基层点,一探高原"丰景"。青海是江苏唯一承担对口支援海南藏族自治州和东西部协作双重任务的省份。南京市与西宁市于2016年起开展对口协作,相关报道就从"宁宁协作"开启。[②]

---

① 沈春宁,马燕,王灿. 山海难阻苏青情[EB/OL]. (2023-09-04)[2024-12-10]. https://mp.weixin.qq.com/s/vFs9Xy7LEEh_HtFrYowRBw.

② 该案例写于2023年,为求表述准确,文中尽量保留相关论述。

南京小西湖牵手"青海小北京","600多岁"西北古城将"上新"

"一切有利于发展之事,都是协作之事。"来自江苏省南京市六合区的援青干部、西宁市湟源县委副书记、副县长翟龙告诉《扬子晚报》"紫牛新闻"记者。古称"丹噶尔"的湟源县,是青海省东部农业区与西部牧业区的接合部,扼唐蕃古道险塞,素有"海藏通衢"之称。今年8月,湟源县被公布为青海省第一批历史文化名城。

位于县城的丹噶尔古城已有600多年的历史,是西部最早的国际贸易中心、青藏高原保存最完整的古城,拥有中国最西边的城隍庙和文庙。古城鼎盛时,店铺林立、驼铃阵阵,有"青海小北京"的美称。但如今古城却面临着在全国范围内"有实无名"的困境,以及开发保护、国家级历史文化名城创建的重任。

而在约2000公里之外的江苏南京,曾经年久失修、逼仄老旧的小西湖历史风貌区,眼下却已成为海内外知名的"网红打卡地"。2022年11月,由东南大学建筑设计研究院、南京市规划和自然资源局、南京历史城区保护建设集团(以下简称"南京历保集团")共同申报的小西湖城市更新项目,荣获2022年度联合国教科文组织亚太地区文化遗产保护奖创新设计奖。这也是该奖自2000年设立以来,江苏省首获此奖。

古城保护不仅要"复古",也要"上新"。小西湖项目"小尺度、渐进式、微更新"的改造理念打动了"青海小北京"。2023年5月,南京历保集团与青海湟源县文体旅游局签署《湟源县丹噶尔古城景区合作运营框架协议书》,双方将围绕古城资产运营等五个方面开展工作。

"今年7月,南京历保集团的首批3名专业人才已抵达丹噶尔古城。"南京历保集团湟源项目负责人王秋文介绍,双方希望通过挖掘古城厚重的多民族文化特色,找到项目自身专属独有的文化符号;通过业态升级,打造交互式体验式沉浸式场景;通过保留原住民,让古城永葆生命力。

东西部协作撬动资金项目,助力高原人家门口就业

日月山下,湟水河畔,有一个绿树掩映、群山环抱的村庄——小高陵。2021年,小高陵入围全国乡村旅游示范村名录,被评为全国百条红色旅游精品线路。

小高陵村第一书记赵忠金提起东西部协作赞不绝口。"湟源县小高陵红色旅游开发有限公司成立以来,东西部协作资金投入3060万元,占总额的65.52%,发挥了资金撬动作用。"赵忠金介绍,以前的小高陵是荒山秃岭。如今的小高陵秉承"红色引领、绿色发展、协作致富"的理念,带动周边24个村实现村集体经济"破零"目标,分红效益达168余万元,通过劳务派遣、季节性用工等方式带动周边群众增收1000余万元。

大高陵村村民彭尕换和小高陵村村民张海清,现在都是小高陵红色教育基地的员工。63岁的彭尕换,黝黑的脸庞上挂着憨厚的笑容。他说:"在家门口就业稳定,一年收入有三四万元。"张海清同时还是小高陵村的种植能手,加上补助后年总收入有3万多元。她供着两个孩子读书,一个已经上大学。"日子越来越好,我们感到很幸福。"

重庆游客杨琳琳一家五人,自驾到西宁的第一站就是小高陵。杨琳琳说:"带孩子了解'山乡巨变'的红色历史,很有教育意义。看到青稞、麦子和大美梯田,感到不虚此行。"

受益于东西部协作的,还有位于西宁市大通县的民族特色非遗工坊。在这里,精美的手工艺品自绣娘们的巧手下诞生,销往全国各地。40多岁的绣娘阿应花学刺绣已有30年,今年来到工坊,教了几百个学生。"我们还计划在各乡镇设立教学点,让更多的绣娘增加收入。"阿应花得知《扬子晚报》"紫牛新闻"记者来自江苏,还高兴地说,她们参加青绣产业培训班,到过南京和苏州学习云锦和苏绣。

青海海沃商贸有限公司总经理米存民也是东西部协作带动的致富代表。他介绍,以前大通的农畜产品买难卖难。"这两年政府为我们和东部企业搭建起合作的桥梁,销售额从几百万元提高到两三千万元。公司成立以来,为全县带动种养殖户5875户,户均增收4000元至6000元。"

打通农文旅"任督二脉",江苏数字技术赋能青海

在大通县采访时,一串"神秘"的字符DT3090引起了记者的注意。来自南京市雨花台区的援青干部,大通县委副书记、副县长李云解释说,DT是"大通"的拼音首字母,也是"打通"的意思——打通大通的"任督二脉",实现青甘大环线旅游的服务节点,同时DT也代表着digital technology(数字技术);3090,则代表大通的县域面积和平均海拔。

在南京人看来,软件产业和数字技术,堪称雨花台区的"名片"。用

DT3090 作为青海大通数字乡村农文旅全域品牌,真是既贴切又让人忍俊不禁。

刘沁松是大通县东西部协作农文旅融合产业孵化示范园负责人、青海数字乡村运营管理有限公司总经理。他介绍,示范园已吸引青海湖之夜、树蛙部落等项目入驻,园内企业直接带动的就业人数超过 1000 人。预计到今年年底,入驻企业的交易产值能突破 2 亿元。农业银行大通县支行免费提供收款机,减免收款手续费,帮助企业解决发展之忧。园区打造了"大通号"作为大通县线上流量统一入口,目前已为大通县域品牌提供 1 亿次线上曝光的机会。

牦牛肉、枸杞、青稞系列产品……在位于曹家堡机场附近的青海农林牧商品交易中心,农特产品整齐摆放,直播间里热火朝天。交易中心由河湟新区管委会与南京新立讯公司按 6∶4 的比例合资建设运营,可利用大数据云计算、区块链、5G 物联网及 AI 鉴真溯源等技术,为青海各类农林牧企业提供服务。来自全国各地的消费者可以看直播下单,也可以在"西部优选"线上平台选购后快递到家。

江苏今年投入 12 亿元,援青人以"80 后"为主

江苏省对口支援青海省海南州前方指挥部总指挥、江苏省对口帮扶青海省工作队领队王凯接受《扬子晚报》"紫牛新闻"记者采访时介绍,2023 年,江苏投入支援协作资金 12 亿元,共实施 361 个项目。截至 7 月底,江苏采购、帮助销售青海农牧产品超过 1.3 亿元,提前半年完成了全年帮扶任务。今后,江苏还将每季度举办一次青海农特产品展销会,进一步拓宽"青货入苏"网络渠道,支持打造青海农特产品品牌。王凯介绍,目前江苏在青海的干部人才达到 287 名,其中挂职干部 39 人,各类专业技术人员 248 人。"干部人才年富力强,以'80 后'为主体,主要来自江苏省级部门、市县机关、重点学校和医院。挂职干部大力推进苏青产业、消费、就业和人才协作,实施了一批重大援建项目,办成了一批民生实事。援青人才积极开展'组团式'帮扶工作,提升教育和医疗水平,为当地培育一支带不走的人才队伍,切实增强人民群众的获得感和幸福感。"

记者手记:山海难阻苏青情

记者抵达青海时,正是当地气候环境最宜人的夏季。即便如此,采访团

依然全员出现高原反应。可想而知,在一年中的8个月供暖期,在青海平均海拔达3000多米、气温最低达到零下20多摄氏度的环境下,江苏援青干部人才是怎样视艰苦为历练、把困难当磨砺。他们中,有的原本是血液专家,如今成了乡村振兴的专家;有的更是因为"跨界"而得到了"奶牛书记""数字书记""文旅书记"的美名。

途经海拔3000多米的日月山时,记者一行恰好看到鹰隼在头顶盘旋。它奋勇搏击的身影,恰如激情澎湃的江苏援青干部人才,让人体悟到何谓辽阔壮美。

"所爱隔山海,山海皆可平"。在有限的时间里,记者采访到的只是江苏援青协作"山海"情谊的片段和缩影。在我们的笔端和镜头之外,仍有许许多多的苏青人,正不断用深情厚谊,谱写着东西部协作共同富裕的新篇章……

思考讨论

1. 东西部协作不仅涉及经济援助和项目合作,还包括文化交流与融合,在南京和西宁的对口协作中,如何通过文化遗产保护和发展旅游产业,促进两地的文化交流?

2. 根据江苏与青海在农特产品合作和数字技术赋能方面的成功案例,谈谈在经济水平差异较大的地区,如何通过东西部产业协作,借助精准的产业扶持和创新技术,推动经济发展和就业机会的增加,实现区域经济的均衡发展。

3. 援青干部在推动青海的乡村振兴中发挥了重要作用,他们不仅带来了资金和技术,还通过"组团式"帮扶培养了本地人才。援青干部在乡村振兴中的角色与责任是什么?如何通过干部人才的长期投入和本地人才的培养,实现乡村振兴的可持续发展,增强基层群众的获得感和幸福感?

教学建议

本案例主要适用于"坚持让现代化建设成果惠及全体人民"部分的辅助教学,可以帮助学生了解江苏与青海之间的东西部协作,通过对口支援促进青海经济社会发展的具体实践。案例详细介绍了双方在产业合作、文化遗产保护、数字技术赋能等方面的成功案例,展示了跨区域协作在推动区域协调发展和乡村振兴中的重要作用。

1. 讨论东西部协作的意义与挑战

可以在课堂上引导学生探讨东西部协作在推动区域经济协调发展中的重要性,同时也要面对跨区域协作中可能存在的文化差异、资源不均等挑战。通过分析江苏与青海的合作案例,思考如何通过因地制宜的政策设计和科学的管理,克服协作过程中的困难,实现双赢。

2. 分析文化遗产保护与现代化发展的平衡

可以鼓励学生讨论在发展与保护之间如何找到平衡,特别是在文化遗产保护和现代化发展中。以南京和青海在文化遗产保护项目中的合作为例,探讨如何在保护历史文化的同时,通过创新性发展赋予其新的生命力和经济价值,从而实现文化与经济的双赢。

3. 探讨数字技术在乡村振兴中的应用

可以引导学生思考数字技术如何在乡村振兴中发挥作用,特别是在农产品销售、旅游业发展等方面的应用。通过分析青海大通县的数字化发展实践,讨论如何利用大数据、区块链等技术,帮助贫困地区实现产业升级、扩大市场,进而提高当地群众的生活质量和收入水平。

案例 4

无锡市经开区——幸福之城,全民共享[①]

核心阅读

2019年无锡经济开发区(下称"经开区")揭牌成立,其再发展过程中始终秉持着城市能级提升、产业发展引领、美好生活示范的时代使命和发展理念。近年来,作为全市最年轻的板块,无锡市经开区通过紧紧锚定高质量建设"生态环保示范区、科技创新先导区、现代产业引领区、高端人才集聚区"目标,逐渐成为无锡面向未来发展的全新"中心核",展现出了无限的活力与潜能。

新发展理念的根本在于以人为本,把人民的需求、利益、尊严和权益放在首位。中国式现代化城市的建设同样遵循这一准则。人民福祉的增进远无止境,从新起点出发,城市现代化要实现社会发展与人的发展的统一,物质富裕与精神富裕的统一,在更高水平上给予民生保障,必须做到全民共享发展成果。

经开区就是这样一座以民为本的"幸福之城"。从文明阵地建设提升城市精细化治理,到文化传承创新、人居环境提质、数字赋能治理,再到高质量普惠性民生供给,经开区五年来努力建设的所有成果,都落在人民身上。

---

① 无锡经开发布.瞭望丨幸福之城,全民共享[EB/OL].(2024-01-20)[2024-12-10].https://mp.weixin.qq.com/s/RPaWDgq4u-UXgnKBqKeAWg.

建强文明阵地,以党建引领绣出城市幸福感

经开区东绛社区的朝晖党支部有一个特别的学习固有阵地——党支部书记殷国庆的家。近年来,朝晖党支部党员和社区群众常常在这里开展党员学习活动。殷国庆介绍说,党支部不少老党员组织关系留在这里,把学习阵地建在家里,党员们来参加活动,就像回家一样开心温暖。像这样因地制宜抓实基层党建,仅是经开区坚持党建引领高质量发展和基层治理,从严从紧从实建好思想阵地、建强文明阵地的一隅。

五年来,提高政治站位,筑牢思想阵地,经开区党工委领导班子坚持以上率下,通过集中学习、联学共学、专题研讨等多元化形式将理论学习、主题教育贯穿日常;试点矩阵式、立体化党建载体建设,提质升级26个社区党群服务中心,打造"红色先锋楼道"88个,构建起市、区、街、社区、小区五位一体党建阵地集群;分批次开展基层党建"红翎计划",树立38个优秀党建品牌示范社区,引领社区基层党建规范化、标准化、品牌化;深入推进党建引领产业强链兴链,以学促干,努力把主题教育成果转化为高质量发展成效,2023年举办"经融引航"党建联盟活动12场,促成优质签约项目超190个,总投资额约250亿元……扎实推进基层党建的经开区,"文明之花"正绽放。

1个区级实践中心、2个街道实践所、38个社区实践站以及N个农贸市场、商业综合体等延伸形成的特色实践点和实践基地,共同筑成活力满满的新时代文明实践矩阵。"目前,以新时代文明实践中心为依托,我们已经实现了区、街、社区三级新时代文明实践阵地服务项目、队伍和活动的融合。"经开区党群部相关负责人介绍,文明实践已然延伸至群众"楼门口"、覆盖到"家门口"。

不止于此,在这里,区、街、社区纵向联动,机关部门、单位横向联合的组织指挥体系初步建立,"巷长制""挂钩制"逐步深化,"基层吹哨、部门报到"的工作模式愈加成熟。同时在明确管理要素的基础上,区、街、社区、物业、职能部门的层级权责进一步理顺,管理边界合理划分,管理内容、管理要求和责任时限形成了统一的管理标准和责任清单。

基层治理网格化,是为了更好地实现服务精细化。经开区充分运用数字手段,将"智慧创文"平台纳入区城运中心首期项目;在全市率先探索招聘新时代文明实践指导员,组建起专业化人才队伍,并建立56支"益动太湖"志愿者队伍,形成"街道、社区、企业、社会组织"四级新时代文明实践服务工作网络,打通宣传群众、教育群众、关心群众、服务群众的"最后一公里"。

同时,经开区率先探索"因圈施策"建设15分钟便民生活圈,15分钟步行可达范围内即可享受到"衣食住行、文教体卫"等基本服务,更精准地满足居民多元需求。这样的"社区生活圈"如今正在经开区全面铺开,成为市民群众美好生活的"幸福圈"。2023年9月,商务部发布《城市一刻钟便民生活圈典型案例集》,全国共60个案例入选,经开区信成花园社区成为全市3个入选案例之一。

"以前,我们办理医保业务要到市里的广瑞路2号,光路上就要花不少时间。现在医保业务家门口就能办,非常方便,我从出门到办完也就花了10多分钟!"在太湖街道便民服务中心办理医保卡业务的无锡市民查先生说。

目前,经开区太湖街道"15分钟医保服务圈",已构建起以便民服务中心为核心,19个社区医保服务点为辐射点,N个医保帮代办员为机动队的"1+19+N"医保服务体系,实现医保公共服务办理"不出圈",365天"随时办",让群众在家门口享受到便捷高效服务。

基层工作大多是繁琐小事,但却直接关系到群众的切身利益。在经开区的现代化基层治理探索实践中,聚焦全过程人民民主,"区街一体化,治理现代化"的模式尤为值得一提。该模式将大量的区级权限下放到街道办事处,百姓的事更多地在街道解决。为了更好地服务百姓,街道办不断创新工作方式方法,加强政社互动,及时了解和解决居民的操心事、烦心事、揪心事,以"红色物业"党建项目为抓手,结合"有事好商量"民主协商模式,发挥党员干部、楼组长、志愿者及社会各界力量,鼓励全民参与到社区治理中,营造社区治理"人人参与、人人受益"的浓厚氛围,基本实现了"办事不出街"。

载文明而驰,沐清风前行。一次次生动鲜活的文明实践、一项项精准惠民的便民服务,文明实践的新风润泽经开大地。

文脉贯穿古今,以传承创新深化群众归属感

弘扬文明之风,传承文化之魂。文化是一座城市、一方水土的根脉。太湖孕育出辉煌灿烂的江南文明,经开区也不例外。作为无锡面积最小、最年轻的板块,经开区另辟蹊径"以小博大"拓展文化发展新空间,在继承中创新,在创新中发展,将"焕新"文明融入现代生活,勾勒文化自信"壮美景象"。

水脉文脉交融,千年运河"诉说"古韵今风。充分挖掘区域内大运河文化的内涵亮点和特色,经开区加强运河沿线文化保护,对全区文物"周周查",对新安钱武肃王祠、沈瑞洲故居等文保单位安全修缮,打造"吴越文化"品牌,守住文化根脉;挖掘煤铁大王周舜卿、工商先驱俞文彬、工业代表张卓仁等人文资源,打造传统与现代共生、保护与发展双赢的文化风貌。

从历史深处走来的大运河,也正走进一个新时代。通过"有机更新"和"新旧结合"的策略,经开区不断增强文化的引导力、凝聚力、推动力,活化利用周新、巡塘、方桥三个历史地段的"百宅百院",张卓仁旧居恢复历史建筑风貌,也成为现代化的市级统战同心基地,从一个工商业者的"小故事"串联讲述无锡统战"大历史";将祠堂文化与文旅事业相结合,钱氏文化与公益事业相结合,合理利用新安钱武肃王祠,打造传统文化展示、社会阅读空间,让市民在游玩中感悟优秀传统文化魅力……盘活历史资源,经开区传统文化搭上创新列车活力迸发。

流淌了千年的大运河,是流动的文化,也是正在书写的历史。新时代赓续城市文脉,找到传统文化与现代生活的连接点,以人民为中心,满足人民日益增长、不断提升的精神文化生活需要正是题中应有之义。

以文兴产,搭建展示文化的大舞台,"会展"成为经开区文化产业一张靓丽名片。经开区加快启动建设无锡中心、国际会议中心、国际网球中心、文化艺术交流中心等一批城市地标建筑,围绕世界物联网博览会、无锡太湖博览会、中国无锡吴文化节等打造一批会展品牌,形成独具经开区区域特色的"文化符号"。

讲好文化新故事。2021年11月,经开区首部大型原创红色话剧《信仰的旗帜》一经推出好评如潮,并成功入选2021太湖文化艺术季及梦想艺术汇。该剧以"信仰的旗帜"为主题,充分挖掘党在华庄、东绛等地的革命历程,将华庄街道"华庄战斗纪念碑"、利农社区"情报树"、东绛社区"南新楼"茶馆等历史故事以原创话剧的形式设计演绎,处处彰显着信仰的力量,透露着经开的浪漫。

人因文化而美,城因文化而兴。时下,经开区正以文化大发展赋能城区高质量发展,营造书香浓、琴声扬、创意强的城区文化氛围,让群众看得见、听得懂、感受得到,凝聚起创造新的美好生活的强大合力。

提升人居环境,改与建并重增强居民获得感

欣赏一座城市,始于"颜值",终于"内涵"。居住条件的改善,承载着老百姓最朴实的期待。刷新外墙、加装电梯、更新绿植……随着周新苑一期提升改造项目竣工,人们对这个老旧小区的固有印象也彻底改变。"每个月都有好几批兄弟城市的人过来参观学习。"经开区太湖街道相关负责人介绍。

周新苑一期是太湖街道最早建设的一批安置房,房龄近20年,作为一项利民惠民工程,周新苑一期率先实施整体提升改造,费用全部由财政承担。太湖街道相关负责人告诉记者,立足街道安置房、经适房小区多的特点,太湖街道全面优化老镇区面貌,不断推动街道城市能级、空间品质实现跨越式发展。

老旧小区改造之外,街道提升也是经开区改造工程的重点工作。城市家具主题展示区,能够颠覆你的认知。

展示区项目总占地面积约6.4公顷,主要包括南湖大道(和畅路-吴都路)改造提升、江南中学西侧口袋公园建设及城市家具主题展厅打造三部分,内容涵盖智慧交通、智慧市政、智慧城管、智慧公厕、智慧环保和平安城市六大主题。

其中,颇具亮点的口袋公园公厕,以无锡一类卫生间为标准,并以现代化、科技感为主题,通过坡屋面、预转生态仿砖墙等风格母体,体现景观与建筑相辅相成之势。另外,公厕的一角还专门设立了一间为环卫工人、交警、外卖小哥提供休憩空间的爱心驿站,里面配有空调、微波炉、饮水机。"让他们能在这儿有口热茶喝、有口热饭吃。"城市家具展示区项目相关负责人介绍。

环境改善只是第一步,如何让大家的生活更加优质便利舒心才是重中之重。经开区相关负责人介绍,经开区一直把百姓满意、生活便利、品质卓越作为经开建设好不好的重要衡量标准,不断深化教育、医疗体制改革,不断完善区域教育、医疗资源布局规划,致力打造环境靓丽怡人、配套高端齐备、功能复合多元、空间时尚活力的高质量发展样板区。

如今,现代城市生活的舒适与便捷正在经开区实现。"花漾道路"观山路、"星光道路"清舒道、"活力绿廊"和风路等特色城市道路,采用道路标识多杆合一,并加入智能交通元素,通过后台可统一管理红绿灯信号的通行时长,尽量确保一路绿灯畅通。中瑞低碳生态城规划推进,明确11平方公里国际示范区和1平方公里国际社区建设范围。

经开区围绕奥体中心建设,打造"体育+娱乐+科技+成长"多元互动体育空间,逐步培育成为长三角重要文体活动的举办场地,引领崇文尚体的良好文化氛围。2023年9月,经开区还与江南大学附属医院开展"府院合作"、共建紧密型医疗联合体,以专科联盟建设、专家工作室设立为抓手开展合作,进一步提升经开区整体医疗服务水平。

聚焦海归人才和青年人才集聚的区域特色,经开区大力引进茑屋书店、小大董、山姆超市等一批城市首店相继落户,为这里的年轻人带来更多的生活选择……

体会一座城市的幸福感,往往在于细节。每一个不起眼的地方,因为被重视,才让每一个角落都变得更加有"温度"。

加大数字赋能,智慧化服务提高办事体验感

2023年初,应届大学毕业生小谭作为人才引进到无锡工作,但还未办理落户就因家中有急事返回了四川老家。半个月后,她发现落户联系单有效期只剩一天,急忙给派出所打电话咨询。在民警的指引下,小谭通过登录"太湖e警"公安政务服务平台微信端小程序,在线办理了落户。"智能便捷、一窗通办、一站全办","太湖e警"的服务内涵不断延伸,平台功能不断完善。事实上,放眼全区,"数字"已融入基层治理血脉。

全市首批数字化警务工作站,也是无锡首个实体运行的警务工作站——贡湖大道警务工作站,实现街面巡逻、警情接处、应急处突、安保维稳等全功能覆盖;人车通道感知终端、公共区域视频监控设备等感知微单元升级部署;标签场景化、置信多维化、运维血缘化、视频结构化改造提速,"人、车、物、事、码"等覆盖全域、统筹共享的治安防控数据质态,"一眼多维"融合赋能中心、社区超图等智慧警务平台,为基层治理超前应对、预警预防、决策辅助提供坚实保障。

在合成侦查中心,涉网犯罪数据及研究、海量受害人通讯信息等在平台汇聚,为侦查打击、预警防范提供强有力数据支撑;应用大数据、人工智能等新一代信息技术开展网情动态监测、侦查溯源反制,实现新型网络诈骗、区块链虚拟币交易等新型涉网犯罪精准打击……

除了服务、业务、管理等"微创新","一网统管"大平台同样深受全民热爱。垃圾箱出现了满溢情况,大屏即刻弹出警告并自动派出工单,联动物业保洁人员及时处理。同时,处理情况还会通过摄像头多次识别、自动核查,由此完成处置闭环……这是经开区城运中心"一网统管"平台日常作业的场景缩影。

2023年6月,经开区城运大厅及城市运行管理中心正式启用,将事关城市运行的各类数据、系统集成到"一网统管"平台,构建形成"城市大脑"枢纽,探索以数字赋能基层治理新模式。

经开区城运中心相关负责人告诉记者,城运中心建设的目的即在于通过数字技术的应用、统管平台的打造,推进政府运行高效协同、社会治理同频共治,进而逐步实现城市治理能力现代化。

目前经开区城运中心已将各部门业务系统和应用进行界面集成、流程集成、事件集成,建成了包括"态势总览、监测预警、联动处置、指挥调度"四大核心功能的一网统管平台,城市运行各类事件高效协调和统一管理。

于市民和企业而言,走进经开区政务服务大厅,市场准入、投资建设等500余项政务服务事项,可在厅内16个综合受理窗口集中受理。"进一扇门,办所有事,是我们的目标。"经开区行政审批局相关负责人说道。他向记者回忆,经开区行政审批局刚搬到政务服务大厅时,大厅里人头攒动、排着长队,如今大厅做了许多人性化创新,"全科窗口"的打造,让企业开办银行账户、办理涉税事项等都能"一窗办理"。而随着越来越多的事项可网办化,来大厅办事的人也越来越少。

经开区行政审批局相关负责人如是总结经开区行政审批服务这五年:探索制度创新、流程再造,全方位激发改革创新动力;聚焦提质增效、惠企利民,立体化提升政务服务温度;推进标准规范、便利快捷,全过程优化政务服务效能。

多元化、个性化、智慧化的高质量政务服务正惠及越来越多的群众,智慧、高效、便捷也逐步成为经开区群众"办事"常态。

聚焦一老一小,普惠性服务兜牢人民安全感

"一老一小",一头连着"夕阳",一头连着"朝阳",是事关千家万户的重大民生问题。经开区持续聚焦"一老一小",盘活区内外优势资源,探索居家养老服务模式，拓宽教育资源供给，加强普惠性民生兜底，让基层治理"温度"越来越暖。

温暖"一老"。经开区通过打好政策"组合拳"，先后出台《无锡经济开发区基本养老服务指导性目录》《无锡经济开发区居家养老工作方案》等10余项政策文件，将居家养老援助、老年人助餐、养老补贴资金使用管理、困难群众常态化探访关爱等多个方面纳入服务范畴，努力实现全区独居、孤寡老人有所养、有所依、有所乐。

建设"15分钟养老服务圈"，经开区分年度开展老年人综合能力评估，有序推进居家适老化改造，持续做优助餐、助浴、助洁、生活照料、精神关爱、康复护理等居家助老服务，积极开展乔迁老人社区融入、高龄老人上门帮扶、文体项目文化乐老、空巢老人心理增能、智慧养老专项培训推广等为老公益创投项目，满足全区多元化养老需求。

目前，经开区老年人家庭适老化改造、居家养老援助服务实现了全市率先扩面，高龄老年人尊老金标准、居家养老服务运营补贴标准、老年人助餐补贴标准均位居全市前列。全区拥有街道综合性养老服务中心1家、社区居家养老服务中心35家、日间照料中心2家；街道区域性助餐中心2家、社区助餐点25家。

关爱"一小"。作为无锡最年轻的板块，经开区结合区情，立志"建全市最好的学校、办全市最好的教育、创全市最好的品牌"，通过统筹区内闲置资源和改扩建等手段，投资64亿元启动新建、改扩建学校24所，投入1亿元推进"美丽校园"建设，投资2.58亿元实施"数字改革"战略行动，推动区域教育从基本均衡到优质均衡迈进。短短五年时间，经开区教育闯出了具有经开特色的发展路径。

经开区教育局相关负责人说，经开区成立一年后，在全市率先启动教育管理体制改革，让原本属于街道的教育资源全部归属到区级，人、财、物等由区级统一调配，原本教育水平、资源不等的情况得到解决。这后来也成为经开区教育生态积极向上发展最重要的基础。

延伸教育服务，经开区探索设立课后服务特色课程，在学生体育、劳动、艺术培养方面，注重从幼儿园到中学的有机衔接，同时做到"一校一特色"，提升学生综合素质。

扫描手环上的二维码，就完成了AI签到，一天的AI旅程由此开启。在位于经开区尚贤万科小学内的人工智能教育基地,每天都会有来自不同学校的学生们来此上一堂特殊的课程——人工智能访学课。

这正是经开区特色课程体系构建的生动实践。自2021年起,经开教育以普及人工智能课程为抓手,着力培养复合型、创新型人才——总投资5000万元建设了人工智能教育基地。该基地是集教、学、研、展、赛为一体的多功能开放式"科技空间站",拥有智慧校园等五大数字科技展区,建有科创实验室8个,可同时容纳200名学生开展教学活动;还设有创客工坊、竞赛厅、报告厅等。每学期基地向全区中小学开放游学活动,让孩子们近距离接触未来科技。

"超前""先进"的教育新范式已成样本。经过两年多的实践,经开区成功入选全国首批、全市唯一"央馆人工智能课程"规模化应用试点区,江苏省智慧教育样板区(培育区),2所学校获评"小平科技创新实验室",全区实现省级智慧校园全覆盖。

提升"一老一小"服务质效只是"经开治理"的一隅。事实上,成立五年来,经开区聚焦多层次多样化的民生需求,努力把握民生工作的精准度、精细度、平衡度,不断提高教育、医疗、养老等各项事业服务水平,群租整治、巡控处突等城市治安管理见行见效,高品质生活随处可感可及,人民幸福感、安全感稳步攀升。

思考讨论

1. 无锡市经开区通过党建引领基层治理,创新推出"红色物业"党建项目和"有事好商量"民主协商模式,有效促进了社区治理的规范化和标准化。谈谈如何通过党建引领,加强社区的凝聚力和服务能力。在现代城市治理中,如何调动党员和居民的积极性,实现全民参与、共同受益?

2. 经开区通过保护和活化运河文化等历史遗产,将传统文化融入现代生活,打造出独具特色的文化符号。谈谈如何在城市现代化进程中,既保护好传统文化,又能通过创新发展,使文化资源发挥更大的社会和经济价值。如何找到传统文化与现代生活的连接点,以满足人民不断提升的精神文化需求?

3. 经开区通过"一网统管"平台和智慧警务平台,实现了城市治理的高效协同和社会治理的同频共治。谈谈数字技术在现代城市治理中的有何作用。如何通过数字化手段提升公共服务的效率和居民的办事体验,进而实现城市治理能力的现代化?

 教学建议

本案例主要适用于"坚持让现代化建设成果惠及全体人民"部分的辅助教学,可以帮助学生了解无锡市经济开发区致力于提升居民幸福感,实现全民共享发展成果的城市发展和治理模式。案例展示了经开区如何通过党建引领、文化传承、数字赋能、民生保障等手段,打造"幸福之城",促进社会全面进步与人的全面发展的生动实践。

1. 探讨以人为本的城市治理理念在现代化城市建设中的应用

无锡经开区通过党建引领、文化传承和数字赋能,实践了"以人为本"的新发展理念,可以讨论这一理念如何在城市治理中得以落实,特别是在满足人民需求、提升居民幸福感和增强社会凝聚力方面的具体措施,同时可以思考这种治理模式对其他城市发展的启示和借鉴意义。

2. 分析文化传承与现代化发展的有机结合对城市发展的影响

经开区通过保护和活化大运河文化等历史资源,将传统文化与现代生活有机结合,形成独具特色的文化符号,可以探讨如何在城市现代化进程中有效保护和利用文化遗产,如何通过创新实现文化与经济的双赢发展,以及这种模式对提高城市文化软实力的重要性。

3. 讨论智慧化治理在提升城市服务效率和居民幸福感中的作用

无锡经开区通过"一网统管"平台和智慧警务平台等数字化手段,实现了城市治理的高效协同与社会治理的现代化,可以分析智慧化治理如何提升公共服务效率,改善居民生活体验,并探讨在未来城市治理中如何更好地应用数字技术,同时确保数据安全和隐私保护。

案例 5

苏州工业园区：数字化赋能，打造智"惠"民生新图景[①]

 核心阅读

  当今世界，新一轮科技革命和产业变革方兴未艾，新一代数字技术得到蓬勃发展和深度应用，人类社会加速进入数字时代。建设普惠便捷的数字社会，是建设数字中国的重要内容，也是推进和拓展中国式现代化的必然要求。"数字社会精准化普惠化便捷化取得显著成效"，是2025年数字中国建设的目标之一。新时代以来，在习近平新时代中国特色社会主义思想特别是习近平总书记关于网络强国的重要思想科学指引下，数字中国建设整体布局全面实施，全球最大、生机勃勃的数字社会不断展现旺盛活力，人民群众在信息化发展中有了更多获得感、幸福感、安全感。当前，以智慧互联为目标的智联网正在加速构建，推动人类社会向普惠便捷的数字社会"蝶变"。我们要积极抓住机遇、全力迎接挑战，不断构筑起生动的数字社会新图景，确保数字技术和生产生活的结合始终朝着造福社会、造福人民的方向发展。为顺应数字时代的时与势，苏州工业园区把握数字化赋能社会治理的主要方面，实践数字惠民新探索，跑出暖民便民"加速度"，不断提升治理效能。

---

  ① 江苏民政.苏州工业园区：数字化赋能，打造智"惠"民生新图景[EB/OL].(2023-11-13)[2024-12-10].https://mp.weixin.qq.com/s/0rCb_3QzZ6zGBsYuqX68NA.

动动手指,爱心餐食就能送到老人饭桌;点点鼠标,一键匹配可以申请的补贴政策;刷刷手机,空闲时间用知识武装自己……如今,数字技术开辟了人类社会的全新图景。为顺应数字时代的时与势,苏州工业园区依托数字技术和数字平台,积极实现多元主体协同参与对社会事务的治理,为人民群众提供更加便利化、透明化、普惠化的数字服务,开展更加精细化、智能化的治理,深刻改变传统的社会治理方式。本文根据江苏民政公众号发布的文章进行说明。①

食也智慧住也智慧,数字技术"反哺"老年生活

今年十月,园区各社区助餐点全面启用乐龄智慧助餐系统。该系统打造了"中央厨房、社区食堂、爱心商户"三大模块,科技赋能提供在线点单、营养分析、慢病调理餐、可视化全链条监管等精细化服务。

通过乐龄中央厨房智慧助餐模块,为符合条件的老年人智能化匹配推荐就近就便助餐点,实现在线预约、选餐、支付全流程服务,各类套餐、特色餐实时自动记录数据,进行营养报告分析,确保安心放心。

这是园区老年人助餐走向的 2.0 时代。近年来,园区社会事业局把老年人助餐服务作为重要的民生实事之一,紧紧围绕"15 分钟养老服务圈",全力打造"中央厨房+统一配送+多点服务"模式,累计建成各类老年助餐服务载体 75 家,每天享受助餐服务的老年人超过 2500 人,每年累计助餐服务人数超过 50 万人次。

如何实现可持续的老年助餐运营模式?技术赋能尤为关键。智能化技术和数字平台的启用,不仅可以提高食堂的运营效率,还能构建链接社区各方资源的平台,让更多主体参与,不断建立新模式、提出新方案,从而应对养老服务这一重大的社会命题。

食在园区,住在园区,老年人居家养老也离不开技术手段加持。园区社会事业局实施老年人安全守护提升行动,充分运用人工智能、物联网等前沿技术,为超 1500 户空巢独居老年人家庭配备烟雾报警器,为高龄独居老年人发放具备紧急呼叫和健康监测功能的智能手环。此外,还联合园区慈善总会和爱心企业,为 2000 多户老年人家庭开展卫生间防滑改造,降低居家摔倒风险。

---

① 该案例写于 2023 年,为求表述准确,文中尽量保留相关论述。

如今,依托园区智慧民政平台养老服务模块,园区加强数据分析、资源链接在居家养老服务工单和食品安全实时监管等领域的运用,整合机构社区居家数据信息,实现了养老服务数据的精准对接。园区养老服务领域智慧信息全部整合在服务平台上,有效提升养老服务准确率、覆盖率、满意率,为老年人提供安心舒心的养老服务体验。

匹配"应享"筛查"未享",数字世界更"适"弱

让数字世界更"适"老,也要更"适"弱。不久前,园区"救这么办"智慧民政服务平台救助管家收到了一条预警通知。园区居民张先生家庭可能符合"城市最低生活保障"政策,张先生本人可能符合"无业重残生活补贴""残疾人基本辅助器具补贴"和"残疾人护理补贴"政策,需进一步核对兑现。

根据系统提示,救助管家主动上门核对,发现张先生罹患肢体二级残疾,母亲73岁身患重病,配偶收入也不高,家里还有一个初中在读的女儿,确实生活困难。救助管家在现场通过"民生救助政策计算器"移动端,把张先生家的情况输入系统,系统实时匹配出张先生家庭符合的补贴政策。

由于张先生的母亲处于半失能状态,系统匹配出可以申请居家养老援助服务;因张先生家庭医疗费用自付金额超过3000元,系统匹配了慈善医疗救助项目;根据张先生女儿初中在读的情况,系统匹配了慈善助学项目。

这个一键即可匹配政策的系统是园区社会事业局打造的"救这么办"智慧民政服务平台,作为全国首例,该平台涵盖社会救助资源数据库、社会救助一张图、精准救助管理系统、救助数据分析系统、社会慈善服务管理系统、系统后台管理等功能,通过数据管理、匹配算法模型、用户画像等手段,实现主动预警和可视化管理,高效识别"沉默的少数",以数字化手段赋能精准救助全流程。

有了这个系统,对困难群众的救助实现了从"人找政策"向"政策找人"的转变,依托大数据信息平台,通过智能比对分析,快速筛选出"应享未享"的服务对象,再为其主动推送菜单式关爱服务包,可切实满足困弱群体需求并将政策落到实处,使得政府服务的有效抵达率大幅提升。通过数据赋能基层治理,摸清人群信息,智能化匹配"应享"服务,精准筛查"未享"服务。

此外,通过在线帮扶、一对一帮扶、慈善资源共享使用等方式,还可以实现救助供需有效对接,充分发挥社会慈善力量在民生保障、社会救助等方面的积极作用,同时合理调整社工或志愿者的工作任务、范围及方式,提高社会救助领域工作效率。据了解,实施智能救助 3 个月来,累计智能匹配 18 566 次、主动救助 5789 人次。

既可增能又会减负,社工队伍插上数字翅膀

共享数字化的红利,让基层治理更智慧,也为社工人才队伍建设插上数字翅膀。社工队伍是落实社会治理的底盘。复杂而快速的发展节奏对这一人才队伍要求越来越高。今年,园区上线社工培训"知社区·空中课堂",建成"在线直播、课程资源、专题培训、学习擂台、积分商城、个人中心"六大应用模块,上线 9 部门、75 节优质培训课程,满足社工多样化、个性化学习需要,用海量的课程和丰富的储备,武装社工队伍的头脑和技能。

刘叶君是娄葑街道苏安北社区的社工,除了在基层工作中积累实战经验,也在"知社区·空中课堂"平台收获了宝贵的社会工作"经验包"。她表示,这个平台作为一个社工能力的补充平台,可以让他们通过线上学习,增强业务能力和专业知识。她也期待后续会有更多课程。

这边在做增能,另一边也在做减负。近年来,园区社会事业局聚焦"为社区减负、赋能、增效"目标,持续升级迭代跨部门、多层级共建共享的"知社区"数字化平台,通过数据资源的按需汇聚、靶向融通、闭环治理和智慧应用,全方位、系统性推进社区治理体制、机制流程、服务能力提升。

目前,园区构建了满足区、街、社三级共享使用需求的"社区治理公共数据资源库",将原本分散独立的社工、社区、人口、房屋、社会组织等全要素信息进行全量化汇聚、标准化治理、智能化应用,实现基层数据社工实时动态更新、各层级随时一键检索,为全区 10 余个部门共享百万级社区公共权威数据,最大限度发挥大数据在减少基层重复填表报数方面的作用,解决基层数据"重复录、多头报、共享难"等问题。

此外,园区社会事业局还打通了数据交换共享渠道,推动条线数据向下应用。根据基层服务群众需要,常态化对接多部门,共享"户籍人口、民政对象、重点人群"等 18 项业务数据,通过清洗比对、智能分析、价值提炼,形成覆盖园区全部实有居民的精准鲜活的"数字底座",并设置社区资源、民政对象、重点人群三大类 35 小类的人员标签,向基层开放、供基层使用,支撑基层为园区居民提供专业化、特色化、个性化服务。

以数字化改革为牵引,园区正不断优化民政事项办事流程,提升服务能力,运用大数据和数字化技术手段,推动数字民生建设从"0"到"1",发挥数字赋能公共服务的价值,更好地满足广大人民群众的公共服务需求,持续推进园区基层社会治理数字化转型,打造出智"惠"民生新图景。

思考讨论

1. 苏州工业园区通过数字技术提升老年人助餐和居家养老服务,展示了数字化在提升民生保障中的作用,然而随着数字化进程的加快,老年人和弱势群体可能面临"数字鸿沟"的挑战,那么在数字社会中如何确保这些群体的公平与尊严?如何通过技术创新和社会政策实现普惠性和包容性发展?

2. 苏州工业园区利用"救这么办"智慧民政服务平台,通过大数据和智能匹配,为困难群体提供精准救助,这种模式表明数字技术能够显著提升社会治理的效率和精准性。在数字化时代,如何通过技术手段优化社会治理模式,提升公共服务的效率和覆盖面?其中可能面临哪些伦理和隐私问题?

3. 苏州工业园区通过数字平台构建了社区治理公共数据资源库,实现了信息的实时动态更新和共享,减轻了基层社工的负担。数字赋能如何推动基层治理的现代化?数据共享与隐私保护之间应该保持平衡,谈谈在技术驱动下,如何实现更高效、更智能的社区治理模式?

教学建议

本案例主要适用于"坚持让现代化建设成果惠及全体人民"部分的辅助教学,可以帮助学生了解数字技术在苏州工业园区社会治理和民生服务中的应用。通过智慧助餐、精准救助和社工数字化培训等措施,园区在提升老年人生活质量、改善困难群体福利以及加强基层治理效能方面取得了显著成效,展示了数字技术如何为民生带来便利和安全。

1. 探讨数字技术如何提升公共服务的普惠性和精准性

可以通过苏州工业园区的智慧助餐和精准救助案例,引导学生探讨数字技术如何提升公共服务的普惠性和精准性。学生可以分析数字平台如何帮助政府更好地识别和服务弱势群体,提升服务的覆盖面和效率,同时也可以讨论如何应对数字鸿沟问题,确保数字化转型过程中不让任何人掉队。

2.分析数字化对老龄化社会的应对策略

通过苏州工业园区的老年人智慧助餐和安全守护项目,学生可以探讨数字技术如何在应对老龄化社会问题中发挥作用。课堂可以引导学生思考如何利用数字化手段提升养老服务的可持续性和便利性,探讨技术与人文关怀相结合的最佳实践,并分析可能存在的挑战和解决方案。

3.讨论数字化在基层治理中的应用及其社会影响

可以以苏州工业园区的"知社区"数字化平台为例,探讨数字化在提升基层治理效能中的应用。学生可以分析数字技术如何帮助减轻基层工作人员的负担,提高工作效率,同时也可以讨论这种转型可能带来的伦理和隐私问题,思考如何在推动技术进步的同时,维护公民权利和社会公平。

案例 6

沈阳市牡丹社区——以人民为中心,共享改造成果[1]

核心阅读

老旧小区改造是提升老百姓获得感的重要惠民工作,也是实施城市更新行动的重要内容。坐落于辽宁省沈阳市皇姑区三台子街道的牡丹社区建设于20世纪80年代,养老、托育等服务设施缺乏,基础设施破损,市政管网年久失修,休闲活动场地等公共空间缺失,绿化不足等问题突出。近年来,居民改造意愿强烈。改造后的小区让居民的生活更舒心了。居民们说,"经过改造,冬天屋里暖和多了,道路积水的问题也解决了,环境好、心情也好"。还有的居民之前因为小区环境差搬走了,看到小区经过改造后变化太大,去年又搬了回来。以前小区道路坑坑洼洼,晴天一身土、雨天两脚泥,现在路面平整了,还增加了路灯、绿化、健身器材。加装电梯让以前一年半载也下不了几次楼的老人,如今可以经常下楼晒太阳、和老街坊聊天,心情更舒畅了。牡丹社区改造不仅让群众居住环境和生活设施得到明显改善,也让老旧社区焕发了生机和活力。

---

[1] 本刊.沈阳市牡丹社区:以人民为中心,共享改造成果[J].城乡建设,2023(3):34-39.

辽宁省沈阳市牡丹社区建于20世纪80年代，建筑面积29万平方米，涉及60栋楼3094户居民，是沈飞集团的职工住宅，属于典型的老旧小区。由于建成年代较早，所以基础设施破损严重、无居民休闲场所、缺少公共空间、绿化缺失。小区改造，势在必行。下文将对小区改造的情况进行概述，根据建筑杂志社所刊文章进行说明。①

一、以人民为中心，充分尊重居民意愿

按照党中央国务院推进老旧小区改造的重大决策部署，牡丹社区始终坚持改造意愿、改造需求、改造内容从群众中来，先后召开议事会15次，入户走访26次，填写调查问卷2800多份。根据居民意愿量身定制"需求清单"，经专业设计单位与"人民设计师"共同设计，形成最优改造方案。让居民全程参与项目的决策、建设和管理，实现了从"站着看"到"跟着干"的转变，组建了"居民义务监督小组"，随时监督工程进度和质量。秉承"民事共商、社区共建、家园共治、成果共享"工作理念，牡丹社区推行坚持社区党委1个核心，统筹社区党组织、居委会、"大党委"、社会组织、自治委员会、"两代表一委员"等六方力量，解决群众"N"个诉求的"1+6+N"工作模式，搭建互信共赢、协调配合、议事共建平台，全力打造"两邻（与邻为善、以邻为伴）品质幸福圈"。

二、整合多方资源，全力打造"两邻"幸福圈

一是发挥基层党组织优势，建立完善四级党组织工作体系。构建"社区'大党委'—楼院党支部—单元党小组—优秀党员（党员中心户）"四级党组织体系，推动党的"末梢神经"向居民小区、楼栋延伸。做实"党员骨干倍增"工程，以全国劳模唐乾三为代表的优秀楷模，通过"一带一、一带N"，充分发挥各级劳模示范引领作用。成立"牡丹劳模志愿服务队""巾帼萤火志愿服务队""老兵义务巡逻队"等社区志愿组织，利用每月第一个星期五为居民免费理发、修理家电、开展文艺汇演等，将居民请出"小家"融入"大家"，打造充满友爱与奉献精神的"红色幸福牡丹"。

二是以解决居民"急难愁盼"为核心，摸准居民群众需求。遵循"问需于

---

① 该案例写于2023年，为求表述准确，文中尽量保留相关论述。

民,问计于民"原则,成立居民议事委员会,建立协商议事厅,将社区居民转变为社区治理的主体。筹建"睦邻互助会",按照便民、分类原则,成立9个互助小组,建立社区积分兑换机制,打造线上线下互助服务体系,发动群众参与到社区问题讨论、策略研究和行动落实当中,真正做到"群众的事情群众自己商量"。以群众需求为导向,开展邻里"相帮、相助、相乐、相送"四个互助服务项目,吸纳近千人参与互助活动。通过居民发布"微心愿"、互助组开展"微服务"、志愿者获取"微积分"、困难者得到"微帮助",形成牡丹人家"邻"聚力。

三是构建"横向到底纵向到边、全区域无死角"的网格体系。牡丹社区党委按照"一网格一个党组织、一网格一个自管委员会"的原则,由社工和优秀社区党员骨干担任网格员。同时,建立环境卫生、居民教育、治安联防等公共事务自我管理机制,由社区作为召集人,每月中旬召开一次自管委员会协商议事会,涉及楼院和居民切身利益的问题,通过自管委员会进行民主协商议事决定。通过"自我管理、自我教育、自我监督、自我提升"的民主形式,形成"我的家园我做主,我的小区我来管"的管理理念。

四是强化社区"大党委"引领,打造区域化基层党建新格局。牡丹社区采用"专职委员 + 兼职委员"模式,创新党建模式,多元主体参与社区治理,实现了区域化党组织建设与社会治理的深度融合。将沈阳飞机工业(集团)有限公司工会、242医院、航空实验小学、沈阳飞机工业(集团)有限公司二十一厂的各个党组织力量凝聚起来,组建社区"大党委"。同步成立社区委员会、社区成员代表大会、社区监督委员会,搭建居民议事平台,构建居民议事、辖区党组织共同参与的治理新模式。

三、聚焦"一老一幼",改造成果居民共享

努力增强小区的自我"造血"功能,引入社会资本参与建设和运营,反哺老旧小区改造和社区治理方面。采取了"企业出一点、政府补一点、居民掏一点"的资金筹集方式,累计投入资金1.24亿元,系统改造了地下管网、外墙保温、屋面防水、新建道路、休闲广场、园林小品等30多项居民急需改造的内容。同时,为引入居家养老服务机构,提供了助餐、助医、助洁、助浴、助乐、助急等"六助服务",做好了基础硬件设施保障,使得医疗资源下沉社区,开通了就医绿色通道;建设梧桐书房,开展"家校社"互动。全力加强社区服务,完善了服务功能,提升了服务品质。

(一)"品质养老"更有民生温度

牡丹社区深入践行"两邻"理念,让"老有所养""老有所依""老有所乐"落实、落细、落地,为老年人提供更加精准、更加温暖的服务,让"品质养老"品牌更有民生温度。可以说,"老小区新变化,老邻里新生活"是牡丹社区10年变迁的真实写照。

牡丹社区已经建成40多年,现有3000多户居民,老年人比例超过40%。老年人中,空巢老人比例也超过40%。不少老人年迈体弱,对他们来说,做一日三餐是个很重的负担。2021年7月,牡丹社区引入第三方机构,开设了老年餐厅,推出适合老年人的少油、少糖、少盐、口感软糯的菜品。除了配备老年餐厅,社区建设了居家养老服务中心,其中老年活动室、助浴室、日间照料室等功能房间,为老人提供专业的一体化居家养老服务,社区还与242医院密切合作,进一步完善"大病在三级医院、小病在社区、康复护理治疗在二级医院"的医养体系建设,为老年人的健康保驾护航,不断擦亮"品质养老"民生品牌。结合居民中党员多、劳模多、工匠多的实际情况,牡丹社区组织成立了"劳模工匠志愿服务队""党员楷模宣讲团""巾帼萤火志愿服务队"等志愿服务队伍和社区舞蹈队、歌唱团等文娱团体,广泛开展志愿服务和丰富多彩的社区文化活动,让老年人在社区大家庭里老有所为、老有所乐。社区劳模工匠服务队的志愿者以"幸福来敲门"的方式为辖区居民提供优质的志愿服务。社区志愿者随叫随到的服务让牡丹社区独居老人的吃饭、出行、洗浴等日常需求得到满足。牡丹社区用实际行动践行着"服务暖邻"理念,邻里文化长廊的一张张照片承载着邻里互助的幸福缩影。牡丹社区也成为老年人心中的"幸福大院"。

(二)"四点半课堂"陪伴孩子成长

牡丹社区牢记习近平总书记的嘱托,落实党的二十大精神,聚焦"一老一幼"加强社区服务,提升服务功能。学校放学,社区"开学"。牡丹社区免费开设幸福教育课堂,为社区特困家庭、双职工家庭等儿童提供课业托管、兴趣培养等公益课程,被居民们称作"四点半课堂"。"四点半课堂"开设的课程有绘画、书法、篆刻、航模……航模课程,有航空模拟飞行设备,让梦想当飞行员的孩子们可以操作。

习近平总书记在牡丹社区考察时指出,小康梦、强国梦、中国梦,归根到底是老百姓的"幸福梦"。牡丹社区将继续做好"一老一幼"服务工作,采取更多惠民生、暖民心举措,建设更加美好的家园。

四、打造红色家园,破解后续管理难题

既要改出一片新天地,更要管出一番新气象。深入践行"两邻"理念,努力开创党建引领基层治理新局面,牡丹社区聚焦为民、便民、安民"三民"服务,抓好零疫情、零案件、零事故、零上访"四零"建设,倡导"沈飞精神",唤醒居民认同感,实行"红色物业"服务,落实"三长五员"实名制专班治理模式,即小区点长、应急点长、荣誉点长和物业管理员、卡口值守员、医疗防疫巡查员、社区警务巡查员、街道专管员"多点服务",将治理触角延伸到社区"末梢",激发基层治理新动能,打造有爱、有善、有暖、有伴的"四有"幸福社区。

社区党委坚持一个核心,强化"红色引领"作用,深入践行"两邻"理念,充分发挥领导核心作用,通过引导广大党员主动带头、示范,吸引整合各方力量积极参与社区治理,不断加强和创新社区管理服务、推进社区民主自治建设。社区党委通过引领居委会、"大党委"委员、社会组织、自治委员会、"两代表一委员",共同作为社区管理的六方重要主体,搭建了互信共赢、协调配合、议事共建的平台,承担领导、管理、服务、协调等职能。通过解决好社区存在的突出问题,实现"共商、共建、共享",打造助邻宜居新家园。

据了解,牡丹社区先后荣获"全国科教进社区先进单位""全国青少年科技教育培训基地""辽宁省社会治理示范单位""辽宁省和谐示范社区先进单位""辽宁省文明标""辽宁省青少年五星级示范社区""沈阳市和谐示范社区标兵单位""沈阳市平安社区""沈阳市老龄工作高标准示范社区"等80余项荣誉称号,作为住房和城乡建设部"美好环境与幸福生活共同缔造"全国试点社区,多次代表省、市、区迎接全国各级部门的考核验收。2022年8月17日,习近平总书记视察了牡丹社区,对牡丹社区的老旧小区改造给予了充分肯定。

思考讨论

1.沈阳市牡丹社区的改造项目注重居民的意见和参与,将改造需求从群众中来,并通过"民事共商、社区共建、家园共治、成果共享"的模式,提升了社区治理的质量和效果。谈谈在社区改造中如何真正做到"以人民为中

心",并确保每个居民都能切实感受到改造带来的福利。

2.牡丹社区通过建立四级党组织体系,并利用"红色物业"等机制,将党建工作深入社区治理的各个方面。在基层治理中,如何通过党建引领,增强社区凝聚力,推动社区各方力量参与公共事务,实现社区自我管理和民主协商?

3.牡丹社区通过引入养老服务和"四点半课堂"等措施,提升了社区对老年人和儿童的服务能力。在现代城市社区中,如何通过"品质养老"和儿童教育服务,增强社区居民的幸福感和归属感,并推动社区可持续发展?

教学建议

本案例主要适用于"坚持让现代化建设成果惠及全体人民"部分的辅助教学,可以帮助学生了解沈阳市牡丹社区始终坚持以人民为中心理念进行老旧小区改造取得的重要经验。该社区在改造过程中,广泛听取居民意见,整合多方资源,推动社区共建、共治、共享;同时该社区注重"一老一幼"服务,实施党建引领,创新社区治理模式,打造了一个充满活力和幸福感的"红色家园"。

1.探讨"以人民为中心"理念在社区改造中的具体应用

可以通过牡丹社区的改造案例,引导学生思考如何在实际工作中贯彻"以人民为中心"的理念。课堂上,可以组织学生讨论如何通过广泛听取居民意见、参与决策等方式,确保社区改造切实满足居民的需求,并提升居民的参与感和获得感,从而更好地实现社区共建、共治、共享的目标。

2.分析党建引领在基层社区治理中的重要性

牡丹社区通过强化党组织的引领作用,实现了社区治理的深度融合。建议在课堂上引导学生思考和讨论如何发挥基层党组织的核心作用,推动党建工作深入社区治理的各个层面。可以通过案例分析,让学生理解如何通过党建引领,提高社区凝聚力,促进多方力量共同参与社区管理,增强社区的自治能力和居民的幸福感。

3.探究"一老一幼"服务在现代社区中的实践路径

牡丹社区在改造中,特别关注老年人和儿童的服务需求,打造了具有温度的养老服务体系和"四点半课堂"。建议在课堂上引导学生探讨如何在社区治理中,针对老年人和儿童的特殊需求,制定和实施有效的服务措施。可以通过案例分析和分组讨论,让学生提出具体的服务改进方案,探索如何提升社区对"一老一幼"群体的关怀和服务水平。

专题 8 坚持发展全过程人民民主

专题导读

民主是全人类共同的价值追求。民主最初是古代对古希腊各种政体比较而抽象出的概念,其基本含义是"人民的权力""人民的政权"或"人民进行统治、治理"。而民主能否实现的必要条件,最终需要落实在国家政治制度之上,人类进入近代以来,不同性质国家的统治者均否认该国政体属于专制体制,认为政治制度设计的宗旨是为了民众利益的实现,并对外宣称其制度设计的原则是保障人民主权,因此研判真假民主首先要厘清民主的核心问题。

党的十八大以来,以习近平同志为核心的党中央全面总结我国社会主义民主政治建设的成就和经验,深化对民主政治发展规律的认识,提出全过程人民民主重大理念。党的二十大报告中,习近平总书记把发展全过程人民民主确定为中国式现代化本质要求的一项重要内容,指出"全过程人民民主是社会主义民主政治的本质属性,是最广泛、最真实、最管用的民主",并就"发展全过程人民民主,保障人民当家作主"作出全面部署。党的二十届三中全会审议通过的《中共中央关于进一步全面深化改革、推进中国式现代化的决定》,把"聚焦发展全过程人民民主"列为"七个聚焦"

之一,作为推进中国式现代化的战略重点;把"健全全过程人民民主制度体系"纳入对进一步全面深化改革作出的各领域各方面系统部署之中,进一步凸显了坚定践行全过程人民民主的极端重要性。基于全过程人民民主提出的历程,人民直接而非间接参与立法决策活动是全过程人民民主范畴产生的逻辑起点等因素,可以认为全过程人民民主的内涵是在中国共产党领导下,依照法规和制度安排,通过民主协商延伸和拓展人民直接参与的时空,以协商与票决复合的民主形式,最大限度地发挥人民在国家和社会公共事务中全过程当家作主的功能,达成民主效能帕累托最优的一种民主形态。① 全过程人民民主在秉承人民民主本质与核心的基础上,作为一种在独特实践中孕育而生的民主新形态,是我们党团结带领人民追求民主、发展民主、实现民主的伟大创造,是党不断推进中国民主理论创新、制度创新、实践创新的经验结晶,不仅是对将民主视为西方政治制度"专属品"的有力批驳,更是对人类社会民主形态的创新发展。

在建设"真正意义"的民主实践中,中国共产党充分发挥社会主义制度的优越性,全面推进社会主义民主政治制度化、规范化、程序化,构建多样、畅通、有序的民主渠道,创新便捷、有效的民主形式。经过长期努力,中国的人民民主,在价值引领上形成了人民至上、保障人权、公平正义、人的全面发展和全体人民共同富裕等价值理念体系,在制度安排上形成了全面、广泛、有机衔接的人民当家作主制度体系,在权利行使上形成了民主选举、民主协商、民主决策、民主管理、民主监督的运行体系,在权力规范上形成了全面从严治党、全面依法治国、健全党和国家监督体系等让权力在阳光下运行、确保权为民所用的规范体系。实践表明,在人民民主制度下,人民完全能够依法通过各种途径和形式管理国家事务,管理经济和文化事业,管理社会事务;同时,党和国家领导机关和人员必须完全按照法定权限和程序行使权力,全心全意为人民服务。这种在理论、实践和制度上同时具备"真正意义"的民主,确保了人民能够在国家治理全过程行使民主权利,促使国家治理全过程以民主方式、按民主程序展开。

---

① 张明军.全过程人民民主内涵的多维探析[J].政治学研究,2024(2):13-24.

案例 1
有"烟火气"的民主形式，助力上海 228 街坊蝶变全过程[①]

核心阅读

位于杨浦区长白新村街道的工人新村 228 街坊，是 1952 年上海兴建的第一批"两万户"工人住宅之一。跨越 70 年历史，这里迎来新生，它曾经是解放后为了新中国成立解决工人住房困难建造的"两万户"工人新村，承载着一代人的奋斗和记忆。几经变迁，今年，修缮更新后的 228 街坊"蝶变"归来，聚集了睦邻厨房、长租公寓、生鲜集市、休闲健身、户外职工驿站、小剧场等多种公共服务和社区商业，成了城市更新叠加 15 分钟幸福社区生活圈的示范项目。228 街坊之所以能够留得住、建得美、人气足、治得好，最为关键的一个因素是依托于人大制度，以"烟火气"的民主形式助力蝶变全过程。

1952 年初，毛主席作出了"今后数年内要解决大城市工人住宅问题"的重要指示。在之后不到一年的时间内，一批由苏联专家帮助设计建造、样式参照苏联集体农庄的工人住宅，就在上海市沪东、沪西和沪南诞生了。两层的砖木结构可以容纳两万一千户居民，这就是"两万户"的由来。20 世纪 50

---

① 杨浦区人大常委会长白新村街道工委.全过程人民民主在上海|有"烟火气"的民主形式，助力 228 街坊蝶变全过程[EB/OL].(2024-08-01)[2024-12-10]. https://mp.weixin.qq.com/s/8jM5S5x3wyFNSKxICWMs0w.

年代初的"两万户",是幸福生活的代名词,入住的都是先进职工、劳动模范、特困职工,充分体现了社会主义建设初期的工业精神。

随着时间的打磨,房子越来越陈旧,生活设施越来越破败,居民动迁的愿望非常强烈。2002 年和 2006 年,长白新村经历过两次动迁,都因种种原因被搁置下来,最后还剩下 238 产 360 户居民。2016 年春,228 街坊被列为上海市城市更新项目。区委区政府决定探索旧改新模式,创造性地采用"三个 100%"的方式进行整体协商征收。"三个 100%"就是意愿征询率、协商签约率、搬迁交房率要达到 100%。在 300 多户的基地采取"三个 100%"的征收模式,长白打响了"第一炮"。最终,在广大党员和群众的共同努力下,仅用 106 天顺利完成了"三个 100%"的动迁工作。挥别老房屋,喜迎新生活,长白两万户居民就此实现了安居梦,也充分享受到了祖国改革开放的成果。

以"政策说明会"赢得人民信任 "征收"首创"三个 100%"

2016 年 3 月 21 日,228 街坊"三个 100%"整体协商征收正式启动。这一全新模式给当时的干部和群众都带来了新的挑战,挑担的干部感到肩上有压力,部分人民群众也担忧邻居会拒签。为了获得人民群众的信任,提高信息透明度,长白新村街道与征收事务所、居委会在居民活动室、草坪空地举办了 9 场老百姓听得懂的"政策说明会",用群众语言强调征收政策是"直筒裤"不是"喇叭裤",坚持政策唯一,前后一致。工作人员挨家挨户上门解释政策,个性化解读每个家庭补偿方案;同类问题家庭召开座谈会,一并答疑解惑;对家庭内部出现矛盾冲突的,人大代表、居委干部和律师搭建平台,做好调解工作。2016 年 7 月 5 日仅用 106 天"三个 100%"的目标宣告成功。

以"电视问政会"集聚人民智慧 "规划"体现群众需求

2015 年 5 月,228 街坊被确认为上海第一批城市更新 12 个示范项目之一,历史风貌保护前无借鉴,怎么留?留多少?留下来做什么?为了设计出经得住历史检验、能符合时代特征的规划方案,区委区政府 2016 年 9 月通过家门口的"电视问政"聆听人民智慧。人大代表、专业人士、文化名人、普通居民从政治意义、历史风貌、规划建筑、社区情感等角度给出良好建议。在充分保障了人民群众参与权和表达权的基础上,规划部门几易规划建设方案,最终将228街坊定位为集长租公寓、社区商业、公益服务和文化展馆为一体的高品质15分钟社区生活圈。

以"代表建议信"采纳人民建言"建设"成片整体焕新

2019年12月,228街坊更新项目正式开工,努力将228街坊打造成有历史积淀、建筑之美、商业活力、社区温度的功能复合型开放街区。项目建设如火如荼之时,一封人大代表的建议信为项目建设开拓了新思路。

2022年,人大代表提出了《关于228街坊项目高标准建设与高水平管理的建议》,具体提出:228街坊项目周边的燃气管、化粪池、公安信息杆应妥善安排;周边围墙、老旧居民区、沿街店招、交通指示等给予整体性提升;设计体现艺术性;扩大项目外延效益。这封人大代表建议信促动长白新村街道承担起228街坊核心圈之外的中圈、外圈整体提升的属地责任。后期建设进程中,在区委领导的统筹下,街道与相关部门形成合力,逐一落实228街坊四条道路新旧建筑、立面装饰、地面铺装的整体协调,逐步完成外圈沿街立面、店招店牌、小区围墙的整体更新。以228街坊项目更新撬动了社区"成片更新",内外圈风貌浑然一体。

以"调查问卷星"收集人民心愿"业态"符合全龄需求

街区内招商布局怎样的业态合适?15分钟社区生活圈设置什么才是群众所需?"坐在办公室拍脑袋"得不出答案,运营方和街道走近人民群众,扩宽民主渠道,向周边社区、校区、园区甚至跨街道发放1500份问卷,召开数十场座谈会。人大代表、居民代表、高校代表、设计公司群策群力。

依据问卷反馈的"热词",先后布局了亲子乐园、睦邻小厨、健身房、各类风味餐馆,以及适合老年居民的平价理发店、修补工坊等,也布局了肯德基宠物友好店、夜间食堂、小酒馆等年轻白领之所好,上海工人新村展示馆为228街坊增添了历史文化底蕴。

以"人人议事厅"聆听人民感受"运营"优化深入人心

228街坊开业后迅速成为"网红打卡地",原住民、附近居民、远道而来的游客、入住公寓的白领以及相隔不远的大学师生,他们的感受度如何?街区运营还有哪些不足之处?面对开业新形势带来的新课题,项目运营方和街道并没有"无动于衷",而是通过开展"人人议事厅"活动,与居民群众、人大代表、政府职能部门围绕"新街区与老社区谁适应谁",共商治理之道,共议治理之策。

社区居民、公寓白领和商家代表畅所欲言,吐露"甜蜜的烦恼";人大代表、专家学者碰撞思路,分享建议;政府部门和街区运营主体以心换心,及时回应解题策略。会上提出的"椅子少、厕所标识不明显"状况现已改进,对"夜间和周末活动少、广场舞音量过大"的问题也通过多种方式作出了调整,各方均感受到了看得到摸得着的民主获得感。

以"人大家站点"激发人民行动 "治理"汇聚各方力量

228街坊是市场+公益的功能复合型项目,涉及利益相关者多而复杂,包括周边居民、公寓白领、高校师生、游客、店铺商家、运营部门和物业服务企业,如何确保开放型街区环境优美、设施便捷、服务高质、活力有序?

为了构建街区治理共同体,长白新村街道在228街坊建立常态化人大代表联络站,监督商家经营质量,回应人民群众诉求,推动人大"家站点"更好融入群众的"生活圈""工作圈",整合运营主体、周边辖区单位和居民区构建共治联盟,制定228街区公约和若干专项规约,构建自治、共治、管治、数治、法治"五治一体"的治理格局,确保街区可持续发展。

让民主近在家门口,各方共议家园事,228街坊蝶变全过程创造性地开展丰富多彩有"烟火气"的民主形式,民主实践有着"接地气"的感情、"沾露水"的真诚,依托"民主"形式,收获了"民心"内核,以"烟火深处"的基层实践生动诠释最广泛最真实最管用的全过程人民民主。

思考讨论

1. 结合228街坊的改造案例,讨论如何通过民主形式和机制,确保居民在社区治理中的参与权、知情权和监督权得以充分保障。在不同利益群体之间,如何通过协商、问政等民主形式实现利益平衡,并让每个群体的需求都得到有效回应,从而推动社区的可持续发展?

2. 228街坊通过政策说明会、电视问政、调查问卷等方式,让居民从"站着看"到"跟着干",激发了居民的参与感和主人翁意识。谈谈这种民主形式在增强社区凝聚力和实现共建共治共享中的作用,以及它对其他城市更新

项目有何启示。

3. 在228街坊的改造过程中,既保留了历史风貌,又融入了现代生活元素,在城市更新中,如何在保护历史文化的同时,满足现代居民的生活需求?如何通过民主协商和专家参与,使得历史保护与现代需求之间达成平衡,从而实现社区的文化传承与活力更新?

教学建议

本案例主要适用于"坚持发展全过程人民民主"部分的辅助教学,可以帮助学生了解上海杨浦区228街坊通过全过程人民民主的实践,实现老旧社区成功改造的基层实践。该实践通过政策说明会、电视问政、人人议事厅等多种民主形式,居民全程参与,从而推动了社区环境的蝶变与治理模式的创新,最终使得居民的生活质量大幅提升。

1. 引导学生理解全过程人民民主的实际应用

可以结合228街坊的改造案例,探讨全过程人民民主在城市更新中的实际应用。课堂上可以鼓励学生思考如何在不同情境下运用民主形式,如政策说明会、电视问政和人人议事厅,以保障居民的参与权和知情权,从而提高公共政策的透明度和执行力。

2. 探讨旧区改造中的利益协调与冲突解决

讨论在228街坊改造过程中,如何通过"三个100%"模式实现居民利益的协调与冲突解决。可以设计案例分析活动,让学生模拟社区改造中的决策过程,理解如何通过民主协商与法律框架来实现不同利益群体之间的平衡与共赢。

3. 探讨社区治理与居民参与的关系

结合228街坊的成功经验,探讨社区治理中居民参与的重要性。课堂上可以引导学生讨论如何通过民主形式增强居民的参与感和责任感,以及这种参与如何提升社区的自治能力和可持续发展水平,从而构建和谐社区。

案例 2

无锡滨湖:"望闻问切"让人大代表联络站"活"起来①

 **核心阅读**

人大代表联络站是人大代表联系群众的有效载体,"132、找代表"活动则是打通履职为民"经络"的有效手段。江苏省无锡市滨湖区河埒街道医卫行业人大代表联络站的代表们发挥优势,创新形式,由群众"找代表"转为代表"找群众",由"坐诊式"接待转为"走访式"联系,用"望闻问切"之法让代表联络站"活"起来。

无锡市滨湖区河埒街道医卫行业人大代表联络站是无锡市首个资源共享式行业类人大代表联络站,3名区人大代表发挥资源优势和专业特长,创新开展"132、找代表"联系服务群众日活动,由群众找代表转为代表找群众,由坐诊式接待转为走访式联系,用"望闻问切"之法让代表联络站"活"起来,打通履职为民的梗阻,在推动区域医疗卫生和健康事业中彰显了人大代表的拳拳爱心和责任担当。本文根据无锡市滨湖区人大河埒街道工委周洁芸所写文章进行说明。②

---

① 周洁芸."望闻问切"让人大代表联络站"活"起来[EB/OL]. (2023 - 11 - 27) [2024-12-10]. https://rd.wuxi.gov.cn/doc/2023/11/27/4118745.shtml.

② 该案例写于2023年,为求表述准确,文中尽量保留相关论述。

"望",入户察民情

2023年8月份"132、找代表"联系服务群众日一早,医卫行业人大代表联络站的喻苗、王杏松、贾振斌3名区人大代表精心准备护眼护牙用品、夏日防暑包等慰问品,分别来到北桥社区和水秀社区走访看望困难群众家庭,实地了解这些特殊群体居民的所需所盼。

水秀新村191号居民家中,贾振斌代表仔细翻看顾师傅中风瘫痪的病历,并详细询问用药情况。因为家庭原因,除了顾师傅老两口外,女儿带着患有狂躁症的外孙也一起生活,一个屋里一老一小都要治病用药,也都要家人悉心照料,生活压力可想而知。贾振斌表示,顾师傅家的医疗负担较重,他将及时向慈善基金会了解困难家庭用药减免政策,帮助顾师傅家庭减轻医药费用的压力。

在北桥社区稻香新村31号,喻苗和王杏松耐心询问吴师傅身体状况。吴师傅常年瘫痪在床,牙口不行,只能吃些软烂的食物,因此老人比较消瘦。王杏松闻言细细查看老人牙齿状况,见牙龈萎缩且大部分牙齿已经脱落,出于提高老人生活质量的考虑,建议吴师傅制作牙套,并留下自己的联系方式,告知其家人如有需要可上门服务。

"闻",进村听民声

在溪南里小区,医卫行业人大代表联络站的代表会同滨湖区心芽爱心服务中心的区人大代表夏顾艳,共同接待居民群众。室外虽暴雨雷鸣,却丝毫没有影响参加座谈会的居民群众的建言热情。

"当时花很多精力和资源建设的核酸小屋闲置着太浪费了,能否把这些小屋改成志愿者值班室?""老新村片区改造时居家养老服务中心也一并提档升级了,虽然社区解决了用餐问题,但是文体活动的场地没有了,希望社区能帮忙想想办法,让我们老年人能老有所乐搞搞活动。"……

居民群众你一言我一语,诉说着"家长里短",人大代表们时而认真倾听,时而仔细记录,时而解释沟通,民情民意、所思所盼皆入耳入心。

"问",义诊解民忧

在水秀社区居家养老服务大厅,一场"问医问药"的送医上门公益志愿服务活动正热闹展开。"联系群众、为民代言,是我们人大代表应尽的职责,热心公益、奉献社会,是我们人大代表应尽的义务。"喻苗、王杏松代表这样表示。

活动日当天,医卫行业人大代表联络站的代表还发挥各自专长,联合组织医师、药师开展义诊,给予居民专业的健康指导和建议,让居民群众在"问医问药"中感受到人大代表就在身边,也使得代表们在答民之问中进一步了解各自行业与群众所需的交汇点。

"切",集智传民意

切中"家长里短"的要点,把第一手资料收集好、转办好、跟踪好、落实好,是人大代表联系服务群众日活动的目的所在。通过"望闻问切"组合式的手段,有效促进了人大代表更近距离地深入体察各类民情民意。对活动中收集到的民生问题,医卫行业人大代表联络站在梳理、汇总形成"问题清单"后,提交街道人大工委转办事处及有关方面办理。

为推动代表意见建议的落地落实,河塔街道人大工委健全辖区内人大代表与街道议政代表的联动机制,采用民情交流会、建议办理情况"回头看"的形式,召集医疗、教育、政法、经贸等领域和街道社会事业部门的部分街道议政代表,会前踏勘现场、视察调研,会中听取汇报、把控进度,对标对表"回头督"、检验实效"回头评"、查漏补缺"回头办",开启人大代表、议政代表与居民群众之间的"民意窗",把居民群众的所期所盼落到实处。

截至2023年9月底,河塔街道已建成11个人大代表联络站,实现全区域覆盖,在人大代表联络站建设中,突出纵向深挖站点特色,横向拓展联络共建,有效拓宽了人大代表联系人民群众的方式和渠道。下一步,河塔街道人大工委将牢记嘱托、感恩奋进,积极拓展新思路、新方法,建强代表履职"主阵地",架好服务群众"连心桥",为践行全过程人民民主贡献基层人大力量。

思考讨论

1."望闻问切"是医卫行业人大代表联络站代表通过实际走访和调查来了解群众需求的有效手段。如何将这一方法应用到其他基层工作中,让代表们更深入地了解居民的日常困难与需求,从而提出更切实可行的解决方案?如何在这一过程中保持信息的透明度和代表与群众之间的信任关系?

2.在"132、找代表"活动中,代表们通过走访入户、义诊等形式提供个性化服务,在此过程中,人大代表在履职过程中如何平衡个性化与普遍性,确保在解决个案问题的同时也推动更大范围的政策改进和资源合理分配?

3. 人大代表联络站的有效运行依赖于代表与群众的密切互动和积极参与,谈谈如何通过创新的活动形式、信息公开以及持续的反馈机制,提升联络站的影响力与公众参与度。在这些机制的设计中,如何确保公众能够持续关注和参与,使联络站成为推动社区治理和政策执行的重要力量?

教学建议

本案例主要适用于"坚持发展全过程人民民主"部分的辅助教学,可以帮助学生了解无锡市滨湖区河埒街道的医卫行业人大代表联络站通过创新的"望闻问切"方式,呈现出全过程人民民主的基层实践成效。该方式将代表"找群众"与走访式联系相结合,使代表更贴近民众生活,深入了解民情民意,解决实际问题,展现了人大代表履职为民的责任感与担当。

1. 探讨全过程人民民主在基层实践中的重要性与效果

可以思考如何通过创新的方式,使民主实践更加贴近群众生活,真正落实以人为本的理念。通过"望闻问切"的实践,人大代表能够更深入了解民众需求并积极回应,这样的基层民主实践如何体现全过程人民民主的优势和重要性?学生可结合实际案例探讨如何进一步加强代表与群众之间的互动,使民主更加接地气。

2. 探讨人大代表如何在履职过程中提升服务效能

可以讨论人大代表在实际工作中如何通过创新方式提高服务效能,从被动的"坐诊式"接待到主动的"走访式"联系,探讨这种转变对提升服务质量的作用。通过"望闻问切"方式,代表们能更好地发现和解决群众的困难和需求,学生可以进一步思考如何在不同领域中应用这种模式,提升人大代表的履职能力和服务效果。

3. 分析"望闻问切"模式对推动医疗卫生事业发展的启示

可以讨论这一模式在推动区域医疗卫生事业中的作用,思考如何通过人大代表的调研和反馈,促进医疗资源的合理配置和服务质量的提升。结合医卫行业代表联络站的实际操作,探讨在其他公共服务领域中,如何通过类似的模式实现更好的服务效果和群众满意度,进一步推动公共服务的改善和提升。

案例 3

无锡阳山:"一颗水蜜桃"中的人民民主"真甜"[1]

核心阅读

无锡市阳山镇凭借优越的自然条件,出产了享誉全国的水蜜桃,而这一产业的持续繁荣,离不开阳山镇人大代表们的共同努力。他们通过多种形式的民主实践,助力桃产业的发展,帮助桃农增收,不断提升水蜜桃的品牌价值。代表们深入田间地头,广泛收集民意,解决桃农面临的各种问题,如市场空档期、土壤退化等。通过一系列创新措施,阳山水蜜桃产业正朝着现代化、多元化方向发展,成为当地经济振兴的重要支柱,同时也体现了全过程人民民主的具体落实。

无锡市惠山区阳山镇以其适宜桃树生长的火山灰土壤、气候条件和独特品种,出产的水蜜桃果型大、色泽美、香气浓、皮薄肉厚、汁多味甜、风味独特。阳山镇的这份甜蜜事业能够持续不断发展,"阳山水蜜桃"这块金字招牌能够恒久不衰,其中也离不开阳山镇人大的持续关注与监督推动。行走在蜜桃之乡,民主新风扑面而来:助力特色产业、了解桃农诉求、推动乡村振兴、助力桃产业新质生产力发展,将发展全过程人民民主的理念深度融入人

---

[1] 顾芳. 全过程人民民主:"一颗水蜜桃"中的人民民主"真甜"[EB/OL].(2024-06-28)[2024-12-10]. https://mp.weixin.qq.com/s/Oo8tBqXeVtrBT9MuY7vMPg.

大代表履职的各个环节。一次次为民奔走、一项项锐意创新、一个个鲜活故事,道出为民爱民的初心。这里的民主,看得见,摸得着,"真甜"!

集"民智",桃园议事亭中出真知

"果多多人大代表联系点"负责人吴晓波是一名省、市人大代表,也是阳山镇第一个返乡创业的大学生,第一个把桃子论个卖的新桃农。她带领周边桃农一起实现共同致富,是阳山镇科技种桃、种桃致富的领军人物。阳山镇人大在"果多多人大代表联系点"内设立了"桃园议事亭"履职平台,组织代表与桃农们开展"桃"文化、"桃"论坛、"桃"种植、"桃"营销、"桃"创意等系列项目活动。"桃"文化研讨活动中,吴晓波邀请水蜜桃专家、高级农艺师赵逸人、俞美珠和镇文史协会会长高嘉宏与桃农们一起研讨阳山水蜜桃的桃文化和桃历史,从而让桃农们对阳山水蜜桃文化和历史有了更深的理解。"桃"营销议事活动中,镇人大代表杨一飞向大家分享了他的独特营销做法:把销售水蜜桃作为电商平台的首售产品,降低了营销广告成本,省去中间商环节,能够在质量和价格上得到保证。"惠农甄选"平台从开号后每天以一千多箱的水蜜桃销售量步入良性运作,借助时代前沿的"互联网+"应用技术实现农村经济转型,让桃农得到了实惠。镇人大代表姚剑也向选民们分享了她带领残友们充分利用阳山桃文化的品牌知名度,通过加大对桃木制品的开发,将助残与产业相融合,对接各类资源,结合网红经济拓宽销售渠道,帮助残疾人就业致富的生动案例。

"什么是新质生产力?""如何发展水蜜桃产业新质生产力?"桃园议事亭中,阳山镇的部分人大代表正在展开热烈讨论。代表们以"水蜜桃"为核心,围绕如何建强前端"种植链"、增强中端"服务链"、拓展后端"融合链"三个方面展开热烈讨论。镇人大代表周建峰提出要建强前端"种植链",进一步建好阳山水蜜桃教授工作站、无锡水蜜桃产业研究所,与江苏省农科院、中国农业大学等组建"科技兴农"服务队,推进水蜜桃"政产学研"一体化协同发展,以科技赋能提升水蜜桃种植现代化水平。吴晓波说要增强中端"服务链",进一步推出"惠农贷"金融产品,帮助桃农缓解资金压力,打通金融服务"最后一公里"。赵逸人认为,要拓展后端"融合链",通过"火山+水蜜桃+田园综合体"的创新资源组合,用好市场化手段,将水蜜桃种植、销售与观光农业、体验农业紧密结合,打造桃文化主题IP,设计桃系列精品礼包,推动实现从"一只桃子"到"一棵桃树"再到"一片桃源"的多元化产业的延伸与发展……向

"新"而行,以"质"致远,代表们对阳山水蜜桃产业的发展前景充满了信心。

汇"民意",桃农急事难事有着落

人大代表履职的过程是和人民群众接近的过程,代表的"代言"是接地气的,是沾着泥土、带着露珠的。阳山镇的人大代表努力在群众最急上抓落实,在群众最难上想办法,在群众最愁上促整改,在群众最盼上办实事。

阳山镇旧的水蜜桃交易市场拆迁后,新市场建造需要三年左右时间,存在空档期。市场可以等,蜜桃作为鲜果不能等,市场的"空档期"困扰着广大桃农和水蜜桃经纪人。阳山镇人大组织部分代表视察了位于阳山村郭庄桥的阳山水蜜桃临时交易市场。代表们呼吁将市场打造成为更有责任、更有文化、更有温度、更有生活的便民惠农载体,真正起到"建一个市场,兴一个产业,富一方百姓"的效果。目前新投入使用的临时交易市场,总占地面积30亩,其中停车场约13亩,对进入市场的车辆进行有效分流,小型客车、货车、非机动车分3个车道入场,井然有序,改变了以往交通混乱的状况。为方便水蜜桃第一时间发往全国,新市场内还设有经纪人用房52间,临时经纪人摊位19个。市场功能也提档升级,把交易、冷链、快递、仓储、检测等服务集于一身。交易市场通过"线上+线下"相结合的销售方式,有效地助力了阳山桃农增收、桃产业增效。市场内还设立"爱心摊位",从大处着眼、小处着手,为弱势群体销售水蜜桃带来了便利,让广大群众倍感温馨。

为了进一步保护好广大桃农利益,维护阳山水蜜桃的优良声誉,阳山镇的代表们经常深入田间地头、村头巷尾收集社情民意,广泛倾听基层桃农的呼声,围绕水蜜桃产业高质量发展建言献策。针对同一片土地上多年种植水蜜桃,土壤的病虫害基数会增大,土地肥力也会下降,吴晓波代表在人代会上提出了《关于水蜜桃休耕轮作实行经济补贴的建议》,建议通过休耕轮作的方式,让土壤得到"休息",从而提升阳山水蜜桃的品质。该建议提出后,惠山区农业农村局牵头拟定了阳山水蜜桃"3+2年提升计划",前后投入5000万元用于水蜜桃品质提升和品牌保护,取得了良好的经济和社会效益。另外,代表们提出的关于水蜜桃种植技术人员和桃农年龄偏大、后继乏人的问题,关于如何处理桃树枯枝,防治枯枝病等问题也得到了区镇两级政府的高度重视和及时解决。

聚"民心",守护金字招牌倾全力

近年来水蜜桃产业面临着不少问题,如桃农断层、水蜜桃品质滑坡、水蜜桃品牌保护等问题日益严重。如何发展桃产业新质生产力?阳山镇的省、市、区、镇四级人大代表无论是在依法履职过程中,还是在本职岗位上,都对水蜜桃基地保护区建设和水蜜桃品牌保护倾注了很多心血和精力。代表们深入田间地头,对家庭农场、水蜜桃田间耕作的机械化推广情况等进行实地调研,广泛倾听民意,积极建言献策,撰写了关于阳山水蜜桃品质提升、关于阳山水蜜桃产业发展等调研报告,提出涉及水蜜桃产业发展的意见建议十多条。经过人大代表的努力和镇人大的不断建议,经党政联席会议讨论通过,现由阳山镇人民政府出台政策文件,促进"小田变大田,碎地变整地",同时大力培育产业龙头骨干企业,充分发挥农业龙头企业的引领示范作用。一是支持家庭农场、合作社通过土地流转实行适度规模经营,新种植水蜜桃连片面积达 10 亩以上,按照不超过 3000 元/亩进行补助;引导村(社区、集体企业)对零散土地进行经营权流转,对核心区范围内流转的土地按照不超过 5000 元/亩进行补助,度假区铁路以北范围内按照不超过 4000 元/亩进行补助,其他地区按照不超过 3000 元/亩进行补助,推动适度规模经营。同时积极推广小型机械耕作,对小型农机作一定的补贴,鼓励桃田实行机械化作业,减轻桃农劳动强度,提高劳动效率。二是支持发展壮大规模型水蜜桃龙头企业,对新认定为国家级、省级、市级的水蜜桃龙头企业分别给予不超过 10 万元、5 万元、2 万元的奖励。到目前为止,今年水蜜桃龙头企业阳山水蜜桃有限公司已流转完成规模型桃田 500 亩,另有 2500 亩规模型桃田正在办理流转手续。

"阳山水蜜桃的品牌已经很响,关键在于如何经营好、保护好这个品牌。"镇人大代表周建峰为此一直在努力。水蜜桃需求量太大,电商平台又有 48 小时内发货的规定,无锡太湖阳山水蜜桃科技有限公司以前在线上销售遇到过的最大困难便是难以把控发货时间。现在,这早已不是难题。"传统+科技"种植、创新集约化种植、专属的"互联网+农业"电子商务销售平台……加上近年来与顺丰速运及苏南硕放国际机场的合作,新增 11 条阳山水蜜桃无锡首发新流向,货品最快能朝发夕至。去年在无锡苏南国际机场贵宾厅举行了"太湖阳山"牌水蜜桃展销活动,让旅客与果品零距离接触,最大限度了解品牌和产品,达到了最直观的宣传效果。自 2015 年无锡太湖阳山水蜜桃科技有限公司成为江苏省唯一一家水蜜桃出口示范基地起,该企业已成功将水蜜桃出口至新加坡、泰国、马来西亚等国家,成为山姆、Costco、盒马鲜生、city'super 等大型商超的水蜜桃直供基地。

全过程人民民主起始于人民意愿的充分表达,落实于人民意愿的有效实现。一张张桃农的笑脸,一个个细微的变化,一次次提升的数据,都彰显着全过程人民民主的独特魅力和显著优势。阳山镇人大始终致力于打造产业强、环境美、人民富、治理优的"中国桃乡",回答好新时代共同富裕的阳山答卷。在阳山,在这片甜蜜的沃土之上,民主的故事每天都在发生。

思考讨论

1. 在阳山镇的水蜜桃产业发展过程中,全过程人民民主的理念如何体现?结合以上案例,谈谈人民民主如何通过代表的广泛参与和创新举措,有效推动了农业产业的现代化和多元化发展,最终帮助农民增收致富。谈谈民主实践在农业产业振兴中的有何具体应用,以及如何进一步提升民主参与的质量和效果。

2. 阳山镇的人大代表如何通过深入田间地头、倾听桃农意见,帮助解决市场空档期和土壤退化等实际问题?人大代表在解决群众实际困难中作用重要、责任重大,谈谈如何通过有效的民主实践,确保人民的意愿得到落实,进而推动区域经济的持续发展。

3. 在阳山镇的案例中,人大代表如何将民主与科技结合,推动水蜜桃产业的新质生产力发展?结合科技赋能农业的具体措施,以及民主参与如何推动这些创新措施的实施,进一步说明如何通过科技与民主的结合,助推乡村振兴,实现产业升级和农民增收。

教学建议

本案例主要适用于"坚持发展全过程人民民主"部分的辅助教学,可以帮助学生了解全过程人民民主如何在阳山镇水蜜桃产业的发展中发挥作用。通过人大代表的广泛参与和创新举措,解决桃农面临的实际问题,提升了水蜜桃的品牌价值,推动了地方经济发展,并展示了民主在农村产业振兴中的实际应用。

1.探讨民主在乡村振兴中的实践路径

可以通过阳山镇水蜜桃产业的发展案例,探讨全过程人民民主在乡村振兴中的具体应用。建议学生分析人大代表如何通过深入基层、倾听民意,切实解决农民面临的实际问题,并推动产业现代化发展。这有助于学生理解民主在农村发展的重要性,以及如何将民主与经济振兴结合起来,实现共同富裕。

2.分析科技与民主的结合如何推动农业现代化

可以通过阳山镇人大代表在水蜜桃产业中的创新实践,探讨科技赋能农业的重要性,以及民主在推动这一进程中的作用。讨论如何通过民主机制,将科技创新应用于农业生产,提升农产品质量和市场竞争力,从而实现农业的现代化和可持续发展。

3.思考品牌保护与地方经济发展的关系

阳山水蜜桃品牌的保护和发展是地方经济振兴的关键,分析人大代表在推动品牌保护、解决产业发展瓶颈中的作用,探讨品牌保护如何通过民主参与和政策支持,促进地方经济的可持续发展。这将帮助学生认识到品牌经济在现代农业中的重要性以及如何通过民主实践来实现经济目标。

案例4

"码上商量"——江苏盐城大数据技术赋能全过程人民民主的地方实践①

 **核心阅读**

随着数字时代的到来,信息和数字技术的广泛嵌入,重构了人民群众对参与民主生活的传统思维模式,重塑了民主政治存在的实践形态,更是构筑了全过程人民民主在地化实践的形式。由此,数字赋能全过程人民民主的地方性实践进入社会生产与日常生活视野。民主协商俨然是全过程人民民主的应有之义。盐城依托大数据支撑的"码上商量"平台,凭借"建载体—优功能—抓推广—细管理"等多维行动,彰显了大数据赋能的全过程人民民主强大效能。"码上商量"的生动实践,打开了协商民主融入基层治理的新通道,探索了做好群众工作的新钥匙,搭建了政协"到位而不越位"的新平台。全过程人民民主的盐城实践面临软硬件薄弱、协商建言质量不高、信息交互不顺畅、实践缺乏系统指导等多维现实困境。为此,需要通过构建以数字协商民主凝聚各方协商共识、以软硬件建设强化基础保障、以加强调查研究提升数字议政质量、以畅通反馈渠道来推动成果有效转化、以完善制度机制确保有章可循等多维有效路径,推动大数据赋能全过程人民民主的高质量发展。

---

① 詹国辉."码上商量":大数据赋能全过程人民民主的地方性实践——基于盐城经验的案例阐释[J].甘肃行政学院学报,2023(1):27-37.

促成民主协商的落地生根,已成为推动全过程人民民主发展的重大现实课题。第50次《中国互联网络发展状况统计报告》的数据显示,截至2022年6月,我国网民规模为10.51亿人,互联网普及率达74.4%。农村地区互联网基础设施建设全面强化,我国现有行政村已实现"村村通宽带",农村地区互联网普及率达58.8%。上述数据充分表明,我国已进入信息化社会,融入并借力大数据已成为人们的一种生活方式。因此,推进民主协商必须借助大数据技术。本文根据詹国辉所发期刊文章进行说明。①

盐城"码上商量"的实践逻辑

近年来,盐城市人民政协搭建"码上商量"平台,积极探索"有事好商量"的新方法,不断丰富线上线下互联互通新路径,打造线上协商议事的"码上商量"平台。通过"永不落幕"的协商机制,"码上商量"平台以"助发展、惠民生、聚共识、促和谐"为出发点和落脚点,在群众端、委员端和管理员端三个层面着力打造"有事好商量"升级版。

一是搭建载体。盐城借助信息化手段,依托"大数据+"技术,打造专属二维码,开发建设线上协商议事的"码上商量"平台,实现全市协商议事室全覆盖。群众通过手机扫码进入平台,按照科教文卫体、农业农村、资源环境、城市建设、社科法治等五大类,直接提交需要商量的事项,政协委员通过平台解答群众问题。以盐城市亭湖区为例,有429名省、市、区政协委员和928名区级协商智库成员,积极使用"码上商量"平台,共计形成协商议题156个,近1.2万人次参与线上线下协商议事783场次。

二是优化功能。通过搭建"码上商量"平台,以"码"为媒介,优化模块与服务功能,得以有效构建收集分析社情民意、筛选交办协商议题、反馈落实具体事项等协商议事的全流程系统。其一,畅通社情民意表达渠道。街道(镇)、社区(村)两级实现扫微信二维码收集社情民意全覆盖,群众可随时随地反映问题和提出建议,或直接在留言区提交需要商量的事务。以盐城市亭湖区为例,自2022年"码上商量"平台上线以来,辖区内的群众扫微信二维码达9120次,收集农房改善、环境整治、小区改造、征收补偿、群众上访等社情民意信息1650余条。其二,广泛征集协商议题。"码上商量"平台扩大

---

① 该案例写于2023年,为求表述准确,文中尽量保留相关论述。

协商议题征集渠道,收集传统协商模式不易收集的意见建议。部分地区还建立了"一群一室",即委员线上工作群和数字议事室,定期发布协商议题,政协委员扫微信二维码建言,提出意见建议、提交调研成果,便于群众广泛参与议题征集,同时对政协委员的调研提供支撑。其三,共享协商成果。"码上商量"平台紧盯群众关心的"急难愁盼"问题,形成的协商议事成果并不拘泥于政协载体,而是扩展到相关职能部门,使其民主协商效益最大化。例如,借助于"码上商量"平台的"你扫码大家议"行动,将"有事好商量"协商议事室与传统意义上的社区居民议事协商机构等相融合。此外,在协商内容上,"码上商量"平台直接介入盐城市基层自治与民主协商实践,使得"码上商量"平台数据赋能居民自治、人民调解等工作,最终促成数字技术与民主协商相融合。

三是扩大参与。必要的推广是"码上商量"平台建设的重要基础。为此,盐城市人民政协先挑选基础条件较好的街道(镇)和社区(村)重点培育,力争打造可复制、可借鉴、可推广的样板,以"点"促"面",全面开花。通过微动漫、微视频、道旗、灯箱以及滚动广告牌等创意设计,开展"码上商量"平台的二维码海报"六进行动"——进各社区服务大厅、进各小区的协商议事室、进各小区的公示橱窗、进各小区的网格楼道、进各农村社区居住点、进辖区内的重点企业。"码上商量"平台依托小区布置和"码上入"工作特色,深入基层场域空间的各处,有助于将"码上商量"平台内嵌的协商文化有效融入社区文化。引导社区群众遇事和有事尽可能扫"码",不断提升群众对"码上商量"平台的知晓率和参与率。其一,组织培训学"码"。在各区(县)积极召开运用"码上商量"平台的工作座谈会,同时组织各类业务培训的推进会,号召和引导政协委员、人民群众熟练地掌握"码上商量"平台"你扫码大家议"的操作流程。在基层,要先对社区干部、网格员以及社情民意联络员开展"码上商量"平台业务培训,确保协商议事室召集人和联络员全员参训,尽可能系统熟练地掌握"码上商量"平台的使用方法。其二,宣传造势推"码"。根据地域的特点,在街道(镇)和社区(村)重要道口和社区广场,制作如"有事好商量、幸福'码'上来"等通俗易懂的宣传标语。综合运用数字电视、自媒体、"三微一端"(微博、微信、微视以及 App 客户端)等多元化媒介载体,宣传推广"码上商量"平台的协商议事码。

四是精细管理。以亭湖区为例,组建政协机关和各街道(镇)、园区两级管理队伍,按需分配使用权限,推行"板块每周统计分析,委员每月下沉反馈,政协机关每季度总结分析,党委政府督查推进"的精细管理模式。政协机关工作人员为一级管理员,负责加强平台数据研判和安全运维管理。各板块有关负责人及工作人员为二级管理员,每周登录平台处理群众扫码反映的问题,省、市、区政协委员每月下沉基层,实现线上线下同步协商,并及时将时间、地点、人员、议题、照片以及协商成果等资料上传到平台。政协机关每季度召开召集人会议,通报推进情况,总结经验做法。同时,党委、政府"两办"对协商议事重点议题的办理情况定期跟踪督办,促进问题解决、成果落地。

有何价值:盐城"码上商量"实践的经验呈现

一是推进全过程人民民主的生动实践。人类社会发展的历史经验表明,民主既是一种理念,更是一种行为。但是,民主过程的充分实现,离不开必要的技术条件与信息手段。当前,大数据的快速发展为全过程人民民主实践提供了有力的技术支撑。"码上商量"平台借力大数据实现了全过程人民民主的数字化转型。它充分利用大数据、即时通信等技术手段,解构民主协商传统实践路径中的科层壁垒,为不同区域、不同领域的群众参与民主协商提供了更加便捷的通道,使参与者不受时空距离的约束和限制,积极、平等地参与民主实践,进而形成委员线上与线下履职的深度融合、委员与网民建言协同联动、场内与场外协商相互配合的活跃局面。盐城"码上商量"实践是数字时代全力推进全过程人民民主实践提质增效的实战检验,充分显现了大数据赋能全过程人民民主的地方性实践经验与地方性特色。

二是协商民主融入基层治理的新通道。民主协商不仅要关注大事要事,还要关注现实问题。特别是随着基层治理的任务日益繁多,能不能有效应对基层治理难题、提升基层治理效能,是基层民主协商的重要关切。盐城"码上商量"平台也致力于解决群众"急、难、愁、盼"的问题。以盐城市亭湖区为例,它紧盯基层治理中关注度高、与群众利益关联度大的事务。例如,对于涉及拆迁规划、农村医保、小区物业管理等民生问题,各级委员在"码"上点对点解答,及时回应群众关切、传递人民政协的声音、有效凝聚共识、理顺群众情绪、钝化基层矛盾,让群众的"怨声"变成"掌声",让基层治理更加灵活高效。例如,盐都区一些镇(街道)和村(社区),围绕"水环境整治与长效管护"、"完善村规民约,树立文明新风"、做好农房改善"后半篇"文章、完善安置小区配套服务设施等,梳理出296条共性问题,随后,组织政协委员及有关部门及时协商讨论,提出意见建议,既畅通了社情民意的收集渠道,又提升了基层治理效能。

三是做好群众工作的"新钥匙"。中国共产党始终坚持"以人民为中心","从群众中来到群众中去"是各级党组织必须坚持的群众工作方法。人民政协在推动全过程人民民主过程中也必须坚持和把握这一群众工作方法。推动民主协商实践,就要按照协商于民、协商为民的要求,引导政协委员及有关方面深入群众、融入群众。盐城"码上商量"平台打通了人民政协联系服务群众的"最后一公里",使干群关系愈发紧密。换言之,依托大数据的数字赋能优势,"码上商量"平台扩宽了群众参与覆盖面,提升了群众参与便捷度,切实把专门协商机构制度优势转化为做好群众工作的实际效能。人民政协尽最大努力搜集社情民意,达成共识,钝化矛盾,这在盐城得到了清晰呈现。无数事实证明,盐城"码上商量"平台让群众反映民情民意的渠道更加畅通,民主协商离群众越来越近了。盐城"码上商量"平台让民主协商插上了科技的翅膀。这种互动性更强、更有活力、更有沉浸感的群众工作表明,全过程人民民主的地方性实践正"从线下走向线上、从网端走向指尖"。盐城"码上商量"平台实践不只是简单的数字技术迭代与赋能,更非数字应用场景的拓展,而是彰显盐城全过程人民民主实践的数字化改革的决心、信心和走在前列的担当。

四是人民政协"到位而不越位"的新平台。政协工作的一个重要原则就是"在政协协商",而不是"和政协协商"。在大数据快速发展的当前,就是要充分搭建平台,促成民主协商更加便利化。盐城"码上商量"平台实践是人民政协"到位而不越位"的新平台,它解构了传统参与全过程人民民主的时间、场地等客观限制,使民主协商可以全天候、长时段、跨地域、低成本进行,可以使社会治理、社情民意等相关议题的协商讨论更加深入,推动全过程人民民主的可持续且深度化发展。通过大数据、云计算等技术可以使民主协商议题得到更加广泛的挖掘和有效整理,更好地汇集、整理和分析社情民意信息,使政协委员能够更加及时、全面地了解自己所联系的界别群众的意愿和诉求。

有何难题:"码上商量"实践的治理限度

通过对盐城全过程人民民主生动实践的调研发现,虽然"码上商量"实践取得了显著性成效,但也面临诸多现实困境。

一是软硬件薄弱,制约全过程人民民主的数字赋能效应发挥。在硬件环境方面,部分基层政协缺乏必要的数字化专业设备和场地,往往需要向政府、企业借用专业设备与场地。此外,部分基层政协即便建设了专门的数字化平台,但因系统平台的维护成本居高不下,平台的稳定性以及拓展性难以持续提升,同时难以承接网络议政、网络协商等直播技术性较强的事务。其数字硬件设施供给难以有效满足民主协商的实际需求。在软件环境方面,调研发现,"码上商量"平台建设专业性人员配备明显不足。目前县级政协一般工作人员多数只具备网站和公众号的文字编辑能力,一旦"码上商量"平台常态化运行过程中出现技术问题,只能寻求外力来实现数字化应用的技术帮助。正是因数字化应用方面的基层专业技术人员配备不足,特别是擅长新媒体应用、数字专题策划等方面的人才严重缺乏,因此,基层政协多数是依托于服务外包的形式,得以提供技术支持,进而开展远程协商、网络议政等工作。尽管这一形式给基层政协工作带来诸多便利之处,但是也存在一定的信息安全隐患,进一步制约了数字赋能民主协商的整体性推进。

二是协商建言质量不高,政协委员的主体性发挥仍需加强。从对"码上商量"平台的调研观察来看,协商建言质量不高,政协委员的主体性作用难以有效发挥。第一,因时间、场域空间等客观因素的限制,在对有关议题开展民主协商活动前,并未有效组织政协委员深入开展调查研究,部分政协委员对有关议题的主动研究不够,更多时候简单地凭借工作经验以及日常所见所闻提出意见、建议,反映的问题与实际社情民意有所出入,提出的建议不具备较强的可操作性,最终导致履职效果"打了折扣"。第二,部分委员因自身专业以及行业所限,对议题涉及的相关领域不了解、不熟悉,难以提出针对性、建设性强的意见建议。此外,部分政协委员年龄较大,对相关数字技术的接受能力较弱,运用"码上商量"平台协商议政不熟练,影响了参与民主协商的积极性。部分政协委员学习的主动性不够,还没有完全从"要我协商"转变为"我要协商"。第三,从目前调研的情况来看,基层政协仅有政协网站或者微信公众号,且浏览量和关注量不高,难以有效发挥作用,如某社区在微信公众号上发布了一条征集协商议题的公告,一个月内仅收到2条建议。

三是信息交互不顺畅,协商成果难以有效转化。第一,互动回应不及时、不到位。网络议政协商、协商活动直播等利用数字技术的各类协商活动,为了收集更多的社情民意,大多设置了在线发言或留言的功能。如一些持续时间较长的网络议政活动,一场活动可收到意见建议高达几千甚至几万条,但这些活动往往没有相关职能部门参与,存在政协机关"一头热"的情况;部分有职能部门参与的活动,面对海量的信息,也无法一一给予回应和反馈,事后往往也没有在总结的基础上统一公开回应。在一些利用网站、微信等平台的小型网络议政活动中,虽然政协机关邀请了相关职能部门参与互动,但因缺乏约束机制,一些部门反馈和回应不及时、不充分,影响委员和公众的参政议政热情。第二,协商成果转化难。一方面,在大数据赋能民主协商实践中,重形式过程和宣传效果,对活动后的成果形成和后续监督不重视,导致协商活动"走过场",没有产生实质效益。另一方面,因成果转化机制和程序的不完善,与传统协商活动类似,大数据赋能民主协商也存在成果转化难、转化不到位等问题。

四是实践缺乏系统指导,民主协商规范体系难以健全。在数字化时代,各地对互联网、大数据等数字技术的认知水平和技术掌握程度差别很大,对于如何建设"码上商量"平台,如何开展扫码议政、远程协商等活动缺乏相应的理论、政策支持和成熟的实践经验借鉴。同时,由于参与民主协商的个体行动者自身的思想局限、技术局限、保障局限,部分地方政协在推动大数据赋能全过程人民民主的协商力度还不够。具体来说,从大数据赋能民主协商的应用范围、具体形式、实施和参与主体、协商过程的把控等都缺乏明确的规定和具体的实施程序,亟待出台制度化、常态化的规定或办法,以及制定全国统一的工作标准、技术标准和评价标准等。

何以更优:"码上商量"实践的完善路径

一是重视大数据赋能全过程人民民主,不断凝聚各方协商共识。面向数字化时代的新方位,为全过程人民民主在地化实践拓展新路径,为建言资政和凝聚共识双向发力注入新动力。因此,重视大数据赋能全过程人民民主,不断凝聚各方协商共识。关键在于:第一,通过宣传推广,引导社会公众了解和参与大数据赋能民主协商,使"码上商量"平台成为社会公众政治参与的重要载体。通过大数据赋能民主协商,更高效地收集民意、反映民意,使"码上商量"平台成为党委、政府以及政协"听民声、察民情、解民困"的重要渠道。第二,健全码上议政、远程协商等活动的形式规范,引导政协委员和社会公众通过"码上商量"平台有序参与民主协商,既保障他们的参与权利,也引导他们遵守法律法规和道德规范,促进其发出"真声音、好声音"。第三,加强法治宣传普及,把控和审核好数字化协商平台上的各类留言,一旦发现不良信息,及时删除、防止传播,涉及违反法律法规的,坚决依法追究相应的责任。

二是强化软硬件建设,为大数据赋能民主协商提供基础保障。第一,要加强数字化平台建设。引入高水平的平台设计、建设机构,优化"码上商量"平台,使其成为功能强大、方便易用、安全稳定的码上商量协商平台,电脑端和移动端均可登录使用,相关功能设计模块化,并可分别面向政协委员和社会公众。"码上商量"平台要与政协门户网站、微信公众号等实现数据互通、功能互补,并将应用范围扩展到省、市、县三级政协,推动各级各地政协的联动履职。第二,要确保硬件配置到位。建设符合技术要求的远程协商会议室、办公场所、机房等;从工作需要出发,为委员和相关工作人员配备平板电脑等数字终端装备;配备必要的管理维护所需的数字化设备等。第三,要强化专业化信息队伍建设。增配有专业能力的工作人员,负责数字化协商平台的运行、管理、维护、升级,以及数字化会议室和场所的设备使用、管理和维护等。第四,要构建数字安全体系。落实数字安全等级保护要求,强化数字安全监测预警和技术防护,确保"码上商量"平台等系统安全可靠;严格落实保密制度,相关工作部门和人员牢固树立保密意识,采用技术手段防止失密、泄密,确保网络议政、远程协商的安全、可控。第五,要提高财力与物力投入。数字化协商平台的建设、数字设备更新等一系列成本都要及时且足额地列入当地当年度的财政预算之内,并全额予以保证。此外,政协委员所在单位要为委员参加网络议政、远程协商等履职活动提供一系列便利条件。

三是加强调查研究,着力提升大数据赋能民主协商的议政质量。第一,要广泛调研。依托"码上商量"平台,在协商正式开始前应提前向政协委员发布协商议题,并成立专题调研组,邀请专业或工作对口的委员参与,开展深入调研。对于协商议题较大、涉及内容较多的,可以分子课题开展调研,交由若干委员组成的调研小组分组开展调研,同时还可以积极发动全体委员通过网络献计出力;有条件的还可以邀请当地的政府、政协智库成员以及专家学者一起参与调研。第二，要进行大数据分析。借助大数据技术手段的技术优势，加强对有关社情民意的重大问题、敏感问题、突发问题开展前瞻性研究，提高协商议政、建言献策的精准度和科学性，为政协委员履职提供强有力的精细化科学支撑。第三，要强化平台间相互支持。加强"码上商量"平台与党委、政府及有关部门数字系统以及大专院校、科研院所智库的联通，争取获得数字"外脑"的支持。同时，充分打通数字化协商平台与社会公众的链接通道，如面向大众的意见征询、网络问卷调查等，吸收基层群众的智慧。此外，加强数字化协商平台和数字化设备使用的培训，确保全体政协委员都能熟练运用，提高委员参与积极性。

四是畅通反馈渠道，积极推动大数据赋能民主协商成果的有效转化。第一，要及时反馈，形成良好互动。通过"码上商量"数字化平台、微信公众号、网络议政直播等形式开展的各类网络议政、远程协商等活动，尽可能地邀请与协商主题相关的职能部门及其政协委员参与民主协商互动交流，将问题和意见及时给予答复和反馈，避免"只听不理"的现象发生。第二，要及时总结，形成协商成果。针对跨时较长的网络议政等活动中产生的大量问题建议和民意信息，运用大数据分析技术快速抓取、合理分类、系统汇总，进而梳理形成民主协商意见，并及时转送有关部门研究处理，进一步把处理的结果通过多种形式和渠道反馈给政协委员和民众，以便于维护和提高其参政议政的热情和信心。同时，还可以将一些建议融入相应的专题调研报告，充实内容或形成提案、大会发言、社情民意信息等。第三，要强化后续跟踪监督，促进大数据赋能民主协商成果落到实处。建立跟踪问效常态化机制，通过专题视察、民主监督等多元化形式持续跟进"不断线"。在必要情况下，可以依托"码上商量"平台，进行再调研、再协商、再建言，促使大数据赋能民主协商成果转化为政策文件内容或职能部门工作的具体举措。

五是完善制度机制，确保大数据赋能民主协商实践的有章可循。为了主动适应数字社会的发展要求，切实推进大数据赋能全过程人民民主实践的制度化、规范化、程序化建设，必须理顺各类数字化协商活动的工作机制，保证全过程人民民主实践的有序、高效、高质。首先要加强顶层设计。从加强中国特色民主协商建设的高度和推进数字政协的角度，梳理大数据赋能的数字议政、远程协商等的定位与功能作用，进一步梳理"码上商量"平台参与主体、技术路径、组织运行、运营维护等基础性问题，科学制定大数据赋能民主协商的指导意见和实施方案,明确目标任务、原则要求、实施程序和保障措施等,为各级政协组织提供指导和示范。其次要制定统一标准。建立常态化制度,推动大数据赋能民主协商向制度化、程序化发展,明确开展大数据赋能民主活动的具体要求和程序,数字化民主协商平台的构建、数字化协商程序的规范、数字化协商频率的提升等,并设置政协委员和群众反馈、满意度评价以及互动情况等具体指标,实现大数据赋能民主协商的效果和成果量化。最后要健全行动机制。其一,优化技术,使政协委员和各党派团体便捷接入"码上商量"平台,持续参与大数据赋能民主协商的制度建设。其二,完善参与机制,使群众和社会组织、基层治理单位广泛参与大数据赋能民主协商的在地化实践。其三,优化大数据赋能民主协商成果报送、办理结果反馈与公开制度,以便于发挥成果转化在地化落实的正向激励效应,最终促进大数据赋能民主协商的良性发展和不断深化。

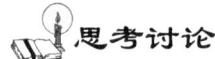 思考讨论

1. 盐城"码上商量"平台如何通过大数据技术赋能,打破了传统民主协商的时空限制,使民主协商更加便捷、开放和高效。谈谈这种数字化转型如何让更多群众参与到民主实践中来,并探讨在推进全过程人民民主时,如何平衡技术便利性与公民参与的深度和质量。

2. 通过盐城"码上商量"平台的实践,谈谈大数据技术如何助力解决基层治理中的"急、难、愁、盼"问题。在这一过程中面临着软硬件薄弱、信息交互不畅、成果转化难等挑战,进一步从技术和治理角度,分析如何通过改进数字平台来提升基层治理的效能。

3. 通过"码上商量"平台确保协商成果不停留在形式上,而是能够真正影响政策和决策,谈谈协商成果从形成到转化为实际政策的过程,如何通过制度设计、反馈机制和监督机制,确保协商的实际效果,并推动民主协商的长效发展。

教学建议

本案例主要适用于"坚持发展全过程人民民主"部分的辅助教学,可以帮助学生了解盐城市通过大数据技术搭建"码上商量"平台,推动全过程人民民主的地方实践。该平台通过数字赋能来完善机制、强化建设和提升参

与质量,简化了民主协商过程,提高了协商效率,增强了基层治理效能,推动大数据赋能的民主协商高质量发展,不过其进一步发展也面临着软硬件薄弱、协商质量不高等挑战。

1. 引导学生思考数字技术如何变革民主协商的传统形式

可以引导学生探讨"码上商量"平台如何通过大数据技术简化了民主协商的流程,打破了时间和空间的限制,使更多群众能够便捷地参与到公共事务的讨论中。通过具体案例分析,学生可以理解技术对民主实践的积极影响,同时反思如何在推动数字化进程中保持协商的深度和质量。

2. 讨论大数据赋能对基层治理效能提升的影响

可以组织学生讨论"码上商量"平台在解决基层"急、难、愁、盼"问题中的实际案例,分析大数据如何提高了政府回应民意的速度和效率。同时,讨论数字化治理的局限性,如软硬件条件不足等问题,让学生深入思考如何通过制度完善和资源投入来克服这些挑战。

3. 探讨数字化民主协商中的参与性与反馈机制

可以引导学生关注"码上商量"平台在协商成果转化中的挑战和解决路径,讨论如何通过建立有效的反馈和跟踪机制,确保协商成果能够真正落地实施。通过案例分析,学生可以理解在数字时代,如何通过技术手段提升群众参与感和政策落实的透明度与效能。

案例 5

"全过程人民民主之花"绽放新疆昌吉庭州之民族团结篇①

核心阅读

习近平总书记在党的二十大报告中指出:"全过程人民民主是社会主义民主政治的本质属性,是最广泛、最真实、最管用的民主。"其中"最广泛"表明全过程人民民主是全链条、全方位、全覆盖的民主,是14亿多人民共同持续参与,56个民族共同平等享有,不同地域、不同领域、不同层级、不同群体均实现全面覆盖的民主体系。"最真实"表明全过程人民民主不仅有完整的制度程序,而且有完整的参与实践,真正做到了人民当家作主,是真真切切落实到国家政治生活和社会生活各方面、为全体人民真真切切感知和认同的民主体系;"最管用"表明全过程人民民主不是装饰品,不是用来做摆设的,而是要用来解决人民需要解决的问题的。

新疆是个好地方! 不到新疆,不知中国之大;不到新疆,不知中国之美。位于天山北麓的昌吉州被称为"丝绸之路上的一颗明珠",不仅自然资源丰富,还拥有天山天池等闻名遐迩的自然景区。"大寒之地,积雪春夏不散,雪中有草,类荷花,独茎亭亭,雪间可爱",在天山绝顶处绽放的雪莲,用顽强和

---

① 张海玉等."全过程人民民主之花"绽放庭州之民族团结篇[EB/OL]. (2023-06-28)[2024-12-10]. https://www.gzrd.gov.cn/tszs/202306/t20230628_80560764.html.

不屈演绎着生命的精彩,蕴含着当地人民对生活的美好祈愿。雪莲花是大自然赋予新疆的神奇馈赠,而在天山脚下的新疆维吾尔自治区昌吉州,党团结带领各族人民追求民主、发展民主、实现民主,用心用情播撒下全过程人民民主的"种子"。如今,这颗"种子"扎根庭州沃土,绽放出绚丽的花朵——民族团结之花、民主法治之花、幸福生活之花、高质量发展之花。本文根据《人民代表报》张海玉等所作文章进行说明。①

像石榴籽那样紧紧抱在一起

2023年4月22日一早,新疆维吾尔自治区昌吉州阜康市有色苑小区居民谢姆斯耶·艾白都拉将房子里里外外收拾一番后,将馓子、干果、水果、糕点一一摆上餐桌。"今天是肉孜节,几个邻居约好来我家,我可得好好准备。"她笑着说,小区有17个民族,逢年过节总会聚到一起。

在昌吉回族自治州这片土地上,生活着汉族、回族、哈萨克族、维吾尔族等42个民族,各民族群众相邻而居,门对门、户对户,共居共事共乐场景处处可见。

2022年7月12日至15日,习近平总书记在新疆考察时强调,要推动各族群众逐步实现在空间、文化、经济、社会、心理等方面的全方位嵌入,促进各民族像石榴籽一样紧紧抱在一起。

如何有形有感有效铸牢中华民族共同体意识,让民族团结进步事业步伐更加坚实,促进各民族交往交流交融的广度深度进一步拓展、情感纽带更加牢固?近年来,昌吉州人大常委会全面学习贯彻习近平总书记关于加强和改进民族工作的重要思想,以铸牢中华民族共同体意识为主线,按照昌吉州党委部署要求,结合人大工作实际,以打造人大促进民族团结进步品牌为载体,积极发挥人大职能优势,有力助推了全州民族团结进步创建工作深入开展。

如今,从丝绸之路的千年尘烟中,穿越北庭都护府的盛唐故事,在新时代民族复兴的伟大征程中,昌吉州各族兄弟姐妹守望相助、亲如一家,绘就一幅多民族聚居、多文化交融的绚丽画卷。

---

① 该案例写于2023年,为求表述准确,文中尽量保留相关论述。

结亲：致富路上，一个民族兄弟都不能少

中华民族共同体意识，是国家统一之基、民族团结之本、精神力量之魂。中华民族是个大家庭，五十六个民族五十六朵花。全面建成小康社会，一个民族不能落下；全面建设社会主义现代化，一个民族也不能落下。近年来，昌吉州人大常委会深入开展"民族团结一家亲"和民族团结联谊活动，加强"访惠聚"驻村工作，强力推动《玛纳斯县包家店镇乡村振兴示范行动计划》，协调项目16个，落实资金5300万元，助推产业兴、环境美、百姓富。

2016年10月，昌吉州启动"民族团结一家亲"和民族团结联谊活动，昌吉州人大常委会号召组织机关干部、5395名人大代表与各族群众"结对子、交朋友"，解决各族群众生产生活难题，开展融情联谊活动，有效促进了各民族广泛交往、全面交流、深度交融。

"访民情，惠民生，聚民心"活动（简称"访惠聚"），是新疆维吾尔自治区提出的一项密切联系群众、融入群众、服务群众的重大举措。昌吉州人大常委会将"访惠聚"活动融入民族团结工作，对玛纳斯县包家店镇包家店村进行"点对点"帮扶。

2022年7月，在包家店村村民刘文军的苗木园里，昌吉州人大常委会机关驻村工作队队员正忙着按比例配制农药，通过无人机喷洒作业守护苗木"健康"。"现在选栽的苗木品种多、卖得快、周期短，一年收入20万元没问题！"拥有14.3公顷苗木园的刘文军胸有成竹地说。

包家店村发展苗木产业已有十余年，村民成立了苗木合作社抱团发起"苗木财"。谈起前几年遇到的发展瓶颈，刘文军记忆犹新："以前种的大多是密植型常规苗木，没特色、没优势，来看的人多、买的少！"

为帮助村民走出困境，2018年初，工作队和村"两委"组织村民代表前往山东、吉林等地考察，发现景观苗木卖价高，城市绿化需求量大，于是考虑在"精品"上做文章，提高苗木品质，提升市场竞争力。随后又邀请新疆农业科学院专家到村开办"林间课堂"，向村民传授苗木管护技术，从选苗、培育、病虫害防治等环节全程指导。看到苗木发展好"钱"景，越来越多的村民加入苗木种植队伍，全村种植面积扩大到320公顷。包家店村现已成为远近闻名的"苗木村"，70多户村民户均年收入10万余元。

包家店镇人阿布都苏力说："今天我们非常开心，我们今天的好生活离

不开党的好政策,我们要感谢党、要珍惜幸福生活,和各民族之间和睦相处,真正做到民族团结一家亲。"

护亲:发挥人大职能优势,促进民族团结

2022年5月17日,昌吉市宁边路街道在铸牢中华民族共同体意识主题公园开展以"喜迎党的二十大 铸牢中华民族共同体意识"为主题的民族团结进步教育月活动。

活动现场,人大代表宣讲《新疆维吾尔自治区民族团结进步模范区创建条例》,排练的节目精彩纷呈,穿插着有奖知识问答。宁边路街道工作人员向来往的各族群众发放《新疆维吾尔自治区民族团结进步工作条例》《新疆维吾尔自治区去极端化条例》《消防安全知识》等各类宣传资料1000余份。

宁边路街道人大工委主任潘斌说:"我们紧紧围绕铸牢中华民族共同体意识这条主线,充分开展形式多样的理论宣讲、文艺演出、道德讲堂、志愿服务等活动,切实加强党的民族理论政策法规宣传教育,引导各族群众牢固树立休戚与共、荣辱与共、生死与共、命运与共的共同体理念,持续不断推动铸牢中华民族共同体意识以及民族理论政策教育活动走深走实,促进'民族团结宣传月'活动有感有形有效开展。"

落实习近平总书记关于加强和改进民族工作的重要思想,铸牢中华民族共同体意识,推动民族工作开创新局面,人大责无旁贷。2021年3月1日,《新疆维吾尔自治区民族团结进步模范区创建条例》正式施行。这是由新疆维吾尔自治区人民代表大会审议通过的规范、保障民族团结进步模范区创建的地方性法规,在自治区地方立法史上尚属首次,为促进新疆民族团结进步事业提供了法治支撑。

2022年5月30日,新疆维吾尔自治区人大常委会启动《新疆维吾尔自治区民族团结进步模范区创建条例》执法检查。通过开展此次执法检查,昌吉州人大常委会深入了解党的民族政策贯彻情况和条例实施情况,分析掌握少数民族和民族地区经济社会发展中面临的困难与问题,提出切实可行的意见和建议,督促和支持政府部门做好相关工作,促进民族团结进步工作进一步往实里抓、往细里做,使党的民族政策和条例各项规定更好地落到实处。

人民代表大会制度将不同民族、不同职业人民的共同意志集中起来,动员、整合、凝聚全国各族人民的力量,具有显著的制度优越性。近年来,昌吉州人大常委会创新开展"七带头""十个一"活动,明确提出人大代表要带头讲政治守规矩、带头维护社会稳定、带头维护民族团结。

"代表之家"是闭会期间代表联系选民、反映民意、履行职责的重要平台。在昌吉,"代表之家"变身为民族团结的新纽带。

木垒县博斯坦乡是以畜牧业为主导产业的牧业乡,这里的牧民依旧沿袭着传统的随季节和水草转场放牧生活,分布在山区草原的各个角落,居住十分零散,且与乡政府相距较远,平时生产生活中遇到的困难诉求也无法及时反映给博斯坦乡政府。

为破解这一难题,博斯坦乡在青疙瘩戈壁滩设立"流动代表之家",每年3月至6月、9月至11月,充分发挥在当地放牧的14名基层人大代表的作用,畅通了牧民群众反映困难诉求和意见建议的渠道。

"'流动代表之家'的设立不仅有利于代表活动的开展,也能为牧民解决一些实际问题,比如提供动物防疫保障、解决人畜饮水困难和饲草料供给不足等问题。"博斯坦乡党委书记陈庚告诉记者,今年县人代会期间,博斯坦乡"流动代表之家"收集的"关于解决博斯坦乡牲畜饮水困难问题"建议,得到政府及相关部门的高度重视,15处牲畜饮水点饮水设施修建起来,解决了6万头牲畜饮水难题。

牲畜因病死亡的问题长期存在,牧民通过"流动代表之家"反映此问题后,乡政府及时建立接羔育幼指挥部,专门抽调2名工作人员和6名防疫员,给牧民家的牛羊、骆驼等牲畜开展全覆盖疫苗接种,大大降低了牲畜的死亡率……

受连年旱情影响,牧民转场后仍然会出现饲草料短缺问题。经过"流动代表之家"反映以后,博斯坦乡政府积极协调周边县市和农区乡镇,调拨运输玉米、秸秆、饲料等200万千克饲草料,解决了牧民群众的燃眉之急……

暖亲:汇聚代表力量,让"亲戚"越走越亲

5月22日下午,记者走进昌吉市阿什里哈萨克民族乡天鹅小镇时,淅淅沥沥的小雨也依旧难以阻挡牧民们的热情。

"人生可比是海上的波浪,有时起有时落,好运歹运,总嘛要照起工来行,三分天注定,七分靠打拼,爱拼才会赢……"人大代表黑扎提·沙肯带领

"阿肯"弹唱队队员,用一首闽南语流行歌曲唱响"爱拼才会赢"的时代强音。达尔汗文艺宣讲队队长加尔肯别克·纳斯依奥拉说:"作为基层文化工作者和基层宣讲员,我将继续做好群众文化工作和政策宣讲工作,进一步丰富农牧民群众的文化生活。"

"我们搬进来之后都特别高兴,小区不仅配套设施完善,而且地理位置好,离乡政府、中心学校、幼儿园、卫生院都特别近,办事、上学、看病都特别方便。"天鹅小镇的牧民开心地告诉记者,他们花了4.25万元搬进了88平方米的楼房,每户牧民还有0.3公顷饲草料用地,解决了他们的后顾之忧。

阿什里哈萨克民族乡是昌吉市唯一的民族乡,由哈、回、维、汉等8个民族组成,其中哈萨克族占94%。这里除了中部定居区外,还有南部山区和北部荒漠区,这些区域还有部分牧民没有定居。为了解决他们的住房问题,乡人大代表共同参与搬迁选址、规划建设、小区管理等重要环节。

在昌吉,民族团结之情深深根植于每个人心中,各民族团结友爱、相互帮助的事例数不胜数,昌吉州、昌吉市两级人大代表苏玉琴就是其中一位代表性人物。

"我们现在每3个月要补给一次物资,马上我们又该去牧区补给物资了,每一个小屋领到的物资都是全新的,有55种不同的物资……"5月22日下午,在昌吉市绿洲路街道"苏玉琴志愿服务工作站",苏玉琴向记者介绍。苏玉琴身患癌症多年,却坚持以爱心回馈社会,用善行服务人民。"民族团结一家亲,爱心小屋助脱贫"公益项目是苏玉琴在2015年发起的,立足于民族团结、助力脱贫攻坚,发动社会各界爱心企事业单位、个人募集学习生活用品、药品等各类物资,帮助各族贫困空巢老人、留守儿童、孤残人员等弱势群体,解决他们的生产生活困难。目前,在南北疆4个县、9个乡镇、6个街道、50个社区筹建了15个爱心小屋,受益群众达10万人次。

汉族离不开少数民族,少数民族离不开汉族,少数民族之间也相互离不开。以"爱"为媒,各民族开启一场场"双向奔赴"。

在吉木萨尔县吉木萨尔镇满城路社区代表之家,今年48岁的昌吉州人大代表巴哈义古丽·尼合买提有13个"爸爸妈妈",包括汉族、维吾尔族、哈萨克族、回族等不同民族。20多年来,她用孝心温暖着社区的孤寡老人,用真情浇灌着民族团结之花。"巴哈义古丽每个月都会从工资中省下几百元孝敬这些'爸爸妈妈',力所能及地帮助他们改善生活,她也是全国敬老爱老助老模范。在她的感召和带动下,越来越多的人投身志愿服务。"满城路社区代表之家负责人袁晓丽告诉记者,曾经献爱心的一个人、一家人,变成了更加专业的医疗卫生、法律宣讲、党员义工等志愿服务队伍,人数达1000多人,每年开展大大小小的公益活动覆盖县城每个乡镇。

用爱心播撒民族团结的种子。昌吉州各级人大常委会充分发挥人大代表作用,将代表履职和志愿服务相结合,实现了人大代表和各民族群众志愿者队伍的联动,带动辖区党员干部、热心群众、行业精英等踊跃参与,像石榴籽一样紧紧抱团,共同建设美丽家园,用真情温暖人间,谱写新时代民族团结一家亲的和谐乐章。

思考讨论

1. 在"全过程人民民主之花"绽放的过程中,昌吉州通过各级人大的民主协商机制,有效地推动了民族团结和地方发展。在实际工作中,民主协商是如何促进不同民族间的相互理解和支持的?这种机制如何确保每个民族的利益都能得到充分的尊重和保障?如何在其他多民族地区推广和应用类似的民主实践,促进民族团结和共同富裕?

2. 昌吉州的经验显示,全过程人民民主不仅是国家层面的政策,也是日常基层治理的重要原则。在基层治理过程中,如何将全过程人民民主的理念具体落实到日常治理中,如通过村委会、社区活动等方式,实现各族人民的广泛参与和有效表达?如何借助民主协商机制,解决基层治理中的实际问题,促进社会和谐与稳定?

3. 昌吉州通过全过程人民民主解决了许多涉及民族团结和地方发展的实际问题。在推进全过程人民民主的过程中,如何确保民主不仅仅停留在理论层面,而是能够实实在在地解决人民群众关心的实际问题?例如在改善基层生活条件、提高公共服务水平等方面,民主协商如何发挥关键作用?这对其他地区的实践有何启示?

教学建议

本案例主要适用于"坚持发展全过程人民民主"部分的辅助教学,可以帮助学生了解全过程人民民主在新疆昌吉州的实践,尤其是在民族团结方面的成功应用。通过各族人民共同参与民主进程,昌吉州实现了民族间的和谐共处和共同发展,展现了人民民主的广泛性、真实性和有效性。

1. 探讨全过程人民民主在民族团结中的实践意义

可以引导学生讨论全过程人民民主如何在不同民族群体中得以实践,尤其是在促进民族团结方面的具体表现。通过分析昌吉州的案例,学生可以思考全过程人民民主如何实现各民族的广泛参与,确保每个民族的权益得到保障,并在此过程中强化中华民族共同体意识。讨论可以围绕"民主如何帮助解决民族问题"展开,引导学生理解民主的实际应用。

2. 分析人大代表在促进民族团结中的作用

可以引导学生探讨人大代表如何在基层推动民族团结和社会稳定。通过昌吉州人大代表在基层的实际行动,学生可以了解人大代表如何利用民主渠道解决各族人民的实际困难,促进各族人民的广泛交流与合作。讨论可以集中在"人大代表如何在基层发挥作用",以及这一机制如何能够在其他地区推广,以进一步巩固民族团结。

3. 探讨全过程人民民主的制度优越性与实践挑战

可以通过案例引导学生分析全过程人民民主的制度优越性,以及在实践中可能面临的挑战。学生可以结合昌吉州在推动民族团结方面的成功经验,思考如何在其他地区和领域更好地落实全过程人民民主。讨论可以围绕"如何克服民主实践中的困难,实现真正的人民当家作主",引导学生对我国民主制度的理解更加深入。

案例 6

北京接诉即办——全过程人民民主的生动实践①

核心阅读

全过程人民民主,在坚持民主价值和理念的基础上,将其进一步转化为扎根中国大地的制度形态、治理机制和人民生活方式,是全链条、全方位、全覆盖的民主,是最广泛、最真实、最管用的社会主义民主。近年来,北京市"接诉即办"改革不断深化拓展,用一条"接诉即办"的市民服务热线推动城市基层治理格局发生深刻变革,不仅创造了超大城市治理的重要经验,有效提升了首都治理体系和治理能力现代化水平,也推动了人民民主在首都治理实践中不断丰富发展,彰显了全过程人民民主的显著优势。

近年来,北京坚持以习近平总书记重要论述为指导,创新实施接诉即办工作,坚持民主与民生相通、民主与民心相通、民主与民力相通,拓宽全过程人民民主的渠道和载体,解决群众急难愁盼问题,推动民主立法实践,创新首都基层治理,书写了推进全过程人民民主建设的生动篇章。本文根据《北京日报》高春花所作文章进行说明。②

---

① 高春花.北京接诉即办:全过程人民民主的生动实践[N].北京日报,2021-11-08(9).

② 该案例写于 2021 年,为求表述准确,文中尽量保留相关论述。

接诉即办惠民生,回应群众急难愁盼,用行动践行以人民为中心发展思想

习近平总书记指出,民主不是装饰品,不是用来做摆设的,而是要用来解决人民需要解决的问题的。北京接诉即办改革正是坚持把为民服务、为民解难作为核心价值理念,全力践行以人民为中心的发展思想,按照党的十九大提出的幼有所育、学有所教、劳有所得、病有所医、老有所养、住有所居、弱有所扶要求,聚焦满足人民群众的便利性、宜居性、多样性、公正性、安全性,着力解决民生问题。

听取群众诉求。接诉即办中的"接",就是认真倾听民情民意,是义不容辞的态度和职责;接诉即办中的"诉",就是群众有诉求向政府反映,这里面既有群众自己的事,也有关系公共利益的事,这些就是工作的指向,也是送上门的群众工作。"接诉"就是通过12345市民服务热线了解、承接市民群众的期盼和需求,这条热线是畅通政府和市民的连心桥。市委市政府持续整合全市热线资源,明确12345市民服务热线主渠道定位,落实全面接诉要求。市民热线服务工作机构通过语音、文字等方式全面、准确、规范记录诉求提出的时间、诉求事项、联系方式等要素,形成诉求工单。目前,全市333个街道乡镇被纳入接诉即办直派体系,建立直达街乡镇的诉求直通车,准确掌握民生大数据。

解决群众问题。接诉即办中的"即",就是要求马上行动,是闻风而动的作风和理念;接诉即办中的"办",就是解决问题,是扎扎实实的作为与担当。接诉即办就是坚持民有所呼、我有所应,更好地满足市民对美好生活的向往。"即办"是启动诉求办理的"一号响应"机制。形成诉求工单后,市民服务热线工作机构及时分类甄别群众所诉问题,即刻向属地街道乡镇和相关政府职能部门派单交办,提出限期解决的标准和要求,点对点向群众反馈处理情况。实施诉求派单流程再造,就地解决街道能自行解决的问题,共同研究解决需要跨部门解决的复杂问题,及时上报需要市级部门推动的问题,形成听取、分类、交办的速解民忧工作体系,解决了一大批群众身边的操心事、烦心事、揪心事。

接受群众检验。群众急难愁盼的问题是否得到了解决,最终还是要群众来检验,要靠接诉即办"督"和"评"的机制来实现责任的落实。通过强化群众监督、新闻媒体监督、纪检监察机关专项监督,健全接诉即办监督体系。

通过推动实施诉求办理测评,创建"七有""五性"监测评价指标体系,以解决诉求为导向,以响应率、解决率、满意率为核心内容,覆盖诉求接收、派单、办理、主动治理全流程。通过实行分级分类考评,纳入市区相关部门考核,对333个街乡镇开展月度排名,区委书记月度点评会通报排名情况,实现以评促改、以评促建。2019年以来,累计受理群众诉求3000多万件,响应率保持100%,解决率、满意率逐年大幅提高,发挥了监督评价的指挥棒作用。

接诉即办连民心,在立法实践中更好地体现人民意志,用制度保障人民当家作主

习近平总书记指出,一个国家民主不民主,关键在于是不是真正做到了人民当家作主,要看人民有没有投票权,更要看人民有没有广泛参与权。我国全过程人民民主不仅有完整的制度程序,而且有完整的参与实践,这在北京接诉即办立法实践中得到了充分体现。

今年9月24日,《北京市接诉即办工作条例》(以下简称《条例》)表决通过,制度与法律完成了衔接,开门立法原则贯穿全过程,更好地体现人民意志、保障人民权益、激发人民创造,打造了一个直通民心的法治工程。

广泛征求民意。反映绝大多数民众的意愿,是立法的社会基础。只有建立在民意基础上的法律才是人民期盼的、好的、管用的、能解决问题的良法。北京注重走好群众路线,采取线上方式向社会公开立法草案、征求意见建议;组织人大代表走进"代表之家""代表联络站",市领导以人大代表身份深入"家""站",走到人大代表和基层群众身边,听取诉求方、接诉方、承办方的意见建议,真正让"民意征求"直通一线;发挥基层立法联系点的平台作用,确保立法的全过程、各环节都能吸纳市民群众的意见建议。起草阶段征求120多家单位意见;草案进入法定审议环节后,又征求了11 000多名各级人大代表和66 000多名基层工作人员、市民群众意见,最大限度统一了思想,凝聚了共识,厚植了立法的民意基础。

切实保障民权。民主立法的过程,是保障人民知情权、参与权、表达权、监督权的过程。上述权利不仅在立法过程中实现,而且还是以看得见的方式实现。《条例》草案经市人大常委会初次审议和二次审议后,及时向社会公开其立法过程、程序、内容,向公众说明《条例》的名称、体例、立法宗旨、原则、首都特色及其主要争议点,保障了人民群众的知情权。在两次公开征求意见的过程中,市民通过市政府门户网站、信函、电子邮件等多种方式提出宝贵意见,提出立法建议,保障了人民群众的参与权、表达权。公开立法程序、公示法律条文、征集民情民意、接受意见建议,保障了人民群众的监督权,实现了立法的民权保障。

积极汇聚民智。集中群众智慧,是实现科学立法、民主立法的动力之源。无论是立法过程还是成果表达,《条例》都充分吸纳了人民群众在首都社会治理方面的创新做法和经验,如海淀区曙光花园社区党委启动"社区合伙人"机制统筹各方"共建共享"的观念,朝阳区八里庄街道红庙社区机二委小区党委启动"党政群共商"沟通各方的办法,社区书记用"拉家常""跑断腿"拆掉大杂院中违建的"奇招",党的组织优势转化为治理效能、党员先进性转化为执行力的做法。《条例》的每一条款无不凝结着群众经验,《条例》规定的接诉即办基本原则、领导体系、运行机制、工作载体、制度方向,全都凝聚着群众智慧。

接诉即办聚民力,全面激发人民群众积极性主动性创造性,用人民民主的制度优势增强首都基层治理效能

评价一个国家政治制度是不是民主的、有效的,全体人民能否依法管理国家事务和社会事务、管理经济和文化事业,人民群众能否畅通表达利益要求,社会各方面能否有效参与国家政治生活是重要标准。北京深入实施接诉即办改革,推动"接诉即办"向"未诉先办"发展,能够最大限度激发各方面积极性主动性创造性,把接诉即办改革形成的制度优势更好地转化为首都基层治理的效能。

深化接诉即办增强基层治理积极性。坚持民有所呼、我有所应,闻风而动、快速响应,群众需求什么、期待什么,社会治理就重点关注什么,可以有效实现治理模式由政府"端菜"向群众"点菜"转变,推动社会治理重心下移,为公众参与社会治理和公共政策制定提供信息渠道和有效途径。通过党建引领全民参与,在党组织领导下,推动人民团体、社会组织、企事业单位等社会力量参与接诉即办工作,要求报刊、广播、电视、网络等媒体加强宣传,整合各类资源,充分激发各方力量。通过完善党委领导、政府负责、民主协商、社会协同、公众参与、法治保障、科技支撑的工作体系,建立全面接诉、分类处置、精准派单、限时办理、回访考评、监督监察等工作机制,为首都基层治理增添新活力。

推动未诉先办提高基层治理主动性。如果说接诉即办机制推动解决了一大批个案问题,那么未诉先办则是推动社会治理从"有一办一、举一反三"向"主动治理"转化,通过一个诉求解决一类问题,通过一个案例带动一类现象的治理,彰显了综合治理、源头治理的理念。市、区人民政府聚焦诉求反映集中的高频次、共性问题,开展重点领域和区域治理;对持续时间长、解决难度大的诉求开展专题研究,制定解决方案,完善政策措施,明确主责单位,市、区、街道(乡镇)三级协同联动,形成条块结合、上下协同的工作合力,集中力量推动问题解决。以"每月一题"为重要抓手,推动主动治理、未诉先办。总结提炼街乡、社区在主动治理、未诉先办方面积累的经验做法,发挥街乡民主协商和网格管理作用,对居(村)委会开展主动治理作出规定、提出要求。发挥数据运用、信息技术支撑在主动治理中的作用,为首都基层治理注入新动能。

实践无止境,创新也无止境。接诉即办改革实践及立法实践,为首都人民搭建了践行全过程人民民主的政治舞台,提高了首都基层治理过程中的民主质效。在习近平总书记全过程人民民主重要论述指引下,首都人民将不断总结经验,在更广泛领域积极探索,勇于创新,开辟全过程人民民主发展的首都新境界。

思考讨论

1. 结合以上北京"接诉即办"改革案例,谈谈其如何体现全过程人民民主的实践价值。这种基层治理模式是否能够在其他地区推广,如何在更大范围内发挥作用?

2. "未诉先办"作为北京"接诉即办"改革的一部分,推动了社会治理的主动性和预防性管理,避免问题不断积累,这种通过在治理中提前发现并解决问题的模式,如何体现民主的广泛性和真实性,增强人民的获得感和安全感?如何在实践中完善这一机制,推动全过程人民民主更加深入基层?

3. 《北京市接诉即办工作条例》在制定过程中广泛征求民意、保障民权、汇聚民智,确保立法符合人民的真实需求。谈谈立法实践在全过程人民民主中有何作用。这一过程如何体现了人民当家作主的原则,如何增强人民对法律制度的认同感和参与感?在其他领域的立法实践中,如何运用这种模式?

 **教学建议**

本案例主要适用于"坚持发展全过程人民民主"部分的辅助教学,可以帮助学生了解北京市"接诉即办"作为全过程人民民主的生动实践,如何通过市民服务热线推动城市基层治理,提升治理效能和民主质效,同时展现了人民当家作主在具体治理中的实际操作与效果。

1. 探讨"接诉即办"在全过程人民民主中的角色

可以引导学生讨论"接诉即办"如何将人民的诉求转化为具体的治理行动,如何在实际操作中体现"以人民为中心"的发展理念。可以通过案例分析,引导学生思考这种机制如何加强人民对政府的信任,并如何在全国范围内推广这种治理模式,以更广泛地实践全过程人民民主。

2. 分析"未诉先办"机制的治理意义

可以引导学生分析"未诉先办"机制如何体现了治理的主动性和预见性。在讨论中,可以让学生思考这种模式如何从被动响应转向主动治理,从而提升治理效率。通过比较其他治理模式,学生可以探讨这种机制的独特优势以及在不同治理环境中的适用性,进而加深对全过程人民民主的理解。

3. 讨论民主立法中的民意汇聚与保障

可以围绕《北京市接诉即办工作条例》的立法过程,探讨民主立法如何保障人民的知情权、参与权、表达权和监督权。教师可以通过讨论让学生理解民意在立法中的重要性,以及如何通过民主程序确保法律的公平性和有效性。这将帮助学生深入理解全过程人民民主的立法实践和其对社会治理的深远影响。

专题 9 坚持建设好社会主义文化强国

专题导读

文化是一个国家、一个民族的灵魂。文化的核心功能是为社会提供一系列价值观念。中华文化是中国特色社会主义的历史渊源,引领中国社会发展方向,厚植中华儿女家国情怀,支撑中华民族走向复兴。在道路、理论、制度、文化"四个自信"中,文化自信是中国自信的根本所在。一个民族的复兴需要强大的物质力量,也需要强大的精神力量,建设社会主义文化强国是实现中华民族伟大复兴的基础支撑。历史和现实充分证明,真正有前途、有力量的民族,必然有辉煌的文化,必然对自身的文化充满信心;没有先进文化的积极引领,没有人民精神世界的极大丰富,没有全民族创造精神的充分发挥,一个国家、一个民族不可能屹立于世界民族之林。

当今世界,中国对世界的影响之深远、世界对中国的关注之高前所未有,文化软实力成为影响我国国际地位提升的重要因素。党的十八大以来,党和国家事业取得历史性成就、发生历史性变革,推动我国逐步迈上"强起来"的新时代新征程。党的二十大报告明确指出:"物质贫困不是社会主义,精神贫乏也不是社会主义。"实现全面建设社会主义现代化强国的奋斗目标不仅要以充实的物质文明建设作为保障,精神文明建设亦不能缺席,要在实现物质富足的同时确保精神富有。在现代化建设开局起步的关键时期,围绕举旗帜、聚民心、育新人、兴文化、展形象建设社会主义文化强国正当其时。党的二十届三中全会继续聚焦建设社会主义文化强国,对深化文化体制机制改革作出了专门部署,提出必须增强文化自信,发展社会主义先进文化,弘扬革命文化,传承中华优秀传统文化,加快适应信息技术迅猛发展新形势,培育形成规模宏大的优秀文化人才队伍,激发全民族文化创新创造活力。

案例 1
从文明古国迈向文化强国①

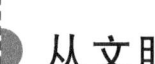 **核心阅读**

"文化是一个国家、一个民族的灵魂。文化兴国运兴,文化强民族强。"在党的十九大报告中,习近平总书记强调,没有高度的文化自信,没有文化的繁荣兴盛,就没有中华民族伟大复兴。党的十八大以来,以习近平同志为核心的党中央高度重视文化强国建设,从党的十八届三中全会提出要"紧紧围绕建设社会主义核心价值体系、社会主义文化强国,深化文化体制改革",到党的十九大报告强调"要坚持中国特色社会主义文化发展道路,激发全民族文化创新创造活力,建设社会主义文化强国",再到党的十九届五中全会明确提出到 2035 年建成文化强国,"十四五"规划和 2035 年远景目标纲要提出"促进满足人民文化需求和增强人民精神力量相统一,推进社会主义文化强国建设",社会主义文化强国建设不断深入向前。

壬寅年伊始,立春之时北京 2022 年冬奥会开幕式上的"诗情画意"惊艳世界,元宵节神舟十三号航天员王亚平在中国空间站用古筝奏响《茉莉花》……时光定格下东方大国的奋进雄姿,更激荡中华文化的自信昂扬。正是有了这种文化自信心和自豪感,我们才拥有了坚守正道的定力、砥砺前行的动力、变革创新的活力。本文根据《瞭望》新闻周刊记者周玮等所作文章进行说明。②

---

① 周玮,史竞男. 文明古国迈向文化强国[J]. 瞭望,2022(13):6-13.
② 该案例写于 2022 年,为求表述准确,文中尽量保留相关论述。

党的十八大以来,以习近平同志为核心的党中央高度重视文化强国建设,从党的十八届三中全会提出要"紧紧围绕建设社会主义核心价值体系、社会主义文化强国,深化文化体制改革",到党的十九大报告强调"要坚持中国特色社会主义文化发展道路,激发全民族文化创新创造活力,建设社会主义文化强国",再到党的十九届五中全会明确提出到2035年建成文化强国,"十四五"规划和2035年远景目标纲要提出"促进满足人民文化需求和增强人民精神力量相统一,推进社会主义文化强国建设",社会主义文化强国建设不断深入向前。

踏上新的赶考之路,当代中国共产党人面对世界百年未有之大变局,以文化自信引领文化强国建设,为伟大复兴中国梦提供强大价值引导力、文化凝聚力、精神推动力。

立心铸魂——中国精神凝聚中国力量

伟大的航程,离不开思想的灯塔指引方向,离不开精神的力量鼓舞风帆。党的十八大以来,以习近平同志为核心的党中央举旗定向、守正创新,坚持把马克思主义基本原理同中国具体实际相结合、同中华优秀传统文化相结合,为国家立心、为民族立魂,用文化之火照亮复兴之路,用中国精神凝聚中国力量。

始终坚持马克思主义在意识形态领域的指导地位,为文化强国建设指引方向。2021年7月1日,中国共产党迎来百年华诞。习近平总书记深邃有力的话语,在天安门广场上空激荡:"马克思主义是我们立党立国的根本指导思想,是我们党的灵魂和旗帜。"

指导思想是一个政党的精神旗帜。只有巩固马克思主义在意识形态领域的指导地位,巩固全党全国人民团结奋斗的共同思想基础,我们的党才有战斗力,我们的民族才有凝聚力。从2017年9月29日习近平总书记在十八届中共中央政治局第四十三次集体学习时强调"在坚持以马克思主义为指导这一根本问题上,我们必须坚定不移,任何时候任何情况下都不能动摇",到2018年8月在全国宣传思想工作会议上指出"要高举马克思主义、中国特色社会主义的旗帜,坚持不懈用新时代中国特色社会主义思想武装全党、教育人民、推动工作";从正本清源入手加强宣传思想工作,召开全国宣传思想工作会议,到分别召开文艺工作座谈会、党的新闻舆论工作座谈会、全国网络安全和信息化工作会议、哲学社会科学工作座谈会和全国高校思想政治工作会议;从出台《中国共产党宣传工作条例》《关于新时代加强和改进思想政治工作的意见》对新时代思想政治工作进行顶层设计、统筹谋划,到引导宣传思想文化战线敢于亮剑、善于斗争……立破并举,激浊扬清!一系列重要讲话、一个个重大部署、一项项有力举措,廓清了理论是非,校正了工作导向,推动意识形态领域各条战线以党的旗帜为旗帜,以党的方向为方向,以党的意志为意志,守土有责、守土负责、守土尽责,确保"城池"万无一失。

始终坚持以社会主义核心价值观引领文化建设,从百年党史传承优良传统,为文化强国凝心聚力。2021年"七一"前夕,习近平总书记带领中央政治局同志参观北大红楼、丰泽园毛泽东同志故居,带头开展党史学习教育。"国家强盛、民族复兴需要物质文明的积累,更需要精神文明的升华",习近平总书记语重心长。

这是触及灵魂的思想洗礼——按照学史明理、学史增信、学史崇德、学史力行的要求,推动学习党史、新中国史、改革开放史、社会主义发展史,建成中国共产党历史展览馆,党的创造力、凝聚力、战斗力大大提升……

这是中国精神的时代升华——用社会主义先进文化、革命文化、中华优秀传统文化培根铸魂,大力培育弘扬社会主义核心价值观,用"最大公约数"激发同心圆梦的豪情壮志;《新时代爱国主义教育实施纲要》《新时代公民道德建设实施纲要》《关于新时代加强和改进思想政治工作的意见》等规范性文件相继印发,对思想道德建设和思想政治工作作出全方位规划、制度化安排……

这是党心民心的交融凝聚——建立健全党和国家功勋荣誉表彰制度,设立烈士纪念日,建设新时代文明实践中心,推动学习大国建设……理想信念的根基愈牢固,精神文明的花朵愈灿烂。

如今,嘹亮的主旋律、强劲的正能量,不仅涌动在诵读的章句、传唱的旋律中,更融入日常的交谈、网络的留言里,潜移默化地提振全社会精气神。

守正创新担使命,奋楫笃行续新篇。在习近平新时代中国特色社会主义思想指引下,中国特色社会主义伟大旗帜高高举起,马克思主义在意识形态领域的指导地位、全党全国人民团结奋斗的共同思想基础更加巩固,社会主义意识形态建设深入推进,社会主义核心价值观广泛弘扬,文化自信日益彰显,中华文化软实力大幅提升。

人民至上——满足新时代美好生活新需求

为人民大众服务,始终是中国共产党人发展文化的价值取向。党的十八大以来,在习近平新时代中国特色社会主义思想指引下,广大文艺工作者牢牢把握以人民为中心的创作导向,心怀"国之大者",将目光投向祖国的山川大地,在火热的生活中汲取营养、积累经验,以充沛的激情、细腻的笔触、优美的旋律、动人的形象,展现时代变迁,反映多彩生活,把优质的精神食粮奉献给人民。

聚焦火热现实,报告文学《乡村国是》《十八洞村的十八个故事》等生动讲述脱贫攻坚故事;《我和我的祖国》系列三部曲以及《山海情》《大江大河》《鸡毛飞上天》等现实题材优秀影视剧"圈粉"无数……

新冠疫情汹涌,中国摄影家协会迅速组建小分队奔赴武汉,用"为天使造像"重大摄影工程保存下国家和民族的特殊记忆;歌曲《坚信爱会赢》、电视剧《在一起》、纪录片《武汉日记》、话剧《护士日记》等,记录讴歌抗疫一线各行各业凡人英雄的事迹,凝聚众志成城的精神力量……

铭刻历史记忆,战争史诗电影《长津湖》弘扬伟大抗美援朝精神,夺得中国影史票房冠军;复排民族歌剧《党的女儿》,将革命精神表现得淋漓尽致;舞剧《永不消逝的电波》以创新形式再现为革命事业而壮烈牺牲的英雄形象,被观众称为"又美又燃又好哭"……

为时代画像、为时代立传、为时代明德,成为新时代文艺鲜明品格,我国文艺事业格局一新、境界一新、气象一新。

文以化人,日新其德。在东莞图书馆,有一支志愿者服务队让人印象深刻,他们默默地在读者身边提供服务,其中大部分都是外来打工者:电工、保安、厨师……职业身份五花八门。"想起这些年的生活,最好的地方就是图书馆了。"新冠疫情防控期间,一位农民工手写留言深情告白东莞图书馆,感动亿万网友。

民有所呼,必有所应。据统计,截至 2020 年末,我国共有公共图书馆 3212 个,全国所有公共图书馆、文化馆(站)、美术馆和 5214 家博物馆免费开放,实现"无障碍、零门槛"进入;"到人民中去""送欢乐下基层"等志愿服务活动,深入 400 多个地市、区、县,累计培训基层文艺骨干 20 余万人;全国电影银幕数五年来增长 4 万多块,持续向农村基层下沉,更好地服务观众观影;公共文化服务不断创新,2020 年新冠疫情防控期间,各地博物馆推出 2000

余个线上展览,吸引超50亿人次浏览。

近年来,文化产业数字化战略深入实施,更多创意产品凝聚精神力量。数字文旅融合表现抢眼,人们可以打开微信小程序"云游敦煌"近距离欣赏精美敦煌石窟壁画,跟随云直播走进红军长征景区重温革命精神……人工智能、5G等数字技术的应用演绎文化生活新精彩。

2021年,第28届北京国际图书博览会成为全球首个线上线下同步举办的国际书展。图博会上,5G、人工智能、增强现实、虚拟现实、云计算等新技术纷纷亮相,宣告"一屏万卷"的数字阅读时代已经到来。向着人类最先进的方面注目,向着人类精神世界的最深处探寻,向着中国人民创造美好生活的最生动处开掘,文化强国建设步履矫健。

激发活力——再创中华文化新辉煌

"如果没有中华五千年文明,哪里有什么中国特色?"习近平总书记2021年3月在福建考察时的话语,启示我们要牢牢守护中华民族的精神命脉,深入挖掘中华文明的精华,激活优秀传统文化,坚定不移走中国特色社会主义道路。

从考察朱熹园到敦煌研究院座谈,从察看福州三坊七巷历史文化街区到点赞非遗项目苗绣、藏毯、沙县小吃……以现代视野接续中华文脉,习近平总书记身体力行开拓传统文化保护传承守正创新之道。

2014年2月在北京考察时提出"要像爱惜自己的生命一样保护好城市历史文化遗产";2020年8月在扎实推进长三角一体化发展座谈会上强调避免"千城一面、万楼一貌";2021年12月在中央经济工作会议上强调要"敬畏历史、敬畏文化、敬畏生态"……习近平总书记不断强调的科学理念,让登得上城楼、望得见古塔、记得住乡愁的文化长卷徐徐展开。

正定古城重现北方雄镇风貌,鼓浪屿演绎万国建筑博物馆风情,北京胡同镌刻古都记忆与浓浓乡情,"世遗之城"泉州讲述包容与开放的动人故事……当历史文脉融入现代生活,山水人文交汇成现代宜居之地,文化自信构筑起共有精神家园。

从时隔37年再次召开中央城市工作会议明确"延续城市历史文脉",到颁布《关于实施中华优秀传统文化传承发展工程的意见》首次以中央文件形式推动延续中华文脉、传承中华文化基因,再到中央政治局2020年9月就我国考古最新发现及其意义为题举行集体学习强调"努力建设中国特色、中国风格、中国气派的考古学"……新的文化自觉,助推收藏在博物馆里的文物、陈列在广阔大地上的遗产、书写在古籍里的文字活起来,丰富全社会历史文化滋养。

文物活起来、火起来。如今,在各种声光电营造的逼真大场面中穿越历史与前人对话,已是稍具规模的博物馆、展览馆的标配。博物馆文创频上热搜,《如果国宝会说话》等节目受追捧,三星堆考古引发世界关注,马首铜像归藏圆明园广泛激发爱国热情……国宝、文物走进国人生活。

中华古籍保护成效显著。"中华古籍保护计划"实施14年来,全国古籍普查登记工作基本完成,登记古籍普查数据270余万条;通过设立古籍修复项目,修复了370万叶珍贵古籍;通过影印出版,使一大批古籍得到再生性保护;为全国2000多家古籍存藏单位培养古籍保护人员超过1万人次。仅修复专业人员,就从不足100人发展到目前的超过1000人。

国家文化公园建设稳步推进。长城、大运河、长征、黄河、长江国家文化公园建设打造传承中华文明的历史文化标识,贯通中华文脉、诠释生态文明、彰显文化自信。人们徜徉于国家文化公园,感受国家伟大、历史震撼,体会静水深流、海纳百川。这将是又一幅盛世文化图景。

中华文明根植于农耕文明。激发乡土文化的创新活力,农耕文明在新时代展现魅力和风采。贵州毕节化屋村土生土长的苗家子弟彭艺,研究生毕业后毅然回乡创业。忆起2021年2月习近平总书记来到她所在的化屋村扶贫车间的场景,仍难抑激动。

"苗绣既是传统的也是时尚的,你们一针一线绣出来,何其精彩!"习近平总书记勉励大家,一定要把苗绣发扬光大,这既是产业也是文化,发展好了既能弘扬民族文化、传统文化,同时也能为产业扶贫、为乡村振兴作出贡献。

习近平总书记的鼓励与期许,让更多年轻人愿意留在家乡传承这门手艺。背靠丰厚的民族文化资源,彭艺和乡亲们正自信地走在致富路上。在习近平总书记的关心和部署下,各地各有关部门聚焦铸牢中华民族共同体意识,发展特色优势产业,推进乡村振兴,在切实加强保护的基础上盘活用好乡村独特的文化资源。

2021年6月,第五批国家级非遗代表性项目名录公布,沙县小吃、柳州螺蛳粉制作技艺等上榜。关注少数民族项目,服务民生、惠及百姓、助力振兴,96 个原国家级贫困县的 103 个项目列入名录。图什业图刺绣、海伦剪纸、奉节木雕、佤族织锦技艺、喀什维吾尔族铜器制作技艺等非遗项目,在脱贫攻坚中得到更好传承和发展。数据显示,各地依托当地资源在原国家级贫困县建设了近 1000 家非遗扶贫就业工坊,脱贫攻坚任务完成后更名为非遗工坊,在加强非遗保护、促进就业增收、巩固脱贫成果、助力乡村振兴方面持续发挥作用。

非遗活态传承、生产性保护,融入现代生活、滋养当代心灵。

目前,我国已建立国家、省、市、县四级非遗名录体系,认定非遗代表性项目 10 万余项。随着太极拳、送王船申遗成功,我国以 42 项联合国教科文组织非遗名录项目位居世界第一。赓续五千余年不断的中华文脉开枝散叶绵延勃发,成为文化强国建设的坚实底气和深厚滋养。

和而不同——推动文明交流互鉴

北京 2022 年冬奥会开、闭幕式演绎"中国式浪漫",人民大会堂呈献精华版新春"庙会",八方来客领略数千年文化积淀的中国味道;各国运动员写"福"字、贴春联、看"春晚"、吃饺子,在"中国红"与"冰雪白"的交织中感受中华文化的东方神韵;吉祥物"冰墩墩"成为赛场之外最令人瞩目的焦点,化身海内外人士争相抢购的全球"顶流"产品……连接东西方文明的这场新春"冬奥之约",架起中华文明与世界文明交流互鉴的桥梁。

以文明互鉴,推动构建人类命运共同体——"我们要树立平等、互鉴、对话、包容的文明观,以文明交流超越文明隔阂,以文明互鉴超越文明冲突,以文明共存超越文明优越。"2018 年 6 月,国家主席习近平在上海合作组织成员国元首理事会第十八次会议上发表重要讲话时这样指出。文化之"强",绝不意味着文化霸权,而是和而不同、海纳百川,进而形成世界多元文化的合力。

2013 年,访问哈萨克斯坦、印度尼西亚的习近平主席,先后提出建设丝绸之路经济带和 21 世纪海上丝绸之路。如今,这一植根于历史沃土的中国智慧,让"使者相望于道,商旅不绝于途"的丝路盛景再现于世,也为沿线各国开拓出一条通向共同繁荣的机遇之路。环顾全球,百年变局与世纪疫情交织激荡,文明冲突论、文明优越论沉渣泛起。冲突还是对话、对抗还是合作,成为关乎人类前途命运的重大课题。构建人类命运共同体的重要理念,为举世携手应对风险挑战注入了强大精神动力。

以文化之魂,凝聚人类价值共识——2019年5月15日,浩瀚夜空下,国家体育场"鸟巢"灯光璀璨。各国艺术家欢歌曼舞、激情飞扬,献上精彩的亚洲文化嘉年华,为亚洲文明对话大会增添浓墨重彩的一笔。秉持平等和尊重,摒弃傲慢和偏见,这次大会带来的新理念、新主张,凝结出思想之花,人们开始展望一个相互尊重、平等相待,美人之美、美美与共,开放包容、互学互鉴,与时俱进、创新发展的亚洲大花园,并为之努力奋斗。

"今天的对话不仅限于亚洲,而是开放的。"一位外国政要表示,"西方人民也在向东看。我们要通过文明对话进行合作。"弘扬全人类共同价值,起而行之。博鳌亚洲论坛、中非合作论坛、上海进博会……党的十八大以来,我们用一场场主场外交,彰显开放自信的大国胸怀。亚洲、欧洲、非洲、拉美……面对突如其来的新冠疫情,我们用一次次紧急驰援,展现兼济天下的大国担当。

以文化之声,唱响中国故事——"欢乐春节"全球活动,向世界展示中国春节文化之美、艺术之美、生活之美;海外中国文化中心举办的书法、太极、武术、中医等活动广受欢迎;大量文艺精品走出国门,让外国观众感知中华文化的底蕴;中国网络文学向海外输出网文作品1万余部、网站订阅和阅读App用户1亿多,覆盖世界大部分国家和地区……中华文化所蕴含的理念与智慧,正跨越时空、超越国度,为世界文明的发展带来深刻启迪。

2021年9月,雕塑家吴为山青铜组雕作品《神遇——孔子与苏格拉底的对话》在希腊雅典揭幕,落成于其文化核心之地古市集遗址。"古老的丝绸之路曾为我们示范了文明对话和合作共赢带来的辉煌,同时更向我们示范了让古老文明的智慧照鉴未来,共同构建人类命运共同体的希望。"吴为山说。

在以文化自信引领文化强国建设的鲜活实践中,中华文明对"天下大同"的追求和理念,不断为世界发展注入动力,为世界和平贡献力量。

思考讨论

1. 文化自信被认为是国家发展的精神动力,对增强民族凝聚力、促进社会发展具有重要作用,那么在当前全球化背景下,中国如何通过增强文化自信,推动社会主义文化强国的建设,为实现中华民族伟大复兴提供精神支撑?

2. 社会主义核心价值观是文化建设的重要指引,在实际生活中,如何将社会主义核心价值观融入文艺创作、公共文化服务等方面?

3. 在构建人类命运共同体的过程中,中华文化如何通过交流互鉴、文明对话,突破地域和国界的限制,成为全球治理和文化交流中的重要力量,从而为推动世界和平与共同发展发挥积极作用?

教学建议

本案例主要适用于"坚持建设好社会主义文化强国"部分的辅助教学,可以帮助学生了解中国从文明古国迈向文化强国的过程中,文化自信的重要性及其在提升国家软实力、推动社会进步和促进全球文明交流中的作用,展示了文化强国建设在中华民族伟大复兴中的核心地位。

1. 加强文化自信教育,激发学生的民族自豪感

可以通过案例分析,鼓励学生深入理解文化自信在国家发展中的关键作用。建议结合具体文化成果,如《长津湖》电影和北京2022年冬奥会开幕式等,组织学生讨论文化自信如何影响国家形象和国际地位,从而增强他们的民族自豪感和文化认同感。

2. 引导学生探讨文化强国建设中的实际问题

文化强国建设不仅是理论上的追求,还需要在实践中不断探索,可以通过讨论当前文化产业的发展瓶颈,如数字文化的创新和传统文化的传承,引导学生思考如何在新时代背景下推动文化强国建设,并鼓励他们提出切实可行的建议和想法。

3. 促进跨文化理解,培养学生的全球视野

在讲解文化强国建设的同时,强调中华文化在全球文明中的独特贡献,可以通过比较中西方文化交流的具体案例,如孔子与苏格拉底的对话雕塑,培养学生的全球视野和跨文化理解能力,引导他们思考如何在全球化背景下弘扬中华文化、推动文明交流互鉴。

案例 2

国潮消费热背后的文化自信①

核心阅读

"所谓国潮,可以用一个简单形象的公式来理解:国潮＝中国货＋时尚潮。"国潮热现象的背后,是制造业升级带来的国货品质提升、青年一代的力量崛起和文化自信带来的传统文化回归。国潮要想一直"潮"下去,不能仅靠简单的复古怀旧,必须深入挖掘中华优秀传统文化,把艺术创造力和优秀传统文化价值融合起来,把中华美学精神和当代审美追求结合起来。

根据知名电商平台数据,2022年11月1日启动的"双十一"销售,售卖仅1小时,有102个品牌成交额过亿元,其中国货品牌占比过半;至11月11日零时,天猫有50家老字号品牌成交额破千万,其中11个老字号品牌成交额破亿,成为今年天猫"双十一"的一大亮点。极具古典美的汉服、创新特色浓郁的故宫文创、融合科技感与传统文化元素的手表……近年来,国潮爆款不断涌现,涉及音乐、美术、建筑、家具、服装、美食、日用文创等各个方面。"所谓国潮,可以用一个简单形象的公式来理解:国潮＝中国货＋时尚潮。"接受《瞭望》新闻周刊记者采访时,清华大学文化创意发展研究院院长胡钰如是概括。

以2018年某国货品牌在纽约时装周大放异彩为标志性事件,国潮经历

---

① 钱沛杉,郭方达.国潮消费热背后的文化自信[J].瞭望,2022(51):44-46.

了从国潮元素到国潮品牌,再到国潮时尚的发展变化,逐渐成为一种消费新风潮。有业内人士评价,国潮将中国文化符号、中华美学精神、传统技艺、制造业与文化产业等结合在一起,其流行既是国力的体现,也代表了传统文化的回归。本文根据《瞭望》新闻周刊记者钱沛杉等人所作文章进行说明。①

从"实用国货"迈向"品味国潮"

喜欢汉服的钟也棠是近年来国潮消费兴起的见证者。"最初,汉服多是影楼拍照的道具;如今,已经出圈走进千家万户,成为许多爱好者的日常穿搭。"钟也棠说。

根据《2022年中国新汉服行业发展白皮书》,2021年中国新汉服行业市场规模为101亿元,占中国服装行业的0.8%,消费者规模已超过千万人。

汉服热是国潮兴起的表现之一。知名电商平台的消费数据显示,2018年至2021年期间,购买国潮相关产品的消费者增长了超9成,成交金额增长了284%,销量增长了411%。短短几年间,国潮的发展经历了从具体到抽象,从器物到理念的过程。起初,国潮只是部分商品为了增加卖点,在设计中加入了传统文化元素。因大获市场好评,越来越多的商品开始加入国潮之中。一系列以传统美学为特色的国货品牌出现,让国潮进入了活动品牌阶段。故宫博物院等博物馆也开始结合自身的文化IP,让文物"活"起来,推出"朕知道了"胶带、"嫡庶之争"口红等产品,为博物馆文创发展打开大门。

此后,国潮开始由外显元素转向内涵式发展,进入了时尚符号阶段。这一时期,国潮进一步拓展到文化旅游、大国科技等领域,展现出在国货、文旅、科技等领域的全面"国潮化"。

位于西安曲江新区的"'长安十二时辰+大唐不夜城'唐文化全景展示区"是国潮赋能文旅产业的代表之一。街区场景以电视剧《长安十二时辰》中的唐风市井为参照,在2.4万平方米的空间中设置了集全唐空间游玩、唐风市井体验、主题沉浸互动、唐乐歌舞演艺、文化社交休闲等为一体的新消费场景。在可知、可感、可触摸、可品鉴的多维唐文化体验中,国潮与商业、科技、文化、旅游融为一体。在大国科技方面,从"祝融""嫦娥""天问"等航天重器命名时的浪漫与巧思,到北京冬奥会速滑馆"冰丝带"以高科技实现

---

① 该案例写于2022年,为求表述准确,文中尽量保留相关论述。

1.2万平方米"最快的冰",国潮匠心与科技元素紧紧融合在一起。国潮从消费行为逐渐演变为一种具有引领性的文化现象,从实体产品到文化创意,成为激发文化创造力的标识性内核,这是群众精神追求的最新体现。

是国力之潮,更是国运之潮

国潮消费热现象的背后,是制造业升级带来的国货品质提升、青年一代的力量崛起和文化自信带来的传统文化回归。

持续提升的国货品质,是国潮热兴起的前提。过去颜色和制式都不讲究的"影楼风"汉服如今可按不同需求单独定制衣、冠、面饰、鞋等部分;过去人们为进口电饭煲趋之若鹜,如今国产高端电饭煲的销售纪录屡屡创下新高,家用电器行业营业收入较10年前提升超过50%;过去,进口车型占领中国汽车消费市场,如今国产汽车"加大油门"驶向全球,新能源汽车热销海外……如果说曾经的国货往往是国外大牌的"平价替代",如今越来越多的"中国制造"依靠更稳定的质量、更创新的设计、更具个性的营销,变得更时尚、更前沿,加速迈向产业链高端,也让国货焕发出新的生命。普华永道今年对中国消费者进行的一项调查发现,45%的受访者表示更倾向于购买中国品牌而不是外国品牌。这一比例比去年增加了10个百分点。

正在崛起的青年力量,是国潮热兴起的重要支撑。据新华网发布的《国潮品牌年轻消费洞察报告》,在全行业国潮品牌消费中,"90后""00后"是绝对主力,贡献了74%的国潮消费。

在国内外顶尖高校学习药学近十年的博士生聂菲璘就是其中的代表。她在博士毕业后,放弃了丰厚的物质条件,选择归国转行学习伦理学。"我在研究过程中逐渐意识到,药学领域抱持一种对抗性的药物设计思路,使得我们的研发速度始终追不上病毒的变异速度。而中华文化,尤其是中医讲究一元的整体性,其观念可以从根本上解决人类的健康问题,意识到这一点后我毅然转行回国学习传统文化与伦理学。"聂菲璘说。聂菲璘的经历并不是个例。如今越来越多的年轻人在中国与世界、传统与现代的碰撞对比中感受到了优秀传统文化的魅力。对于青年来说,青睐国潮不仅仅是一种消费偏好,更是一种生活态度和文化标签。

回归优秀传统的审美取向和文化意趣是国潮热兴起的根本原因。国潮之所以"潮",不仅在于产品的外在品质个性时尚,也源于其中的"国"字。采访中,专家们谈到,盘点国潮热背后层出不穷的符号、形象、题材等,一个清晰可见的特征便是优秀传统文化和审美的复苏。"某种意义上,国潮热的兴起是中国百姓走向自信的表现。"胡钰认为,这背后离不开整体国家实力的提升,当代中国人正是感受到国家的不断发展,才愿意购买国货来彰显自己的个性。

国潮的优秀传统文化内核

采访中,专家们强调,国潮热既是一个经济现象,也是一个文化现象。积淀了几千年的中华优秀传统文化,才是国潮创新创造的深厚营养与根本动力。钟也棠回忆起儿时在父母的带领下向一位老先生学习四书五经,"开始,我还理解不了古文背后的含义,只是诵读。但很快我就发现了其中的乐趣,还开始尝试在生活中用文言文对话、写作"。高中毕业后,钟也棠在出国求学与不同文化交流撞击中,对传统文化有了新的认识。"有一个外国同学问到我的属相,并追问我'你为什么是这个属相?',这个问题让我意识到有必要把中国传统文化更好地传播出去。"

2019年,钟也棠在B站推出了第一支国风视频。视频中,她身着汉服在仿古制的厨房中展现古食的烹饪过程,烹制的两样菜品分别是出自南宋《事林广记》的蜜煎金桔和出自元末明初《易牙遗意》的羊脂韭饼,视频推出就受到广泛关注。

有专家提到,深受年轻人喜爱的国潮不仅是有好看的"面子",还有真正支撑其走远的宝贵"里子",即优秀传统文化。

尤其是近年来,随着物质水平的提升,国人对于精神文化的需求也在不断增长。相比于其他文化符号,国潮所具备的传统文化特征更易引发国人的情感共鸣。

正因为如此,专家们强调,国潮要想一直"潮"下去,不能仅靠简单的复古怀旧,必须深入挖掘中华优秀传统文化,把艺术创造力和优秀传统文化价值融合起来,把中华美学精神和当代审美追求结合起来,做到"学古不泥古、破法不悖法",从而实现传统文化的创造性转化、创新性发展。如此,用"心"的国潮国风才能不断上"新"。近年来,一些流行的国潮设计已超越对传统符号元素的简单拼接,而是深入中华美学和传统文化的内核,在设计上主动融合中华美学取法自然、追求意境等理念,在形、意、境等不同层面将物品功能、视觉形象、空间构造创意组合。

舞蹈诗剧《只此青绿》以舞台重现《千里江山图》，将古典文学的叙事方式结合传统艺术的当代表达，借助精妙的舞台装置，营造出中国山水画高远、深远、平远不同维度的有序交错，为传统文化意象赋予了无限的生命力和想象力。正是由于剧目极富当代气息的古典美学表达切中了大众心中对于传统美学意趣的向往和认同，该剧目一经公演，便获得了人气与口碑的双丰收。

"究其本质，国潮国风热是对传统文化的重塑与传播，这一现象为推动传统文化发展带来了重要启示。"华东政法大学马克思主义学院教授赵庆寺认为，要注重文化的时代性、通俗性、国际性，深度挖掘中华审美精神与气质，通过丰富多彩的时尚形式展现中华优秀传统文化的精神内涵，展现新时代文化的精神气象。

思考讨论

1. 国潮不仅是时尚消费现象，更是中华文化自信的体现。谈谈国潮热中体现的文化自信如何促使青年一代主动选择国货，以及这种文化自信对中国社会整体价值观念有何影响。文化自信与国家实力之间关系紧密，特别是在全球化背景下，如何通过国潮热向世界传递中国文化？

2. 国潮热不仅仅是消费趋势，更涉及传统文化的创造性转化和创新性发展，在国潮的兴起中，传统文化如何被重新诠释和融入现代生活？如何在这种融合过程中保持文化的核心价值和精神内涵，避免浅层次的复古和过度商业化的倾向？

3. 在全球化进程中，国潮不仅仅在国内流行，也开始走向国际舞台，谈谈国潮品牌如何通过创新设计和传统文化元素的结合，成为全球消费者认可的文化符号。作为文化输出的一部分，国潮如何在国际文化交流中保持中华文化的独特性和影响力？

教学建议

本案例主要适用于"坚持建设好社会主义文化强国"部分的辅助教学，可以帮助学生了解"国潮"现象背后的文化自信。国潮的崛起不仅是中国制造业升级、国货品质提升的结果，也是青年一代文化自信的体现，国潮热潮强调了中华优秀传统文化与现代艺术创造力的结合，推动了传统文化的创造性转化与创新性发展。

1. 探讨国潮现象背后的文化自信及其社会意义

可以引导学生分析国潮现象中的文化自信,讨论为何国货与传统文化的结合能够在年轻一代中引起共鸣。通过具体案例如汉服热潮或国风视频的流行,探讨国潮如何在全球化背景下展示中国文化的独特魅力,并使学生理解文化自信对国家软实力提升的重要意义。

2. 分析国潮对传统文化传承与创新的双重影响

国潮不仅复兴了传统文化元素,更促进了这些元素在现代社会中的创新应用。可以通过展示国潮产品及相关艺术形式,探讨如何在保护传统文化的同时实现其现代转化,进而推动文化的持续发展。让学生思考如何平衡传统与现代,避免文化符号的简单拼接,而是深入挖掘其内在价值。

3. 讨论国潮热潮如何反映青年一代的文化态度与国家认同

可以在课堂上探讨国潮背后青年群体的文化态度,分析他们如何通过消费国货表达对传统文化的认同和对国家发展的信心。教师可以引导学生思考这种文化现象对国家认同和民族自豪感的影响,鼓励学生探讨如何通过日常消费和文化传播进一步推动中华文化在全球的影响力。

案例 3

网文、网剧、网游文化"新三样",出海正当时①

 核心阅读

讲好中国故事,传播好中国声音,展示真实、立体、全面的中国,是加强我国国际传播能力建设的重要任务。当下,丰富多彩的文化产品正逐渐成为中国文化对外传播的新媒介。文化产品不仅是传播中国传统文化和现代成就的桥梁,也是塑造国家形象和提升软实力的关键工具。电影、音乐、文学、艺术等形式能够生动地展现中国的历史文化、社会变迁和人民生活,帮助世界更全面地了解中国。近些年,中国文化出海形势喜人。除电影、电视剧、纪录片等成功登陆海外市场外,被称为文化出海"新三样"的网文、网剧、网游更是借助互联网在海外市场蔚然成势。扬帆出海的中国文化企业,正在向世界更好地展示中华文化,让世界认识中国、爱上中国。

随着中国经济的飞速发展,不仅年轻一代拥有了更强的文化自信,世界各国也对当代中国充满好奇,"文化出海"正逢其时。以网文、网剧、网游为代表的文化出海"新三样",以海外用户喜闻乐见的形式,高效地向世界展示了中国的历史和当下、传统与创新、智慧与思考、追求与担当。

在 2024 年 5 月 23 日至 27 日于深圳举办的第二十届文博会上,阅文集

---

① 徐松.文化"新三样"出海正当时[N].深圳特区报,2024-05-24(A01).

团、雅文传播、枫叶互动、米哈游、微游互娱等文化出海"新三样"头部资源聚集,正借助文博会的影响力和传播力,让东方神韵穿透时空,让中国文化远播海外,让全世界听懂"中国话"。

当"中国话"遇上互联网

受诸多因素影响,以线下和实体为主的传统文化交往形式受到较多限制,而"新三样"这类基于互联网传播的新文化形态跨越了距离和物理的阻隔,不仅展现了中国文化产品的全球潜力,也体现了中国在文化交流中的积极角色,成为越来越重要的中外文明交流互鉴载体。

从2000年初把有英文字幕的《还珠格格》搬上互联网,到如今中国的网文、网剧、网游风行全球,"中国话+互联网"实现了从作品出海到模式出海,再到生态出海的进化。据统计,我国数字文化产业规模已近2万亿元,占文化产业比重超过50%,数字文化产业已成为文化产业的主导力量,为文化出海积蓄了越来越大的机遇和动能。

本届文博会,已成功输出《庆余年》《赘婿》《琅琊榜》等网络文学IP及多种形式改编作品的阅文集团,在上海展区和腾讯展台同时亮相。展台上各IP全链路开发的实体出版、影视、衍生品等多元形态,吸引了众多年轻人围观体验。过去20多年来,阅文集团作为网文出海的先行者,见证了中国IP产业的出海升级,随着网文IP产业链的高度成熟,网文早已不再是以小说的单一形态影响海外受众,而是以包含动漫、影视、游戏等在内的多元内容形态"融合出海",实现影响力叠加放大。

"阅文集团正力争把优秀的网络文学和IP作品带向海外市场,也将中国独创的网络文学产业模式、IP模式带向海外,在全球各地扎根生长。"该集团相关负责人介绍,带动文化出海,阅文集团正在朝三个方向发力,一是做精内容,越是精品化越容易全球化,比如《庆余年》第一季剧集大热出圈后,迪士尼就预购了第二季的海外独家发行权;二是形成体系化、生态化的出海矩阵,通过实体出版、有声、动漫、影视、游戏、衍生品等多元内容出海,立体化提升IP在海外的传播力和影响力;三是链接顶尖的产业资源,建设全球性产业链,比如今年从《热辣滚烫》到《与凤行》和《庆余年》第二季,阅文集团的影视作品都在海外发行。以《热辣滚烫》为例,通过与索尼影业合作全球发行,该片海外票房突破700万美元,在马来西亚、北美、澳大利亚和新西兰市场上映首周分别斩获票房第一、第九、第二和第四的成绩。

是中国的,更是世界的

文化出海,走出去只是第一步,更重要的是能走进去。

中国传统文化博大精深,无论是筷子、熊猫、水墨画这些外在符号,还是儒家、道家等内里思想,千百年来早已渗透到中国人的骨髓,但外国人很难深刻体会到其中的精髓。因此,仅凭几个传统神话形象就能诠释中国的时代正逐渐远去。

文化要出海,必须摸索更加多元化和富有深度的跨文化表达方式,引起不同文化背景消费者的情感共振与广泛认同,才能将中国经由悠久历史沉淀下来的文化精粹传播出去,让海外观众真正理解中国文化。

在前海合作区产业组团的三人行影业展台,循环播放的中国文化出海品牌节目IP《舞今中外》,引起了中外观众的强烈共鸣。《舞今中外》融合武术、舞蹈、水下、乐器、特效等元素,将中国传统文化以舞蹈和功夫的形式完美呈现,被国家广播电视总局评为2023年季度优秀网络视听作品,至今已出10集正片,全网流量破15亿,实现真正的中国文化海外"出圈"。

三人行影业全新打造的超级武术女子团体IP——峨眉派女子功夫团也来到文博会现场。从4月29日首发至今,峨眉派女子功夫团全网浏览已超10亿,外交部新闻司副司长汪文斌曾将其推送到外网宣传,并配文称:"中国武侠小说中的英雄!看峨眉女侠如何惊艳全场。"

充分融合中外文化,三人行影业在法国巴黎,冰岛,英国伦敦、白崖、爱丁堡等地拍摄创作的《巴黎中国红》《敦煌遗书》《伦敦中国红》《马面裙》等作品也颇受现场观众喜爱。该公司相关负责人介绍,《巴黎中国红》全网流量已超4.5亿,《中国拳伦敦行》系列视频全网播放量超1亿,《敦煌遗书》全网流量破3亿。

位于11号馆上海展区的米哈游展位前摆放的《原神》游戏人物形象展板,吸引了众多粉丝排队合影。凭借《原神》,米哈游奠定了游戏行业头部大厂的位置。这款二次元开放世界手游被译制成14种语言版本,在全球200多个国家及地区发行,成功在70多个国家及地区位列游戏畅销榜第一。《原神》将中国戏曲、传统节气等中国文化,与欧洲的文艺复兴、古印度与古埃及等外国文化元素充分融入游戏玩法,获得巨大成功。米哈游展台工作人员介绍:"游戏作为文化的有效载体,在国际文化交流上具有明显的优势,因为玩游戏而喜爱去深入了解蕴藏其中的文化,这也符合人们的认知过程。米哈游以中国元素为起点,打造国外玩家了解中国的窗口,将中国元素作为'游戏出海'的重要基因。"

登高望远,携手同行

承载着中国传统文化的文化产品进军国际市场,寻找一个适合的出海口尤为关键,作为中国文化产品与项目交易平台,文博会对促进中国文化产业发展、推动中国文化产品走向世界,正起着越来越重要的作用。

作为全球领先的数字内容跨境发行及运营服务商,也是中国大陆最早实现内容出海发行的市场化机构,雅文传播在本届文博会10号馆设置独立展区,重点展示国际出海传播业务、CPOP4U华流文化平台、战略合作伙伴DVM传媒的V-Pulse数智化平台三类型展品,共计百余个IP、商品、品牌合作案例。重点呈现雅文传播是如何通过版权发行、社媒运营、品牌营销、数据洞察四大核心业务,助力全类目全生命周期的出海传播布局。雅文传播相关负责人介绍,这是公司首次正式以参展的方式参加文博会,"选择文博会参展,不仅因这是一个国家级、国际化的盛会,更是推动中国文化走向世界的重要舞台,这与雅文的理念与实践不谋而合。我们希望在这个充满机遇的平台上,借助首展、首秀、首发契机,和全球业界精英一同洞悉行业未来,探讨出海新路径,开启文化出海新篇章。这不仅是一次展示的机会,更是一次学习和成长的过程。我们渴望与各参展方深入交流,聆听不同的声音,汲取多元的智慧"。

阅文集团参展文博会的初衷,与雅文传播不谋而合。通过参与文博会,阅文集团向海内外推广优秀作品与产品,展示网络文学全产业链的发展成果与机遇,为拓展市场积蓄了宝贵的资源。

三人行影业已是连续第二次参展,该公司负责人也表示,"通过文博会,我们不仅可以与更多观众分享文化创意成果,还可以向观众、同行和潜在客户展示我们创新能力和专业实力。希望通过文博会平台与同行交流互鉴,促进品牌传播,扩大市场影响力。同时,我们也在寻求新的合作机会,开拓更广阔的发展机会,去推进文化交流,以推动传统文化走向国际舞台"。

文化的力量可以跨越国界,连接心灵。文博会,将使更多志同道合者相识相知,携手同行。

思考讨论

1. 在全球化背景下,文化出海"新三样"——网文、网剧、网游,正以互联网为媒介,突破了传统文化传播的局限,成为中国文化对外传播的重要工具,谈谈如何通过这些新形式,更好地展现中国文化的多样性和深度?在文化出海过程中,如何平衡传统文化的传承与现代文化的创新,以实现更广泛的国际影响力?

2. 在文化出海过程中,不同文化背景下的观众对中国文化的理解和接受度存在差异,谈谈在中国文化企业走向全球时,如何通过更为多元化和富有深度的跨文化表达方式,使海外受众能够真正理解和认同中国文化的精髓。如何通过文化产品促进中外文明的交流互鉴?

3. 文化出海不仅是展示中国文化的窗口,也是提升国家形象和软实力的关键,在推动文化出海的过程中,中国文化企业如何通过优质的文化产品,增强中国文化的全球影响力,并在国际舞台上塑造出一个真实、立体、全面的中国形象?如何进一步推动中国文化产品的创新发展,使其在国际市场上具有持久的竞争力?

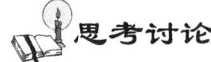教学建议

本案例主要适用于"坚持建设好社会主义文化强国"部分的辅助教学,可以帮助学生了解中国文化产品在国际市场上成功出海的现象,特别是网文、网剧、网游等"新三样"通过互联网传播的方式。案例展示了中国文化在全球的影响力和竞争力,对讲好中国故事、传播中国声音、塑造国家形象具有极大的重要性。

1. 引导学生理解文化出海对国家形象的影响

可以通过讨论案例中提到的文化出海"新三样",引导学生思考这些文化产品如何影响国际社会对中国的认知。通过分析网文、网剧、网游的成功案例,帮助学生认识到文化软实力对提升国家形象的重要性,激发学生思考如何通过文化传播来增强中国的国际影响力。

2. 鼓励学生探讨文化跨境传播中的挑战与机遇

可以设置情境讨论,探讨中国文化产品在海外市场推广过程中可能遇

到的文化差异和理解壁垒。引导学生思考如何在全球化背景下,利用多元化的跨文化表达方式,克服这些挑战,实现文化产品的有效传播,进而增强中国文化的国际吸引力。

3.促进学生关注中国文化企业的创新与发展

可以结合案例分析,鼓励学生关注中国文化企业如何通过创新,推动传统文化与现代科技的结合,提升文化产品的全球竞争力。引导学生思考,未来如何进一步发展和推广具有中国特色的文化产品,让中国文化走向世界,推动中华文化在全球范围内的影响力。

案例4
《苍兰诀》走红外网：中国文化如何走出去[①]

 **核心阅读**

2022年夏天，《苍兰诀》爆红。这部跳出了传统仙侠模式的剧集，不仅盘活了沉寂已久的同题材市场，也让几位主演迎来了事业的又一高峰。近期，该剧又被韩国平台买下版权，在韩国掀起一阵热潮；通过网飞（Netflix）面向全球上线后，海外关注度也持续高涨。纵观这些年在海外市场走红的中国电视剧，其本质魅力还是在于用中国人独有的叙事审美，讲述了符合东方价值观的动人故事。这些剧，或有扎实的原著做基础，或有隽永优雅、独树一帜的美术加成，不一定需要顶流，也能成为走出国门的"中流"——爱与大义，民族特色和用心创作，是让中国制造出海的关键。可以说，这些剧题材各异，故事不同，但都有一个特点，就是拍出了只有中国人能拍出的东西。也正因此，在如今越发强势的韩国市场，中国的仙侠、古装剧始终占有一席之地。然而，光靠挖掘"古装""仙侠""宫廷"这些传统优势显然是不够的，如何向世界展现更多面向的中国文化、更丰富的中国故事，仍是我们的巨大课题。近几年，《山海情》《人世间》等现代剧也在海外获得好评，正是创作者们不断尝试、突破的证明。各美其美，美美与共。用中国方式讲中国故事，传递世界大同的情感，这是《苍兰诀》等国剧出海走红的原因，也是每一位文艺创作者的使命。

---

① 韦玉莲，唐小钦，张雨婷.《苍兰诀》走红外网：中国文化如何走出去[EB/OL].（2023-02-19）[2024-12-10]. https://mp.weixin.qq.com/s/9aKFNGxc1G3BUfBhzBY1AQ.

专题 9　坚持建设好社会主义文化强国

2022 年夏天,国产剧《苍兰诀》热映在网络上掀起了一阵"诀症"潮,甚至火到国外,取得了开播一小时即被韩国买入版权,短时间内斩获爱奇艺国际版 App 全球热度第一的优异成绩,引起国人广泛关注。一时间,大家都在讨论《苍兰诀》为何能受到这么多人的喜爱?而越来越多走红外网的国产影视作品也随之走入公众视野。本文根据韦玉莲等所作文章进行说明。①

"中国故事"漂洋过海

近十几年来,我国大力推动文化产业发展,重视文化作品的价值引领,涌现出了许多健康向上、内涵丰富的好作品。随着互联网迅速发展,这些文化作品正在走出国门,走向世界,逐步彰显出中国文化的影响力。

数据显示,电视剧《知否知否应是绿肥红瘦》在美国播放量超过 117 亿,《最美逆行者》播出时登上泰国热搜第六,《恋恋小酒窝》于 2021 年 4 月在爱奇艺国际站播放量排名第二。央视推出的大型文化综艺《典籍里的中国》自 2021 年 3 月上传到 YouTube 以来,已经被观看 2.5 亿次,《自由日报》《华尔街日报》等境外媒体纷纷点赞。网络小说《诡秘之主》海外阅读量破 2500 万,《盘龙》在起点国际网上获得超两千万阅读量。歌曲《苏幕遮》在 TikTok 上获赞 10 万,《一剪梅》在 TikTok 上"雪花飘飘,北风萧萧"话题视频播放量累积超过 1.8 亿次。这只是"冰山一角"。无论经典剧作,还是新兴热剧,大众流行抑或小众喜好,都得到了不同程度的传播。

外国人眼中的"中国故事"

文化作品中烙着一个时代的印记,书写着一代人的故事。随着越来越多中国文化作品的海外走红,我们不禁好奇,那些漂洋过海的"中国故事"在它的外国受众与中国文化之间建立起了怎样的情感联结?

许多外国留学生在谈到印象深刻的中国作品时,不约而同选择了古典名著改编的电视剧《西游记》。"我小时候很喜欢出去玩,一直到晚上才回家,自从《西游记》播出后,我就一直守在家等着它播出。妈妈说多亏了它我才肯待在家。初中时,我不喜欢写作业,可妈妈说:'如果你不写作业,今晚就不给你看《西游记》了。'我为了能看《西游记》,只能边哭边写作业。"南宁

---

①　该案例写于 2023 年,为求表述准确,文中尽量保留相关论述。

师范大学2019级汉语国际教育学院越南留学生潘氏丽告诉记者。

南宁师范大学2018级汉语国际教育学院越南留学生阮青香也是由于初中时通过DVD看到《西游记》这部电视剧,从而对中国产生了浓厚的兴趣。"印象深刻的情节是孙悟空大闹天宫,我喜欢他有责任心,敢作敢当,爱恨分明的性格。"

"《西游记》陪伴着我们长大,带给我们很多欢乐的时光。小时候看只觉得很有趣,因为有很多打闹的场景。长大后再看,明白了很多人生道理。"南宁师范大学2020级国教院专硕留学生邓美缘说。潘氏丽直到现在空闲时还是会继续看《西游记》,咀嚼里面蕴含的哲理。"人类或妖怪也可以为实现自己的目标而奋斗,虽然有一些做法是不对的;神仙也会像其他人一样犯错,受到惩罚。生活总是有因果关系,必须懂得修德才能守住自己的德行。"潘氏丽和邓美缘坦言,从小时候看的中国影视作品中感受到中国的美丽、中国文化的博大精深,所以决定来中国学习。

除了最负盛名的"四大名著"之外,金庸的作品在越南和其他东南亚国家也非常受欢迎,根据它们改编而成的电视剧也在外国观众中有很高的认知度。南宁师范大学经济与管理学院2019级公共管理专业越南留学生邓克坚说:"我从小就在电视上看由金庸先生的作品改编成的电视剧,对我们'00后'来说,最有名的是2006版《神雕侠侣》,每个越南小孩都有同一个梦想——当大侠。"

对于海外受众来说,古装剧无疑是最具中国特色的文化产品。近年来,中国古装电视剧"出海"的频率越来越高。虽然理解古装剧需要一定的历史文化背景知识,但这并没有影响它走红的步伐。

在抖音、哔哩哔哩等国内平台上,时常可以看到一些关于外国友人观看讨论中国影视剧的视频。在ViKi、YouTube等外网平台上,也有不少外国网友在中国影视剧下发表评论。

古装玄幻剧《幻城》播出后,土耳其网友穆斯塔法感叹:"感觉在过去的几年里,中国电视剧一直在稳步增长和进步,独特的故事情节,健康的内容和整体惊人的演员阵容,大量的制作预算,令人惊叹。"他坦言,制作精良的服装,精致的特效与摄影技巧让他深深着迷。

古装剧《庆余年》播出时,美国网友Lynne Martin激动评论道:"简直是经典之作,我很想在美国电视上看到它。我已经迷上中国电视剧了。"她表示这是她目前最喜欢的电视剧,范闲具有一种独特的魅力,他和费老爷子的戏份也很精彩。

古装剧《知否知否应是绿肥红瘦》开播后,在外网引起了不小的轰动。ViKi 一网友评论道:"被击中! 第一次真切地磕到了明兰和廷烨之间的感情! 这就是汹涌爱意的起点啦!"

YouTube 一网友也积极发表自己的看法:"在我看来,这部剧不容易看懂,你需要耐心观看二十集后才能窥见其中的奥妙。我看过无数的韩剧和中国剧,可这部剧令人耳目一新,演员和道具灯光等都让人十分愉悦。"

另一位 YouTube 网友发现了一件有趣的事:故事发生在宋朝,那时没有电灯,剧组为了让场景更加真实,所有夜景都是点亮上千支蜡烛拍摄的。"你可能会发现这部剧的夜景有点儿暗,但它看起来美丽和真实。"

古装剧《梦华录》在播出时热度极高,引起外国网友纷纷观看。一位 YouTube 网友表示,这部剧质量上乘,制作非常精美,展现出了女性强大聪明的一面。"角色之间的关系和化学反应太绝了! 如果你喜欢意味深长的故事、令人惊艳的配乐和优质的演员,这绝对是最好看的电视剧之一。"

除了古装剧,多种不同类型的国产现代剧也逐渐在海外市场崭露头角。现代悬疑剧《开端》一开播,韩国网友郑晓贞就被深深吸引了。她评价道:"这种循环概念的题材很吸引人。"她分享追剧心得时说,观剧中最大的感受就是逻辑性很强,由角色推进剧情,故事衔接合理顺滑。通过这部剧,她感受到中国影视行业的创作能力正在不断提升。

2023 年 1 月 15 日,科幻电视剧《三体》开播。YouTube 一网友表示:"难以置信,这就是我期待已久的改编! 我从来没有因为一部剧如此兴奋过! 它达到了一个新的高度。"该网友认为,这部剧在讲好故事的同时,细节处理也很到位,画面十分具有冲击力。"我想从这部剧中得到的是真实的原著,不仅是故事和对白,还有情感,我很高兴他们没有为观众接受度而淡化了科学细节,这部剧值得宣传。"

文化出海:大路在前,小路在后

文化作品的走红给世界认识中国创造了契机。我国一直积极推动与世界各国的文化交流与传播,致力于讲好中国故事。这背后既有官方的努力,也有民间自发的行动。

在官方对外传播方面,比较典型的例子有电视剧《最美逆行者》和《什刹海》。

《最美逆行者》播出时登上泰国热搜第六。它由七个单元故事组成,每个故事均根据此次全民抗疫涌现出的先进人物和感人事迹改编而成,给这部电视剧带来了生命的质感和现实的温度。通过这部作品,许多国家的民众了解了我国的抗疫历程,认识到了我国为这场抗疫之战做出的贡献,在国际上起到了正面效应。

《什刹海》在 YouTube 的播放量已达到 613.9 万次。该剧以美食为切入口,向海外观众展示庄家菜馆精雕细琢的美食,通过讲述普通中国人勤劳奋进、不断追求美好生活的小故事,折射出飞速发展、日新月异的当代现实中国,循序渐进,引人入胜。

民间自发的对外传播方面,电视剧《人民的名义》和李子柒的系列短视频可以作为代表。

《人民的名义》截止到目前总播放量为 228 亿左右。该剧展现出我国对腐败的零容忍,击中了反腐败的社会心愿,为国际展现出我国肃清腐败,一心为民的决心。走红之后外国友人期待看到外文版的剧集,许多海外华人和留学生自发进行翻译上传,中文水平很高的外国友人也自行进行翻译,得到了很多正向评论。

在 YouTube 上,李子柒的账号拥有 1650 万粉丝,每条短视频的播放量几乎都破千万。她的系列短视频以叙述的方式展现出中国古朴的乡村田园生活,充满温馨,具有浓浓的烟火气。她在视频中展现酿酒、刺绣、制花露、造文房四宝等技能,弘扬了中华优秀传统文化。

外国友人纷纷赞美她是"最具才华和创意的中国女孩","看她的视频永远不会厌倦"。"李子柒的 YouTube 频道对外文化影响力,从某种角度说抵得上 1000 个 CGTN(中国国际电视台)。"一位在海外留学的网友如此评价。

中国文化怎样更好地走出去

随着中国影视作品不断出海,其日渐成为中国形象的一张文化名片。然而,承载东方文化和价值观的内容在海外传播并非一帆风顺。

作品被翻译传播,在某种程度上是对原作的一种二次创作,和原作本身有一定距离。某些译制作品甚至对原作有幅度不小的删节,这引发了文艺作品背后的跨文化接受问题。

从事跨文化研究的南宁师范大学国教院教师陈晨谈到,20年前的电影《刮痧》里的一个核心情节就是美国人对《西游记》的不理解与误读。"带有鲜明中国文化特色,尤其是传统文化元素的影视作品,对欧美受众来说是有接受门槛的,但这一现状正在随着中国改革开放的深入和中国文化走向世界的脚步不断改善。"

陈晨表示,近些年中国影视作品越来越多地走出国门,在一些国家,中国古装片取得了非常好的收视率。"某些平台甚至以原声加字幕的形式来呈现中国影视作品,这说明了受众对中国文化的理解更进一步。"她认为,这将鼓舞更多的影视作品拓展海外市场,在出海的过程中了解和适应海外文化与受众,通过影视出海带动文化交流,增进中国与各国的理解和互信。

正在做古装电视剧跨文化传播研究的南宁师范大学2019级国教院学生徐安澜和我们分享了她在调研中发现的问题:地域偏好的差异和网站的盈利策略影响着电视剧的传播。

网飞是美国最大的流媒体平台。当徐安澜把能想到的中国影视剧英文名都搜索了一遍后,遗憾地发现,在全球TOP10上没看到中国的电视剧。

当按国别/地区进行搜索时,她发现亚洲受众对于电视剧的喜好非常接近,那就是大家都爱看韩剧。"所以仅仅依靠外国网站的购买,对于文化传播是不够的。并非国产剧质量不好,而是传播的渠道受阻了。"徐安澜介绍道,网飞为了推广自制剧,会把本家的剧集放在显眼的位置方便点击。

"全球化很大程度上消弭了各国现代文化和思维的差异,恋爱都是那样谈,反派都是那几个理由破防,职场也是那些起起落落,全世界都一样。这种情况下,中国现代偶像剧对于海外市场来说稀缺性没那么强,可替代性高,所以我们的古装剧会更受外网欢迎,甚至被翻拍。"徐安澜表示。

事实上,国内还有不少优质的影视文化内容具备赢得海外市场的潜力。南宁师范大学2019年汉语国际教育学院越南留学生邓素珍提到,她来华后最喜欢看的中国节目是《令人心动的offer》和《主持人大赛》。

"《令人心动的offer》是关于十几个跟我年龄差不多的年轻人去实习的故事,在他们实习的过程中,我感受到中国年轻人是充满热情、努力奋斗的。我喜欢一边看这个节目一边工作或学习,因为这个节目给我带来了积极向上的能量,让我有动力去学习知识,努力工作。"

《主持人大赛》对于想学习汉语的外国朋友来说也极具吸引力。"我想训练我的汉语口语,同时进一步学习中国文化,所以看了这个节目。主持人和选手的表现都非常精彩。我最喜欢的部分是关于文化的故事,意义非常深刻,比如西安的古城,博物馆的藏品等,让我感受到中华文化的魅力,也让我学习到了更多知识。"邓素珍说。

中国影视作品在海外的悄然走红,让不同文化背景的人们感受到中华文化的魅力,中国文化软实力不断提升。

我们的日常生活中文化传播也无处不在,留学、移民、旅游、对外贸易、与外国网友在线交流等都是文化传播的途径。无论在真实社会场景中,抑或在虚拟空间里,我们的话语都可以成为新一次文化传播的开始。

期待未来,世界各个角落能听到更丰富多彩的中国故事。

思考讨论

1. 中国电视剧《苍兰诀》的全球热播展现了中国文化的独特魅力,但也面临跨文化传播中的适应挑战。如何在保持中国文化独特性的同时,确保其能被全球观众理解和接受?中国影视作品如何在叙事、艺术表现和文化内涵上实现跨文化的有效传播,哪些因素最能帮助中国文化成功"出海"?

2.《苍兰诀》等影视作品在全球的成功表明,中国的文化产业正在获得越来越大的国际影响力。在全球化背景下,中国影视作品如何通过内容创新和价值传递,增强自身的全球竞争力,并成为向世界讲述中国故事的重要载体?特别是面对西方文化主导的市场环境,中国作品如何保持自己的文化身份和核心价值?

3. 随着越来越多的中国影视作品在国际上走红,它们不仅是娱乐产品,更是中国文化软实力的重要体现。影视作品如何塑造中国的国家形象?这些作品在传播中国文化、促进国际理解和增加国家软实力方面发挥了怎样的作用?在这一过程中,创作者和政府应如何协同努力,提升中国文化的国际影响力?

教学建议

本案例主要适用于"坚持建设好社会主义文化强国"部分的辅助教学,可以帮助学生了解中国文化如何通过影视作品走向世界,理解跨文化传播中的挑战,并探讨如何利用创新和民族特色增强中国文化的国际软实力。

1. 结合实际案例,引导学生分析文化传播的全球路径

在课堂上通过《苍兰诀》的成功案例,鼓励学生分析中国影视作品如何通过互联网和国际平台走向全球。讨论文化产品在国际传播中的策略,如本土化适应和内容创新,帮助学生理解中国文化在全球化背景下的传播路径与挑战。

2. 开展小组讨论,探索跨文化传播中的文化适应问题

组织学生分组讨论,探讨中国影视作品在海外传播时可能遇到的文化适应问题,如语言翻译、文化差异和观众接受度。通过案例分析,学生可以提出解决跨文化传播障碍的方法,增强他们对文化全球化的理解和应对能力。

3. 结合课外阅读,深化学生对文化软实力的理解

鼓励学生课外阅读有关中国影视作品出海的成功案例,并在课堂上分享他们的见解。通过探讨文化软实力在国家形象塑造中的作用,学生将更深入地理解中国文化在国际舞台上的重要性,并思考如何进一步提升中国文化的国际影响力。

案例 5

"朋友圈"不断扩大，贵州"村超"做对了什么？[①]

 **核心阅读**

发展基层体育运动，有助于促进乡村文化振兴。体育强则中国强，体育兴则乡村兴。近年来，不少地方选择将人民群众喜闻乐见的体育运动作为突破口，将广大乡村群众凝聚到乡村文化振兴的进程中。在贵州榕江，"村超"已经成为"现象级"的全民嘉年华。一场少数民族地区的民间足球赛，能吸引几万人现场围观，并引爆全网几十亿的浏览量。"村超"作为中国乡村体育发展的典型，充分呈现出特有的乡村文化和少数民族风情，能让传承千年的乡村文化与足球碰撞出奇妙的火花，与国内外各界进行深度链接，由此引发了一系列连锁反应。乡村文化"村超"的"走出去"，是我国本土文化的被认同，不仅推动文化强国建设迈出坚实的一步，而且文化的认同也促使国与国之间的相处更加和谐融洽，文化的兼容并蓄帮助民族文化多元化发展，文化的现代化创新凝聚更加团结的民族力量，优秀的民族文化不断提高中华儿女的自信心与自豪感，文化的力量始终都不容小觑。

2024 年 5 月 27 日，在"逐梦"冠军明星公益赛中卡卡来了，卡卡真的来

[①] 公兵,许仕豪,罗羽,等."村超"做对了什么[EB/OL].(2024-06-04)[2024-12-10].https://mp.weixin.qq.com/s/pJ6gpACvbslwpy7jE9Qp4w.

了! 继欧洲金球奖得主欧文与"村超"进行线上热情互动后,又一位传奇球星成了"村超""粉丝",而且直接来到了"村超"诞生地——贵州榕江。

卡卡是谁？他是2002年韩日世界杯冠军巴西队成员,集欧冠冠军、欧洲超级杯冠军、世俱杯冠军和金球奖、世界足球先生等荣誉于一身。卡卡的到来无疑提升了"村超"的"段位",而"村超"也打开了以卡卡为代表的外国友人了解中国的一扇窗。

2023年5月13日,由榕江当地20支村队发起的全称为贵州榕江(三宝侗寨)和美乡村足球超级联赛的"村超"打响。之后,这一赛事便火爆"出圈"、火出国门,全网浏览量超700亿次,成为现象级草根赛事。

进入2024年,"村超"更是新意满满、惊喜多多——从2023年的20支村队扩展到2024年的62支;从以本土球员为主到囊括高水平外援;从文化展演以榕江为主到辐射至全省甚至全国;创新举办校园赛事"班超",助力保持和增强"村超"活力;海外影响力不断增强,在与英超牵手的基础上,其模式还在非洲贝宁、南非等地被复制;以法国为代表的国外队伍奔赴"村超",两国人民间友谊得到深化……

一年多来,"村超"依然高光、魅力更甚,究竟做对了什么？

"一个拥有优秀基因的孩子"

"为什么魅力可以持续？如果把'村超'比喻成一个孩子,首先是这个孩子的本性很好,基因很好,初心很好。"榕江县县长徐勃说。如其所言,"村超"植根于民间,群众基础好,"村味"浓郁,借助榕江少数民族聚集的区域优势,深刻诠释了"民族的就是世界的"。

"村超"虽然今年只是第二届,但榕江的足球历史可以追溯到20世纪40年代,历史文化基因强大。赛场内,"圆月弯刀""贴地斩"等一些职业赛场上的动作在这里也能看到。赛场边,村民、游客激情助威、热情互动,那种热爱和快乐发自内心、溢于言表;侗族大歌、苗族芦笙舞……少数民族文化被生动演绎;身着少数民族服饰的村民现场分发自家做的杨梅汤、牛羊瘪等;"超级星期六足球之夜"更有齐跳多耶舞等民俗表演。赛场外,足球正助推形成乡风文明新风尚,踢球的孩子日渐增多,村民自发排练少数民族表演节目;只要有比赛,村里总会有志愿者敲着铁盆,提前去各家各户"喊寨",村民踊跃前来支持本村球队……

"村超"足球联赛发起人之一贾蕾仕认为,"村超"魅力之所以能持续,"最核心的一点是保持了原生态、纯粹性;越纯粹,越保持初心,则越宝贵,越符合足球规律"。国际足联足球管理和竞赛专家刘劲松认为,"村超""长红"的关键原因是,村民、村寨和所在地区从村队中找到了身份认同、情感共鸣。这与"村超"新媒体传播负责人王永杰的观点不谋而合:"'村超'球员来自各行各业,有农民、商贩、学生等,他们因热爱而聚集,用纯粹的足球精神打动了观众,释放了幸福能量、人心红利和精神红利。"

"因为榕江人的快乐天性,他们自然而然流露出的欢乐总是能打动人。"榕江县晚寨村名誉村长缪杰说,"村超"就是通过纯粹的欢乐释放出持久魅力,不断打动人心。在脱贫攻坚取得全面胜利后,村民吃穿不愁了,但精神文化生活还不够富足。"'村超'等乡村体育赛事的兴起,满足了新时代农民对精神文化生活和体育娱乐活动的强烈需求。通过参与'村超',他们可以更好地展示才华和热情,感受生活的美好和幸福。"王永杰说。

孩子代表着未来,也是"村超""长红"的基础。"村超"的火爆带动了更多榕江孩子参与足球运动。2024年以来,榕江全县乡镇及以上的38所中小学中,有30所陆续掀起了借鉴"村超"文体融合模式的"班超(校园足球班级联赛)"比赛。这一创举有效保持和增强了"村超"活力。

看到榕江的孩子们热爱足球,并通过足球努力追逐梦想时,卡卡深感欣喜:"这样的场景跟巴西十分相像,足球伴随着我们的成长过程,我们就是在家乡的沙滩上,与朋友一起开心地踢球。"

"超链接":连接你我,连接世界

每个周末的球赛夜,都能在摊位前看到榕江县摆贝村苗族服饰项目国家级非遗传承人姜老本忙碌的身影。"我们的'村超'周边产品非常畅销,品类也不断扩大。蜡染的衣服、帽子和围巾销量特别好,去年仅T恤这个单品,一周最高销售额就超过5000元,我们家的年收入更是达到了40多万元。"借助"村超",摆贝村打开了非遗产品销路,开办了蜡染刺绣车间,目前吸纳全村稳定就业10人,还带动其余绣娘30多人参与。

榕江县文体广电旅游局的监测数据显示,在"村超"等赛事的带动下,2023年5月13日至2024年5月5日,榕江县接待游客超760万人次,这一数字是榕江常住人口的20倍;实现旅游综合收入超84亿元。

徐勃说,"村超"出圈不是目的,闯出新路、实现县域经济高质量发展才是追求。榕江将深入挖掘"村超"文化品牌价值,大力发展"超经济",推动农文旅体商融合发展,真正将"村超"的"流量"转化为社会效益的"质量"和经济效益的"增量"。

"'村超'就是创新、协调、绿色、开放、共享的体育文化合作平台,以乡村足球为媒、用民族文化搭台、让经贸产业唱戏、用数字媒体创新推动;核心是传播,传播平凡人物真善美的感人故事,传播中华优秀传统文化中向上、向善、向美的正能量。"徐勃说。

"村超"就像一扇门,让世界看到榕江,让榕江走向世界

香港明星足球队、澳门职工足球队倾情加盟,助力榕江县打造贵州融入粤港澳大湾区"桥头堡"主阵地;2023年"村超"与英超牵手合作,2024年迎来法国青年代表队、利比里亚社联足球队等国外球队,非洲贝宁复制"村超"模式。通过足球这一全球性语言,"村超"正在不断联动世界、扩大"朋友圈",让更多人看到了这个曾经的贫困县如今焕发出的勃勃生机。

"村超"的三步走战略中,前两步"榕江人自己玩"和"吸引全国人民一起玩"都已完成,第三步将通过首届"村超"国际友谊赛等赛事"吸引全世界人民一起玩"。

要想长盛不衰,必须推陈出新。自诞生之日起,"村超"就保持着极强的学习力和创新力,如同一块巨大的海绵,不停地吸收养分。

5次塑造城市IP的失败经历,从"淄博烧烤"案例中学习借鉴,推出"我要上村超""带着非遗上村超""来村超约场球"等20种"快乐村超吃喝玩乐"系列活动……"村超"的内涵在丰富,外延在扩展。

辽宁东港草莓足球队带来唢呐表演,中山大学凤庆滇红茶足球队带来芦笙舞,毕节南山羊肉粉足球队带来彝族舞蹈……"村超"聚力汇智,推动共建共享。

"村超"球队赴香港,去广州,到名城遵义,进北京清华大学,开阔眼界、学习借鉴的同时,榕江人的发展信心不断增强。

榕江正在举全县之力、引世界之智,将"村超"打造成一个世界品牌,人民群众的主动积极参与是关键。"村超"传播总策划欧阳章伟说,"村超"真正激发了人民群众的主观能动性,所有老百姓都认为"村超"是他们自己干出来的,参与感、荣誉感十足;他们又从"村超"得到实实在在的收益,干劲变得更足。"村超"真正做到了与人民群众共建共享。

"主动服务国家战略"

欧阳章伟认为:"'村超'一直在主动拥抱和服务国家战略,希望能为'一带一路'倡议、构建人类命运共同体等作出自己的贡献,地方层面的战略则有贵州省打造世界级旅游目的地、主动融入粤港澳大湾区等。"

今年国庆,榕江将发起举办首届"村超"国际友谊赛暨贵州-粤港澳大湾区足球友谊赛,挖掘更多国内外草根球星,组建各年龄段的"村超战队",走差异化发展之路,将榕江打造成全民足球文化之城和体育文化旅游目的地。

卡卡的"空降",或可看作榕江推出新动作的"前奏"。以民间外交形式进行的文化交流,让外国友人以不同视角加深对中国的了解,这也凸显了"村超"等乡村赛事在讲好中国故事、塑造中国形象、助推中华文化走向世界等方面的独特价值。

贵州省社会科学院智库工作处处长、研究员许峰认为,"村超"等村赛激发了国外受众对乡土中国的好奇,让他们见识了中国多姿多彩的乡村文化和民族文化,见识了中国乡村的诗意与现代,看到了一个不一样的中国,一定程度上打破了他们对中国的刻板印象;他们还从乡村文化的本真性中看到了中华文化的"可信"形象,从乡村文化的草根性中看到了中华文化的"可爱"形象,从乡村文化的历史性中看到了中华文化的"可敬"形象。

体育咨询专家张庆认为,在推动高质量共建"一带一路"、构建人类命运共同体的宏大叙事和战略布局下,体育尤其是具有鲜明特色的乡村体育可以肩负起民间和平使者的角色。

"村超"如何更好地服务国家整体战略?外交学院体育对外交流研究中心主任周庆杰建议:立足服务国家对外开放和外交工作大局,充分挖掘赛事内涵,发挥其在中外文明交流互鉴、民心相通方面的独特作用,探索构建新时代民间外交叙事体系,优化传播策略和方向,更好地讲述中国故事。

思考讨论

1."村超"作为一个草根足球赛事,不仅激发了民众的热情,还通过体育运动促进了乡村文化的复兴与发展。"村超"在推动乡村文化振兴方面起到了哪些作用?这一模式如何在其他地区推广,帮助更多乡村实现文化和经济的双重提升?

2.在"村超"中,像卡卡这样的国际明星参与,提升了赛事的国际影响力,同时展示了中国乡村文化的魅力,这种国际化参与对中国文化传播有何意义?如何更好地利用体育赛事作为文化交流的平台,推动中华文化的全球传播?

3."村超"通过展示乡村文化和民族风情,激发了民众的自豪感和文化认同,这种文化自觉在国家文化软实力建设中具有极大的重要性,谈谈如何在现代化进程中保持和发扬这种民族自信,推动中华文化的传承与创新。

教学建议

本案例主要适用于"坚持建设好社会主义文化强国"部分的辅助教学,可以帮助学生了解"村超"现象的成功原因,特别是如何通过体育运动促进乡村文化振兴,并利用文化与体育的结合,提升地方经济和社会效益,最终助力中国文化的全球传播和国家战略的实施。

1.深入探讨"村超"对乡村文化振兴的启示

可以引导学生思考和讨论"村超"成功的原因,尤其是它如何通过结合少数民族文化和足球运动,激发了村民的参与感与自豪感;这种模式如何促进乡村文化的复兴与传承,以及在其他地区推广"村超"模式的可能性,从而探讨基层体育在国家文化振兴战略中的作用。

2.分析"村超"在全球文化交流中的独特价值

可以引导学生分析"村超"如何通过吸引国际明星参与和在海外的推广,推动中国文化走向世界。这可以引发学生对民间体育赛事在国际文化交流中的作用的思考,探讨如何利用类似的文化活动更好地讲述中国故事,塑造中国形象,并促进中外文化的互鉴与理解。

3.探讨"村超"对国家战略的贡献和意义

可以鼓励学生在课堂上探讨"村超"在服务国家战略,如"一带一路"倡议和构建人类命运共同体中的角色。通过讨论"村超"如何通过文化、体育、经济等多方面的融合,助力国家战略的实施,学生可以深入理解地方文化品牌如何融入国家发展大局,并思考如何在其他领域复制"村超"的成功经验。

案例 6

泡泡玛特这家中国潮玩公司,如何让全球年轻人上头?[①]

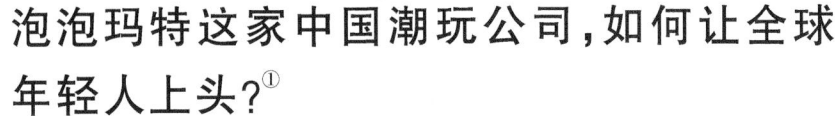

泡泡玛特,对于很多人来说,可能是一个熟悉的品牌名称。那么,泡泡玛特到底是什么东西呢?可以说,它是一个以潮流文化为核心的综合性文化品牌。它通过不断创新和探索,将潮流文化推向了更广泛的市场,让更多的人了解和喜爱这种文化。同时,泡泡玛特也成为中国本土潮流文化的一面旗帜,引领着中国潮流文化的发展。泡泡玛特让我们重新认识了潮流文化的内涵和价值。它让我们看到了一种年轻、时尚、有活力的文化形式,它不仅仅是一种娱乐方式,更是一种生活态度和文化表达方式。同时,泡泡玛特也让我们看到了一个企业在推广和发展潮流文化方面所应该承担的责任和使命。在当今全球商业舞台上,中华文化正以前所未有的活力和魅力迅速走向世界。随着中国经济的蓬勃发展和国际影响力的日益提升,越来越多的中国品牌踏上了征服海外市场的征途。而在这股潮流中,一颗耀眼的新星正在迅速崛起——泡泡玛特。作为潮流领域的领导品牌,泡泡玛特以其独特的中华文化魅力和创新力量,正向世界展现着中国的活力与魅力。当 2024 年奥运圣火在巴黎卢浮宫前燃起,一家中国品牌也在世界文化舞台

---

① 志泽.这家中国潮玩公司,如何让全球年轻人上头?[EB/OL]. https://mp.weixin.qq.com/s/XiyFG0LvQDnsPzg65aVaAA.

上燃起了属于自己的火焰。泡泡玛特,不仅以其创新的商业模式和深入人心的 IP 形象征服了全球市场,更以其令人瞩目的海外扩张成就,改写了中国品牌出海的传统叙事。让我们一起走进泡泡玛特背后的故事,来看它究竟如何在世界舞台上绽放异彩。

2024 年 7 月 27 日,奥运主火炬在巴黎卢浮宫前熊熊燃烧,第 33 届夏季奥运会首个比赛日正式到来。同一时间,同一地点,一家中国品牌,点了一把文化出海之火。7 月 27 日,泡泡玛特法国卢浮宫店正式开业,将无数中国潮流玩具,带入这座人类最大博物馆。超百家门店,年销售额破 10 亿元,过去几年,泡泡玛特在海外大展拳脚,也让全世界看到潮流玩具的中式定义。

爆火全球

2024 年 7 月 1 日,中国文化出海的经典一幕,当时也在泰国上演:为迎接一位中国女星,泰国旅游部部长、旅游局局长、旅游警察局局长等一众高官齐聚曼谷机场,无数摄影师争相拍摄,现场粉丝不断爆发出巨大的欢呼声。然而这位女星却并非真人,她叫 Labubu,是中国企业泡泡玛特旗下众多潮流玩具 IP 之一。

在泰国,Labubu 早已超越玩具概念,成为流行文化符号。年轻人穿 Labubu 形象的衣服,佩戴 Labubu 挂饰,互赠 Labubu 玩偶作伴手礼。寺庙里有 Labubu 的广泛存在,TikTok 有人晒出手臂上的 Labubu 纹身,求财运,求平安。

社会的名媛也将 Labubu 视为珍宝。比如,身价超过 300 亿美元,号称全球最富公主的泰国公主思蕊梵,出席时尚活动时,背包上挂的也是 Labubu 玩偶。媒体上常见的表述则是:"为了 Labubu,年轻人可以彻夜排队疯抢!"

因为怕现场被粉丝挤爆,泡泡玛特门店甚至在泰国采用预约制,只有持泰国身份证在网络预约才能进店。即便这样,后到粉丝要进店一次,也要排上一个半小时。这股抢购风,甚至传回中国。不少泰国人涌入国内泡泡玛特直播间,甚至专程来国内线下店,只为抢购 Labubu。

价格自然也被炒上了天。在国内,一个 Labubu 玩偶盲盒,售价 99 元,到了泰国变成 3500 泰铢,约合 700 元人民币。泰国粉丝的购买力,甚至颠覆了泡泡玛特的认知。2022 年,在上海最繁华的南京路,泡泡玛特全力一搏,整合最强资源开出超500平方米的全球最大线下店,首月销售额突破1000万元。这笔成绩曾被泡泡玛特引以为豪,大加宣传。

刚刚开店的泰国Labubu IP店一天就做到了1000万人民币销售额。业绩如此亮眼,引得泰国副总理兼商务部长直呼,泰国文化业必须学习"Labubu模式",紧追中国艺术玩具产业步伐。而这,还只是泡泡玛特海外扩张的冰山一角。

到法国卢浮宫店正式开业,泡泡玛特已经在海外及港澳台累计开店超过100家。如果加上Amazon、Aliexpress、Shopee、Lazada等海外电商渠道,它的市场已经覆盖全球80多个国家和地区,并在多国上演着类似泰国的火爆场景。

而且,泡泡玛特的线下门店,基本都开在世界一流商业区,如东京涩谷大街、伦敦牛津街、巴黎奥斯曼大道、纽约曼哈顿金融中心……用泡泡玛特创始人王宁的话说:"这些地方,有钱也未必能进,要让商场和LV、爱马仕这样的品牌,认为你配做邻居。"

强势的海外增长,让泡泡玛特业绩逆势反转。2019年,泡泡玛特的海外收入是0.27亿元,占总营收比重为1.6%。到2023年,海外收入已经有10.66亿元,占比高达16.9%。2022年,泡泡玛特年营收增速仅为2.82%,净利润下滑44.32%,市值也从上市初的超1400亿港币跌去九成,只剩约130亿港币。出海大获成功,也让泡泡玛特业绩重新起飞。2023年斩获63亿元营收,增速达到36.46%,实现净利润10.88亿元,增速高达128.8%!市值回升至500亿港币。

背后,泡泡玛特收入几乎全部来自潮流玩具。其中76.5%的收入,来自品牌与设计师独家签约的玩具IP(文化品牌);约16.5%来自非独家IP;约7%来自其他收入,包括代销其他品牌产品的收入,主题乐园收入等。在独家IP中,Skullpanda、Molly均在2023年创下约10.2亿元收入,分别占泡泡玛特营收额的16.3%和16.2%。两大王牌IP之后,还有8款营收破亿的高人气IP。

凭借这份成绩,泡泡玛特创始人王宁,也登上福布斯《2024中国最佳CEO》榜单,成为榜单史上最年轻的白手起家创始人。媒体评价他:在海外,泡泡玛特多年保持高速增长,背后却是步步小心,绝不涉险。

新式出海

谁能想到,打出文化出海标杆的泡泡玛特,却是靠"洋货"起步。王宁 1987 年生于河南新乡,曾在大学时开过校园杂货铺,毕业后独自来北京闯荡。2010 年,王宁创立泡泡玛特,定位于潮流产品杂货店。到 2015 年,泡泡玛特还没有明确主力产品,卖玩具,也卖食品、服装。

王宁注意到,店内一款潮玩盲盒 Sonny Angel 销售极好:"每次发限量版,粉丝一定排队买。"这是日本 Dreams 公司设计的一款潮流玩偶 IP,它以 12 种款式为一个系列,放进不标注具体款式的盲盒内,消费者开盒时,便有抽奖般的刺激感。

一个大胆方案在王宁头脑中形成:自己签约潮玩 IP,做盲盒!此后短短两年时间,王宁就推出 Molly 系列,并打造成品牌第一个爆款。但到 2018 年,王宁决定出海发展时,形势仍然凶险。

海外对手,实力实在太强。在全球潮玩市场,行业标准基本由海外跨国巨头支配,市场也被它们掌管。丹麦乐高、美国迪士尼、日本万代南梦宫等巨头几乎统治了全球市场。全球顶级的潮玩 IP,也掌握在它们手上。迪士尼有无数经典动画 IP:米老鼠、白雪公主、狮子王等;万代南梦宫也手握龙珠、高达、奥特曼,坐拥粉丝无数。反观泡泡玛特,旗下 IP 只在国内红,在海外并无影响力。

性格缜密的王宁,为泡泡玛特制定了一套教科书级的精密出海战略。首先是针对外国人对中国潮玩接受度低,制定出一条循序渐进,先易后难的出海路径。第一步,去中国人最常去的旅游国家韩国、新加坡、泰国,先把海外华人群体收入囊中。第二步,渗透马来西亚、越南等市场,站稳文化接纳度最高的东亚、东南亚文化圈。第三步,进军外围市场的美国、欧洲,与跨国巨头掰手腕。

其次,每到一个国家,王宁依然是循序渐进,先易后难。具体做法是,先在各国成立合资公司,将产品输送给当地经销商销售,测试消费者接受度,如果市场反馈好,泡泡玛特再自己下场。但即便自己下场,也是开设低成本的机器人店(自动售货机)和快闪店(临时摊位),如果效果仍然好,再直接开大面积的直营大店。

对开店国家和城市的选择,泡泡玛特也是严格挑选,因地制宜。它要求所进入市场必须有相当的经济基础支撑,最重要的是,消费者愿意为这种更多属于文化和精神层面的消费买单。在东南亚各国,泡泡玛特打得赢就打,打不赢就走。在更追求快乐的泰国,泡泡玛特已经开出六家门店,但在印尼只有一家,菲律宾则至今都没开出一家大店。在王宁眼中,盲目扩张只会浪费泡泡玛特的资源:"我们做的是慢公司,在电商时代做实体店,而且是非必需消费品,必须抵制诱惑。"

最后,对不同市场,泡泡玛特都作出本地化调整,核心是每到一个国家,都极力挖掘当地文化。在中国,泡泡玛特设计过白娘子形象的玩偶,也曾与中国航天联名,发布航天服玩偶。而在日本,泡泡玛特有招财猫造型,到了加拿大就穿上红色枫叶服。但在外国消费者眼里,泡泡玛特毕竟陌生,玩偶固然好看,但缺故事,缺文化。

王宁为此找到一个好办法:联名营销。2023年,正逢迪士尼百年纪念,王宁看准机会,促成合作,双方发布迪士尼100周年系列Molly玩偶,形象是:让泡泡玛特的Molly玩偶,穿上米老鼠、唐老鸭的经典服装。很快,这款限定收藏款玩偶走入泰国,引发消费热潮。联名营销的好处,还是循序渐进,先站在巨人肩膀上,把影响和市场力做起来,等有了影响和市场力,再更独立自主地发展。

王宁喜欢讲一个故事,一位富豪带孩子度假,他精心挑选最好的餐厅,点一桌最好的海鲜,想让孩子体验最豪华的享受。结果孩子只喝了一瓶雪碧,吃了一碗蛋炒饭。消费者的选择,充满了感性与随机,泡泡玛特缺好故事,但只要挤上餐桌,与全球知名IP站在一起,炒饭未必就输给大餐。

全球本土化

自品牌诞生以来,泡泡玛特始终甩不掉一个问号:玩具是个廉价、过剩的红海市场,泡泡玛特凭什么卖出高价?这个问题,王宁曾被当面责问。2016年,他参加创业节目寻求融资,被一众投资人疯狂质疑:"你说的玩具盲盒,和我们小时候捡石子有啥区别?"王宁回答:"潮玩的门槛其实很高,我们把门店开在最好的商场里,寻找最顶尖的IP开发产品,这个难度,不亚于娱乐公司挖掘巨星。"

品牌创立之初,类似的问题,王宁回答了无数次。在很多人看来,把玩具放进盲盒里,卖给成年人,这件事听起来荒诞、不可持续。王宁却无比自信,他曾对早期创业团队说:"大家只有两个选择,要么跟着我一起干,十年以后,我们上央视讲述我们成功的故事,要么十年以后,坐在电视机前听我们讲我们成功的故事。"

2016年,在大多国人不知潮玩为何物时,王宁飞往香港,与Molly设计师Kenny Wong完成IP独家授权签约。彼时Molly还是一款高端艺术品,总量只有150个,一个要卖几千元。拿下Molly,王宁激动得难以自抑:"就像是找到了在餐厅唱歌的周杰伦。"

这个大眼睛,常嘟嘴的小女孩形象,在2023年为泡泡玛特创造了10.2亿元营收,占泡泡玛特总收入的17.4%。但仅在国内有爆款还不够,泡泡玛特要走向世界,必须挖掘更多外籍设计师,讲好外国故事:"我们卖的是非必需品,必须先让消费者认同我们的文化才能成功。"

王宁找到一个极有效的做法:办展览。2017年,泡泡玛特主办的北京国际潮玩展,吸引超百位全球艺术家到场宣传,3天吸引了2万粉丝。此后,王宁将潮玩展会一路办到新加坡,展会也从国人艺术展,变成全球艺术家共襄盛举。

这种展会效益极高,不光是向消费者展示潮玩文化,也能吸引海外设计师看到泡泡玛特"艺术经纪人"的雄厚实力。王宁说:"大规模做潮流玩具,艺术家根本付不起费用,但我们能让艺术从殿堂走入大众。"这些海外艺术家,也为王宁带来丰厚回报。

2024年2月9日,泡泡玛特曼谷尚泰拉抛店用一天创下500万销售额,排队人数超过1000人。而撑起天量营收的主力产品,叫做Crybaby。这是一款始终在哭泣的玩偶形象,灵感来自当地城市白领的奋斗精神,意为"可以哭,但绝不认输"。它的设计师,正是泡泡玛特签约的泰国艺术家。

在美国,泡泡玛特的第一爆款则是Peach Riot,这是由三个女孩组建的乐队形象,自带自由、叛逆的美式摇滚精神。Peach Riot的设计师,则是美国人。

过去,"水土不服"是中国文化产业出海的一大顽疾。每逢中国作品,老外要么不想听,要么听不懂。但在泡泡玛特模式上,王宁提供了新思路:与其抢着说话,不如备好话筒,请别人说话。这位生性冷静、低调的创业者表示,国潮也可以很包容,也可以吸收全世界的潮流元素,再用中式表达去阐释:"潮玩只是一个载体,一张白纸,全世界的艺术家,都可以在白纸上再创作。"

在泡泡玛特卢浮宫店,中国艺术家设计的玩偶,正穿着卢浮宫名作《蒙娜丽莎》《断臂维纳斯》的形象外衣,接受奥运期间的全球消费者挑选。

思考讨论

1. 泡泡玛特的成功展示了如何通过潮流文化,将中华文化推向国际市场,谈谈泡泡玛特在全球市场中的成功因素有哪些。如何利用类似的潮流文化产品,增强中华文化的国际影响力?在全球化背景下,如何平衡文化输出与本土文化的保留?

2. 泡泡玛特在不同国家和地区采用了本地化策略,例如通过与当地文化融合推出符合当地市场的产品,谈谈这种本地化策略对泡泡玛特的全球成功有何重要性。在全球化的背景下,文化产品如何在保持自身特色的同时,适应不同文化市场的需求?

3. 泡泡玛特在全球潮流玩具市场中崭露头角,与迪士尼等国际巨头竞争并取得成功,谈谈国潮品牌如何在全球化竞争中保持优势。在面对强大的国际竞争对手时,如何利用创新和文化优势,在全球市场中建立独特的品牌形象?

教学建议

本案例主要适用于"坚持建设好社会主义文化强国"部分的辅助教学,可以帮助学生了解到中国本土潮流文化品牌如何通过创新、全球化战略以及本地化调整,成功走向国际市场,并在全球范围内掀起文化潮流。

1. 探讨文化自信与全球化的关系

通过泡泡玛特成功进入全球市场的案例,可以引导学生思考如何在全球化背景下树立文化自信。可以讨论泡泡玛特如何利用中华文化元素打破文化壁垒,实现全球市场的成功。学生可以结合其他中国品牌的国际化经验,分析文化自信在全球竞争中的作用及其实现路径。

2. 分析文化产品的本地化与创新策略

泡泡玛特在不同国家采取了因地制宜的本地化策略,这为文化产品的全球扩展提供了新的思路。可以引导学生分析这种本地化策略对中国文化产品的全球成功有何重要性,并讨论在全球文化市场中,创新如何与本地化结合,以提升文化产品的国际竞争力。

3.探讨文化交流与国际合作的意义

泡泡玛特通过与全球知名 IP 的联名合作,成功打入国际市场。可以讨论这种文化交流与合作对中国品牌出海的作用。学生可以探讨如何通过国际合作增强文化影响力,促进中外文化的双向交流,推动中华文化走向世界。

案例 7

游戏出海带火中国文化[①]

 **核心阅读**

文化的交流和融合,是促进当今国际社会向前发展的重要推动力。电子竞技目前已经成为全球年轻群体的通用语言,越来越多的产业新机遇将在交流和碰撞中产生。作为中国文化出海"新三样"之一的网络游戏,凭借流畅的娱乐体验、丰富的人物画面和有趣的剧情设计,收获了广大海外游戏用户的喜爱,而其中蕴含的中国文化元素,让这些游戏在海外市场更具独特性。近些年,中国"游戏出海"已经成为一种备受关注的文化现象,以游戏为媒介的中国文化走出去已成为愈发不可阻挡的潮流;同时在政策加持下,携带中国文化基因的"游戏出海"产品呈现百花齐放的态势,通过游戏进行中国文化传播的方式也愈加丰富多元。网络电子游戏作为现代文化载体,对于弘扬和传播中华优秀传统文化具有显著的"先天优势",游戏的互动性可以使玩家沉浸式地体验文化内容,增强对文化的理解和认同,游戏的数字化和网络化特点使其能够轻松传播到全球各地,国际玩家通过游戏接触到中华文化,能够促进彼此的文化交流和国际理解。

2023年8月23日,德国科隆国际展览中心,科隆国际游戏展开幕日,由游戏科学团队开发的《黑神话:悟空》吸引了众多玩家。由中国音像与数字

[①] 孟佳,刘佳璇,覃柳笛.游戏出海带火中国文化[J].瞭望东方周刊,2024(13):35-40.

出版协会游戏出版工作委员会、中国游戏产业研究院联合发布的《2023年中国游戏产业报告》显示,去年中国自主研发游戏海外市场实际销售收入为163.66亿美元,规模连续5年超千亿元人民币。

最近几年,中国游戏出海已经成为一种备受关注的文化现象,而以游戏、网剧为媒介的文化输出,已成为中国文化走出去不可阻挡的潮流。携带中国文化基因的游戏产品呈现百花齐放的态势,其对中国文化阐释的方式也愈加丰富。从网文、网剧到网游,中国文化正借助新兴媒介形式,在全球范围内掀起新一波文化复兴浪潮。

从卖版权到文化输出

根据Sensor Tower(感应塔,美国移动应用数据公司)的数据,2024年4月共有39家中国厂商入围全球手游发行商收入榜TOP100,合计营收20.7亿美元,占当期全球TOP100手游发行商收入的40.2%。

自2019年开始,我国自研游戏产品海外销售收入已连续第5年超过1000亿元。从0到千亿元的出海成绩,中国游戏企业只用了不到30年。

中国游戏出海可以追溯到20世纪90年代。1994年出品的《神鹰突击队》以及后来的《生死之间》《傲世三国》等游戏,都是那个年代中国游戏出海的代表作。

上海翼投智能科技有限公司执行董事莫夏芸就曾参与过20年前的游戏出海。当时她所在的久游网游戏公司成功研发一款游戏。刚从日本归国创业的老板颇有胆识,质问:"为什么中国人可以代理国外的游戏,不能把国产游戏代理到海外去?"于是,莫夏芸成为久游网海外事业部的一号员工。"靠自己的摸索",他们很快谈下东南亚某国的市场,产品签约、落地,成为中国最早的几家游戏出海者之一。

但那时的出海与现在的形式大有不同。当时的中国游戏出海是以"一次性买断"为主,即海外游戏厂商以一笔版权金完全买断国内游戏,并负责后续所有发行和销售。在此种情况下,不仅后续收益与中国厂商无缘,连游戏来自中国的事实都被掩埋。所以,在2012年之前,中国游戏还称不上真正意义上的出海,这个阶段也可以称为中国游戏的前出海时期。

2011年,国家提出实施文化走出去战略,不断增强中华文化国际影响力。自2012年开始,国内游戏开启页游时代,游戏出海也进入起步阶段。金山、网易等游戏公司开始尝试将产品推向海外市场,尤其是东南亚地区,如《梦幻西游》《大话西游》等游戏。欧美地区则有第七大道的《神曲》、游族的《女神联盟》,均在海外收获了千万美元的流水。

这个阶段,中国游戏厂商不再闭门造车,而是更加关注海外市场的需求和反馈。莫夏芸在创业前就职的骏梦游戏,通过收集和分析海外市场数据,来理解美国用户的使用习惯,研制游戏的海外版本,并通过反馈不断升级产品。这个阶段,中国游戏不仅走出去,还开始对行业产生一些影响力。辐射范围也在慢慢扩大,从邻近的东南亚,慢慢过渡到了中东,甚至辐射到日本、美国这样的传统游戏强国。

2015年起,随着智能手机的普及,移动游戏崛起,中国游戏出海进入高速增长期,出海的主力变成了手游。根据《2022年中国游戏产业报告》,2015年中国自主研发游戏海外市场实际销售收入53.08亿美元,增长率高达72.55%,这一阶段,也出现了《王者荣耀》这样的爆款产品。

有了充足的资本,中国游戏公司也在这一阶段加大海外投资,收购或建立海外工作室,提升自身在全球游戏生态中的地位。此后,出海逐步成为游戏公司的共识,新锐出海势力不断涌现,头部竞争也十分激烈。

进入2024年,中国游戏厂商在研发、技术、运营等方面实力不断增强,中国也成为全球游戏产业的重要一极。这一阶段,中国游戏公司不再是"躺赢",而是在全球市场中与其他国际大厂正面交锋,市场竞争更加激烈。与此同时,中国游戏中的中国文化因素不断增加,甚至成为中国文化软实力输出的一种方式,向全球传播中国文化和价值观。

从音画到哲学

2022年7月18日,商务部、中央宣传部等27部门联合印发了《关于推进对外文化贸易高质量发展的意见》(以下简称《意见》)。《意见》中涉及游戏的指导主要包括两方面:对内优化审核环节(扩大试点和创新监管方式)、对外积极培育网络游戏、电子竞技(从游戏中单独划分)等领域的出口竞争优势、"两头在外"的数字内容的加工服务以及国际品牌的构建。《意见》明确提及"鼓励游戏企业在出海过程中打造文化符号和国际品牌"。

2023年的科隆游戏展上,网络游戏的文化使命被着重强调。讲好中国故事、打造对外交流文化品牌,成为出海游戏厂商的新使命。而对企业来说,在游戏中讲好中国故事,加入中国元素并不仅仅是出于政策要求或企业责任——从经济利益来说,这也是更好的选择。

最早用中国元素征服海外用户的应是米哈游出品的开放世界冒险游戏《原神》。这款游戏于2020年和2021年连续获得有"游戏界奥斯卡"之称的TGA(全球游戏大赏)年度最佳移动端游戏等多项全球游戏行业顶级奖项。Sensor Tower的报告显示,《原神》上线以来,全球移动端营收达到每月30亿元,其中只有30%是由中国玩家贡献的,剩下70%来自海外。这款游戏的背景设定虽然是一个奇幻世界,但其中的"璃月"区域明显借鉴了中国的文化和景观,包括建筑风格、节日、食物以及角色的服装设计。其中的"荻花洲"取自桂林喀斯特地貌,"华光林"有张家界天子山的影子,而"渌华池"几乎是位于四川省松潘县的黄龙景区的翻版。

此外,游戏还设计了以戏曲表演为职业的角色"云堇",以元宵节、中秋节为参考的海灯节、逐月节等活动,还加入了茶道、棋戏、傩舞、中药、机关术等中国传统文化要素,让全世界玩家在游玩中耳濡目染感受中华传统文化。

不仅如此,《原神》在游戏世界观和价值观设计中也充分融入中国文化。比如,父母双亡的孤儿小姜会被当地军队"千岩军"妥善照顾;面对灾难和外敌,璃月全民毫不退让,和身为领导者的"璃月七星"携手击退强敌。这反映的是中华民族团结、不屈、集体主义等价值观。在精致的游戏画面、悦耳的配乐和独特的游戏体验中,海外玩家潜移默化地受到了中国文化熏陶,甚至被这种文化气质所打动。有海外网友在社交媒体评论:"天呐,我真的很想去中国!那里太美了!"

《原神》的成功,也激励了一大批游戏厂商在出海中融入中国元素,丰富游戏中的文化表达。《代号鸢》即是这个背景下出现的游戏之一。它虽然是一款以三国为题材的游戏,但内容并不局限于三国时期,不仅有真实历史的呈现,更有民间轶事的融入。除了剧情,《代号鸢》也将浓烈中国元素融入游戏音乐中。

到了《崩坏:星穹铁道》,米哈游对于"仙舟"这个华夏风世界的塑造更加娴熟。仙舟上具有徽派韵味的建筑,太卜、地衡、丹鼎等仙舟六司,都充分体现了中国元素。

去年8月,《崩坏:星穹铁道》发布了一支游戏宣传视频《仙舟通鉴·五龙远徙》,以黑白水墨画的形式,讲述了一个有关不朽的哲学故事,其中既有老庄思想,又有佛教禅机。

中国游戏对文化的输出已脱离单纯的元素堆砌,开始涉及中国文化的本质。从画面到音乐,从故事到哲学,中国游戏出海一步一个脚印层层递进,在讲好中国故事的同时,也收获了从充值到口碑各方面的积极反馈。

还需强运营加持

中国文化通过游戏出海,要基于游戏本身的体验。因此,企业运营能力至关重要。游戏日报 CEO 宋鹏展告诉《瞭望东方周刊》:"游戏的成功回到本源还是游戏到底好不好玩、质量可不可以。海外的流量渠道相对透明,游戏在海外的营销、发行、运营各个环节更专注于游戏本身。需要充分考虑每个地区的文化背景、历史发展、经济实力、用户习惯等,做好本地化工作。"

宋鹏展表示,中国拥有丰富的文化资源和深厚的历史底蕴,将这些传统文化融入游戏设计中,可以为游戏增加独特魅力和吸引力。当然,这种植入也需要中国游戏厂商了解玩家的需求,植入的方式要尽量不生硬,这样才能打动玩家。

"大部分市场还是对中华文化持有友好态度。另外,很多日本、欧美公司甚至开始借鉴中国文化,制作诸如三国志系列等带有明显中国文化元素的游戏,体现了中华文化的魅力。"宋鹏展说。

与此同时,中国游戏企业出海正在面临着越来越激烈的竞争。据伽马数据发布的《2024 中国游戏产业趋势及潜力分析报告》,中国游戏出海收入自 2022 年开始,已连续两年下滑。

三成企业认为,出海业务面临的最大挑战是:出海赛道竞争激烈、流量获取成本上升、缺乏本土化人才。

此外,部分海外地区为了扶持本土游戏产业,对进口产品的监管越来越严格,包括准入条件、隐私保护、支付合规等,游戏出海将面临更大挑战。另外,地区汇率波动以及支付相关问题同样是困扰出海厂商的主要痛点。

在移动支付不像国内这么普及的海外新兴市场,接入第三方支付的繁琐程度会因币种、汇率、税收政策等变得非常复杂。即便在主流支付平台高度普及的海外成熟市场,第三方支付的接入依然很有必要。苹果、谷歌等主流平台所收取的手续费通常高达 15%～30%。如果再加上汇率损失,所产生的额外费用甚至会在支付成本中占到 20%～50%,无疑极大拉高了企业成本。

因此，对于瞄准新兴市场的厂商，或是出海经验不多的中小团队而言，在打磨游戏画面、故事、概念包装之外，也要重视支付等基建环节的打通。伽马数据联合创始人兼首席分析师王旭认为："国内游戏公司将目光投向海外，主要意图是在寻求新的增长点。考虑到目前国内游戏市场的增量空间以及头部公司占据较大市场份额的现状，出海还应从自身发展的角度出发。"

中国音像与数字出版协会常务副理事长兼秘书长敖然表示，经过多年的探索，中国游戏受到全球众多玩家的喜爱，已成为中国文化走向世界的重要力量。他认为，虽然中国游戏出海难度和经营成本在提高，但经过多年的不懈耕耘与创新提升，中国游戏企业在技术、产品研发等综合竞争力方面已实现了显著提升，尤其是移动游戏，成为全球游戏研发和运营的重要一极。

1. 网络游戏作为一种新兴的文化载体，具有强大的传播力和互动性。谈谈中国游戏如何将传统文化元素，如建筑风格、节日、哲学思想等融入游戏设计中，并通过这种方式在全球范围内传播中华文化。结合《原神》等案例，谈谈如何在保留文化精髓的同时，使这些元素对海外玩家具有吸引力和共鸣。

2. 中国游戏在国际市场的扩展过程中，不仅要面对来自其他国家游戏公司的竞争，还需要应对本土化运营、支付系统复杂性、文化差异等多重挑战，谈谈这些挑战都有哪些。并说明如何通过加强本土化策略、提升技术创新能力，以及改善支付和运营等基础设施来提高中国游戏的国际竞争力。

3. 游戏不仅是娱乐产品，更是文化交流的重要媒介，请说明中国游戏在全球市场中如何扮演文化交流的使者角色。在全球文化交流日益频繁的背景下，中国游戏如何通过讲述中国故事、弘扬中华价值观，来进一步提升其文化影响力，并与其他国家的文化产品形成良性互动？

教学建议

本案例主要适用于"坚持建设好社会主义文化强国"部分的辅助教学，可以帮助学生通过了解游戏作为现代文化载体，凭借其优秀的技术与独特的文化元素赢得全球市场，帮助中国文化得以更加广泛且深入地传播，进而展现出中国文化影响力。

1. 探讨网络游戏对中国文化传播的影响

网络游戏已经成为中国文化走出去的重要载体,可以探讨其在全球传播中的具体作用及成效。通过分析《原神》等游戏中的中国文化元素,讨论如何通过数字化媒介提高全球对中国文化的认同感;同时可以通过引导学生思考这种文化传播形式的优势及其对国际社会的潜在影响。

2. 分析中国游戏出海的机遇与挑战

中国游戏出海取得了显著的成绩,但也面临诸多挑战,可以讨论这些挑战的具体表现,如激烈的国际竞争、本地化运营难度等,并探讨解决方案。同时,可以通过案例分析,引导学生理解全球化背景下中国文化产业的机会与风险,以及如何增强中国文化产品在国际市场的竞争力。

3. 思考文化与经济融合的双重作用

游戏不仅是娱乐产品,更是文化与经济融合的典型案例,可以探讨游戏产业如何通过文化输出实现经济增长,进而推动中国文化软实力的提升;也可以鼓励学生思考如何在游戏设计中更好地融入文化元素,同时确保经济效益,以实现双赢局面,这有助于学生理解文化产业在国家软实力建设中的重要作用。

案例8

《黑神话：悟空》，在文化与游戏间"通关"
环球网[①]

核心阅读

2024年8月20日，首款国产AAA游戏《黑神话：悟空》在海内外玩家4年的漫长等待后如约上线，该游戏取材于《西游记》《封神榜》等神话，具有鲜明中国传统文化特征。开放当日即斩获450万份销量，销售额突破15亿元。在国际游戏平台Steam上，同时游玩人数突破200万，创下该平台同时游玩人数第二高的历史纪录，在全球掀起"黑神话旋风"，引发广泛关注。火爆出圈的游戏背后，折射出我国文化产业呈现科技创新"赋能"、传统文化"点睛"和产业联动"破圈"的新亮点。

曾经，韩国的《传奇》、美国的《魔兽世界》等游戏，长期占据中国游戏市场。而如今，这一境况正在悄然发生转变。20日发布的国产游戏《黑神话：悟空》引发全球轰动，目前在全球销量榜上稳居第一。这一现象级游戏IP为何如此吸引全球玩家？它是否将为中国游戏产业的文化表达开创一个新纪元，在游戏领域刮起一股风靡世界的"中国风"？海外玩家、外国媒体、行业专家就此展开深入讨论。

---

① 姜李等.《悟空》，在文化与游戏间"通关"[N].环球时报，2024-08-26(13).

海外玩家：我开始读《西游记》原著

国产游戏《黑神话:悟空》正式上线后，在 Steam 平台的同时在线玩家人数已突破 240 万，超过了今年 1 月发售的《幻兽帕鲁》，目前在 Steam 所有游戏在线人数历史峰值中排名第二。第三方数据库网站 SteamDB 的数据显示，《黑神话:悟空》目前在全球销量榜上稳居第一。游戏评测网站 IGN 中国称其为"大师之作"。作为中国首款真正意义上的 AAA 级游戏(以高开发成本、长生产周期和巨量资源投入为特点的游戏)，《黑神话:悟空》代表了中国游戏行业的一次重大突破。

这款游戏的故事设定以中国四大名著之一《西游记》为背景，唐僧及其徒弟成功取回佛经，孙悟空被封为斗战胜佛后销声匿迹。而玩家扮演的主角"天命人"，踏上了一段揭开这个传奇故事真相的史诗旅程。《黑神话:悟空》的主线任务和支线任务不仅重现了原著故事，还融入了大量中国传统文化元素，如古代建筑、传统服饰、道教符箓、佛教法器等，场景则以中国著名地标如黄山、白崖寨等为灵感，让玩家体验到浓厚的东方氛围。此外，游戏使用了实时光线追踪等先进技术，呈现出电影级的画面效果。

IGN 的评测员 Charles Young 表示："《黑神话:悟空》是一款在全球市场上真正具有竞争力的游戏。我相信它会成为年度最佳游戏的有力竞争者。孙悟空护送唐僧取经的故事几乎刻在我们每个中国玩家的 DNA 里。当我们在游戏里看到那些熟悉的名字时，会有一种源自我们血脉里的悸动。"

"不得不说，到目前为止，我真的很享受《黑神话:悟空》这个游戏。如果你喜欢《战神》(2018)或《幸存者》，那么你一定会喜欢它，个人觉得这个甚至更好玩一点儿。"来自马尔代夫的玩家休克托普斯评论道。"如果你懂中文，你绝对不会忘记游戏中美妙的文字运用和人物对话。其中的文采绝对配得上这一优秀游戏作品。"游戏网站 Games Radar 一位评测员表示。

"嘿，你读过《西游记》吗？因为这个游戏，我开始读这本书。"Reddit 用户 Gamskining 在一篇帖子中写道。很多海外玩家都在《黑神话:悟空》游戏的启发下开始阅读《西游记》原著。甚至有粉丝开始在网上发布视频，分享他们对《西游记》故事以及对中国神话的理解。然而，由于游戏情节基于大量《西游记》的内容，对于不熟悉原著的外国人来说，也成了一个挑战。这一点也被包括 MC 在内的许多外国评测平台提及，认为这是该游戏未能获得满分的原因之一。

中国游戏评测员纳豆在接受《环球时报》记者采访时表示："《黑神话：悟空》在文化内容和主题探讨上都独具一格。《西游记》这一题材只有中国人才能完全理解,而西方对该故事的理解相对浅显。"纳豆认为,文化差异可能会让非中文玩家感到不适,但没有必要为了迎合全球市场而做出改变。"过去,中国的 PC 游戏玩家玩国外游戏不得不依赖粉丝翻译,通过自学一点点地了解游戏。如果游戏足够好,人们自然会想了解其背后的故事。"

这一现象级游戏 IP 还进一步带动了中国文旅产业的发展。近日,山西省文化和旅游厅发布《黑神话：悟空》官方宣传视频,展示了游戏中的真实地点,包括小西天、玉皇庙和铁佛寺,以及游戏中的古建筑与现实中的对比,吸引了许多博主前往这些实地景点进行"文化朝圣"。不少游客已经在社交平台上分享自己的旅行照片。

"据说为了真实还原《黑神话：悟空》中的故事场景,开发团队前往山西多个地点采风,并大量借鉴了山西彩塑的元素。其中,最让玩家熟悉的经典场景之一就是位于晋城玉皇庙内的神像。"山西数字文化体验馆的杨洁告诉《环球时报》记者,《黑神话：悟空》重现了长治法兴寺、忻州佛光寺、平遥双林寺和高平铁佛寺等地的建筑和风景细节,将玩家带回古代中国。杨洁表示："游戏对中国山水、寺庙和雕塑的近 1∶1 还原无疑是我们文化走出去的一部分。"

行业专家：中国游戏迎来文化转向

"《黑神话：悟空》为中国的游戏行业打开了一扇门,就像《流浪地球》为中国的科幻电影打开一扇门一样,我希望这扇门能持续敞开,而不是成为一时的惊鸿一瞥。"游戏研究学者、北京师范大学艺术与传媒学院数字媒体系讲师、国内首个游戏档案馆创建者刘梦霏对《环球时报》记者说,"《黑神话：悟空》承载了中国玩家多年来的梦想：它在文化上根植于中国,但在表达上与世界顶尖水平接轨。如果成功,它将为中国游戏产业的文化表达开创一个全新的纪元。"

在刘梦霏看来,以往的中国游戏不是没有过文化表达。比如,20 世纪 90 年代单机游戏的"仙侠"主题,包括"侠"这个概念,都非常"中国",类似主题的游戏在儒家文化圈包括东南亚都非常流行,但再往西方走就举步维艰。此前,中国也有过很多西游记主题的游戏,但为什么这些游戏并没有导向海外玩家去翻看原著,更多了解中国文化呢?"因为本质上,以往国内大多数游戏都属于消费型游戏。它更接近于快消体系,主要是顺应最广泛消费者的需求,重点是盈利,以抽卡、氪金为主要玩法,而不是做强内容表达。再加上中国之前的游戏创意生产工业不完善,进一步削弱了对外文化输出的能力。如果想做文化输出,就必须鼓励作品型游戏的发展。此前国内作品型游戏很少,主要因为这类游戏开发成本高,回报低。"刘梦霏认为,《黑神话:悟空》是买断制的单机游戏,明确主打文化表达,是典型的作品型游戏。同时,其制作团队放到国际上也是顶尖的。该游戏的成功是其制作团队资源整合能力和国内游戏工业体系开始初步走向成熟的标志,也说明中国游戏产业将开始迎来自己的文化转向。

"《黑神话:悟空》的成功也许会激励更多有志于作品型游戏的开发者更勇敢地探索。但如果我们希望这个产业有更多文化表达,也应该去塑造一个机制,去打通文化和游戏之间的关联。目前,游戏产业和文化界、学界之间的连接是非常弱的。"刘梦霏表示,通常来说,国内学界会把游戏当成消费品,而不是手工业制品,更不是文化作品。这会造成游戏开发者在进行中国文化主题或其他文化主题游戏创作的时候,缺少学术体系的支撑,很少有机构专门做游戏产业的学术研究。游戏开发者很多时候要进行孤独的探索,面临很多困难。而其他文艺品类如文学、戏剧、电影等都有整套学科体系做支撑。刘梦霏建议,可以参考海外的经验,比如欧盟就有专门的基金和机构来激励开发者进行游戏文化表达的创作。

《2023年中国游戏产业报告》显示,2023年国内游戏市场实际销售收入首次突破3000亿元关口,同比增长13.95%,用户规模6.68亿人。中国已成为世界最大的移动游戏生产国。刘梦霏说:"如果中国的游戏产业不能与本土文化紧密结合,市场规模再大也难以成为游戏文化大国。我希望《黑神话:悟空》不是一枝独秀,一个产业的健康发展需要更多中小开发者的参与。中国游戏产业如何在全球市场找到更具文化深度的表达方式和可持续性发展的成功之道,这才是最重要的。"

外媒:孙悟空演变为跨文化原型

美国《纽约时报》称,《黑神话:悟空》是中国有史以来最受期待的电子游戏之一,这是一款"高端"游戏,预算超过5000万美元,如同大片,突显中国正在努力成为一个全球文化强国。由于这款游戏基于中国四大名著之一,还描绘了中国各地的重要文化地标,因此也显示中国正在开展的"软实力"攻势。

美国 New Lines Magazine 网站报道称,作为《黑神话:悟空》的灵感来源,《西游记》也许是所有中国文学中最有影响力的经典作品之一,其中的主人公孙悟空已经演变成一个跨文化原型,成为世界各国现代动作英雄的灵感来源,例如日本动画片《龙珠Z》中的孙悟空、《海贼无双》中的蒙奇·D.路飞,以及美国动画片《降世神通:最后的气宗》中的安昂等。在《黑神话:悟空》发布之前,一些中国游戏已经成为全球热门游戏,其中最成功的是2020年发布的免费手游《原神》。在发布后的前两个月,该游戏近70%的收入来自中国境外,估计20%来自美国,在中国和西方之间架起一座桥梁。随着廉价手机游戏的大门被逐渐关紧,通往《黑神话:悟空》这样以叙事为导向的宏大游戏的大门被打开。这种转变也是出于经济原因,随着中国民众变得越来越富有,玩家的偏好自然而然地从免费移动游戏转向"优质"游戏机体验。

据香港《南华早报》报道,苏格兰圣安德鲁斯大学国际关系学者张驰(音)表示,《黑神话:悟空》没有明显的政治元素或信息,这可能有助于它在海外取得成功。中国文化在西方市场通常很受欢迎,成功取决于文化元素的细致入微的呈现。尽管该游戏大受好评,但也在西方媒体上遭到一些批评。对此,香港中文大学文化与宗教系助理教授曹雪楠表示,有些批评源于美国或欧洲社会"(政治标准的)文化霸权"。"就像所有的创意成果一样,在一系列不同的文化背景下,对中国经典的解释并不能被完全理解,有时文化误解是必然会发生的,这可能不是一件坏事,或许也是让事情变得有趣的原因。"

思考讨论

1. 在全球化背景下,《黑神话:悟空》通过创新的游戏设计和对中国传统文化的深度挖掘,成功吸引了全球玩家,这一现象引发我们思考。谈谈如何利用现代科技与文化载体,使中国传统文化在全球范围内得以传播和接受。文化在不同媒介中具有不同表现形式,如何在全球化过程中保持文化的原真性和吸引力?

2.《黑神话:悟空》作为中国首款 AAA 级游戏,其全球成功不仅展示了中国的技术实力,更是中国文化软实力的体现。游戏产业如何成为文化传播的重要途径?其对国家形象和文化认同有何影响?如何在发展游戏产业的同时,确保文化内容的深度和广泛性,使其真正为文化软实力的提升服务?

3.在《黑神话:悟空》的全球推广过程中,部分西方媒体对其文化表达提出了批评,反映出跨文化交流中的挑战与文化误解。谈谈如何在跨文化交流中应对这种误解,以平衡本土文化表达与全球观众的理解差异。在文化差异的必然性与文化交流的复杂性基础上,该如何通过游戏等新媒介促进不同文化之间的理解和共鸣?

 教学建议

本案例主要适用于"坚持建设好社会主义文化强国"部分的辅助教学,可以帮助学生了解《黑神话:悟空》这一中国首款 AAA 级游戏展示的中国游戏产业在全球市场的文化转向和潜在影响力。该游戏将《西游记》等中国传统文化元素融入现代游戏设计,通过高质量的内容与文化表达,吸引了全球玩家并推动了中国文旅产业的发展。

1.探讨文化与技术的融合对中国文化传播的影响

可以讨论《黑神话:悟空》如何通过现代游戏技术传播中国传统文化,这不仅可以帮助学生理解文化与技术融合的重要性,还可以激发他们深入思考如何利用新兴技术来推动文化的广泛传播和不断创新。通过这一讨论,学生可以更加深入地认识到文化产业是如何借助现代科技不断走向国际,并在全球范围内产生广泛影响。

2.分析中国文化软实力的全球传播路径

可以引导学生分析《黑神话:悟空》在全球市场的成功对中国文化软实力的深刻影响,通过对这一案例进行阐释说明,可以帮助学生探讨文化产品如何成为国家软实力的重要载体,并在国际市场上塑造积极的国家形象,这有助于学生理解文化输出在全球化背景下的重要性,以及如何通过文化产品增强国家在国际社会中的话语权。

3.讨论文化差异与跨文化交流的挑战与机遇

可以通过《黑神话:悟空》在不同文化背景下的接受度,引导学生讨论文化差异如何影响文化产品的全球传播;同时可以引导学生探讨如何在文化输出中尊重和理解不同文化背景,处理文化误解,寻求共鸣,来帮助学生培养跨文化交流意识,并增强他们在全球化环境中进行文化交流与合作的能力。

专题 10 坚持推进建设美丽中国

专题导读

"美丽中国"是中国共产党第十八次全国代表大会提出的概念,大会报告指出,"建设生态文明,是关系人民福祉、关乎民族未来的长远大计。面对资源约束趋紧、环境污染严重、生态系统退化的严峻形势,必须树立尊重自然、顺应自然、保护自然的生态文明理念,把生态文明建设放在突出地位,融入经济建设、政治建设、文化建设、社会建设各方面和全过程,努力建设美丽中国,实现中华民族永续发展"。可以说,"美丽中国"是一个具有中国传统文化内涵的时代语汇,是古往今来的贯通,是政治与文化的结合。中国自古就有人与自然和谐共生的思想观念与价值传统,中华优秀传统文化强调人与自然的和谐共生关系,并倡导对自然界的敬畏和保护。建设美丽中国,是中华民族功在当代、利在千秋的根本大计,生态环境是关系党的使命宗旨的重大政治问题,也是关系民生的重大社会问题,它体现了从诗意栖居梦想到美丽中国现实的升华,实现了中华优秀传统文化的创造性转化与创新性发展,集中反映了中国共产党人维护国家形象和民族文化的历史责任感,反映了中国共产党人注重生态保护、绿色发展,改善人民生活环境和生活质量,维护社会稳定和提升民生福祉的责任与担当,进而彰显了中国共产党以人民为中心的政治责任。

党的十八大以来,以习近平同志为核心的党中央把生态文明建设作为统筹推进"五位一体"总体布局和协调推进"四个全面"战略布局的重要内容,把"坚持人与自然和谐共生"纳入新时代坚持和发展中国特色社会主义基本方略,不断深化对生态文明建设规律的认识,形成了习近平生态文明思想,推进新时代生态文明建设理论创新、实践创新、制度创新,生态环境保护工作发生历史性、转折性、全局性重大变化,美丽中国建设迈出重大步伐。党的二十大报告擘画了建成"富强民主文明和谐美丽"的社会主义现代化强国的宏伟蓝图,在科学总结以往生态文明建设经验的基础上,对今后一个时期推动绿色发展、促进人与自然和谐共生提出了新的要求,生动描绘了中国式现代化的壮阔图景,开启了全面推进美丽中国建设的新征程。2024年1月《中共中央 国务院关于全面推进美丽中国建设的意见》公布,对新时代新征程全面推进美丽中国建设作出系统部署;党的二十届三中全会进一步聚焦建设美丽中国,对深化生态文明体制改革作出战略部署,指出"必须完善生态文明制度体系,协同推进降碳、减污、扩绿、增长,积极应对气候变化,加快完善落实绿水青山就是金山银山理念的体制机制"。当前,如何实现人类永续发展,怎样推动全球可持续发展,成为世界各国的共同关切。建设美丽中国不仅造福中国人民,而且造福世界人民,顺应了世界合作共赢的发展理念,实现了跨越国界的合作和共同发展,为解决现代化发展过程中带来的人与自然关系失衡,以及工业化带来的严重生态问题等,提供了中国实践和中国经验。中国坚定走生态优先、绿色发展之路,在世界范围内彰显了积极参与全球环境治理的大国担当,为应对全球气候变化作出了重要贡献。

案例 1

福建打造"美丽城市"样板[①]

核心阅读

2016年6月27日,习近平总书记主持召开中央全面深化改革领导小组第25次会议,审议通过《国家生态文明试验区(福建)实施方案》(以下简称《福建方案》),选择福建省作为全国首个国家生态文明试验区,开展生态文明体制改革综合试验。多年来,福建省认真贯彻中央决策部署精神,紧紧围绕方案确定的改革试验任务倒排时间表和路线图,在深入调研的基础上大胆试、大胆闯,美丽中国的"福建样板"不断走实走好。

草木丰茂、公园错落、山水如画……近年来,福建省厚植生态底色,将美丽融入城市建设的肌理,一体化推进治山治水治城,不仅让城市有人间烟火气,"诗和远方"也触手可及。

山水相融,"人间福地"焕新颜

"郊野公园的空气好,不仅'养眼'还'养肺'。"福州福山郊野公园是市民黄建军和朋友经常相约打卡的好去处。从人迹罕至的荒山坡到游人如织的天然氧吧,福山郊野公园的蜕变是整个城市向美的一个缩影。

福建水网密布,黑臭水体一直是城市治理难啃的硬骨头。近年来,全省

---

① 魏然. 福建打造"美丽城市"样板[N]. 中国环境报,2024-08-08(8).

各地打响剿黑消劣的攻坚战,突破就水治水、就黑臭治黑臭的片面性,结合城市建设,建立防止返黑返臭长效机制,推进生态环境综合治理。

福州市内河纵横交错,"河面漂着垃圾,蚊蝇随处可见,大家掩鼻嫌弃"是许多福州人记忆中的画面。多年来,福州市坚持"3820"战略工程思想精髓不动摇,久久为功,实施生态清淤、生态补给与生态调配,43条内河摘掉"黑帽"。从内河整治到市域全域,绿色成为城市发展的密码。

厦门筼筜湖曾是"臭水湖",如今碧波荡漾、白鹭翩跹,蝶变为城市生态会客厅,成为中国生态修复的典型案例,并被联合国开发计划署评为"东亚海域污染防治和管理"示范工程。从一湖水到一座城,厦门以筼筜湖综合治理为发端,探索出人与自然和谐共生的"厦门实践"。

变害为利、造福人民。莆田牢记嘱托,推进木兰溪全流域系统治理,实现从"谈洪色变"到"人水和谐",谱写了全国生态文明建设的木兰溪样本,也为建设美丽中国提供了生动范本。

人民城市人民建,人民城市为人民。多年来,全省各地不断拓展城市生态空间,7000多公里的"福道""绿道"穿城而过,1353个"口袋公园"星罗棋布。登福道、看福山、览福地,山水成为人人可享的宝贝。

一城一韵,各美其美。海滨城市、山水城市、公园城市越建越好。漫步福州三坊七巷、行走厦门鼓浪屿、探寻泉州"海丝"历史遗存、领略莆仙文化、徜徉"绿都"三明、体验龙岩客家风土……"在'清新福建'品味'福'文化,有一种开盲盒的惊喜。"前来打卡的游客说。

精细打造,民生幸福再加码

环境就是民生,青山就是美丽,蓝天也是幸福。福建在细节处用心,于细微处发力,城市管理由被动向主动,由粗放向精细转变。下大气力解决人民群众关注的噪声、油烟、扬尘等问题,市民"家门口"的污染少了。

"以前一到晚上就传来广场舞的噪声,实在太吵了。现在噪声比以前少了,鸟多了,听得见鸟鸣了。"在福州市西湖公园,市民讲述着噪声污染整治后发生的变化。"炸街车"曾经困扰许多市民,为此,厦门、泉州等地安装抓拍"神器",严查严打飙车扰民。

与此同时,福建全面推行垃圾分类,全域推进"无废城市"建设,减废降碳,倡导绿色生活。厦门因地制宜建立智慧化垃圾投放体系,让低值可回收物"变废为宝",福州城区生活垃圾分类实现全覆盖,资源化利用率达88%以上,无害化处理率达100%。

此外,福建全面推进城市污水处理和配套管网建设,打造会"呼吸"的城市,将海绵城市建设列为宜居环境建设、民生基础设施补短板、城乡建设品质提升行动的重要内容,从抓"试点海绵"向推进"全域海绵"转变。

逐绿生金,"美丽"经济加速跑

美丽生态能够孕育出"美丽"经济。位于闽江源头的南平市是福建的生态屏障。依托良好的生态根基,当地生态优势特色产业集群初具规模。当前,南平市正向千亿竹产业集群进军。在这里,一根竹撑起一片绿色产业,全市竹产业总产值超过480亿元,位居全国第一。小到牙刷、吸管,大到家具、板材,各类竹产品畅销世界。福建大庄竹业科技有限公司主打的户外竹材系列产品获国际EPD绿色认证,产品广泛应用于港珠澳大桥观景平台、北京奥林匹克公园等重大竹工程项目。"'以竹代塑''以竹代木''以竹代钢'前景广阔。"公司相关负责人表示。

园博苑花展、天竺山桐花旅游节……每年,厦门的花事盛会都会吸引众多游客。抬头仰望是清新的蓝,环顾四周是怡人的绿。"海上花园城市"的高颜值,让"赏花经济"迸发出活力。

因绿而美,因绿而兴,这样的例子还有很多。泉州践行"生态+城市"的理念,转变发展模式,创新引导企业运用新技术、新材料,推动绿色低碳转型。

宁德曾是全国18个集中连片贫困地区之一,近年来立足山海特色资源,引龙头、强链条、建集群,宁德时代、新能源科技等世界级企业破土而出,经济总量跻身百强城市。

莆田加快鞋服、食品、工艺美术等传统产业转型升级,培育壮大新兴产业,推进建设绿色高质量发展先行市。

现代化城市与大自然和谐共生,生产、生活、生态空间相得益彰。"让城市留下记忆,让人们记住乡愁。"福建省生态环境厅综合处处长林燊表示,下一步,福建省将通过实施"万里福道网"建设、空气清新、碧水整治等十大行动,让城市"颜""值"同升,不仅宜居,还宜业宜游,做大绿色低碳幸福圈。

思考讨论

1. 福建省通过生态文明建设取得了显著成效,成为美丽城市的样板,谈谈在现代化城市建设中平衡经济增长与生态保护的关系。如何将生态文明理念融入城市规划和发展中,以实现经济、社会与环境的可持续发展?

2. 福建省的"美丽经济"通过依托良好的生态资源,推动了绿色产业的发展,谈谈"美丽经济"在实现经济增长的同时,如何保持生态环境的可持续性。福建省在发展美丽经济过程中收获不少成功经验,也遇到一些挑战,如何在全国范围内推广这一模式,以实现经济与生态的双赢?

3. 福建省在推进生态城市建设中,注重改善市民生活质量,如噪声治理、垃圾分类等措施,取得了良好成效。谈谈这些民生工程对居民幸福感的提升作用如何。

教学建议

本案例主要适用于"坚持推进建设美丽中国"部分的辅助教学,可以帮助学生了解福建省通过生态文明试验区的建设,深入推进生态环境综合治理和绿色发展,成功打造了"美丽城市"样板所取得的成功经验。案例表明,福建以治山治水治城为核心,促进人与自然和谐共生,同时通过发展"美丽经济",实现经济与生态的双赢,提升了人民的幸福感。

1. 探讨生态文明与城市治理的关系

福建省通过生态文明试验区的建设,实现了环境与经济发展的双赢。可以讨论如何在城市治理中融入生态文明理念,以实现绿色发展和可持续发展,引导学生思考并分析如何通过治理黑臭水体、发展绿色经济等具体措施,提高城市的生态环境质量,并为其他城市提供借鉴。

2. 分析生态环境改善对人民幸福感的影响

福建省通过治山治水治城,提升了城市的宜居性和美丽度,改善了居民生活质量。可以探讨生态环境改善如何直接影响居民的幸福感,特别是在噪声治理、垃圾分类、绿道建设等具体措施上。同时,通过案例分析,引导学生理解环境治理在促进社会和谐与幸福感提升中的重要作用。

3.探究"美丽经济"模式的推广与应用

福建通过发展"美丽经济",实现了生态保护与经济发展的良性互动。可以探讨"美丽经济"在其他地区的可行性,分析如何通过发展绿色产业、生态旅游等方式,推动区域经济的可持续发展,引导学生提出具体措施,探讨如何将福建经验推广到全国,助力实现共同富裕与生态文明。

案例2

八年四次点名,云南杞麓湖为何仍难清澈?[①]

核心阅读

"杞麓"在少数民族语言中意为"湖里长出的美丽石头"。杞麓湖位于云南省玉溪市通海县境内,因位于杞麓山畔而得名。杞麓湖湖面面积约37平方千米,是杭州西湖的近6倍,最大水深6.8米,山水相依、风光旖旎,是云南省九大高原淡水湖泊之一,其流域是通海县社会经济发展的主体,是通海县生存发展的基础,通海人民把杞麓湖称为"母亲湖"。就在前些年,这颗明珠仿佛被蒙上了一层灰尘,水质问题屡屡爆出,让人心疼不已。然而杞麓湖的问题,并不是一朝一夕形成的。过去,有些地方官员可能为了追求短期的政绩,忽视了对湖泊的长期治理,结果就像给湖泊穿上了一件"皇帝的新衣",表面上看似光鲜亮丽,实际上却是问题重重。从2016年至2024年八年时间,三轮中央生态环保督察已四次点名云南杞麓湖污染问题,湖水水质始终难以回到从前。

---

① 生态中国网."最严问责"后仍"治不好"!中央生态环保督察八年四次点名云南杞麓湖污染问题[EB/OL].(2024-06-14)[2024-12-10]. https://mp.weixin.qq.com/s/ZC80uoYftdn3dKqjUwcyHw.

2024年6月13日,中央生态环境保护督察组集中通报了一批典型案例。在《云南省因部分高原湖泊保护治理不力》的典型案例中,杞麓湖治理问题再次被点名。早在2016年第一轮中央生态环境保护督察及2018年的"回头看",就已指出杞麓湖污染治理问题。2021年中央第八生态环境保护督察组更是将杞麓湖污染治理问题作为单独的典型案例进行通报,甚至罕见的还以"政绩观扭曲"来定性地方党委、政府存在的问题。彼时,更有29名官员因此被问责,被称为该省"污染治理造假最严问责"。

8次通报提醒,治湖专项资金仅用3.3%?

一直以来,高原湖泊治理,是云南省生态环境保护的重中之重,也是中央生态环境保护督察组重点关注的对象。本次督察在通报中指出,杞麓湖治理拖沓滞后。云南省第二轮中央生态环境保护督察整改方案明确要求,编制"一湖一策"保护治理方案,于2022年年底前36个社区采取工程措施实现精准截污,推进流域污水管网全覆盖,确保2022年底前实现水质脱劣。但督察发现,杞麓湖水质2023年仍为劣Ⅴ类,36个社区涉及的155个自然村中,仍有61个未建成污水收集处理设施,污水直接排入湖河流。

杞麓湖"一湖一策"保护治理方案明确应于2023年年底前完成的20个治理项目,仍有13个未完成。是资金拨付不到位吗?记者查询,杞麓湖所属的玉溪市通海县相关农业面源污染治理项目总投资为1亿元,其中国家专项资金5000万元,该项目应在2022年年底前完成。

资料显示,云南省财政厅已于2021年6月、2022年6月分两次向玉溪市共下达专项资金5000万元,但截至2022年11月底,通海县项目资金拨付率仍为零。为此,云南省有关部门先后8次通报提醒。截至此次督察进驻,仅拨付建设单位项目资金165万元,拨付率3.3%,项目推进严重滞后。

督察还发现,通海县第二污水处理厂长期超标排放,监测结果显示,出水总磷浓度为3.4毫克/升,超《城镇污水处理厂污染物排放标准》一级A标准5.7倍。红旗河、大新河等入湖河流综合提升改造工程应于2023年年底前完成,截至督察进驻仅分别完成工程进度的30%、38%,水质均由2021年的Ⅴ类下降为2023年的劣Ⅴ类。

为拦截农田尾水和生活污水,杞麓湖建成28.6公里环湖调蓄带。督察发现,部分调蓄带内水位长期处于高位,降雨时调蓄带内积水通过兴义回灌站、马家湾村东南侧等闸门直接入湖。监测结果显示,上述入湖水水质均为劣Ⅴ类。

督察还发现,调蓄带大量积水还存在直排南盘江二级支流库南河情况,监测结果显示,化学需氧量、氨氮、总磷浓度分别为52毫克/升、6.3毫克/升、0.9毫克/升,分别超地表水Ⅲ类标准1.6倍、5.3倍、3.5倍。

"政绩观扭曲"下的杞麓湖污染治理工作

这并不是中央生态环境保护督察组第一次点名杞麓湖治理问题。据中央纪委监委网站报道,早在2016年第一轮中央生态环境保护督察及2018年的"回头看",就已指出杞麓湖污染治理问题。云南省督察整改方案和水污染防治目标责任书明确提出,要推动种植结构调整和农业生产方式转变,到2020年杞麓湖水质达到Ⅴ类。但2018年以来,杞麓湖水质恶化趋势依然较为明显。

2021年4月,中央第八生态环境保护督察组(以下简称督察组)对云南省开展了第二轮生态环境保护督察。同年5月,"云南玉溪杞麓湖污染治理治标不治本 水质长期得不到改善"等问题被作为典型案例进行通报。该通报措辞严厉,不仅指出玉溪市通海县在杞麓湖污染治理工作中不动真碰硬,搞样子工程,做表面文章,弄虚作假,甚至直接以"政绩观扭曲"来定性地方党委、政府存在的问题,这在此前并不多见。

通报提到,杞麓湖周边农业面源污染占到入湖污染物总量的85%以上,其中采取农田水肥生产方式的蔬菜种植是影响湖泊水质的主要因素。通海县委、县政府没有采取有效措施推动解决这些问题,在生产方式没有根本转变、种植结构未能有效调整的情况下,全县蔬菜种植面积不降反升,由2018年的34.5万亩逐年增加至2020年的35.3万亩。

眼看着2020年水质恶化趋势明显、难以完成水质考核目标,通海县委、县政府才相继召开会议研究上马水质提升工程,于2020年3月至12月间,投资4.85亿元,陆续在杞麓湖边建成6座水质提升站,累计日处理能力33.1万立方米,其间未办理环评审批手续。这些水质提升站主要是从杞麓湖取水,经臭氧净化后再排入杞麓湖,而不是对环湖截污工程截流的污水进行治理。

此外,当地还先后投资7000多万元,在杞麓湖湖心国控监测点周边建柔性围隔工程,形成相对封闭的区域,再将大龙潭补水、水质提升站处理过的水排放到国控监测点周边,用来稀释水体污染浓度,干扰水质监测采样环境,造成水质改善的假象。

29人因杞麓湖被问责,"母亲湖"何时才能水色清丽?

"山青水碧的杞麓湖,不仅是通海人的幸福之源,也是鱼儿的故乡和鸟类的天堂,然而在扭曲的政绩观里,在追逐功利的思想误导中,杞麓湖逐步失去了颜色。"2021年5月21日起,八集专题片《杞麓湖的呐喊》陆续播出,围绕督察组指出的杞麓湖污染治理问题,云南省纪委监委第一时间对杞麓湖问题以事立案,派出调查组直查、直办、直播。

在该专题片中,玉溪市委书记王力出镜进行检讨:"作为玉溪市委书记,首先我要向省委作出诚恳的、深刻的检讨,我的工作没有做好。"同时,王力痛批他的前任、2020年主动投案的玉溪原市委书记罗应光,直陈罗应光是玉溪市政治生态和自然生态的"最大污染源"。罗应光也在《杞麓湖的呐喊》中出镜忏悔:"自己在杞麓湖保护治理中的形式主义、官僚主义,对玉溪的广大干部,特别是三湖沿线的干部,带了一个非常不好的头,这个表率作用没有带好头,就导致了我们的干部有样学样。"

2021年7月,云南通报杞麓湖污染治理弄虚作假等有关问题追责情况,玉溪市委等6家责任单位和时任玉溪市人民政府副市长贺彬等29名相关责任人被问责,其中5名涉嫌严重违纪违法公职人员被立案审查调查。

据中国纪检监察报报道,初步调查发现,在通海县"采取弄虚作假手段,干扰国控水质监测点采样环境"问题中,这29名相关责任人,有人扮演"科研掮客"角色,在当地党委和政府、项目承接方、技术专家之间牵线搭桥,一手拿施工方的好处,一手操持专家参加各种项目评审会;有人抱着走过场、拿"出场费"心态,频繁参与相关项目评审会;有人出于自身利益、人情等方面考虑,身陷其中而不自知;有些所谓的"专家"竟然没有相关资质和专业背景,只是临时凑数、救场的。

据调查人员介绍,参与评审的29人都拿了数额不等的评审费、专家咨询费,出具了"同意""原则同意"等意见,无一人给出"不予通过"意见或选择退出,可谓全体失守。自杞麓湖被生态环境部点名后,云南省与玉溪市两级党委政府主要领导人,多次调研杞麓湖治理工作。

2023年5月29日,云南省委书记、省级总河(湖)长王宁到玉溪市通海县杞麓湖,实地检查督导湖泊保护治理工作。他强调,要结合开展主题教育,深入调研湖泊保护治理工作推进情况,查找问题、采取措施,有力推进杞麓湖等高原湖泊保护治理取得实效。

2022年4月1日至2日,王宁率队到玉溪市"三湖"现场调研。王宁先后来到星云湖、杞麓湖、抚仙湖湖滨,实地察看水质情况,了解流域截污治污、入湖河道治理等进展情况。

2024年4月27日,玉溪市委副书记、市长江华在通海县调研杞麓湖保护治理工作并主持召开湖泊保护治理工作研学会。

2024年3月16日,江华到通海县专题调研杞麓湖流域县城、集镇、农村截污治污项目建设及推进情况。

2023年8月29日,玉溪市杞麓湖脱劣攻坚暨"三湖"保护治理重点工作现场推进会在通海县召开。玉溪市委书记王力,市委副书记、市长江华率队到通海县河西镇、兴蒙乡及红旗河入湖河口处,认真查看湖外水资源循环利用综合性工程建设、汛期初期雨水防控调度、截污治污工程及农村户内管网改造等情况,用脚步丈量湖泊,实地调研治湖方法。

 思考讨论

1. 杞麓湖治理问题反映出一些地方官员为了追求短期政绩,忽视了生态环境的长远保护。谈谈在生态环境治理中,地方政府应如何平衡短期政绩与长期环境保护之间的关系,如何确保地方官员在生态治理中不走形式主义、不弄虚作假,从而真正推动环境的可持续改善。

2. 杞麓湖治理项目中,专项资金的拨付率极低,导致项目进展滞后,水质改善成效不显著。谈谈在生态治理中,如何确保资金的有效使用与项目的实际推进。针对项目资金滞留不拨的情况,应该采取哪些措施来提高资金的使用效率,从而加快生态治理的步伐?

3. 杞麓湖面临的主要污染源之一是农业面源污染,尤其是蔬菜种植面积不断增加加剧了污染问题。谈谈在农业发展与环境保护之间,如何找到一条可持续的路径。针对农业面源污染问题,可以从哪些方面入手进行调整(例如种植结构、生产方式等),从而有效减少对湖泊的污染负荷?

专题10 坚持推进建设美丽中国

教学建议

本案例主要适用于"坚持推进建设美丽中国"部分的辅助教学,可以帮助学生了解杞麓湖这一云南省重要高原淡水湖泊治理长期污染问题面临的挑战。案例表明,尽管经历了多轮中央生态环保督察和严厉问责,但杞麓湖治理效果依然不佳,水质难以恢复,其中政绩观扭曲、资金拨付滞后以及治理措施不力等问题,是反映治理中存在的深层次挑战。

1. 探讨生态治理中政绩观的影响

可以讨论地方政府在环境治理中的政绩观问题,分析为什么短期的政绩需求会影响长期的生态治理效果,引导学生思考如何构建正确的政绩观,确保生态治理的持续性和有效性,以及如何通过政策设计和问责机制来预防和纠正"表面工程"问题,真正推动环境改善。

2. 分析资金使用与项目推进的矛盾

杞麓湖治理中专项资金拨付滞后导致项目进展缓慢,可以讨论在生态治理中如何确保资金的有效使用,分析资金管理和项目推进之间的关系。通过案例分析,引导学生探讨如何通过优化资金管理机制、加强监督和透明度来提高项目执行的效率和效果,确保生态治理目标的实现。

3. 反思生态治理中的多方责任与合作

杞麓湖的长期污染问题反映了治理过程中多方合作的不力,可以讨论在生态治理中,政府、企业、专家和公众应如何分工合作,共同承担责任。通过思考不同利益相关者的角色,引导学生探讨如何构建有效的合作机制,确保各方在治理过程中协同发力,实现生态环境的可持续改善。

案例 3

与蓝藻缠斗十多年，无锡"治太"做对了什么[①]？

 **核心阅读**

江河交汇、湖湾密布。无锡坐拥太湖595平方公里，河道5635条，承载了人们对"江南水乡"的想象，也承担起生态保护的责任。江苏省15条主要流入太湖的河道，有13条在无锡市，这里湖湾多变、水浅流缓、湖体负荷大。苏湖熟、天下足。太湖地区历来是中华文明最重要的经济重镇之一。工业崛起后，无锡人感受到了巨大的生态压力。2007年，太湖蓝藻水华暴发，对太湖周边环境产生负面影响，至此一场持续16年的太湖生态环境综合整治工程拉开帷幕。大江大湖的治理和修复是一项系统性工程，无锡市自2007年以来举全市之力像保护眼睛一样守护太湖清波，坚持从水里和岸上两端抓源头、从治理和保护两手抓减污、从长效和应急两面抓治理、从约束和激励两头抓推进，扎实开展太湖治理和河道综合整治工作，在总体上取得了良好的治理成效。

---

① 王珊. 与蓝藻缠斗15年，无锡"治太"做对了什么？[EB/OL]. (2022-07-18) [2024-12-10]. https://mp.weixin.qq.com/s/Sk2t8hiIp19YrGOp3sqccQ.

专题10 坚持推进建设美丽中国

2022年7月,国家发展改革委、自然资源部等六部门日前印发了新一轮《太湖流域水环境综合治理总体方案》(以下简称《方案》),对新时期太湖流域水环境综合治理作出全面部署。《方案》点名表扬了江苏省在梅梁湖、竺山湖、贡湖等湖湾区实施141平方公里、约4200万立方米大规模生态清淤工程。贡湖,恰在太湖。

无锡市生态环境局公开的一组数据,让人再次眼前一亮。上半年,太湖无锡水域水质15年来首次达到Ⅲ类标准,总磷、总氮浓度分别较去年同期下降13.8%和6.8%,均好于全太湖平均值,各项水质指标均创2007年以来最好水平。无锡的太湖北部湖区是全太湖5个湖区中唯一总磷、总氮浓度同比双降的湖区。太湖治理看江苏,江苏治太看无锡。无锡在与蓝藻的缠斗中做对了什么?记者来到太湖寻找答案。本文根据记者王珊所作文章进行说明。①

为什么太湖治理看无锡?

2022年夏,太湖岸边。无锡市生态环境局太湖水污染防治处处长罗清吉的脑海里至今难忘一幕画面:15年前那层难闻的"绿油漆"。

2007年,太湖蓝藻暴发。罗清吉是当时无锡市环保局具体负责太湖治理的工作人员,压力之大可想而知。在危机发生和处置过程中,他连续加班50多天,之后更是跑遍了全市5635条河流、35个湖泊和19座水库。"我熟悉太湖,对太湖有真感情,太湖被蓝藻污染,我心很痛;为母亲湖找出治病良方,我责无旁贷。"

现在,罗清吉再次来到贡湖,他的心情前所未有的欣慰:"你们看现在的湖面,碧波荡漾,湖光千顷,小荷依依,15年,我们做到了。"罗清吉的心态变化要从无锡与蓝藻的关系开始说起。每年进入5月,对无锡来说,就像开始了一年一度的"大考"。出考题的,是无锡人的"母亲湖"——太湖。

在这片广袤的湖水里,有一种最简单、最原始的原核生物:蓝藻。它一旦遇到合适的气温和富营养化水体,便会大量繁殖,造成水质污染,鱼类死亡,臭味弥漫……

小小蓝藻让"太湖明珠"无锡光彩蒙尘。从空中俯瞰整个太湖流域会发

---

① 该案例写于2022年,为求表述准确,文中尽量保留相关论述。

现,环太湖城市有苏州、无锡、常州、湖州等,甚至苏州拥有的太湖水域面积是无锡的两倍多,为什么无锡要投入如此大精力、付出这么多努力治理太湖?

首先看地理位置。太湖是中国第三大淡水湖,湖泊总面积2400多平方公里。地处太湖西北部的无锡市,拥有758平方公里太湖水面面积,占全湖总面积的32.4%;占有太湖岸线142公里,约占沿湖总岸线的1/3。江苏省15条主要出入湖河道,13条在无锡市入湖。

其次是气候条件影响。由于夏季太湖盛行东南风,无锡处于下风向,整个太湖的蓝藻会向无锡市水域迁移集聚,加之有贡湖湾、梅梁湖、竺山湖等众多湖湾,岸线迂回绵延,使蓝藻易进难出,无锡成为太湖蓝藻集聚的"重灾区"和"主战场"。最为关键的是,作为长三角高质量发展的重要生态支撑,太湖流域是区域水安全保障的重要载体,对于推动长江经济带高质量发展、提升长三角一体化发展水平意义重大。

太湖地处经济发达、人口密集的长三角地区,随着周边区域经济的快速发展,环太湖地区的排污量与日俱增,湖区的水产养殖规模也越来越大。"太湖属碟形湖泊,平均水深仅1.9米,环境容量十分有限,流域内平原区河网交织,水流速度缓慢,自净力不高,湖体污染负荷达到承载极限后导致2007年太湖蓝藻大面积暴发,引发无锡市近200万居民供水危机。"罗清吉告诉记者。

产业升级如何让太湖之滨创新涌动?

太湖治理,要在无锡,难也在无锡。决心,无锡从来不缺。2022年2月8日,无锡市召开深入打好污染防治攻坚战暨新一轮太湖治理动员大会,市委书记杜小刚出席并讲话。这是无锡市连续7年以农历新年第一会的形式,全面部署推进环境保护和生态建设工作,重视程度不言而喻。

资金,无锡从不吝惜。2007年以来,无锡市太湖治理总投入1000多亿元(其中约87%为无锡市地方投入);2022年2月,无锡市宣布,再追加超100亿元治理太湖。关键在于拿出策略,用怎样的打法才能破解"太湖之困"?梳理15年来无锡的治太举措可以发现,建章立制、控源截污这一主线贯穿始终。

目标首先对准工业污染治理。作为入湖污染负荷防控重点区域,自"十

"三五"以来，无锡压减钢铁产能520万吨、水泥产能30万吨，关停取缔"散乱污"企业(作坊)1.25万家，关闭化工生产企业887家。现如今，无锡高新技术产业产值占规上工业总产值比重达49.2%。

对于这一过程，无锡国家数字电影产业园(以下简称"产业园")是见证者，也是实践者。《人世间》《流浪地球》《长津湖》……近些年几乎每一部爆款电影的幕后，都留下了太湖畔这座电影梦工厂的痕迹。

产业园的前身是无锡最大的轧钢厂——雪浪初轧厂。太湖蓝藻危机后，轧钢厂所在的滨湖区在全市率先走上产业转型升级之路，建办于1986年的雪浪初轧厂于2008年全面关停。消耗大量资源的钢铁工厂加速"撤退"，瞄准绿色发展的数字电影后期加工制作基地全面崛起。

再走进这里，记者看到，昔日轧钢厂的龙门吊还在，但象征意义已焕然一新；厂房也在，但内部不闻机器轰鸣声，而是配备了超大摄影棚、水下特效棚以及虚拟特效棚等15座专业科技影棚，吸引了一批知名影视后期制作公司和各大剧组纷至沓来。

"2021年，园区承接影片摄制298部，同比增长14.2%，从高污染、高耗能到光影闪烁、涅槃重生，产业园正迅速成长为中国电影工业3.0时代的专业园区。"产业园相关负责人介绍。

产业结构调整和产业布局优化让太湖重获新生，也为无锡发展注入强劲动力。数据显示，2021年，无锡以人均GDP18.74万元的成绩位居全国大中城市第一。这是无锡继2020年取得人均GDP全国第一的好成绩后，再次摘得桂冠。

创新浪潮正在太湖之滨涌动不息。从集成电路、生物医药到浩瀚太空、万米深海，如今的太湖湾已聚集超过90%的科研院所、80%的在校大学生、70%的高层次人才、60%的科技公共服务平台和50%的高新技术企业……无锡在服务长三角一体化，着力促进跨区域产业协同创新之路上走得愈发坚定。

"治养结合"如何唱响新时代太湖美？

"三分治，七分养"。如果说产业转型、城镇污水收集、面源污染治理等举措在外部控制了入湖污染负荷，那么生态湿地修复则是在内里为太湖"疗伤"。

一条蜿蜒的太湖大堤,南边是烟波浩渺的太湖,北面是贡湖湾湿地保护区。贡湖湾与太湖直接相连,是太湖向内陆的一个呈布袋状的湾口湖泊,其水质是太湖的"晴雨表"。站在贡湖湾步道上远眺,大片荷花正含苞待放,挺拔的落羽杉簇拥成景。不曾想,10年前,这里是165个大大小小的鱼塘和蓝藻堆放点,底泥黑臭,水质为劣Ⅴ类。

无锡湿地生态科普馆馆长陆亚琪指着随水波荡漾的沉水植物告诉记者:"贡湖湾通过围隔消浪系统、水体透明度提升技术、鱼类生态调控技术、沉水植物群落配置技术等手段构建起水下森林生态系统,目前,水质长期稳定在Ⅲ类。并且,整个太湖新城区的水系,城市雨水、地表水都会进入贡湖湾湿地保护区,经过深度净化后排入太湖。"

湿地生态修复的成效,鸟儿最有发言权。"难得一见!是国家一级保护野生动物黄嘴白鹭。"让本地观鸟达人苏涛如此兴奋的场景发生在夏日的新吴区大溪港湿地,这是无锡市首次拍摄到该物种鹭鸟出现。大溪港湿地公园位于太湖流域水域与陆地生态过渡带,是"治太保源"的前沿阵地。新安街道党工委副书记、办事处主任钱月霜介绍,为修复与保护沿湖生态,街道于2018年拆除辖区最后一个葡萄园,从此新吴区太湖沿线两公里以内彻底告别农业种植,全面回归自然状态。

生物多样性日益丰富,是太湖水质和沿湖生态环境改善的有力证明。据市自然资源和规划局的最新调查成果,无锡目前共记录到鸟类235种。"我们现在从湖边路过,也经常能看到野鸭、鹧鸪、白鹭。"钱月霜说。

治养结合,太湖已连续14年安全度夏。为让水质更加稳定,定期清淤"排毒"不可或缺,打捞蓝藻是最直接最有效的手段。据了解,无锡共设置了84个蓝藻打捞点,建立了56支专业打捞队伍,拥有近1000名专业打捞人员。不过,今年各打捞队明显没有以往那么忙碌。无锡市生态环境局工作人员告诉记者,上半年,太湖无锡水域藻情形势平稳。通过联合多部门开展卫星遥感监测、无人机巡飞等"空天陆水"四位一体蓝藻水华监测预警工作,共监测到蓝藻水华18次,同比减少25次;平均聚集面积54.1平方公里,同比减少9.66%,藻情形势为近年来同期最平稳的一年。

然而要看到,目前太湖藻型生境条件尚未改变,在特定气象条件下,大面积暴发蓝藻甚至引发湖泛的可能性依然存在,无锡"治太"还处于爬坡过坎的攻坚阶段。在前期工作的基础上,无锡提出"夏病冬治",超前谋划近

200个项目。坚持"外源减量、内源减负、生态扩容、科学调配、精准防控"的总体思路，突出上游重点地区，突出减磷控氮，在排污口排查整治、涉磷企业调查整治、城乡有机废弃物处理利用示范区建设、重大工程项目建设等4个方面持续发力，打响新一轮"治太战"。

仲夏的江南，山清湖碧水含情。"太湖明珠"正在加速绘就世界级生态湖区、创新湖区的绿色底色，唱响新时代的"太湖美"，释放出"无"限"锡"引力。

思考讨论

1. 在无锡的太湖治理过程中，我们看到经济发展对生态环境造成了巨大压力，但无锡通过产业升级和生态修复，实现了环境与经济的双赢。在经济发展与环境保护之间，如何找到一个平衡点，既能保障经济增长，又能保护生态环境？这种平衡是否能够长期维持，政府和社会各界应采取哪些措施来保障这一平衡？

2. 无锡在"治太"过程中采取的控源截污、生态修复、产业升级等措施取得了显著成效，这些经验如何因地制宜地应用到其他区域的环境治理中，尤其是在不同经济基础和自然条件下，如何有效地借鉴无锡的治理模式？

3. 无锡的太湖治理不仅依靠政府的主导作用，还需要社会各界的广泛参与。在生态环境治理中，如何调动公众的积极性，让更多人参与到环境保护中来？

教学建议

本案例主要适用于"坚持推进建设美丽中国"部分的辅助教学，可以帮助学生了解无锡市在与蓝藻缠斗十多年的过程中，如何通过多方面的综合治理措施，成功改善太湖水质，保护生态环境所取得的成功经验。

1. 探讨环境治理中的系统性与长效性

在治理太湖的过程中，无锡市通过系统性治理措施，如控源截污、生态修复、产业升级等，取得了显著成效，可以在课堂中探讨环境治理中系统性与长效性的重要性，引导学生讨论面对类似的环境问题，其他地区应如何借鉴无锡的经验，确保环境治理的持续性和有效性。

2.分析经济发展与环境保护的关系

无锡在太湖治理中通过推动产业升级,实现了经济与环境的双赢,可以分析经济发展与环境保护之间的关系,引导学生讨论,在追求经济发展的同时如何避免对环境的破坏,无锡的经验如何为其他城市提供借鉴,确保经济发展不以牺牲环境为代价。

3.讨论公众参与在环境保护中的作用

无锡市在太湖治理中不仅依靠政府主导,还广泛动员社会各界参与,可以讨论公众参与在环境保护中的作用,引导学生思考,如何通过教育、宣传和激励机制,调动公众的积极性,让更多人自觉参与到环境治理中,这种全民参与的模式对提升环境治理效果有何帮助。

案例 4

福建宁德：从一棵到千亩林！三代人四十载"植"出奇迹①

🎬 **核心阅读**

在宁德市周宁县七步镇后洋村黄振芳家庭林场，一眼望去，山林郁郁葱葱，生机盎然。福建省"造林大户"黄振芳一家三代人四十载绿色接力，"植"出奇迹，创出品牌，见证了乡村绿色嬗变。然而，20世纪六七十年代的后洋村是个远近闻名的穷山村，黄振芳一家也是村里出了名的贫困户，虽勤恳能干，但一家老小的温饱问题仍然没有得到解决。面对群山，举目四望，芒草灌木，青山留白。由于体制弊端的束缚，加上生态恶化的困扰，摆脱不了贫困，看不到一线生机。党的十一届三中全会召开后，当改革开放的春风吹到后洋这个小山村，黄振芳一家也迎来改变命运的重要机会。1983年，已经年过半百的后洋村村民黄振芳带领家人承包荒山50亩，后又贷款8万元造"速生林"，并在林中套种马铃薯、玉米，"以短养长"。短短3年，黄振芳和家人以1207亩的造林面积位居全县之冠，成为宁德唯一的全省造林大户。

---

① 郑文敏.从一棵到千亩林！三代人四十载"植"出奇迹[EB/OL].(2023-06-04)[2024-12-10].https://mp.weixin.qq.com/s/EHxiMxCGfmb-_GDVhTwxNg.

从一棵树到千亩林、从闲散土地到绿色蔓延,在黄振芳家庭林场的示范带动下,周宁县深入践行"三库"绿色生态理念,培育黄振芳式的企业、合作社、家庭农场300多家,林下经济经营和利用林地面积达9.55万亩,总产值超过3亿元,从业人数超过1万人,林下生"金"的故事,在山城不断延续。

从一棵树到千亩林,三代人四十载绿色接力。福建省"造林大户"黄振芳一家,见证乡村绿色嬗变,争做森林"四库"的实践者、传播者。林海苍翠连绵,高天白云舒卷。2023年春夏之交,宁德市周宁县七步镇后洋村黄振芳家庭林场,7000多亩山林郁郁葱葱、生机盎然。刚刚过去的"五一"小长假,一拨又一拨游客走进这个"天然氧吧",尽情"深呼吸"。现年95岁的黄振芳老人漫步林间,不时抬头凝望满眼的绿,40年前植树造林的一幕幕在眼前"回放",仿佛就在昨天。本文根据生态周宁公众号所刊文章进行说明。①

极度贫困谋生难

"抬头见荒山,吃穿奔波忙;年关口袋紧,父母焦心肠。"20世纪六七十年代,后洋村流传着这样的顺口溜。这,也是后洋村当时的真实写照。能有多荒?"满山遍野都是荒山荒田,草比人还高。"能有多穷?"200多人的村子,没娶到媳妇的光棍就有30多个,年龄最大的有35岁。"

黄振芳一家更是村里出了名的贫困户。作为村里的会计,黄振芳勤恳能干。但一家老小七口人,一年忙到头,连肚子都吃不饱。地瓜米对半掺、配酸芥菜是常态,还时常向左邻右舍借钱借米。"那时候家里穷得叮当响,常年不见油腥,衣服补了又补。每年就盼着过年那一天,有白米饭吃,有肉配。"说起这些往事,黄振芳的大儿子黄传融红了眼眶。

1974年,黄振芳家中穷得实在揭不开锅了。为了能吃上饭,大女儿出嫁后,黄振芳无奈将9岁的二女儿送去邻村当童养媳,后又把7岁的小女儿送给邻居做女儿。两个女儿离开时,都抱着妈妈号啕大哭,纵有千般不舍、万分不愿,但却无济于事。"没办法呀,真的是没有办法,撑不下去了。"黄振芳哽咽难言。

"穷怕了!那样的苦日子真的过够了!"孩子送人后,黄振芳常常一个人跑到村后大山上偷偷抹眼泪。待平静下来,他就苦苦思索脱贫的法子。可

---

① 该案例写于2023年,为求表述准确,文中尽量保留相关论述。

举目四望,芒草灌木,青山留白。"到处是荒山,没有一片绿。"那时的后洋村,由于贫穷,村民纷纷提着斧头上山,砍柴烧火、卖钱,山头渐渐变成了"光头山"。

此后二十多年里,后洋村常年地质灾害频发。春夏时节,暴雨山洪倾泻,泥石流来袭,田地屡屡被毁,村民生活"雪上加霜"。干旱年份,山头存不住水,全村又陷入缺水的窘境。生态恶化与深度贫困,犹如孪生兄弟在后洋村深深"扎根"。弱鸟可望先飞,但如何飞?往哪儿飞?

当改革开放的春风吹到后洋这个小山村,黄振芳一家也迎来改变命运的机会。父子俩瞅准时机,率先承包10亩田地,种植杂交水稻。浸种、育秧、插秧……忙得不亦乐乎。春种秋收,沉甸甸的稻穗日渐饱满,挂满枝头。"亩产千斤,年产超万斤。"望着满仓的稻谷,一家人有种说不出的满足感。头炮打响!信心倍增!

黄振芳又抓住县里鼓励发展富民产业的政策机遇,将眼光转到开荒种茶上。一口气开垦7亩荒山,他成为全县首批"种茶人"。按照高标准经营3年,茶园首次迎来收获,茶叶每亩收入突破2000元。黄振芳一家不仅还清了外债,而且一举成为全村第一个"万元户"。"开心极了,万元户啊!这在之前想都不敢想。"黄振芳面露喜色。

村民纷纷效仿,一起开荒种茶。有了茶园,就有了收入,周边村庄来采茶的女孩子愿意留下来,村里的单身汉乐坏了……种茶虽给大伙儿带来了"甜头",但他们心里仍不踏实。"洪水和干旱交替来袭,我们发展产业总是战战兢兢的。"黄振芳依然心有余悸。

政策推动黄振芳种树致富

1981年,以稳定山权林权、划定自留山和确定林业生产责任制为核心的林业"三定"政策出台。"山上没有树,沙土就保不住,照这样下去,我们村迟早是会被冲垮的。现在好了,国家有政策,鼓励大家多种树,树苗白给,每亩地还有补贴呢!大家种树吧,树活了,人才能活!"村委会向全体村民发出号召。

"树大了才能卖,至少得十多年吧,等太久了。""要不你把树苗给我,直接卖现钱,更好。""种树啊,还不如打工赚钱快。"……对于新政策,村民们顾虑重重,踟蹰不前。然而,一直在思索谋划如何"靠山吃山"的黄振芳,心里有了新打算——在绿水青山中找出路。

后洋村九山半水半分田,荒山地多,一直都没怎么被利用,关键是如何化"劣势"为优势、变"包袱"为财富。而且,村里自古就有"凡属众山均为公有,谁造林则造林收入归谁所有,砍伐后山权仍归公有"的规定。冷静思考之下,黄振芳认定"承包山地,开荒种树"是一条致富路。他掰着手指头算了一笔账:树木当时非常值钱,一立方米就可以卖1200元。假如一棵树能赚一块钱,种1000棵就能赚1000块。

说干就干!1983年春,黄振芳带着全家,毅然上山开荒、挖穴、种树,成了全县"上山种树第一人"。荒草多,水源少,没有路……困难面前,黄振芳一家没有退缩,他们扛着犁头、锄头、砍刀上山了,砍去茅草、棘刺、藤蔓,栽种松树、杉树。

筚路蓝缕,以启山林。每天,他们一大早就出发。坡陡路远,一天下来,常常是上衣浸满汗水,裤子沾满露水,浑身都是湿的。

造林刚刚开始,不幸迎头一击——黄振芳的妻子因病去世。"日子总算好些了,她还没来得及享受,说没就没了。"黄振芳老泪纵横。小树苗已经运回来,一家人在悲痛中擦干眼泪,扛起树苗再上山。一亩、两亩、十亩;一棵、百棵、千棵……几个月后,50亩小树苗在后洋"后门山"落户安家。"满山的小树苗在微风中轻轻摇摆,感觉生活有了希望,有了盼头。"黄振芳笃定地认为,变荒山为青山,定能闯出一片天。

不畏艰难,坚持大规模植树造林

造林初见成效,黄振芳成了县里的名人,受邀参加全县林业会议。"国家支持,政策也好,参会后我们深受鼓舞。"黄振芳语气中透着坚毅。可闹心的事说来就来,1984年秋,一场山火烧毁了后洋村周边800多亩山林。焚焦的山岭、裸露的红壤、枯死的残枝,满目疮痍的场景让黄振芳痛心不已,当即决定大面积植树造林。

"你都一把年纪了,干吗和自己过不去?""种树要花大钱,你有多少钱,敢往荒山里扔?"……村民们纷纷表示不解。这活儿是难干,但总得有人干。抱着这样的想法,黄振芳征得家人同意,雇了20多个工人上山种树。

那年冬天,山里下了好几场大雪,大山被封冻在冰雪之中。春节前夕,黄振芳父子到20多里外的县林业局挑运树苗,手脚冻裂了,鲜血直流。为了能赶在立春前将树苗种下,他们草草贴上医用胶布就上山开荒。扒雪堆、敲冰块、挖林穴……黄振芳一家冒着严寒上山栽种树苗。"手冻僵了,握不住铁锹把,就放在嘴边使劲儿哈着气。"连续100多天不停歇,雇佣工人2340多人次,他们种下20多万棵松木和杉木苗,植树造林近千亩,谱写了一曲激荡人心的劳动者之歌。

不过,这一"折腾",黄振芳掏空了家底,再次欠上外债。"一开始啥都没有,拼命干了好多年,又什么都没有了。"黄振芳摇了摇头。尽管过程艰难,但是黄振芳越干越"上瘾"。那段时间,他经常梦到小树苗长成了参天大树,醒来后,种树的信心更足了。

三分种,七分管。夏秋季节,黄振芳和黄传融早出晚归进山拔杂草。当年,树苗成活率高达百分之九十。"造林短期内见不到效益,这样下去不是办法。"盘算着欠下的外债越来越多,黄振芳陷入了沉思。

1985年,黄传融偶然从《福建日报》上看到南平有成功种植速生丰产商品用材林的报道,便与父亲商量引进"速生林"以弥补树林生长慢的缺点。想法有了,资金缺口问题接踵而至。怎么办?黄传融硬着头皮写了一份报告呈送给县长。没承想,县林业局和农委相关负责人立即带领银行行长前来考察。"贷款可以,谁来担保?"银行行长抛出难题。"我来担保!"县林业局相关负责人的回答斩钉截铁。于是,黄振芳家向银行贷款8万元,修建机耕路,购置拖拉机,投身到114亩速生林建设中。

为了方便管理,黄振芳在山上盖了一幢管理房,携全家搬到山上,与树为伴。1985年,一家人在管理房里度过第一个难忘的春节。

在山上,一年四季都闲不下来:春天,栽树施肥;夏天,管理树木;秋天,修整土地;冬天,巡查护林。日复一日,年复一年,就这样,黄振芳和家人们在山间坚守着、盼望着。"我们从养鸡场运来肥料滋养树苗,第一年就长一米高,省里专家来看,都竖起大拇指说'超过历史最高水平'。"黄传融话语中不无自豪。

精选套种作物,助力脱贫致富

树苗长势喜人,黄振芳父子开始了新尝试,在速生林中套种马铃薯、玉米、魔芋、茶叶等作物,采取"以短养长"的方式增加前期收入。1986年,林场迎来第一个收获的季节:秋收结算,套种作物收入高达2万多元。"没有苦,

哪有甜;不种树,哪来富!"经过几年精心的养护管理,黄振芳不仅将所有贷款还清,还有盈余,小树苗长成大树,原来的荒山地一片葱郁。

短短三年,黄振芳一家铆劲植树造林1207亩,为闽东绿化植树带了个好头,引起时任宁德地委书记习近平同志的关注。他先后3次深入黄振芳家庭林场调研,亲手种下3棵杉树。奇迹在这里诞生,"森林是水库、钱库、粮库"的"三库"绿色生态理念也在这里萌发和实践。1989年2月23日,黄振芳被请到宁德地区行署会议厅,给地直机关副科长以上干部作改革十年的形势报告。"没有党的富民政策,也没有我黄振芳的今天。我是外地迁到后洋村来的,这里的山是张家祖宗山,要不是改革,搞林业'三定',我怎么能在这山上种树呢?"黄振芳站上讲台,通过自己一人、一户的故事,讲述生活变化,分享脱贫致富经验。

同年7月15日,宁德地区第一家有偿转让活立木市场现场会在周宁召开。黄振芳将预估12万元的114亩速生林分成10股,有偿转让给地区老区办、县老区办、七步乡人民政府、后洋村委会,地、县、乡、村、户五级合股联营,解决林业发展"远水解不了近渴"的问题。"和这些树相处久了,自然就有了感情,舍不得让其受到半点儿伤害。"黄振芳连连感叹,通过有偿转让,不砍树也能致富,真的是太好了。

开荒造林,绿满荒山,黄振芳被评为宁德地区唯一的"全省造林大户",先后获得十多项国家、省、市、县荣誉称号,还当选省政协委员。黄传融也捧回"全国青少年绿化祖国突击手"等荣誉称号。黄振芳一家成了远近闻名的"造林大户",前来请教的人络绎不绝。"不只周边镇村,周边县市也来邀请我们去传经送宝,那段时间虽然忙,但感觉特别充实。"黄传融说。

单丝不成线,独木不成林。看到黄振芳家庭林场办得有声有色,曾经"冷眼旁观"的村民纷纷行动起来。一时间,村里村外掀起了造林热。从一家种到家家植,短短几年,后洋村林地面积扩增到7307亩。"什么时候闽东的山都绿了,什么时候闽东就富裕了。"黄振芳口中的朴素话语,道出了深刻道理。

闽东的振兴在于"林"。在周宁,越来越多的人选择成为"黄振芳"。每到春季,当地干部、职工、师生和群众都不约而同走上山,挖坑、栽树、填土,一株株山樱花、紫薇树苗次第栽下,植树造林蔚然成风。

40年来,周宁县绿色家底逐年厚实,林地面积新增52.5万亩,森林覆盖率从42.8%增长到72.96%。如今,山已成林,树已成荫,幸福有了绿色"靠山"。"起初是为了改善生活,后来只是想让家乡的山更青、水更绿。"黄传融豪情满怀,"整个村庄都变绿了,空气越来越好,受益的不就是我们自己吗?"

传承绿色发展,村庄生态焕然一新

过去身在宝山空手而归,现在身在宝山硕果累累。林木葱葱草药香。时下,黄振芳家庭林场成片的芍药竞相绽放、展露身姿,在绿树的衬托下分外鲜艳。黄传融在林下忙碌,抢抓农时,对芍药、黄精等中草药进行绿色管护,脸上堆满了笑容。

绿色接力,生生不息。虽然黄振芳老人依然精神矍铄,但是林场中的一应事务已全部交给黄传融打理。不过,黄振芳的叮嘱语重心长:"昔日的小树苗已长数十米高,太不容易了。这些树木,我舍不得砍,你也不能砍。"

蹚出添绿增金路,不砍树照样能致富。黄传融深耕林下,种植100多亩中草药,养蜂200箱,"靠山吃山"吃出了"新滋味"。比如,每年仅蜂蜜这块,收入就有15万元。等中草药收成了,收入会更可观。从与父亲一起植绿到发展林下经济,黄传融见证了这片山头的美丽嬗变。依托良好生态优势,黄传融尝试发展生态农业,流转89亩土地,种植葡萄、土豆、蜜薯等,带动50多名村民增收致富。

绿水逶迤去,青山相向开。7000多亩山林是后洋村最宝贵的财富,如何林下掘金是村党支部书记张妙香一直思考的课题。以黄振芳家庭林场为榜样,后洋村探索"林养、林种、林游"融合新模式,和谐牧业、三杉花卉、林下中草药种植等绿色产业纷纷落地,活力涌动潜力足。

如今,黄振芳家庭林场已发展为周宁县"三库"生态文明学习实践基地,并建起全国首个"森林党校"。2021年7月,全省首个"林业生态文明实践基地"也在此成立。背靠绿色银行,后洋村"出圈"又"出彩"。眼下,黄振芳家庭林场成为研学游的热门选择。

森林涵养生态,生态催生产业,产业造福乡亲。去年,后洋村村集体收入近70万元,村民人均可支配收入超过2万元。"森林既是水库、钱库、粮库,也是碳库。"怀揣着"绿色银行",后洋村的绿色发展故事越写越精彩。去年,周宁县量身打造专属碳汇金融产品"碳汇贷"。后洋村成为首个"买碳翁",以林木资源折成碳汇价,成功贷款10万元"碳汇贷"。"村里用这笔贷款发展林下中草药种植和森林旅游,让山林成为真正的'钱库'。"畅想着如何一步步变青山为金山,张妙香浑身都是劲。

后代接力绿色发展,探索新经济模式

父子一条心,青春变青山。"三十多年前,爷爷带领正值青春之年的父辈们垦荒造林,誓把绿水青山变成金山银山。"在黄振芳家庭林场,黄振芳的孙女黄娟娟正深情地讲述一家人植树造林的故事。

"树三代"黄娟娟是小学老师。在她的记忆中,爷爷和父亲在山里的时间比在家里多。"那个时候,天刚蒙蒙亮,爷爷和爸爸就拎着饭盒,提着马灯出家门了,每天踏着暮色才归家。"这样的场景,一直烙印在黄娟娟的脑海中。

随着山林一起成长的黄娟娟,对山林情有独钟。"印象中,山上的小树苗跟幼小的我一般高,我和小伙伴最喜欢在里面捉迷藏、玩游击战。仿佛在转眼之间,自己已长大,千树育成林。"重拾童年记忆,黄娟娟不住感叹:"看似寻常最奇崛,成如容易却艰辛!"

正是这些亲身经历、所见所闻,让黄娟娟萌生出一个想法——讲好黄振芳家庭林场故事,引导更多人行动起来,持之以恒多种树、种好树、管好树,共绘美丽中国新画卷。2021年,黄娟娟参加"习爷爷在宁德的故事"学习实践活动,与孩子们分享那段难忘的岁月。

自此,听故事的黄娟娟,成了讲故事的人。"在心间播一粒种,拥春天希望满怀。"怀揣梦想的黄娟娟,已被聘为宁德市"金牌宣讲员"。"守护这片大山,就是守护自己的家园。"黄娟娟眼里闪着光。

把一件件林下产品搬进直播间,这是黄振芳的孙子黄宇斌编织的蓝图。受祖辈父辈影响,大学毕业后的黄宇斌选择从大城市返回家乡,与山林打交道。他组建"90后"青年团队,做直播,拍短视频,牵手电商,用新模式赋能传统林业,让后洋林下产品冲向"云端"。

绿了青山,火了日子。在后洋,生态文明理念如水波漾开。背靠宝贵绿色资源,新一代青年接续林下掘金,有的成立生态农业专业合作社,有的创建林场研学基地,还有的培育多肉植物销往世界各地……

"父亲年纪大了,不能天天上山,但心里一刻都放不下那片林,去年他终于圆了入党梦。"站在山顶眺望,千沟万壑披上绿色新装,黄传融感慨:"我们

30多年的艰苦奋斗,值了!"人不负青山,青山定不负人。望着远处郁郁葱葱的森林,黄传融心里还惦记着一件事:村里有一大片森林的潜力没有挖掘出来。如能开发好,森林旅游、森林康养未来可期!

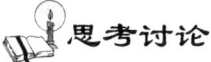

1. 黄振芳一家通过四十年持续努力,成功将荒山变为千亩森林,并带动当地经济发展。结合这一案例,谈谈在现代社会,个人或家庭应如何在推动环境保护的同时实现经济收益。这一过程中需要哪些政策支持和社会协同?环境保护与经济发展之间如何实现良性互动?

2. 黄振芳一家通过植树造林,实践了"绿水青山就是金山银山"的理念,并获得了经济收益和社会认可。如何理解这一理念在不同社会和经济背景下的应用?在推进生态保护的同时,如何确保农民和乡村社区的经济利益?这一理念的推广对中国的可持续发展有何重要意义?

3. 黄振芳的孙辈们通过现代技术和创新模式,继承并发扬了家庭的生态事业。在新时代背景下,如何激励和引导年轻一代参与生态保护和乡村振兴?如何利用现代科技手段,将传统生态产业与新兴经济模式结合,创造更多的社会和经济价值?

教学建议

本案例主要适用于"坚持推进建设美丽中国"部分的辅助教学,可以帮助学生了解黄振芳一家三代人在四十年间,通过承包荒山、植树造林,将贫瘠荒地转变为千亩森林的历程。他们的努力不仅改变了家庭的命运,也带动了周边村庄的生态环境改善和经济发展,成为绿色发展的典范,体现了"绿水青山就是金山银山"的理念。

1. 讨论家庭与社会在生态保护中的角色

本案例展示了一个家庭通过持之以恒的努力,不仅改变了自己的生活,也带动了整个村庄的生态转型。可以引导学生思考,在现代社会,家庭和个人在生态保护中可以扮演怎样的角色?如何通过微观的努力推动宏观的生态变化?可以结合实际讨论如何在日常生活中落实环保行动,推进绿色发展。

2.探讨政策支持与个人努力的互动关系

黄振芳一家在国家政策的支持下,实现了从荒山到千亩林的转变,可以借此探讨政策对个人和家庭发展的重要性,引导学生思考在政策的支持下,个人应如何把握机会,实现自我发展与社会贡献的统一。此外,可以讨论国家如何更好地制定和实施支持生态发展的政策,确保基层群众受益。

3.分析生态文明理念与经济发展的结合

黄振芳家庭林场的成功实践充分体现了"绿水青山就是金山银山"的理念,可以引导学生讨论如何将生态文明建设与经济发展相结合,从长远角度探讨经济可持续发展的路径。可以结合案例,分析如何在保护环境的同时,实现经济利益的最大化,进而为社会提供有益的生态模式和经济增长点。

案例 5

广西金秀：青山绿水绘底色，瑶韵风情添特色[①]

核心阅读

走进广西金秀瑶族自治县，那些宛如仙境的山川云海、民族风情浓郁的特色建筑，都让人耳目一新，难怪金秀素有"人世间之桃源仙国"的美誉。但金秀"盈"于山水也"困"于山水，2015年末，该县贫困村28个，贫困人口达32 980人，贫困发生率24.4%。近年来，该县县委、县人民政府认真贯彻落实中央、自治区和来宾市一系列扶贫政策措施，自觉提高政治站位，坚决扛牢主体责任，采取强有力措施，尽锐出战，依托生态资源、茶山瑶民俗文化等资源优势，以创建金秀瑶韵茶业核心示范区为中心，大力发展中草药、油茶、食用菌种植以及乡村旅游等特色产业，引导群众通过"产业+就业"等方式持续增收，让曾经破旧的老村寨经修缮后焕发出独特的少数民族文化魅力，见证了脱贫攻坚同乡村振兴有效衔接的历史性发展成就，实现从贫困到振兴的华丽蜕变。

---

① 郭凯倩. 广西金秀：青山绿水绘底色，瑶韵风情添特色[N]. 中国文化报，2024-01-26(4).

2017年以来,广西各级深入贯彻习近平生态文明思想,践行"绿水青山就是金山银山"发展理念,积极开展生态文明示范创建工作,目前,共成功创建国家生态文明建设示范区16个、"绿水青山就是金山银山"实践创新基地5个。2023年1月4日起,我们推出《广西生态文明示范创建绿色发展案例》栏目,对以上示范创建地区践行习近平生态文明思想、协同推进经济高质量发展和生态环境高水平保护的案例和经验予以推广。

一、案例背景

金秀瑶族自治县属来宾市管辖,地处广西中东部地区,总面积为2518平方公里,总人口约15万余人,森林覆盖率87.91%。金秀瑶族自治县位于架桥岭—大瑶山水源涵养与生物多样性维护区,是国家级重点生态功能区之一,是珠江流域上游重要的水源保护地,是广西最大的水源林保护区和保留最完整的天然林区,承担着珠江下游生态屏障建设的重要任务,是一个集"水库""碳库""氧库""生物基因库"为一体的生态资源大县。

金秀瑶族自治县旅游文化资源丰富,具有"世界瑶都"之称。境内有独特的砂岩峰林景观,形成了环莲花山、环圣堂山、金秀—桐木—头排—三江、金秀—忠良、金秀—长垌—罗香等特色旅游资源富集区和富集带,目前有6家AAAA级旅游景区,1家AAA级旅游景区。先后获得"绿水青山就是金山银山"实践创新基地、"全国森林康养基地试点建设县"、"中国天然氧吧"、"国家级瑶医特色康养示范基地"、"中国瑶医药之乡"、"中国长寿之乡"、"中国民间文化艺术之乡"等称号。

二、主要做法与成效

(一)加强生态环境保护,筑牢南方生态安全屏障

一是加强"绿水青山"保护,守好绿色发展本底。金秀高度重视生态文明建设,牢固树立"绿水青山就是金山银山"的发展理念,深入贯彻落实习近平总书记视察广西"4·27"重要讲话精神和对广西工作系列重要指示要求,以及中共广西壮族自治区委员会关于厚植生态环境优势推动绿色发展迈出新步伐的决定,坚持生态立县,深入打好水、气、土污染防治"三大战役",保护好优质的生态环境,为绿色经济发展提供了良好基础。2019年以来,金秀

瑶族自治县环境空气质量优良率连续三年排名广西第一,2021年获"中国天然氧吧"创建地区称号;水环境总体保持稳定,地表水水质监测断面水质达到或优于Ⅲ类比例达标率为100%;2个县城集中式饮用水水源地水质达标率为100%;金秀瑶族自治县土壤环境质量安全可控,未发生重大土壤污染事故。

二是加强森林资源保护,开展林业综合治理。加强森林资源管护和培育,通过封山育林、退耕还林、人工造林等措施恢复植被,并对辖区内天然林采取全面禁伐措施,与天然商品林所有者签订管护协议,有效保护了辖区内天然商品林资源,增强公益林生态功能和生态系统稳定性,维护了区域生物多样性,增强了地区生态系统的稳定性。截至2021年年底,金秀瑶族自治县公益林面积达170.05万亩,森林覆盖率87.91%,位居广西第一。

(二)推动"瑶医瑶药"生态产业发展,强化"金山银山"转化

金秀瑶族自治县依托特色"瑶医瑶药"资源,按照"山上种药、山下制药、山中康养"的思路,着力发展特色林下经济产业及瑶医药加工产业,助推脱贫攻坚工作,以一把草药撑起一方绿色经济,通过成立中草药农民专业合作社,建成五大中草药主导产业示范区,瑶药材种植基地12个,其中3个被评为广西中药材示范基地。2021年,实现了全县林下经济实施总面积112.04万亩,其中林下种植中草药面积15.17万亩,主要品种达20多个,产业覆盖全县10 055户35 190人,7.8万林农人均年纯收入增加860元。金秀瑶族自治县先后获得"国家级瑶医药特色康养示范基地""中国瑶医药之乡""自治区中医壮瑶医养生保健示范基地"等荣誉称号。

延伸产业链,纵深推进"瑶医瑶药"创新发展。通过加快瑶医药产业发展,培育瑶医药科技型中小企业,打造金秀瑶族自治县民族医药和健康产业园,建设金秀瑶族自治县瑶医药科技企业孵化基地,促进瑶医药产业发展,增加地方就业。目前,金秀已建成全国唯一一家有建制的二甲瑶医医院,2012年,"瑶药产后三泡颗粒剂医疗机构制剂"研发课题列为自治区科技厅千亿元产业重大科技攻关工程项目,成为广西首个获批准的瑶药院内制剂,现已在全区医疗机构推广使用。加大科技创新,增加瑶医药产业链,推动研发出瑶药养生酒、药膳、瑶王膏、瑶药浴系列产品40多种,其中,获得食字号产品6项,妆字号产品15项,消字号产品20项。研发相关申报专利74个,

其中15个专利已获证书,59个已获得国家专利局的受理通知书,并完成了5项专利科研成果转化,为瑶医药的推广使用及文化旅游产业发展奠定了良好基础。

(三)深挖瑶都文化,助力推进全域旅游

一是重点打造"生态、民族、长寿"三大品牌。近年来,金秀以瑶族民俗民居等为核心,大力发展生态旅游、乡村旅游区、民宿旅游、民俗旅游村(寨)和特色农家乐,打造"生态、民族、长寿"三大品牌,推动旅游业加快转型升级、提质增效。着力打造"百里瑶寨风情画廊",带动县域经济发展,先后获得"广西养生养老小镇""广西旅游标准化示范县""广西特色旅游名县""自治区级旅游度假区"等荣誉称号。全县共开发星级乡村旅游区5个,全国乡村旅游重点村4个,星级农家乐26家,瑶家星级民宿17家、特色民宿示范点5家。

二是增加民俗文化氛围,探索文旅产业融合。结合"百里瑶寨"乡村旅游项目,加强对周边民俗表演队伍的建设和表演艺术的指导。创建"非遗"展示专区,在县瑶族艺术中心以"小剧场"的形式展示金秀"五个支系"的瑶锦织绣技艺,并引导瑶族民间民俗文化艺术人员参与演艺,增加瑶族民俗文化氛围。通过举办杜鹃花旅游文化节、盘王节、功德节等大型活动,有效地整合全县旅游资源,塑造旅游整体形象,拓宽旅游客源市场,打造精品线路,带动第三产业的整体发展。通过建设乡村旅游区、民宿、农家乐的模式,打造集绿色生态、休闲康养度假旅游和精神文明示范为一体的生态文明村。

三、经验启示

金秀瑶族自治县以当地特有的瑶族文化、瑶族医药为重点,通过强化生态建设与保护,构筑优质的绿色发展环境基础,依托瑶医药、瑶文化特色旅游等打造精品绿色经济产业,促进山水互动发展。金秀瑶族自治县生态旅游发展模式适用于具有地方特色民族文化的地区,通过统筹生态建设与经济发展,依托地方民族特色,积极探索产业生态化、生态产业化的绿色发展之路,"绿水青山"转化为"金山银山"正在加快实现。

1. 金秀瑶族自治县通过发展特色产业和生态旅游,实现了经济增长与生态保护的平衡。在当今社会,如何在保持经济发展的同时,确保生态环境不受破坏?"绿水青山就是金山银山"的理念在实际经济活动中具有广泛应用,谈谈在个人日常生活中,如何践行环保和可持续发展的理念。

2. 金秀县通过推广瑶族文化和瑶医药产业,推动了当地经济的发展。谈谈在全球化背景下,如何保护和传承少数民族文化,同时利用这些文化资源促进当地经济发展。结合实际案例分析,说明文化产业在经济发展中的作用及其对社会文化认同的影响。

3. 金秀县通过发展特色产业,实现了从贫困到乡村振兴的转变。在国家推进乡村振兴的过程中,如何有效衔接脱贫攻坚的成果?政府、企业和个人在乡村振兴中的角色和责任,谈谈如何通过创新的产业模式巩固脱贫成果,推动乡村可持续发展。

教学建议

本案例主要适用于"坚持推进建设美丽中国"部分的辅助教学,可以帮助学生了解广西金秀瑶族自治县通过推动生态文明建设和保护,依托丰富的瑶族文化和瑶医药资源,发展特色产业和全域旅游,实现从贫困到振兴的华丽转变,展现"绿水青山就是金山银山"理念的成功实践。

1. 讨论"绿水青山就是金山银山"理念在地方经济发展中的应用

可以以金秀县为例,探讨生态保护与经济发展的关系,引导学生思考如何在发展经济的同时,保护好生态环境,使两者相辅相成;同时,可以结合实际案例,分析不同地区如何因地制宜地将生态优势转化为经济优势,以及这些做法对可持续发展的重要性。

2. 分析民族文化在乡村振兴中的作用

通过金秀县的案例,可以探讨少数民族文化在乡村振兴中的独特价值,引导学生思考如何利用民族文化资源促进地方经济发展,增强文化自信。同时,思考在全球化背景下,如何保护和传承少数民族文化,避免文化同质化的风险。

3. 探讨脱贫攻坚与乡村振兴的有效衔接

金秀县通过发展特色产业实现了脱贫攻坚与乡村振兴的衔接,可以讨论如何在全国范围内推广这种模式,引导学生分析国家在乡村振兴战略中如何借鉴脱贫攻坚的成功经验,推动贫困地区的可持续发展,探讨政府、企业和个人在这一过程中的角色与责任。

参考文献

[1] 习近平.习近平著作选读(第一卷)[M].北京:人民出版社,2023.

[2] 梁伟军,刘书婷.建党百年以人民为中心发展思想的历史演进与经验启示[J].华中农业大学学报(社会科学版),2021(4):37-46,178-179.

[3] 王涵."机构改革再启动"系列报道之一 历次党和国家机构改革都改了什么?[J].民主与法制,2023(12):22-26.

[4] 余守萍.习近平关于坚持以人民为中心重要论述的话语特质[J].理论导刊,2024(7):4-11.

[5] 张明军.全过程人民民主内涵的多维探析[J].政治学研究,2024(2):13-24,257.

[6] 詹国辉."码上商量":大数据赋能全过程人民民主的地方性实践:基于盐城经验的案例阐释[J].甘肃行政学院学报,2023(1):27-37,125.

[7] 路云辉.党的全面领导历史演进的显著特征与成功经验[J].特区实践与理论,2022(2):32-37.

[8] 马克思恩格斯文集(第2卷)[M].北京:人民出版社,2009.

[9] 毛泽东选集(第二卷)[M].北京:人民出版社,1991.

[10] 习近平.之江新语[M].杭州:浙江出版社,2007.

[11] 习近平.习近平谈治国理政(第四卷)[M].北京:外文出版社,2022.

[12]本书编写组.党的二十大报告辅导读本[M].北京:人民出版社,2022.

[13]中共中央党史和文献研究院.中国共产党的一百年[M].北京:中共党史出版社,2022.

[14]杨玉玲.党的群众路线教育读本[M].北京:解放军出版社,2014.